더 이상 어머니는 없다

— 모성의 신화에 대한 반성 —

(원제: Of Woman Born: Motherhood as Experience and Institution)

더 이상 어머니는 없다

— 모성의 신화에 대한 반성 —

(원제: Of Woman Born: Motherhood as Experience and Institution)

■

에이드리언 리치 지음/ 김인성 옮김

나의 할머니들,
메리 그레이블리와 헤티 라이스에게
이제 그들의 인생을 생각하면서.

차 례

하나 그곳에서 만날 수 있었던
행복을 말하기 위해
나는 먼저 그곳에서 볼 수 있었던
몇 가지 일을 술회하려 한다.

— 단테 『신곡』 1:3

머리글

　이 땅의 모든 인간 생명은 다 여성에게서 태어났다. 모든 남녀가 공유하는 한 가지 통일되고 부정할 수 없는 경험은 우리가 여인의 신체 내에서 구부린 채 보낸 저 몇 달 동안의 기간에 생긴 것이다. 어린이는 다른 포유류보다 훨씬 더 오랜 기간 동안 양육에 의존하기 때문에, 또 인간 집단에서 오래 확립되어온 노동분업이 여성은 아이를 낳거나 젖을 먹일 뿐 아니라 아이에 대한 거의 전적인 책임을 져야 하기 때문에 우리 대부분은 최초로 사랑과 실망, 힘과 상냥함 둘 다 여인의 모습으로 나타났던 것을 알고 있다.

　우리는 평생 이 경험의 자취를 가지고 있으며 심지어는 죽을 때까지도 가지고 있다. 그럼에도 불구하고 우리가 그것을 이해하고 사용하도록 도와줄 만한 자료가 기묘할 정도로 부족하다. 우리는 모성의 본질과 의미에 대해서보다는 우리가 숨 쉬는 공기, 우리가 여행하는 바다에 대해 더 잘 알고 있다. 성에 따른 노동 분업에 의해 문화의 제조자와 주창자, 즉 이름 짓는 사람들은 어머니의 아들들이었다. 남자들이 **생명 그 자체를 위해 여자에게 의존해야 한다**는 개념이 너무 강력하기 때문에, '여자에게서 태어났다' 는 사실을 수용하고 보상하거나 부정하려는 아들의 끝없는 노력이 너무 강력하기 때문에 남자들은 항상 괴롭힘을 당해왔다고들 한다.

　여자들도 여자들에게서 태어난다. 그러나 우리는 그 사실이 문화에 미치는 효과에 대해서는 거의 알지 못하는데, 이것은 여자들이 가부장제 사회의 제조자, 주창자가 아니기 때문이다. 출산자로서의 여성의 지위는 여자 인생의 주요한 사실이 되었다. 여자가 가지고 있는 어떤 정체성을 부정할 때, '불임의', 혹은 '자식 없는'이라는 말이 쓰였다. '아버지 아님'이라는 용어는 사회적 범주의 어떤 영역에서도 존재하지 않는다.

신체적으로 어머니가 된다는 사실이 너무 뚜렷하고 극적이기 때문에 남자들은 어느 정도 지난 후에야 비로소 그들 역시 수태에서 어떤 역할을 담당했다는 것을 깨달았다. '아버지됨'의 의미는 여전히 남성과 무관하고 애매한 채로 남아 있다. '아버지'가 보기에 아이는 생긴(beget) 것, 즉 무엇보다도 난자를 수정하게 만드는 정자를 제공하는 것을 뜻한다. '어머니'에게 아이는 지속적으로 '있음(現存)', 적어도 아홉 달 동안 지속하고, 흔히 몇 년 동안 지속하는 것을 의미한다. 어머니가 된다는 것은 첫째는 강렬한 신체적·정신적 통과의례 – 임신과 출산 – 을 통해서, 그다음에는 본능으로 생기는 것이 아니라 양육에 대한 학습을 통해서 얻어진다.

남자는 열정 때문에 혹은 강간으로 아이를 생기게 할 수 있고 그리고는 사라진다. 남자는 결코 다시는 아이나 엄마를 볼 필요가 없고 고려할 필요도 없다. 그러한 상황에서 어머니는 일련의 고통스럽고 사회적으로 무거운 선택, 즉 낙태, 자살, 영아 유기, 영아 살해, '사생아'라는 이름을 가진 아이의 양육 등 보통 가난 속에서 행해지고 항상 법률 바깥에서 이루어지는 선택에 맞닥뜨리게 된다. 어떤 문화에서 어머니는 같은 부족인들에게 살해당할 위험에 직면하기도 한다. 어머니의 선택이 무엇이든 그녀의 신체는 회복할 수 없는 변화를 겪게 되고, 어머니의 정신은 결코 예전과 같을 수 없으며 여자로서의 그녀의 미래도 그 사건에 의해서 달리 형성되어진다.

우리 대부분은 우리 어머니에 의해 양육되었거나, 혹은 사랑이든, 필요든, 돈 때문이든 우리의 생물적인 어머니를 대신하는 여자들에 의해 양육되어졌다. 역사상 항상 여자들이 출산을 도왔고 서로의 아이들을 양육했다. 대부분의 여자들은 누이든, 아주머니든, 간호사든, 교사든, 유모든,

계모든 간에 어린이를 돌보는 사람이라는 의미에서 어머니들이었다. 부족생활, 마을, 대가족, 어떤 문화든 여성의 관계는 '어머니 역할(mothering)'을 하는 과정 동안 젊은 여성, 늙은 여성, 미혼여성, 불임여성들까지 포함하고 있다. 유년에 아버지가 중요한 역할을 했던 사람들조차 아팠을 때 아버지가 꾸준히 곁에 있었다든지, 아버지가 먹이고 씻기는 하찮은 일을 했다고 기억하는 경우는 드물다. 대신 우리는 어떤 장면, 모험, 처벌, 사회적인 행사를 기억한다. 우리 대부분에게 있어 여자는 우리 유년생활의 지속성과 안정성을 - 그러나 또한 거부와 좌절까지도 - 제공했고, 우리의 일차적 감각들, 우리의 최초의 사회경험들은 바로 한 여자의 손, 눈, 몸, 목소리와 연결되어 있다.

2.

이 책 전체를 통해서 나는 모성의 두 가지 의미를 구분하려고 했다. 그 중 하나의 의미는 다른 것에 덧씌워진 것이다. 모성의 두 가지 의미 중 하나는 어떤 여자든 자신의 출산능력과 자녀에 대해 가지는 **잠재적인 관계**이고, 다른 하나는 **제도**인데, 이 제도는 그 잠재성 - 그리고 모든 여자들 - 을 남성 통제 하에 안전하게 남겨 두는 것을 목표로 하고 있다. 이 제도야말로 가장 다양한 사회적, 정치적 제도의 핵심이었다. 이 제도 때문에 인류의 반 이상이 그들 인생에 영향을 미치는 결정을 스스로 내리지 못했다. 이 제도에서 보면 남자는 진정한 의미의 아버지다움에서도 면제되었다. '사적' 생활과 '공적' 생활의 위험한 분리를 만든 것도 이 제도다. 이 제도는 인간의 선택과 잠재성을 화석화한다.

이 제도가 만든 모순 중에서도 가장 근본적이고 당황하게 만드는 것은 우리를 그 제도 속에 감금함으로써 여자들을 그 신체로부터 소외시켰다는 것이다. 역사의 어떤 시기, 어떤 문화에서 어머니로서의 여자라는 개념은 모든 여성에게 존경심, 심지어 경외심을 부여하는 작용을 했고 여자들에게 민족이나 부족의 생활에 어느 정도 발언권을 주는 작용을 했다. 그러나 우리가 기록된 역사의 '주류'라고 알고 있는 것 중 대부분에 있어 제도로서의 모성은 여성의 잠재력을 구획화하여 그 능력을 저하시켜왔다.

어머니의 힘은 두 가지 양상을 가지고 있다. 그 중 하나는 인간의 생명을 낳고 양육하는 생물적 잠재력이나 능력이고, 다른 하나는 여신 숭배든 여성에 의해 통제되고 압도당할지도 모른다는 공포의 형태든 남자가 여자들에게 만들어 넣은 마력이다. 우리는 실제로 가부장제 이전의 강력한 여성의 손에 어떤 힘이 있을 수 있었는지 아는 바가 별로 없다. 단지 추측, 소망, 신화, 환상, 유추를 할 뿐이다. 가부장제 하에서 어떻게 여성의 가능성이 모성이라는 점 때문에 철저히 말살되었는가에 대해 훨씬 더 많이 알고 있다. 역사상 대부분의 여성은 아무런 선택의 여지없이 어머니가 되었고, 많은 수의 여성들이 아이를 낳다가 그들의 생명을 잃었다.

여성들은 여성의 신체에 얽어 매임으로써 통제 당하고 있다. 초기의 고전적인 글에서 수전 그리핀은 "강간은 일종의 대중폭력이다. 강간의 희생자는 무작위적으로 선택되었기 때문이다. 그러나 남성우월주의의 선전자들은 강간이 일어나도록 만든 것은 여자라고 떠들어댄다. 정숙하지 못하기 때문에 혹은 잘못된 시간에 잘못된 장소에 있었기 때문에 – 본질적으로 여자들이 마치 자유로운 것처럼 행동했기 때문에 생긴 일이라고 한다. 강간의 공포 때문에 여자들은 밤에 다니지 못한다. 그 공포 때문에 여자들은 내내 집에 있는다. 여자들은 자극적이라고 생각될까봐 두려워서 수동적이 되고 얌전히 있게 된다."* 나중에 그리핀의 분석을 발전시켜 수전 브라운밀러는 강요되고 약정(約定)된 어머니됨은 원래 여자들이 다른 남자

* 조 프리만이 편집한 『여성: 여성주의 관점』(스탠포드: 메이필드 출판사, 1975)에 수록되어 있는 「강간: 전 미국적인 범죄」 중에서.

들의 우발적인 폭력에 대해 그들의 '보호자'(그리고 소유자)가 된 남자에게 치른 대가일 수 있다고 주장했다.* 만약 강간이 폭력이라면 어머니가 된다는 것은 징역살이였다. 모성이 반드시 그럴 필요는 없다.

　　이 책은 가부장제 하에서 규정되고 제한된 것이 아니라면 가족이나 어머니 역할에 대해 공격하려는 것이 아니다. 또 이 책은 정부통제형의 아동양육이라는 집단체계를 요구하는 것도 아니다. 가부장제에서 대중적인 자녀 양육은 단지 두 가지 목적을 가지고 있다. 개발도상의 경제나 전쟁 동안에 많은 수의 여성을 노동력으로 유입하려는 것과 미래의 시민을 세뇌시키는 것이다.** 여성의 에너지를 문화의 주류 속으로 흘러가게 하는 수단이라든지 남녀의 전형화된 성별 이미지를 변화시키는 수단으로 대중적인 자녀 양육이 고안된 적은 결코 없었다.

---

　　*『우리 의지와 상관없이: 남자, 여자, 그리고 강간』(뉴욕: 사이몬 앤 슈스터, 1975). 브라운밀러의 책에 대해 다음과 같은 여성주의 서평이 실렸다: "어머니들을 강간의 피해자라고 일반화해서 부르는 것은… 좀 지나치고 문제가 될 만한 이야기이다. 그러나 여성들이 어떤 특수한 면에서는 약하다는 점 때문에 일어날 수도 있는 범죄가 강간이다. 이때 '약점이 있다'는 말의 반대말은 '임신할 수 없다'는 말이다. 임신할 수 있음이라는 말을 파헤쳐 보면 그 말이 여성 정체성의 기본이었다는 것을 알 수 있다. 그 말은 자유의 한계, 교육의 무용성, 성장의 부정을 나타냈다. (「강간은 여러 가지 모습을 띠고 있다」, 스포크스우먼, 6권 5호 (1975.11.15)에 실린 서평)

　　** 이러한 미국적 자본주의에 세 번째 항목, 즉 이익 추구를 덧붙일 수 있다. 상표등록되어 상업적으로 운영되는 아동보육 시설들이 점차 '대기업'이 되고 있다. 그러한 시설들은 순전히 보육만을 책임진다. 인원이 너무 많아서 물리적 여유나 교육적인 융통성과 자유가 부족하고, 그곳의 선생님들은 거의 대부분 여성들로서 겨우 최소한의 봉급만 받고 있다. 싱거, 타임, 제너럴 일렉트릭 등 거대기업에서 운영하고 있는 이익추구 위주의 학령 전 기관들은 상업적인 노인기관과 흡사하게도 인간 요구를 이용하고 사회에서 가장 취약한 사람들을 이용하고 있다. 조지어 사센, 쿠키 아빈, 그리고 '기업과 아동 보육 조사 기획팀'이 연구하여『제2의 물결: 새로운 여성주의 잡지』, 3권 3호, 21-23, 38-43에 실려 있는 '기업 아동 시설'을 참고하라.

3.

　나는 모성이 여성주의 이론에 있어 중요하면서도 비교적·미개척의 영역이기 때문에 모성에 관한 책을 쓰고 싶다고 생각했다. 그러나 내가 이 주제를 선택한 것은 아니었다. 오히려 이 주제가 오래 전에 나를 선택했다.

　이 책은 나 자신의 과거에 깊이 뿌리 박혀 있고, 내가 유년기, 청년기, 부모와의 이별, 시인으로서의 내 직업의 여러 경험의 층을 파헤치는 동안에도 여전히 묻혀 있었던 내 삶의 여러 부분들과 얽혀있다. 결혼, 이혼, 죽음 등을 통해서 나는 중년의 열린 마당으로 들어왔다. 과거로 들어가는 모든 여행은 환상, 잘못된 기억, 실제 사건들에 대한 잘못된 이름들로 뒤엉켜 있다. 그러나 오랫동안 나는 임신과 양육의 세월과, 그리고 나의 아이들의 의존적인 생활로 되돌아가는 여행을 피했는데, 그것은 내가 오래 전에 해결했고 없애버렸다고 생각하고 싶어하는 고통과 분노로 되돌아가는 것을 의미했기 때문이다. 내가 모성에 대한 책을 쓰려고 생각하기 시작한 것은 내 아이들에 대한 나의 사랑이 아주 강렬하고 아주 분명해서 내게 가장 고통스럽고 이해할 수 없고 애매해 보이는 지층, 금기(禁忌)로 둘러싸여 있고 오해가 묻혀 있는 지층으로 감히 돌아갈 수 있다고 느끼기 시작하면서부터다.

　책을 쓰기 시작했을 때 나는 이것을 이해하지 못했다. 단지 여성의 삶에 있어 중요하다고 여겨지는 것을 겪었고, 슬플 때조차도 인생의 의미를 여는 핵심을 완수했다고만 알고 있었다. 또한 단지 분노, 신체적인 피로, 격분, 자기 비난, 권태, 자기 분열을 제외하면 그 당시에 대해 거의 기억할 수 없다는 것도 알고 있었다. 이러한 자기 분열은 열렬한 애정의 순간이나, 아이들의 활기찬 몸과 마음에서 즐거움을 느끼는 순간, 내가 그들을 온전하고 이기심 없이 사랑하지 못하는데도 불구하고 어떻게 아이들이 계속 나를 사랑하는지에 대해 놀라워하는 순간에는 더욱 더 강렬해졌다는 것만 기억할 수 있었다.

　나로서는 처음부터 자전적으로 흐르지 않고, '나'라는 말을 사용하지 않는 채로 이런 종류의 책을 쓰는 일은 불가능해 보였다. 그럼에도 불구하고 나는 몇 달 동안 내 인생에서 고통스럽고 문제 많은 부분으로 뛰어드는 것을 연기하거나 혹은 준비하기 위해서 역사적인 연구와 분석에 파묻혀 지냈다. 그렇지만 이 책은 내 인생의 그 부분으로부터 나온 것이다. 점차로 나는 사적이고 때로는 고통스러운 경험을 기꺼이 나누려는 태도가 있어야만 여성들이 세상에 대한 집단적인 묘사를 할 수 있고 그때 이 세상이 진정으로 우리의 세상이 될 수 있으리라고 믿게 되었다. 반면에 나는 어떠한 작가라도 어떤 잘못되고 작위적인 힘을 가지고 있다는 것도 진지하게 깨닫고 있다. 결국, 독자가 이 순간에 읽고 있는 것은 **그녀(작가)**의 해설일 뿐이고 그동안 죽은 사람을 포함해서 다른 사람들의 설명은 들을 수 없는 셈이다.

　이 책은 어떻게 보면 약점이 많은 책이다. 나는 다양한 전문 영역으로 침범해 들어가서 다양한 금기들을 깨 부셨다. 도움이 될 만한 곳에서는 전문가는 아니지만 가능한 그 학문을 이용했다. 그러한 일을 하는 동안에, "그것이 여자에게 어떠한가"라는 질문이 항상 내 마음속에 있었고, 곧 나는 남자 학자들(그리고 몇몇 여자 학자들)에게 '성차별주의'라는 용어를 쓰는 것은 너무 미약한 표현이라고 생각될 만큼 근본적인 인식의 어려움을 그들에게서 발견하게 되었다. 진실로 그러한 태도는 지적인 결함이어서 아마 '가부장주의(patrivincialism)'나 '가부장중심주의(patriochialism)'라고 불릴만한 것이었다. 즉 이것은 여성은 하위집단이라는 가설이며, '남성의 세계'가 '진정한' 세계라는 가설이고, 가부장제는 문화와 동의어이고 문화는 가부장제와 동의어이며, 역사상 '위대하고' '해방된' 시대는 남성에게나 마찬가지로 여성에게도 그랬다는 가설이고, '남자', '인류', '어린이', '흑인', '부모', '노동 계층'에 대한 일반화는 여성, 어머니, 딸, 누이, 유모, 여자 아기에 대해서도 해당되며, 보통 젖 먹이는 것 같은 어떤 특수한 기능에 대해 여기저기에서 슬쩍 언급하기만 하면 이들 여자들을 포함할 수 있다는 가설을 일컫는다. 양육에 대한 대다수 이론가들, 소아과 의사들, 정신과 의사들과 같이 '가정과 아동기'에 대한 새로운 역사가들도 남성이다. 그들의 글을 보면, 어머니 일의 '양식들'을 토론하거나 비판할 때만이 제도로서의 모성이나 다 자란 남자 어린이의 머릿속에 있는 관념으로서 모성에 대해 의문이 제기되었다. 여성들의 자료를 언급하는 경우는 거의 없었다(여성주의 역사가들이 보여주듯이 이러한 자료들이 분명히 존재하고 있지만). 사실상 엄마로서의 여성들에게 얻을 수 있는 일차적인 자료는 없다. 그리고 이 모든 것들이 객관적인 학문으로만 제시되고 있다.

최근에 이르러서야 거다 러너, 조언 켈리-가돌, 캐럴 스미스-로젠버그와 같은 여성주의 학자들이, 러너의 표현대로, "여성의 역사를 이해하는 열쇠는, 고통스럽기는 하지만, 그것이 인류 대다수의 역사라는 것을 받아들이는 데 있다… 지금까지 쓰여지고 인지되어 온 대로의 역사는 소수의 역사이고, 이 소수는 당연히 '하위집단'이라는 것이 판명되고 있다"고 주장하기 시작했다.*

나는 나 자신과 또 내가 이용할 수 있는 대부분의 자료가 가지고 있는 서구 문화적인 관점을 고통스럽게 자각하면서 글을 썼다. 고통스러운 것은 이러한 것들을 보면서 여성의 문화가 여성들이 살고 있는 남성 문화, 경계, 집단화 등에 의해서 어떻게 조각이 났는지를 알게 되었기 때문이다. 그러나, 이 시점에서는 여성 문화에 대한 어떠한 광범위한 연구라도 편파적일 수밖에 없고, 어떠한 작가라도 바라는 것—그리고 알고 있는 것—은 그녀와 같이 다른 사람들, 다양한 훈련, 배경, 수단을 가진 다른 사람들이 반쯤 묻혀 있는 이 거대한 모자이크의 다른 부분들을 짜 맞추어 완

---

* 여성주의 연구, 3권 1-2호(1975, 가을)에 실려 있는 『역사 속의 여성: 규정과 도전』 중 8쪽, 13쪽.

전한 여성의 얼굴을 만들 수 있으리라는 것이다.

감사의 글

감사를 드려야 할 사람들이 많다. 나의 세 아들이 없었더라면 이 책은 존재하지 않았을지도 모른다. 그러나 특별히 우리가 처음 서로 이야기하기 시작한 이래로 그들의 사랑, 지성, 성실성이 내게는 많은 힘이 되었다. 어머니로서 또 딸로서 나와 이야기를 나누었던 많은 여자들에게 얼마나 많은 빚을 졌는지 이루 다 말할 수가 없다. 피비 데스마래와 헬렌 스메들러는 우리의 대학 시절 이래로 시간대와 거리, 아이들, 남편들, 연인들과 생활 방식의 차이에도 불구하고 그들의 경험과 지혜를 나와 풍부하게 나누었다. 바바라 찰스워스 겔피와 알버트 겔피는, 논리와 후원 양면에 있어, 우리가 공유하고 있는 시각들에 대해 그들 나름의 관점을 각자 자유롭게 나누어주었다.

제인 쿠퍼의 상상력과 통찰력은 내 작품과 내 인생에 활기를 불어넣어주고 치유해 주는 힘을 가지고 있었다. 로빈 모간과 나는 이 책이 준비되는 동안 중요한 대화를 나누었다. 그녀의 정신과 애정은 내내 내게 중요한 힘이 되었다. 제인 알퍼트는 개인적으로는 가장 어려운 상황에 놓여있으면서도 나를 북돋아주었고 비판해주었다.

메리 델리에게서는 감정적이고 지적인 동료애를 얻었다. 나는 감정적인 동료애와 지적인 동료애를 사실 구별할 수 없다. 수전 그리핀은 아주 진지하고 대단히 애정어린 비판을 해주었다. 틸리 올슨은 그녀의 작품과 모범을 통해서, 엄격하면서도 부드럽게, 우리 모두 더욱 냉철하게 여성으로서의 우리의 숨겨진 인생과 언어를 찾아야 한다고 요구했다.

카스튼 그림스타드와 수전 레니는 그들의 우정과 그들의 글을 통해서 통찰과 비판적인 자료들과 경쟁적인 자극을 제공했다. 제니 레이몬드는 중요한 비평가로 시작해서 이제 친구가 되었다. 케네스 피치포드는 다행히 제3장에 대해 예민한 비판을 제기했다. 리차드 하워드는 제6장의 17세기 불란서 산파의 말을 우아한 영어로 옮겨주었다. 편집자인 존 베네딕트는 책을 읽으며 꼼꼼하고 정직한 반응을 보여주어서 나는 그의 많은 의견들 때문에 이 책의 구조를 명료하게 다듬을 수 있었다. 그는 여러 번 적확한 때에 적확한 단어들을 일러주었고, 여기에서 논의되고 있는 주제들에 대해 우리는 여러 번 토론을 나누었다. 미첼 클리프는 뛰어나고 도움이 되는 원고 정리자였다. 다행히도 나는 내내 출판업자인 W. W. 노턴의 지원을 받았다.

릴리 엥글러는 원고를 읽고 또 읽으면서 평을 해주었다. 그녀는 제3장에 있는 릴케의 『두에노의 비가 3』에서 인용한 시행들을 새롭게 번역해주었다. 그녀는 가장 진지한 의미에서 처음부터 이 책과 더불어 있었다.

이 책을 쓰면서 나는 여성들로부터 인용이나 미발간 논문, 인쇄본, 편지, 격려문, 협의 등의 형태로 도움을 받았고, 그 중 많은 사람들은 만난 적도 없고 거의 알지도 못했던 사람들이지만 대학세계 안팎에서 같은 계열의 일을 하고 있는 사람들이었다. 책을 빌린다든가 진행 중인 일을 서로 교환하는데 많은 편의를 보았기 때문에 얼마나 내가 활동하는 여성집단의 일부를 이루고 있는가를 구체적으로 깨닫게 되었다. 특히 알타, 캐슬린 베리, 에밀리 컬퍼러, 낸시 풀러, 리젤롯트 에랑거 글로저, 메리 하우엘, 브리지트 조단, 제인 라자르, 제인 릴리엔펠드, 헬렌 맥케나, 마리안 올리너, 그레이스 팔리, 알리스 롯시, 플로렌스 루쉬, 미라 숄츠, 엘리자베스 샨클린, 페트리샤 트랙슬러에게 감사를 드리고, 뉴욕의 웨스트 92번가의 우먼북스에서 일하는 카렌 런던과 파비 로메로 - 오크가 참고 서적들과 서한이나 대화를 나누어 준 것에 감사를 드린다. 로다 페어만과 리자 조지는 여러 단계에서 원고를 쳐주었을 뿐만 아니라 내가 그 원고들을 읽을 만한 가치가 있다고 느끼게끔 만들어 주었다. 마지막으로 시몬느 드 보부아르와 슐라미스 파이어스톤은 획기적인 여성주의의 통찰력을 보여주었고 나는 항상 그 두 사람에게 빚을 지고 있다.

말할 필요도 없이 나는 여기에 이름을 말하지 않은 많은 사람에게 도움을 받았다. 내가 감사를 드리는 누구라도 내 모든 의견과 결론에 반드시 완전히 일치하는 것만은 아니다. 책 전체를 통해 최종적인 책임은 나 자신의 몫이다.

물론 도서관들도 내게 도움을 주었다. 래드클리프 대학에 있는 슐레징거 기념 여성관련 고문서 도서관, 뉴욕의 공공 도서관, 뉴욕 의학 도서관, 뉴욕 정신분석 연구소의 A. A. 브릴 소장품, 뉴욕 사회도서관, 하버드 대학의 위드너 카운트웨이 도서관, 루트저 대학의 더글라스 대학 도서관, 국회 도서관 음악실의 조셉 히커슨과 내 친구들의 서재들을 이용하면서 많은 혜택을 입었다. 잉그램 머릴 재단은 연구비, 타이핑, 다른 실질적인 비용을 감당할 만한 기부금을 주었다. 그 재단이 내가 시를 쓰도록 격려를 보내주는 것이 더 나았을 수도 있었을 텐데도 이 책을 쓰는 일이 시를 쓰는 일만큼이나 내게 중요하다고 이해해 준 것에 감사한다.

마지막으로 내 인생에 나의 어머니가 없었더라면 내가 이 글을 쓸 수 있으리라고는 결코 상상할 수가 없다. 어머니는 지속적으로 변모와 재생의 모범을 보여 주었다. 또한 나의 여동생에게도 감사를 보낸다. 나는 여동생과 함께, 또 여동생에게서 계속 자매애, 딸이 된다는 것, 어머니가 된다는 것을 배웠고, 함께 나누고 거역할 수 없는 해방으로 향해 가는 여성의 투쟁을 배우고 있다.

뉴욕시티
1976년 2월

I

분노와 애정

> **"**
> … 이해한다는 것은 언제나 위로 상승하는 움직임이다.
> 그렇기 때문에 포괄적인 이해는 항상 구체적이어야만 한다.
> (어떤 이는 그 동굴에서 벗어나지 않고,
> 어떤 이는 그 동굴에서 나온다.)
> − 시몬느 베이유, 『최초 최후의 비망록』
> **"**

일지에서, 1960년 11월

아이들 때문에 극히 절묘한 고통을 겪게 된다. 그것은 애증의 고통이다. 격렬한 원망과 날카롭게 신경이 곤두섰다가는 곧 살인적일 정도로 빠르게 찬란한 희열과 부드러움으로 바뀐다. 때때로 내 자신이 보기에 나는 순전히 감정 때문에 이 작고 아무 죄 없는 것들을 이기심과 편협함으로 똘똘 뭉친 괴물처럼 여긴다. 아이들의 목소리는 내 신경을 지치게 만들고, 그들의 끊임없는 요구들, 특히 그들이 단순함과 인내심을 요구하면 내가 그것을 들어주지 못한 것에 절망하고 또 내 운명에 절망했다. 그것은 내게 어울리지 않는 역할을 하도록 했다. 그리고 나는 때로 분노를 꾹 참느라고 기운을 차릴 수 없었다. 죽음만이 이러한 것들로부터 나를 해방시켜 줄 것 같은 때가 있고, 사치스럽게도 낙담이야 하겠지만 사생활과 자유를 누릴 수 있는 불임여성을 부러워하는 때도 있다.*

그럼에도 불구하고 나는 아이들의 무력하고 매력적이고 거부할 수 없는 아름다움에 푹 빠져 있다. 계속 사랑하고 신뢰할 수 있는 아이들의 능력 – 그 아이들의 충실함, 품위, 비이기성. **나는 그들을 사랑하고 있다.** 그러나 바로 이 사랑의 극악(極惡)함과 필연성 때문에 고통스럽다.

1961년 4월

내 아이들에 대한 복된 사랑이 때로는 나를 집어삼키고 있고 거의 충족시키는 것처럼 보인다. – 내가 이 작고 변화무쌍한 것들에게서 느끼는 순수한 즐거움, 의존적이긴 하지만 그들에게서 사랑 받고 있다는 느낌, 나는 전적으로 부자연스럽거나 사악한 엄마는 아니라는 느낌 – 내가 이 모양인데도!

1965년 5월

아이들과 함께, 아이들을 위해서, 아이들에 대해서 고통을 겪는 것 – 어머니답게, 자기중심적으로, 신경질적으로, 때로는 무력함을 느끼면서 때로는 지혜를 배운다는 환상을 가지고 – 그러나 항상, 어디서나, 마음으로나 몸으로, 아이와 함께 – 왜냐하면 아이는 나 자신의 일부이기 때문이다.

사랑과 미움, 심지어 아이의 아동기에 대한 질투심의 흐름에 매여 있는 것; 아이가 성장하는 것을 바라면서도 두려워하는 것; 책임감에서 간절히 벗어나고 싶은 기분; 한 사람의 존재에 완전히 얽매여 있는 채로.

이상하게 원시적인 저 보호 반응, 누구든 새끼를 공격하거나 비판할

---

* 15년 전에 나는 '불임여성'이란 말을 아무 생각 없이 사용했다. 이 책 전체를 통해서 분명히 밝혀지겠지만, 나는 이제 그 용어가 저의가 있으면서도 동시에 무의미하고, 여성의 유일한 긍정적 정의가 어머니라고 여기는 여성관에 근거하고 있다고 생각한다.

때는 새끼를 방어하려는 짐승처럼 - 그러면서도 나보다 그 아이에게 더 가혹한 사람은 없다니!

1965년 11월

분노를 가라앉힌다. 아이에 대한 분노. 어떻게 해야 나는 그러한 폭력을 삭히고 오로지 아이를 보살피기만 할 수 있을까? 분노의 소멸. 의지의 승리, 하지만 그 대가는 너무나 비싸다 - 너무 지나치게 비싸다!

1966년 3월

아마 괴물일 것이다 - 여자가 아닐 것이다 - 다른 이에게서 사랑과 모성애, 환희, 정상적이면서도 매력적인 위안을 구하는 것에 의존하지 않는다면…

검토되지 않은 가설들 : 첫째, '자연스러운' 엄마는 엄마라는 것 외에 더이상의 주체성이 없는 사람으로, 하루 종일 작은 아이들과 함께 있고, 그들과 보조를 맞추는 것에서 가장 만족을 느낄 수 있는 사람이라는 것; 엄마와 아이들을 함께 집에 고립시켜두는 일이 당연하다는 것; 모성애는 철저하게 비이기적이고 마땅히 비이기적이어야 한다는 것; 아이들과 엄마들은 서로에게 고통의 '원인들'이라는 가설들이다. 나는 '무조건적인' 사랑을 가진 어머니의 전형 때문에, 또 시각적으로나 문학적으로 한결같은 주체성을 가진 어머니상 때문에 시달림을 당했다. 만약 내 모습의 일부가 이러한 모습들과 결코 조화를 이룰 수 없다는 것을 알았다면, 그러한 부분들은 비정상적이고, 기괴한 것은 아닌가? 그리고 - 이제 스물한 살이 된 큰 아들이 위의 인용문들을 읽은 후 말했듯이, "우리를 항상 사랑해야만 한다고 느끼신 것 같아요. 그렇지만 다른 사람을 매 순간 사랑하게 되는 인간관계란 없어요." 맞는 말이다, 나는 아들에게 설명하려고 애를 썼지만, 여자들 - 특히 어머니들은 - 그런 식으로 사랑하게끔 되어 있었다.

50년대와 60년대 초반부터 나는 어떤 주기가 있었던 것을 기억한다.

내가 어떤 책을 집어 들거나 편지를 쓰려고 애쓰기 시작할 때, 혹은 심지어 전화로 누군가와 이야기를 나누면서 내 목소리에 열의나 동조적인 강도가 드러나면 이 주기가 시작되었다. 아이들은 그 나름의 몽상세계에 빠지거나 그들 일로 분주하다. 그러나 일단 내가 아이를 포함하지 않는 세계로 빠져 들어가고 있다고 아이가 느끼자마자 아이는 내 팔을 잡아당기면서 도와달라고 하고, 타이프라이터의 활자판을 두드리기도 했다. 그러면 나는 그러한 순간에 아이의 욕구를 거짓된 것, 내가 단지 15분 정도도 내 자신으로 살 수 없도록 속이려는 시도라고 생각하곤 했다. 화가 치솟았지만, 나 자신을 거기에서 구조해내려는 어떠한 시도도 아무 소용이 없다는 것과 우리 사이의 불평등을 깨달았다.

나의 욕구는 항상 아이들의 욕구와 엇갈렸고, 그리고 항상 그들의 욕구에 밀렸다. 15분간만이라도 이기적이고 평화롭고 아이들한테서 떨어져 있으면 훨씬 더 잘 사랑할 수 있을 거라고 생각했다. 몇 분간만이라도! 그러나 마치 우리 사이에는 눈에 보이지 않는 실이 팽팽하게 놓여 있어서, 만약 내가–물리적인 것뿐 아니라 정신적으로도–견고하게 그어진 우리의 공동생활을 넘어서는 영역으로 움직인다면, 아이들이 버림을 받았다고 격렬하게 느낄 정도로 그 연결이 깨어지는 것 같았다. 그것은 마치 나의 태반이 아이들에게 산소를 제공하는 것을 거부하는 것과 같았다. 많은 여성들처럼, 나도 그들의 아버지가 퇴근하고 돌아오기를, 집안에 또 다른 어른이 있기 때문에 적어도 한두 시간이라도 엄마와 아이들 주위에 그려진 원이 약간 흐트러지고, 우리 사이의 강도가 약화되기를 초조하게 기다렸다.

나는 이 원, 우리가 살았던 이 자기장(磁氣場)이 자연스러운 현상이 아니라는 것을 알지 못했다.

이론적으로는 알고 있었을 것이다. 그러나 감정에 얽매이고 전통에 매여 있는 어머니라는 형태에 내 자신이 내던져지고 나니 그 형태가 파도처럼 불가항력적인 것으로 여겨졌다. 그리고, 이러한 형태 때문에–아이들과 내가 자그마하고 개인적인 감정적 덩어리를 이루면서 생긴 소우주, 그

안에서 (날씨가 나쁘거나 누군가가 아프면) 우리는 때때로 아이들 아버지 이외에는 다른 어른은 보지도 못한 채 며칠을 보내기도 했던 것 때문에 — 내가 아이한테서 벗어나는 것처럼 보일 때 아이들이 내게 무엇인가를 요구할 생각을 하도록 만들었던 **진정한 욕구가 분명히 있었다.** 아이는 나라는 사람을 통해 따뜻함, 상냥함, 지속성, 견고성이 여전히 자기를 위해 존재하고 있다는 것을 스스로에게 확신시키고 있었던 것이다. 나의 독자성, **그의 엄마로서** — 아마 희미하긴 하겠지만 또한 여성으로서 — 이 세상에서의 나의 유일성 때문에 아이는 어떤 사람이 만족시킬 수 있는 것보다 더 큰 요구를 했고, 끊임없이, 무조건적으로, 새벽부터 밤까지, 어떤 때는 한밤중에도 사랑해야만 이 욕구를 만족시킬 수 있었다.

2.

1975년 나는 어느 거실에서 여류 시인들과 저녁 시간을 보내고 있었다. 그들 가운데 몇 명은 자녀가 있었다. 한 사람이 아이들을 데리고 왔었는데, 그 아이들은 옆방에서 자거나 놀고 있었다. 우리는 시에 대하여, 영아 살해에 대하여, 그 지역에 사는 한 여성에 대하여 이야기를 하였다. 그 여성은 아이가 여덟이었는데, 세 번째 아이를 출산한 후 심한 우울증에 걸려서, 최근에 교외에 있는 자신의 집 앞 뜰에서 가장 어린아이 둘을 살해하여 머리를 베어 버렸다. 그날 방에 있던 여러 명의 여성들은 그녀가 느꼈을 절망감에 대하여 공감하면서, 그녀의 행위를 다룬 언론의 태도와 그 지역 정신보건기관의 태도에 항의하기 위하여 지방 신문사에 보내는 편지에 서명하였다. 그 방안에 있던 모든 여성들, 모든 여류 시인들은 그녀와 동질감을 느꼈다. 우리는 그 사건이 보여 준 우리 안에 있는 분노의 샘에 대하여 이야기하였다. 분노를 분출시킬 아무런 대상이 없기 때문에 우리가 아이들에 대하여 종종 느끼게 되는 살인 충동에 가까운 분노에 대하여 이야기했다. 공동의 일과 시를 논하기 위해 만난 여성으로서, 조심스럽지만 부인할 수 없는 분노를 함께 가지고 있는 여성으로서, 때로는 조심스럽고 때로는 격앙되고 때로는 재치를 섞어 가며 솔직한 어조로 대화를 나누었다. 이제 그러한 말들을 서로 나누고 또 글로 쓰고 있다. 금기가 깨어지고, 모성의 가면에 금이 가고 있다.

여러 세기 동안 아무도 이러한 감정에 대하여 감히 이야기하지 않았다. 나는 1950년대 가족중심적이고 소비지향적이며 프로이트 심리학에 젖어 있던 미국에서 어머니가 되었다. 남편은 우리가 갖게 될 아이에 대하여 열심히 이야기했다. 시부모는 손자의 출생을 고대하고 있었다. 나는 내가 무엇을 원하는지, 내가 무엇을 선택할 수 있는지 없는지 알지 못했다. 내가 알고 있었던 것은 아이를 갖는다는 것은 완전한 어른으로서 여성이 된다는 것, 내 자신을 입증하는 것, "다른 여성과 같아진다는 것" 뿐이었다.

"다른 여성과 같아진다"는 것은 내게 문제였다. 13살인가 14살 때부터 나는 단지 여성의 배역을 하고 있을 뿐이라고 생각했었다. 16살 때 내 손에는 언제나 잉크가 묻어 있었다. 당시에 유행하던 립스틱과 하이힐은 내게 감당하기 어려운 겉치레였다. 1945년 나는 본격적으로 시를 쓰기 시작하였고, 기자가 되어 전후 유럽으로 가서, 폭격으로 폐허가 된 도시에서 잠을 자며, 나치의 몰락 이후 문명의 부활을 기록한다는 환상을 갖고 있었다. 그러면서도 내가 알고 있는 모든 다른 여자아이들과 마찬가지로, 나는 여러 시간 동안 앉아서 립스틱을 능숙하게 바르려 노력하고, 스타킹의 구불구불한 선을 곧게 하려고 하고 '남자아이들'에 대하여 이야기했다. 내 인생에 이미 확연히 구분되는 두 부분이 있었던 것이다. 그러나 시를 쓰고, 여행을 하며, 스스로 생활해나가려는 환상이 내게는 보다 현실적으로 보였다. '진정한 여성'이 되려는 사람의 입장에서 보면 나는 가짜라는 생각이 들었다. 특히 어린아이를 만나면 몸이 굳어졌다. 나를 진정으로 '여성답다'고 여기도록 남자들을 속일 수 있다고 생각했지만, 아이라면 금세 나를 꿰뚫어 볼 수 있을 거라는 생각이 들었다. 이처럼 어떤 배역을 하고 있다는 느낌은, 생존을 위해 그 역할을 하는 것이 필요하다고 할지라도, 이상한 죄의식을 느끼게 만들었다.

나는 결혼한 바로 다음 날의 내 모습을 분명하고 생생하게 기억한다. 나는 마룻바닥을 쓸고 있었다. 사실 그 마룻바닥을 쓸 필요가 없었던 것 같다. 아마도 나는 어찌할 바를 몰랐던 것 같다. 그러나 나는 바닥을 쓸면서, "이제 나는 여성이다. 이것은 오래 된 행동이다. 이건 여성들이 항상 해 온 일이다"고 생각했다. 아주 오래 된 어떤 형태, 문제를 제기할 수 없을 정도로 오래된 형태에 맞추고 있다고 느꼈다. "이것이 여성들이 항상 해 온 일이다."

임신한 사실이 분명하게 겉으로 드러나게 되면서, 나는 어른이 되어 처음으로 죄의식을 느끼지 않게 되었다. 인정받고 있다는 느낌, 심지어 길에서 만난 낯선 사람들에게서조차 받게 되는 그러한 느낌은 나를 둘러싸고 있는 후광과 같았다. 그 안에서 회의와 두려움, 불만은 모두 철저하게 부정되었다. "이것이 여성들이 항상 해 온 일이다."

첫 아들이 태어나기 이틀 전, 몸에 발진이 돋았다. 잠정적으로 홍역이라는 진단을 받고, 전염병으로 병원에 입원하여 출산을 기다리고 있었다. 처음으로 나는 엄청난 두려움, 이런 식으로 내 몸을 간수하여 아이에게 "잘못을 저질렀다"는 죄의식을 태어나지도 않은 아이에게 느꼈다. 내가 입원한 병실 옆에는 소아마비에 걸린 환자가 있었다. 누구든지 내 병실에 들어오기 위해서는 병원 가운과 마스크를 착용해야 했다. 임신 기간 중에는 희미하게나마 내가 처한 상황에서 내 자신에 대한 통제력을 지니고 있었다면, 이제는 크고 활기차고 아버지 같은 남성, 낙관과 확신으로 가득 차서 내 볼을 자주 토닥거리는 남성인 산부인과 의사에게 전적으로 의존하고 있었다.

임신 기간 동안 나는 건강하게 지냈지만, 마치 진정제를 맞은 것처럼, 몽유병 환자처럼 지냈다. 나는 바느질 강좌에 들어가, 그 후 한번도 입어 본 적이 없는 어설픈 임산부용 재킷을 짜기도 했다. 아이 방에 걸 커튼을 만들고, 아이 옷을 준비하고, 몇 개월 전까지만 해도 내 자신이었던 여성을 가급적이면 지우기 위해 노력했다. 두 번째 시집이 인쇄 중이었지만, 나는 시를 쓰는 것을 그만두고 주부 잡지와 육아에 관한 책 외에는 거의 독서를 하지 않았다. 나는 세상 사람들이 나를 단지 임산부로만 인식하고 있다고 느꼈다. 아이가 태어난 후, '홍역'은 임신에 대한 알레르기 반응으로 진단이 내려졌다.

2년이 안되어 다시 임신을 했고, 나는 노트에 이렇게 글을 썼다.

1956년 11월

임신 초기에 나타나는 권태감인지 아니면 보다 근본적인 어떤 것인지 모르겠다. 하지만 요새 와서 시에 대하여, 시를 읽고 쓰는 것에 대하여 권태감과 무관심밖에 느끼지 못하고 있다. 특히 내 자신의 시와 바로 내 동료들의 시에 대하여 그러한 감정을 느낀다. 원고를 요청하는 편지를 받거나, 누군가 내 '경력'에 대해 이야기하면, 나는 글을 쓰거나 글을 썼던 사람의 책임과 관심을 모두 부정하고 싶은 강한 느낌을 갖는다.

글을 쓰는 내 생활에 있어서 진정한 휴식이 있어야 한다면, 바로 지금이 그렇게 하기에 가장 좋은 시기다. 오랫동안 나는 내 자신과 내 일에 대하여 불만을 느껴왔다.

남편은 아이를 원하는 섬세하고 따뜻한 남성으로, 50년대 전문적인 학자들의 세계에서는 흔치 않게도 기꺼이 '도움'을 주려는 사람이었다. 그렇지만 이러한 '도움'은 관대함에서 나오는 행위이며, 우리 가족에게 진정으로 중요한 것은 그의 일, 그의 전문적인 경력이라는 것이 분명히 이해되어 있었다. 사실 이러한 것은 여러 해 동안 우리 사이에서 문젯거리조차 되지 않았다. 나는 내가 작가로서 노력하는 것이 일종의 사치, 가족과는 무관하게 나만의 특별한 일이라고 생각했다. 내가 하는 일은 거의 돈벌이가 되지 않았다. 몇 시간이라도 글을 쓰기 위해서 집안일을 도와줄 사람을 고용하는 경우에는 오히려 돈이 더 들어갔다. "그는 내가 부탁하는 것은 무엇이나 내게 주려고 한다. 그렇지만 항상 먼저 요청해야 한다"고 1958년 3월에 글을 쓴 적이 있다. 나를 사랑하기 때문에 남편이 져야 하는 부담을 생각하면서 나는 우울증, 분노, 덫에 걸린 듯한 느낌을 경험했다. 그에게 부담을 짊어지게 하면서도 그의 사랑을 받고 있다는 사실에 대해 고마움을 느꼈다.

그러나 나는 내 인생의 중심을 잡기 위해 노력하고 있었다. 나는 진정으로 시를 포기한 적도 없었고, 스스로에 대하여 어느 정도의 통제력을 갖는 것을 포기한 적도 없었다. 아이들로 북적대는 캠브리지 공동 주택 뒤뜰에서의 생활, 계속 반복되는 빨래, 밤잠을 설치는 일, 평화로운 시간이나 사색 시간의 방해, 진지하고 헌신적으로 자신의 행복과 남편의 장래를 위해 헌신하는 젊은 아내들, 일부는 고학력자인 아내들이 불란서 요리를 놓고, 특별한 노력을 기울이지 않는 척하면서 전문 요리사의 태도를 흉내내려는 우스꽝스러운 저녁 파티, 세상이 여성을 전혀 진지하게 여기지 않는 상황 – 이러한 모든 것들을 그 당시에 다 분석하지는 않았지만 내 자신의 인생을 새롭게 만들어야 한다는 것은 알고 있었다. 나는 그 당시 중산층 사회에서 흔히 그런 것처럼 우리들, 대학집단에 속한 여성들도 여가를 즐기는 빅토리아 시대 숙녀, 가정의 천사, 빅토리아 시대 요리사, 주방의 하녀, 세탁부, 가정교사, 보모의 역할을 모두 해내도록 요구받고 있다는 것을 깨닫지 못했다. 나는 단지 잘못된 혼란 때문에 내가 소모되고 있다고 느꼈고, 내 인생에서 핵심적인 것만을 남길 수 있기를 간절히 원했다.

1958년 6월

지난 여러 달 동안 나는 많은 자극을 받았고, 이것들은 분노로 깊어갔다. 恨, 사회와 내 자신에 대한 환멸, 세상과의 충돌, 걷잡을 수 없는 거부감을 겪었다. 도대체 무엇이 긍정적인 것인가? 아마도 내 인생을 새롭게 하려는 시도, 단지 표류하고 시간이 흘러가버리도록 하지 않는 노력…

내 앞에 놓인 일은 심각하고 어렵고, 심지어 계획조차도 명확하지 않다. 정신과 영혼을 단련하는 일, 독특한 표현, 매일의 존재에 질서를 잡는 일, 자아를 가장 효과적으로 활동시키는 일, 이러한 일들이 내가 가장 성취하려고 하는 일들이다. 지금까지 내가 시작할 수 있었던 유일한 일은 시간을 덜 낭비하는 일이다. 그것이야말로 거부하려고 하는 것이기도 하다.

1958년 7월이 되었을 때, 나는 다시 임신을 했다. 세 번째, 그리고 내가 마지막이라고 결심한 아이의 새 생명은 내게 일종의 전환점이었다. 나는 내 육체가 나의 통제 하에 있지 않다는 것을 알게 되었다. 나는 세 번째 아이를 임신할 생각이 없었다. 나는 또 다시 임신하는 것, 아이 한 명이 더 생긴다는 것이 내 몸과 정신에 어떤 의미를 갖고 있는지를 그 어느 때보다 잘 알고 있었다. 그렇지만 낙태를 생각하지는 않았다. 어떤 의미에서 보면 세 번째 아이는 그 아이의 형들보다 더 적극적으로 선택한 아이였다. 나는 그 아이를 가졌다는 것을 알게 되었을 때 더 이상 몽유병 환자처럼 지내지 않았다.

1958년 8월 (버몬트)
나는 이른 아침, 언덕 위의 집 동쪽 창문으로 햇빛이 비칠 때, 이 글을 쓰고 있다. '아이'와 함께 아침 5시 30분에 일어나 아이를 먹이고 아침을 먹었다. 오늘 아침은 드물게도 끔찍한 우울증과 육체적인 피로감을 느끼지 않았다.

… 나는 아이를 더 가질 생각을 하지 않았을 것이며, 그렇게 멀지는 않지만, 다시 한 번 자유롭게 되고, 육체적으로 그렇게 피곤하지 않으며, 어느 정도 지적이고 창조적인 생활을 할 수 있을 때를 고대하기 시작했다는 사실을 자신에게 인정해야 한다… 이제 내가 발전할 수 있는 유일한 방법은 현재 내 생활에서 가능한 것보다 훨씬 열심히, 보다 지속적으로, 보다 일관되게 일하는 것이다. 아이가 하나 더 생긴다는 것은 이것을 다시 몇 년 더 연기해야 한다는 것을 의미한다. 그리고 내 나이에서 몇

년은 가볍게 넘길 수 없는 중요한 시간이다.

그러나 아무튼, 그것을 자연이라고 부르든 인간의 숙명이라고 부르든, 무엇인가가 나로 하여금 이미 내 자신의 일부로서 피할 수 없다고 인정하게끔 만들었고, 대항하여 싸워야 할 것이 아니라 표류, 정지, 정신적인 죽음에 대항하여 싸울 수 있는 또 다른 무기로 받아들여야 한다고 인정하도록 만들었다. (왜냐하면 내가 두려워해 온 것은 사실은 죽음이었기 때문이다. 시와 삶의 창조물로 뚜렷하고 자율적인 자아를 탄생시키기 위해 내 전 생애를 싸움으로 점철시켜 온 특징들이 산산이 부서져 죽음에 이르게 될지도 모른다고 두려워했다.)

노력을 더해야 한다면, 나는 그렇게 할 것이다. 절망을 더 많이 견뎌야 한다면 나는 그것을 정확히 예상하고 견뎌낼 수 있다고 생각한다.

그러면서도 신기하고 전혀 예상치 않았는데도 우리는 진정으로 우리 아이의 탄생을 기뻐하고 있다.

물론 세 번째 아이의 출생을 내 자신의 사형 집행 영장이 아니라, "죽음에 대항하여 싸울 수 있는 또 다른 무기"라고 생각하게 만들만큼 정신적인 여유 이외에도 경제적인 여유가 있었다. 관절염이 계속 재발하였지만, 내 몸은 건강했다. 나는 산전 건강관리를 잘해냈다. 그리고 우리는 영양 실조를 겪으며 살지는 않았다. 나는 내 아이들이 모두 잘 먹고, 잘 입고, 신선한 공기를 마실 수 있으리라는 것을 알고 있었다. 사실 그렇지 않을 수 있으리라는 생각을 해 본 적이 없었다. 그러나, 다른 한편 그러한 물리적인 환경을 넘어 그밖에 확실한 것은 거의 없었다. 단지 내가 내 아이들의 인생을 통하여, 그들의 인생에 맞서서, 그들의 인생과 더불어, 내 인생을 위하여 싸우고 있다는 것을 알고 있었다. 나는 내 자신을 탄생시키기 위하여 노력하고 있었다. 그리고 어느 정도 냉혹하게, 또 어렴풋이 임신과 출산까지도 그러한 과정에 이용할 결심을 하고 있었다.

세 번째 아이가 태어나기 전에 나는 더 이상 아이를 갖지 않기 위해서 불임 수술을 받겠다고 결심했다.(이 수술을 받는다고 해서 여성의 몸에서 제거되는 것은 아무 것도 없다. 배란과 월경도 계속된다. 그렇지만 마치 예전에 '불임'이라는 단어가 영원히 공허하고 무엇인가 결핍된 여성을 가리켰듯이, 불임 수술이라는 그 단어는 여성의 본질적인 것을 단절시키거나 태워버리는 것을 암시한다.) 비록 남편은 내 결정에 찬성을 하였지만, 그렇게 하면 내가 "덜 여성적인 것처럼" 느끼지 않겠느냐고 물었다. 수술을 받기 위해서는 그 수술을 승인하는 의사위원회에 남편이 서명한 편지를 제출해야 했는데, 그 편지에 내가 이미 세 명의 아이를 낳았고, 더 이상 아이를 갖지 않으려는 이유를 설명했다. 몇 해 동안 류마티스성 관절염을 앓고 있었기 때문에, 수술 결정을 내리기 위해 남성들로만 구성된 위원회가 수긍할 만한 이유를 댈 수 있었다. 세 번째 아이를 출산한 후 24시간이 지나 마취에서 깨어났을 때, 젊은 간호사가 내 차트를 보며 차갑게 말했다. "불임수술을 받으셨죠?"

최초의 산아제한 운동가였던 마가렛 생거는 20세기 초에 그녀에게 편지로 피임에 관한 정보를 간청하던 수백 명의 여성들은 모두 이미 태어난 아이들에게 보다 나은 어머니 역할을 하기 위해서 건강과 힘을 원하고 있다고 말했다. 아니면 임신에 대한 두려움 없이 남편에게 육체적으로 애정을 나타낼 수 있기를 바란다고 말했다. 그 어느 누구도 어머니의 역할을 완전히 포기하거나 편한 생활을 원하고 있지 않았다. 이 여성들은—대부분 가난하고, 상당수가 아직도 10대였으며, 모두 이미 여러 명의 자녀를 두고 있었다—단지 자신들이 가족에게, 계속해서 보살피고 돌봐야 할 가족에게 "제대로" 해주고 있지 못하다고 생각했을 뿐이었다. 그러나 여성이 자신의 몸을 어떻게 사용해야 할지에 관한 최종적인 결정권을 여성 자신이 갖게 될 수도 있다는 생각은 강한 두려움을 일으키고, 지금도 그 두려움이 남아 있다. 마치 어머니의 고통, 일차적으로 여성을 어머니와 동일시하려는 생각이 인간 사회의 감정적인 토대를 만드는데 필요하기 때문에, 그에 대해 문제를 제기하지 못하게 하는 것부터 시작해서 모든 단계에서 여성이 그러한 고통에 맞추어나가기를 망설인다든가 그 고통을 없애려고 하면 그것에 맞서 싸우려고 하는 것처럼 보인다.

3.

"Vous travaillez pour l'armee, madame?"(군대를 위해서 일하세요?) 베트남 전 초기에 내가 아들 셋을 두었다는 소리를 듣고 어떤 프랑스 여성이 한 말이다.

1965년 4월
　　분노, 권태, 낙담, 갑작스럽게 터져 나오는 울음, 그 순간에 그리고 영원히 부족하다는 느낌…

　　'큰아들'에 대한 나의 거부감과 분노, 나의 육체적 생활, 평화주의, 성(단지 육체적인 욕망만을 의미하는 것이 아니라, 보다 넓은 의미를 갖고 있다) 간에 뒤얽힌 관계 때문에 마비되어 — 내가 그 상호연결성을 알고 그 관계를 타당하게 만들 수만 있다면, 내 자신을 회복하고 명석하고 열정적으로 일할 수 있을 텐데 — 그렇지만 이처럼 엉켜있는 어두운 그물에 얽혀 나는 안팎으로 어쩔 줄을 모른다.

　　나는 울고 또 운다. 그리고 무력감이 암세포처럼 내 존재 전체로 펴져 나간다.

1965년 8월, 오전 3시 30분
　　내 인생에 보다 엄격한 규율이 필요하다.
　　맹목적인 분노가 부질없다는 것을 인정하자.
　　사회활동을 제한할 것.

아이들이 학교에 가고 없는 시간을 일과 고독을 위해 보다 잘 이용할 것.

내 나름의 생활방식에서 벗어나지 말 것

낭비를 줄이자

시에 대해 보다 엄격해질 것.

가끔 누군가 내게 "아이들에 대해서는 시를 쓰지 않으세요?"라고 묻곤 하였다. 우리 세대의 남성 시인들은 자기 아이들에 대하여, 특히 딸에 대하여 시를 쓴다. 내게 있어서, 시는 내가 그 어느 누구의 어머니가 아니라 나 자신으로 존재하는 영역이었다.

내게 있어서 좋은 순간과 나쁜 순간은 분리할 수 없다. 아이들에게 젖을 먹일 때, 아이의 눈이 내 눈을 향하여 완전히 열려져 있는 것을 보면서, 우리는 서로에게 단지 입과 가슴으로서만이 아니라 서로의 눈빛, 그 짙은 푸른 눈의 깊이와 평온, 열정을 통해 서로 연결되어 있다는 것을 깨달았던 때가 기억난다. 죄의식을 느끼면서도 음식을 중독된 듯이 먹으며 느끼던 쾌락을 제외하고 다른 육체적 쾌락을 갖지 못하던 때에 아이가 내 젖을 빨면 느껴지던 즐거움이 기억난다. 우리 중 어느 누구도 선택하지 않은 싸움에 참가하고 있다는 갈등, 끝없는 의지의 싸움에 방관자이면서도 좋든 싫든 적극적인 참가자가 되기도 해야 하는 데서 오는 갈등이 기억난다. 이러한 것들이 7살이 안 된 아이가 셋 있다는 것이 내게 의미하는 바였다. 그러나 나는 또한 아이 하나 하나의 몸, 그 호리호리한 몸, 유연함, 부드러움, 아름다움, 남성의 몸은 단단해야 한다고 배우지 않은 남자아이의 아름다움을 기억한다. 아이의 악몽에 대답해주기 위해서, 이불을 덮어주기 위해서, 젖병을 데우기 위해서, 반쯤 깬 아이를 화장실로 데려가기 위해서, 그나마 선잠에서조차 깨어나야 했던 때를 기억하고 있다. 다시 자려고 해도 완전히 잠이 깨버려서, 화가 나서 어찌할 바를 모르던 것도 기억나고, 잠을 설쳤기 때문에 다음 날은 엉망이 되고 피곤해져서 아이들이 이해하지 못할 이유로 아이들에게 화를 낼 것이고 결국 아이들이 또

악몽을 꾸면 나는 또 그들을 계속 달래줘야 하리라고 생각하면서 다시 잠자리로 돌아가던 때를 기억한다. 다시는 꿈을 꾸지 못할 거라고 생각했던 일도 기억난다.(젊은 어머니의 무의식─여러 해 동안 꿈을 꿀 수 없다면 도대체 무의식은 그 메시지를 어디에다 표현할까?)

여러 해 동안 나는 내 아이들 인생의 첫 십년을 회고해 보기를 꺼려했다. 그 시절에 찍은 스냅 사진을 보면, 산모 옷을 입고 있거나, 반쯤 벌거벗고 있는 아이에게 구부리고 서서 웃고 있는 젊은 여자가 있다. 점차적으로 그녀는 웃지 않게 되었고, 무엇인가에 귀를 기울이고 있는 것처럼 멍하고 반쯤은 우울한 표정을 하고 있다. 내 아들들이 나이를 먹어가는 동안, 나는 내 자신의 삶을 바꾸기 시작했다. 우리는 동등한 입장에 서서 말하기 시작했다. 내가 결혼생활을 끝내고, 아이들 아버지의 자살까지 우리는 함께 겪어냈다. 우리는 살아남았고, 서로를 함께 묶어주는 강한 유대감을 가진 네 명의 서로 다른 독특한 사람들이 되었다. 나는 항상 그들에게 진실을 말하려고 노력했기 때문에, 또 그들이 새롭게 독립을 할 때마다 그것이 내게 보다 많은 자유를 의미했기 때문에, 우리가 서로 다른 것을 원할 때조차도 서로를 신뢰했기 때문에, 그들은 꽤 어린 나이에 이미 자립적이고 낯선 것도 잘 받아들이게 되었다. 내 분노와 자기 질책을 겪으면서도 그들이 여전히 내 사랑과 서로 간의 사랑을 믿을 수 있다면 강해질 수 있을 거라고 생각했다. 그들의 삶은 평탄하지 않았고, 앞으로도 평탄하지만은 않을 것이다. 그러나 그들의 존재 자체가 바로 내게 선물인 것 같다. 그들의 생명력, 유머, 지성, 친절, 삶에 대한 애정, 때때로 그들의 서로 다른 인생의 흐름이 나의 삶과 하나로 합쳐지는 것이 내게는 선물처럼 여겨진다. 그들의 치열한 어린 시절과 나의 치열한 어머니 역할을 통하여 어떻게 해서 우리 자신을 그리고 서로를 인정할 수 있게 되었는지 나는 알지 못한다. 아마도 그러한 상호인정은 사회적이며 전통적인 상황에 가려져 있었지만, 어머니 가슴에서 젖을 빠는 아이와 어머니가 서로 처음 응시할 때부터 이미 존재하고 있었을 것이다. 그렇지만 나는 내가 누구의 어머니도 되지 말았어야 한다고 여러 해 동안 생각했었다. 내 자신의 욕구를 강렬히 느끼고, 종종 그 욕구를 격렬하게 표현하기 때문에 나는 나 자신을 칼리(Kali), 메데아, 새끼를 삼켜버린 암퇘지, 여성다움에서 도망치려는 여성답지 못한 여성, 니체가 말하는 괴물이라고 여러 해 동안 생각하고 있었다. 심지어 지금도 옛날의 일기를 다시 읽으면 기억이 되살아나 슬픔과 분노를 느낀다. 그러나 그 분노의 대상은 더 이상 내 자신과 아이들이 아니다. 나는 그 시절 내 자신을 낭비한 것 때문에 슬픔을 느끼며, 사랑의 위대한 원천이자 경험인 어머니와 자식의 관계를 훼손시키고 조작한 것에 대하여 분노를 느낀다.

1970년대 어느 이른 봄날, 나는 거리에서 젊은 여자 친구를 만났다. 그녀는 가슴에 밝은 색의 면띠를 둘러서 어린아이를 안고 있었다. 아이의 얼굴은 그녀의 블라우스에 눌려 있었고, 작은 손으로 엄마 옷을 쥐고 있었다. "몇 살이에요?" 하고 묻자 "이주일밖에 안 됐어요"라고 아이의 엄마가 대답했다. 나는 놀랍게도 다시 한 번 그렇게 작고 새로운 존재가 내 몸에 매달려 있었으면 좋겠다는 열렬한 갈망을 느꼈다. 자궁 속에 웅크린 채 있었던 것처럼, 아이는 어머니의 가슴 사이에서 웅크리고 매달려 잠자고 있었다. 그 젊은 어머니는−이미 세 살 된 아이가 있었다−이러한 새로운 존재, 완전무결한 존재를 가진 순수한 즐거움을 얼마나 빨리 잊어버리는지에 대해 말했다. 그리고 나는 회상에 젖어 부러움을 느끼며 그녀와 헤어졌다. 그렇지만 나는 다른 것도 알고 있었다. 그녀의 생활이 결코 간단하지 않으리라는 것을, 그녀가 네 살이 안 된 아이가 둘 딸린 수학자라는 것, 그녀는 지금까지도 다른 사람의 리듬에 맞추어 살고 있다는 것, 어린아이의 규칙적인 울음뿐만 아니라 세살박이의 요구에 맞춰, 그리고 남편의 문제에 맞춰 살고 있다는 것을 알고 있다. 내가 살고 있는 건물에는, 여성들이 아직도 혼자서 아이를 키우며, 매일 집 안에서 빨래를 하고 세발자전거에 탄 아이를 공원으로 데리고 가고, 집에 돌아오는 남편을 기다리며 살고 있다. 서로 아이를 돌봐주기도 하고 놀이방에 있으며, 주말에는 남편들이 유모차를 밀기도 하지만, 육아는 여전히 개별적인 여성의 개인적인 책임이다. 나는 이 주일된 아이를 가슴에 안고 있는 그 느낌을 부러워한다. 하지만 꼬마들로 가득 찬 엘리베이터, 셀프서비스 세탁소에서 울부짖는 어린아이, 겨울이 되면 집에 갇힌 일곱 살, 여덟 살짜리 아이들이 오직 한 사람의 어른에게만 자신들의 욕구불만을 토로하고 위로와 생활의 토대를 얻으려고 하는 아파트를 부러워하지는 않는다.

4.

그러나 이러한 것이 인간의 조건이며, 고통과 즐거움, 욕구불만과 성취감은 서로 얽혀 있다고 해야 할 것이다. 나는 15년이나 18년 전에도 똑같은 이야기를 내 자신에게 했을 수 있다. 그러나 가부장적인 모성제도는 강간, 매춘, 노예제도가 그렇지 않은 것처럼 '인간의 조건'이 아니다.(인간의 조건에 대하여 거창하게 말하는 사람들은 보통 성, 인종, 노예제도 등 그러한 억압에서 가장 제외된 사람들이다.)

어머니의 역할은─정복과 노예제, 전쟁과 조약, 개척과 제국주의 역사에서 언급되지 않았던─역사를 가지고 있으며, 나름대로의 이데올로기가 있으며, 그것은 부족주의나 민족주의보다 더 근본적인 것이다. 계급과 피부색이 어떻든, 어머니로서 개인적이며 사적인 것처럼 보이는 나의 고통, 그리고 내 주위, 내 앞의 어머니들이 겪는 개인적이며 사적인 것처럼 보였던 고통, 모든 전체주의 체제와 사회주의 혁명에서 남성이 여성의 생식능력을 통제하는 것, 남성들이 법이나 기술을 동원해서 피임, 가임능력, 낙태, 산과학, 부인학, 자궁 외 임신 실험을 통제하는 것은 모두 가부장제의 본질적인 모습이며, 이 제도 하에서는 또한 어머니가 아닌 여성의 지위가 부정적이고 의심스러운 것으로 여겨진다.

가부장적인 신화, 꿈의 상징주의, 신학, 언어를 통틀어, 두 가지 개념이 나란히 흘러 내려오고 있다. 그중 하나는 여성의 육체가 불결하고 타락하였으며, 배출과 출혈의 장소이며, 남성다움을 위태롭게 하는 것이며, 도덕적, 육체적 오염의 원천이고 "악마의 출입구"라는 것이다. 또 다른 하나는, 어머니로서의 여성은 은혜를 베풀며, 성스럽고, 순수하며, 무성(無性)이고, 풍요롭게 하는 존재라는 것이다. 그리고 어머니가 될 수 있는 육체적 능력—출혈을 하고 신비로움을 간직한 바로 그 육체—은 여성의 유일한 운명이며, 존재 이유인 것이다. 이러한 두 가지 개념은 여성 안에 깊이 내재되어 왔으며, 심지어 가장 자유로운 삶을 영위하고 있는 것처럼 보이는, 우리들 중 가장 독립적인 여성에게조차 내재되어 있다.

서로 상충되면서도 각각 순수하게 이 두 가지 개념을 유지하기 위하여, 남성의 상상력은 여성을 선과 악, 가임 여성과 불임 여성, 순수와 불결 사이에 양극화된 존재로 나누었고, 우리를 그에 따라서 보고 여성들도 그렇게 보도록 강요해왔다. 빅토리아 시대의 무성(無性)적이고 천사 같은 아내의 개념이 지배하는 시대의 창녀는 이러한 이중적인 사고방식이 만들어 낸 제도였는데, 그것은 여성의 실제 성욕과 전혀 상관이 없고, 여성에 대한 남성의 주관적인 경험이 만들어 낸 것이다. 이러한 사고방식의 정치적, 경제적 편법을 가장 뻔뻔스럽고 극적으로 보여주는 예는 성차별주의와 인종차별주의가 하나로 통합된 것이다. 사회역사학자 A.W. 칼하운은 흑백혼혈이 보다 가치 있는 것으로 여겨졌기 때문에, 백인 농장주의 아들들이 의도적으로 보다 많은 흑백혼혈 노예를 생산하기 위해서 흑인 여성들을 강간하도록 조장되었다고 설명한다. 그는 19세기 중반의 남부인 두 사람의 여성관을 다음과 같이 인용한다:

노예제에서 백인이 지는 가장 무거운 인종적 부담은 강한 성적 본능을 가지고 있으면서 성적인 도의심은 결핍된 흑인 여성들이 백인 남성의 집 문 앞이나 사는 곳까지 찾아오는 것이다. …

노예제도 아래에서 저항력이 약해지는 곳에서는 음탕한 혼혈여성의 음흉한 영향 때문에 백인 문명의 완전성이 공격당한다. 상류층의 백인 어머니와 백인 아내의 강건한 순수성이야말로 백인의 미래의 순수성을 보증하는 것이다.[1]

강간 때문에 어머니가 되면 그것을 비하시키는 것에 그치지 않고, 강간을 당한 여성은 범죄자, **공격자**로 변한다. 그러나 누구 때문에 흑인 여성이 백인 남성이 있는 집 문 앞으로 찾아 왔으며, 누구의 성적 도의심이 부족해서 경제적인 값어치가 있는 혼혈 아이들이 생겨났는가? '강한 성적 본능'이 결핍되어 있다고 여겨졌기 때문에 '순수한' 백인 어머니와 아내 또한 백인 농장주에 의해 강간을 당했던 것은 아닌가라는 질문을 해 보았는가? 미국 남부에서는 다른 지역에서와 마찬가지로 경제적인 필요 때문에 아이를 낳아야 했다. 흑인이건 백인이건 어머니는 이러한 목적을 위한 수단이었다.

'순수한' 여성도 '음탕한' 여성도, 소위 말하는 정부도 여자 노예도, 자신을 암컷으로 비하시켰다고 칭찬받는 여성도, '노처녀' 혹은 '동성애를 하는 여성'이라서 업신여김을 당하고 벌을 받는 여성도, 그 어느 누구도 여성의 육체(그리고 이 때문에 여성의 정신)를 비하시키는 데에서 진정한 독립과 인격을 달성하지 못하였다. 그러나 종종 무력한 사람들에게는 당장 눈에 보이는 이익이 거의 유일한 이익이라는 이유 때문에 우리도 이러한 비하를 존속시키는 데 일조를 해왔다.

5.

육아와 영아 심리에 관한 대부분의 문헌은 개인성을 얻어가는 과정을 본질적으로 아이의 '드라마'라고 가정해왔다. 좋건 나쁘건 주어진 조건으로서 부모 중의 한 사람, 혹은 두 사람을 좋아하거나 그들에게 반발하면서 전개되는 드라마라고 생각해왔다. 내 자신이 아직도 완성을 이루지 못하고 있다는 것을 알고 있었을 때, 내가 어머니라는 사실도 내게 주어진 조건 중의 하나라고 깨달을 수 있도록 나를 준비시켜 주지는 못했다. 내가 읽는 지침서에 나타나는 평온하고 확실하고 확신에 찬 여성은 나와는 엄청나게 달라보였다. 내가 몸에 담고 있었고 지금은 내 팔에 안겨 젖을 먹고 있는 존재 사이에 이미 형성되어 있는 강렬한 관계를 받아들일 수 있도록 나를 준비시켜 준 것은 확실히 아무도 없었다. 임신기간과 육아기간을 통틀어 여성은 긴장을 풀고 성모마리아와 같은 평온함을 흉내내라는 요구를 받는다. 첫째 아이를 갖게 되면서 생기는 정신적 위기, 오랫동안 묻혀 있다가 갑자기 떠오르게 된 자신의 어머니에 대한 느낌, 강함과 무력함이 뒤섞여 있는 감정, 한편으로는 압도되었다는 느낌, 다른 한편으로는 새로운 육체적, 정신적 가능성에 이르게 되었다는 느낌, 유쾌하고 당황스럽고 피곤할 정도로 민감해진 감수성에 대하여 아무도 말하지 않는다. 그렇게 작고, 그토록 의존적이며 내 안에 갇혀 있는 존재, 자기 자신의 일부이면서 동시에 아직은 일부가 아닌 존재에게 끌리는, 마치 연애를 시작하고 얼마 지나지 않았을 때처럼 맹목적이면서 압도적인 끌림이 주는 야릇함에 대해 아무도 언급하지 않는다.

아이를 돌보는 어머니는 처음부터, 계속해서 변화하는 대화, 아이의 울음소리를 듣고, 가슴에서 젖이 도는 것을 느낄 때, 아이가 처음 젖을 빨기 시작하면서 자궁이 수축하고 정상으로 돌아가기 시작할 때, 얼마 지나서 아이가 젖꼭지를 가지고 장난을 치며 한때 자신이 속했던 자궁 속으로 육체적인 즐거움의 물결을 보낼 때, 혹은 잠자면서도 젖 냄새를 맡고 젖꼭지를 열심히 찾기 시작할 때와 같은 순간에 구체화되는 대화에 참여하고 있는 것이다.

아이는 어머니의 응답하는 몸짓과 표현에서 처음으로 존재 의식을 갖게 된다. 그것은 마치 어머니의 눈과 쓰다듬는 손길에서 아이가 처음으로 "너는 거기에 존재하고 있구나!"라는 메시지를 읽는 것과 같다. 그리고 어머니도 새롭게 자신의 존재를 발견한다. 그녀는 과거 자신이 어머니와 맺었던 깊은 관계를 제외하고 그 누구와도 가져보지 못했던 방식으로, 가장 인간적이고 보이지 않는 끈에 의해 다른 존재와 연결되어 있다. 그리고 또한 그녀는 일 대 일의 강렬한 관계에서부터 새로운 자아의 실현, 혹은 자아의 새로운 모습을 얻기 위해서 노력해야 한다.

아이에게 젖을 먹이는 행위는 성행위처럼 강렬하고, 육체적으로 고통스러우며, 결핍감과 죄의식이라는 문화적 감정에 지배를 받을 수 있다. 아니면 성행위처럼 육체적으로 달콤하고, 근본적으로 위안을 주는 경험으로서, 부드러운 육체적 쾌감을 얻을 수도 있다. 그러나 연인들이 성행위 후에는 서로 떨어져 개인이 되듯이, 어머니도 아이로부터, 아이는 어머니로부터 이유를 해야 한다. 육아 심리에 있어서, 강조되고 있는 것은 아이를 위하여 "아이를 놓아 주는 것"이다. 그러나 어머니는 자신을 위해서도 마찬가지로, 어쩌면 그 이상으로 아이를 놓아 줄 필요가 있다.

특정한 아이와 맺게 되는 강렬하고 상호적인 관계라는 의미에서 모성은 여성적인 과정의 한 부분이다. 그것은 언제까지나 이어지는 정체성은 아니다. 40대의 가정주부가 농담 삼아 "나는 일자리를 잃은 사람 같아요"라고 말했다. 그러나 사회의 눈으로 보아 한때 어머니였던 우리가 항상 어머니가 아니라면 무엇인가? '아이를 떠나 보내는' 과정은 — 그렇게 하지 않으면 비난을 받게 되긴 하지만 — 가부장적 문화에 대한 일종의 반란 행위이다. 그러나 아이를 떠나보내는 것만으로는 충분하지 않다. 우리도 돌아갈 자신의 자아가 필요하다.

아이를 낳고 길렀다는 것은 가부장제가 여성다움의 정의로 바꿔놓은 생리기능과 관련된 일을 했다는 것을 의미한다. 그렇지만 그것은 또한 자기 자신의 육체와 감정에 대한 강한 경험을 했다는 것을 의미한다. 우리는 육체적인 변화뿐만 아니라 우리 개성이 변화하는 느낌을 경험한다. 우리는 종종 고통스러운 자기 수양과 스스로를 태우는 과정을 통하여 여성에게 '천성적인' 자질이라고 여겨지는 인내와 희생을 겪을 뿐 아니라 한 인간을 사회화시키기 위한 끊임없이 하찮고 반복적인 일을 기꺼이 반복하려는 태도를 배운다. 또한 우리는 종종 스스로 놀라면서도 우리가 알고 있는 그 어떤 감정보다도 강렬하고 격렬한 애정과 폭력의 감정이 한꺼번에 넘쳐흐르는 것을 경험한다.(유명한 평화주의자인 어떤 여성은 최근 연단에 서서 말하기를 "누구라도 내 아이에게 손을 대면 죽여버리겠다"고 했다.)

이와 유사한 경험을 쉽사리 무시해 버릴 수 없다. 여성들이 육아에 따르는 끊임없는 요구 때문에 진저리를 내지만, 아이들이 커가면서 자신으로부터 독립해 가는 것을 인정하는 데 어려움을 겪는다는 것, 그리고 급하게 자신을 찾을지도 모르고 자신을 필요로 할지도 모르는 상황을 위해 항상 집에 있으면서 경계하고 귀를 기울이고 있어야 한다고 생각하는 것은 놀라운 일이 아니다. 아이들은 자란다. 완만한 곡선이 아니라 들쭉날쭉하게, 날씨만큼이나 변덕스럽게 자란다. 문화 '규범'은 여덟 살이나 열 살 먹은 아이한테 어느 시기에 어떤 성을 띄게 될지, 비상상황, 고독, 고통, 배고픔에 어떻게 대응해야 할지를 알려주는 데 거의 아무런 대책이 없다. 미로 같은 청소년기가 시작되기 훨씬 이전부터 인간 존재는 결코 직선적으로 진행되는 것이 아니라는 사실을 항상 인식하게 된다. 여섯 살 된 아이도 인간이기는 마찬가지이기 때문이다.

부족문화, 심지어 봉건문화에서 여섯 살짜리 아이는 본격적인 책임을 담당하고 있었다. 그렇지만 아이들은 아무런 책임도 지지 않는다. 또한 아이들과 함께 집에 있는 여성 또한 특별히 어떤 일을 하고 있다고 여겨지지도 않는다. 그녀는 단지 모성 본능에 따라 행동을 하며, 남성이 맡으려고 하지 않는 잡일을 하며, 대부분 자신이 하는 일의 의미에 대해 비판적인 시각을 가지지 않는다고 여겨진다. 따라서 오직 대가를 받는 노동에 참여하고 있는 성인 남성과 여성만이 '생산적인' 사람으로 여겨지기 때문에 어머니와 아이는 둘 다 경시된다.

어머니와 아이 간의 관계는 단지 가부장제 사회의 권력 관계를 반영하는 경우가 많다. "네게 좋은 것이 무엇인지 내가 알고 있으니까 너는 이것을 해야 한다"는 말은 "내가 그렇게 하도록 시킬 수 있으니까 이것을 해야 한다"는 말과 구별하기 어렵다. 힘이 없는 여성들은 자신이 어머니임을 이용해서 권력에 대한 자신들의 인간적인 의지를 드러내고, 세상이 그들을 괴롭힌 만큼 다시 세상에 되돌려주려는 욕구를 방출하기 위해 어머니라는 좁고 깊은 통로를 이용해왔다. 씻기려고 아이의 팔을 잡아끌고 갈 때, 싫어하는 음식을 '한입만' 더 먹이려고 어르고, 겁주고, 달랠 때, 그 아이는 '훌륭한 어머니 역할'이라는 문화적 전통에 따라 양육되는 아이 이상의 것이다. 먼지나 음식과 같이 자기 의지가 없는 대상을 제외하면 다른 어떤 대상에 대하여 극히 제한된 영향력을 가진 여성에 의하여 그 아이는 영향을 받고, 여성에게 아이는 변경될 수 있는 현실, 세상의 일부분이다.

6.

처음으로 임신을 한 스물여섯의 젊은 여성, 임신이라는 육체적 지식에서 도망을 치고 동시에 자신의 지성과 직업에서 도망을 쳤던 젊은 육체로 다시 돌아가려 노력하면서, 나는 모성 때문이 아니라 그 제도에 의하여 진정한 나의 육체와 정신으로부터 소외되었다는 것을 알았다. 모성이라는 이 제도는 우리가 알고 있는 인간 사회의 토대인데, 내가 찾는 산부인과 대기실에 놓인 책자나 내가 읽는 소설에 따르면, 또는 시어머니의 승인이나, 내 어머니에 대한 기억, 시스틴 성당의 성모상, 미켈란젤로의 피에타의 성모상에 따르면, 혹은 사람들 사이에 퍼져 있는 생각에 따르면, 임신한 여성은 평온하게 자신을 완성시키고 있는 여성, 혹은 그저 기다리고 있는 여성이다. 아니면 다른 어딘가에 표현되어 있건 없건 상관없이 사회는 우리에게 특정한 견해나 기대만을 갖기를 요구한다. 여성은 항상 기다리고 있다고 여겨진다. 질문해 주기를 기다리고, 월경이 찾아올까봐 기다리고 혹은 찾아오지 않을까봐 걱정을 하며 월경을 기다리고, 남자들이 전쟁이나 일터에서 돌아오기를 기다리고, 아이가 자라기를 기다리고, 새로운 출산을, 폐경기를 기다리고 있는 것이라고 여겨져 왔다.

임신을 하고 있는 동안 나는 내 자신의 적극적이면서도 강력한 측면을 부정함으로써 이러한 기다림, 여성의 이러한 운명을 받아들였다. 나는 육체의 직접적인 경험과 독서와 사색, 글을 쓰는 생활로부터 거리를 두게 되었다. 비행기가 여러 시간 연착하여 공항에서 무작정 기다려야 하는 여행자처럼, 보통 때는 결코 읽지 않을 잡지를 뒤적이고, 흥미를 끌지 못하는 상점들을 둘러보는 여행자처럼 외적으로는 평온하지만 내면으로 권태로운 채로 지냈다. 만일 권태가 불안에 대한 가면에 불과하다면, 그때 나는 시스틴 성당의 성모상과 같은 평온함 밑에 깔려 있는 불안을 조사하기보다는 여성으로서 가장 권태롭게 되는 것을 배웠다. 마침내 진실해진 육체는 결국 내게 보복을 하였다. 임신에 대한 알레르기 반응을 일으킨 것이다.

이 책 전체를 통해 분명하게 드러나겠지만, 여성의 생물학적 특성 – 클리토리스, 유방, 자궁, 질 등에서 발산되는 충만하고 강렬한 육체적 감각, 달의 영향을 받는 월경주기, 여성의 육체에서 일어날 수 있는 생명의 잉태와 결실 – 은 우리가 지금 알고 있는 것보다도 훨씬 근본적인 영향을 끼치고 있다. 가부장적 사고는 여성의 생물학적 특성을 매우 좁은 범위에 한정시켰다. 이러한 이유 때문에 여성해방론적인 사상은 여성의 생물학적 특성을 무시하려고 했다. 나는 여성해방론이 우리의 육체성을 운명이 아니라 자원으로 볼 수도 있으리라고 생각한다. 완전히 인간다운 생활을 영위하기 위해서 우리는 자신의 육체에 대한 통제력만을 요구해서는 안된다.(물론 통제력이 선결조건이긴 하다) 우리는 우리 육체의 전체성과 그 영향, 자연 질서와의 관계를 이해하고, 우리 지성의 육체적 토대를 인정해야 한다.

여성의 생명창조 능력에 대해 가지고 있는 오래되고 계속되는 선망, 경외, 두려움 때문에 남성들은 반복적으로 여성의 다른 창조적인 측면에 대해 일종의 증오를 보여왔다. 여성은 어머니의 역할에만 충실하라는 이야기뿐만 아니라, 여성의 지적, 창조물이나 예술적 창작은 불충분하고 대수롭지 않거나 수치스럽고, '남성과 같이' 되려는, 혹은 결혼과 육아라는 성인 여성의 '진정한' 역할에서 도망치려는 시도라는 이야기를 해 왔다. "남성처럼 생각한다"는 것은 칭찬인 동시에 올가미에서 벗어나려는 여성에게는 감옥이 되었다. 지적이고 창의적인 많은 여성들이 자신들은 무엇보다도 먼저 '인간'이며 그다음에 여성일 뿐이라고 주장하고, 자신들의 육체뿐 아니라 다른 여성과 유대를 맺는다는 자체를 경시한 것은 어쩌면 당연한 일일 것이다. 여성에게 있어서 육체는 문젯거리여서, 육체를 완전히 무시하고 마치 육체 없이 정신만으로 여행을 하는 것이 더 쉬워 보이는 경우가 많았다.

그러나 육체에 대한 이러한 반응들이 모여 여성의 생물학적 특성에 내재하고 있는 실제적인 권력 — 문화적으로 왜곡된 권력과는 정 반대 개념으로서의 권력 — 에 대해 새롭게 탐색하게 된다. 여성들이 이러한 권력을 사용하든 안하든 이것은 결코 어머니 역할에만 국한되어 있지는 않다.

이 책 전체를 통해 여기저기에 끼여 있는 내 이야기는 단지 한 가지 이야기에 불과하다. 마지막으로 나는 여성 각자가 할 수 있는 한, 그리고 다른 여성과 함께, 가능한 한 정신과 육체의 분리를 치유하고자 결심했고, 다시는 정신적, 육체적으로 소모하지는 않겠다고 결심했다. 천천히 나는 어머니로서 '나의' 경험에 내재한 역설을 이해하게 되었다. 비록 다른 많은 여성의 경험과는 다르지만 내 경험이 결코 나만의 것은 아니라는 사실, 그리고 유일하다는 환상을 털어버려야만 비로소 여성으로서 진정한 삶을 영위할 수 있으리라는 희망을 가지게 된다는 사실을 이해하게 되었다.

II

'성스러운 소명'

　마가렛 생거의 『모성의 굴레』(1928)에 인용된 편지 중의 하나는 남편과 두려움 없이 관계를 갖고 그렇게 함으로써 어머니와 아내로서의 의무를 다하고 싶어 피임에 대한 조언을 구하고 있던 여성이 보낸 것이었다: "저는 그다지 열정적인 편은 아닙니다. 그렇지만 성관계에서 제가 마땅히 가져야 할 태도로 임하고, 자연스럽게 대하려고 하고 제가 해야 할 역할을 하려고 노력합니다. 아시겠지만, 우리가 결혼하기 전 소녀적에 기대했던 생활과는 너무 다르잖아요."[1] 제도화된 모성 그리고 제도화된 이성 관계(이 경우는 결혼)의 역사가 약 반 세기 전에 살았던 한 평범한 여성의 말에 함축되어 나타나 있다. 그녀는 단지 이 두 제도가 그녀에게 요구하는 의무를 이행하려고 노력할 뿐이었다. "자연스럽게 그리고 자신의 역할을 수행하는 것", 이는 여성에게 요청되면서도, 결코 극복될 수 없는 모순이다. 수줍어하는 어머니가 딸에게 어떤 묘책을 전수했기에, 사랑과 가정, 그리고 여성으로서의 매력을 잃을지 모른다는 두려움이 어떠했기에 그 여성은, 그리고 우리 모두는 오르가즘을 느끼는 척 꾸미게 되었을까?

"결혼하기 전 소녀 적에 기대했던 생활"은 결혼제도가 우리에게, 그리고 그 당시 그녀에게, 로맨스나 이 세상의 경험과는 다른 경험의 형태로 약속했던 것 그 이상이란 말인가? 그녀는 다정하게, 예컨대 아마도 특정한 방식으로 애무 받기를 원하고, 단지 성의 대상 그리고 생식을 위한 수단으로서의 육체 이상으로 대접받고자 하는 그녀의 욕구를 알고 있었을까? 마가렛 생거에게 편지를 쓸 용기가 어디서 생겼을까, 그녀의 육체에 대하여 보잘것없으나 어느 정도 통제력을 가지려는 용기는 어디서 생겼을까? 이미 태어난 아이들을 위해서인가? 아니면 남편의 요구 때문인가? 아니면, 어슴푸레하게 저 안에서부터 들려오는 자아의 목소리 때문인가? 이 세 가지가 모두 이유일 수 있다. 수 세대에 걸쳐 여성들은 우선 자녀와 남편을 대신하여, 그다음으로 다른 사람들을 위하여, 그리고 마지막으로 자신들을 위하여 용기를 발휘하여 왔다.

모성이라는 제도는 자녀를 낳고 보살피는 것만을 의미하지 않는다. 그것은 이성관계라는 제도가 단순히 남녀 간의 다정함과 성적인 사랑만을 의미하지 않는 것과 마찬가지이다. 이 두 제도는 어떤 선택을 할 수 있는지 없는지를 결정짓는 규범과 조건을 만들어낸다. 이 규범과 조건은 '사실'은 아니지만 우리가 처해있는 상황을 규정한다. 여성사를 연구하는 새로운 학자들은 어쨌든 남성들이 만들어 놓은 사회제도와 규범이 반드시 여성들이 처한 현실을 설명하는 것은 아니었다는 사실을 깨닫기 시작하였다. 그러나 이처럼 보편적으로 나타나는 제도는 결국 우리의 경험에, 그리고 심지어 우리가 그것을 표현하기 위해 사용하는 언어에 심대한 영향을 줄 수밖에 없다. 모성 경험과 성에 대한 경험은 둘 다 남성들에게 이로운 방향으로 이용되어 왔다. 사생아의 출산, 낙태, 여성 간의 동성애와 같이 양 제도를 위협하는 행동은 일탈 행위로 혹은 범죄 행위로 간주되고 있다.

제도화된 이성 관계에서 보면 여성들은 위험하고 부정(不淨)하며 욕정의 화신이라는 이야기를 수세기 동안 들었으며, 그리고서는 '열정적이지 않다', 냉담하다, 성적으로 수동적이라는 말을 들었다. 오늘날에는 서구의 여성들은 '감각적이며', '성적으로 자유롭다'고 규정되고 있으며, 중국의 여성들은 혁명을 위해 헌신하는 금욕주의자로 표현되고 있다. 또한 모든 곳에서, 다른 여성에 대한 여성의 사랑을 부정당하고 있다. 제도화된 모성은 여성에게서 지적 능력보다는 모성 '본능'을, 자아실현보다는 이타심을, 자아 창조보다는 타인과의 관계를 우선시 한다. 태어난 자녀가 '적출(嫡出)'인 경우에 한하여, 즉 자녀가 어머니를 법적으로 지배하는 아버지의 이름을 따를 때에 한하여 모성은 '신성한' 것이다. 1914년의 한 사회주의 책자에 따르면, 모성이야말로 가장 고귀하고 신성한 여성의 의무인 것이다.[2] 또한 1910년에 미국 남부의 인종주의 역사학자의 주장에 따르면, "여성이야말로 체화(體化)된 가정이며, 가정은 모든 제도의 토대이자 사회를 지탱하는 보루이다."[3]

영국 비평가 스튜어트 햄프셔도 이와 유사한 주장을 되풀이 한다. 그는 다음과 같은 암울한 예언을 하면서, 입센의 소설에 나오는 겁에 질리고, 자살 충동을 느끼는 헤다 게블러(그녀 또한 모성을 거부하고 있다)와 현대의 '해방된 여성'을 동일시하고 있다.

> 완벽하게 교육받은 여성은, 최근에야 비로소 자신의 장점이면서도 미처 그 능력을 제대로 발휘하지 못한 점들을 깨닫기 시작했다. 최종적으로 남들에게서 '존경심'을 불러일으키는 요소들, 즉, 순응심, 공유된 과거에 대한 기억, 미래를 위한 도덕적 결의 등을 퇴색하게 만든다. 연약하고 평범한 감정의 흔적은 더 이상 남아 있지 않게 된다. 세련된 감정의 분화도 일어나지 않으며, 따라서 애착도 의미가 없어진다. 무엇을 위해 가족을 이어나가고 종족을 보존해야 하는가? 새로이 대두된 회의적인 여성해방론(feminine skepticism)만큼 파괴적인 것은 없다.[4]

가부장제도는 여성들에게 종의 보존을 위하여 고통과 자기 부정이라는 커다란 짐을 지도록 요구할 뿐만 아니라, 종의 절반을 구성하는 여성들이 자신에 대하여 회의하지 않고 교육받지 못한 상태에 머물도록 강요한다. 이와 같이 불완전한 여성 의식에 의존해서 가족의 도덕성과 정서생활이 지탱된다. 150여 년 전 일부가 그랬던 것처럼, 햄프셔는 여성들이 자신들의 삶의 조건을 선택하기 시작하면 사회가 위협을 받는다고 생각한다. 현재와 같이 제도화된 형태로 모성과 이성 관계가 유지되지 않는 한 가부장제는 지탱될 수 없다. 따라서 이 두 사회 제도는 자명한 이치로 여겨지고, '본성'으로 간주되며, 예외적으로 때에 따라, 장소에 따라, 특정인에 대해 '대안적인 생활 방식'이 용납되는 경우를 제외하고 문제를 제기할 수 없는 영역이 되어 버렸다.

2.

'성스러운 소명'은 물론 실제적인 가치가 있는 현실이다. 미국 식민지에서 보통, 한 가족은 12명에서 25명에 이르는 자녀로 구성되어 있었다. 25세가 넘은 '노처녀'는 조롱까지는 아니더라도 불명예로 여겨졌다. 그녀는 경제적으로 자립할 수 없었기 때문에 어쩔 수 없이 친척집에 얹혀살면서 가사일과 아이 양육을 도울 수밖에 없었다.[5] 다른 '소명(직업)'의 기회가 열려 있지 않았다. 1850년대와 1860년대에 어린 시절을 보낸 한 영국 여성 근로자의 글은 이러하다, "저는 일곱 째였습니다. 그리고 제 밑으로도 동생이 일곱이나 있어 형제가 모두 14명이었습니다. 그래서 어머니는 완전히 노예나 다름없었습니다. 대체로, 어머니는 임신하고 있지 않으면, 젖먹이가 있었습니다. 우리 형제가 여덟이 되었을 때, 맏이도 아직 자기 혼자 학교를 다닐 만큼 크지 않았습니다."[6] 미국의 노예제도 하에서도 이런 글이 나온다,

> … 플랜테이션 농장 주인은 여자들과 소녀들에게 아이를 갖도록 명령을 하는 것이 보통이었다. 캘리포니아에 100명의 노예를 거느리고 있는 한 플랜테이션 농장 주인은 아이를 제대로 낳지 않는다고 모든 여자들에게 매질을 하겠다고 위협을 하였다. 그러자 여자들은 농장 주인에게 논(1

내지 2 피트 깊이의 물 속)에서 일하는 한 아이를 가질 수 없다고 대답하였다. 한참동안 욕하고 위협을 하고나서, 그는 임신을 한 사실을 감독관 아내에게 이야기를 하면, 마른 땅에서 일할 수 있게 해주겠다고 말하였다.[7]

개척 지역의 백인 어머니건 흑인 여자 노예건 상관없이 이들은 매일 완전한 생산 활동에 참여하였다. 종종 흑인 여성들은 아이를 등에 업은 채로 들에 나가 일을 하였다. 역사적으로 볼 때, 여성들은 당연히 생산을 위해 필요한 노동의 몫을 해내면서 아이를 낳고 길렀다. 그러나 19세기에 들어 '일하는 어머니(working mother)'라는 개념에 반기를 들고 '가정을 지키는 어머니 (mother at home)'를 옹호하는 목소리가 높아졌다. 이러한 목소리가 절정에 달한 것은 기술의 발전으로 전반적으로 육체 노동의 강도가 줄어들기 시작하면서 그리고 가족의 규모가 줄어들기 시작하면서부터이다. 지난 150여 년 동안 전적으로 어머니의 역할만을 수행해야 한다는 생각이 뿌리를 내렸고, 가정은 신성한 강박 관념이 되었다.

1830년대에 이르러 미국 남성의 제도화된 목소리 (이 경우 미국 종교 서적 보급회의 목소리)는 다음과 같이 말한다:

> 어머니는 세상의 **그 어떤 것보다** 후세들의 행복에 영향을 준다… 땅이 경건하고 애국심이 투철한 어머니들로 가득 차게 되면, 세상은 고결하고 애국심이 투철한 남자들로 가득 차게 될 것이다. 성령의 은총 아래 세상을 구원하는 힘은 어머니의 입술에서 나와야 한다. **최초로 죄를 범한 그녀가 또한 세상을 구원하는 가장 중요한 도구가 되어야 한다.** 결국 하느님의 위대한 대리인으로 원죄를 범한 인류에게 의무감과 행복을 되돌려 주는 일은 어머니가 해야 할 일이다.(저자 강조)

어머니는 이브가 범한 죄의 무게를 지탱한다(따라서 최초의 범죄자이며 오염된 자이고 동시에 오염시키는 자다). 그렇지만 바로 이러한 이유 때문에 남성의 구원이라는 짐을 져야 한다. 그녀가 실패하지 않도록 경고하기 위한 끔찍한 본보기가 있다.

> 바이런이 죄인이 된 이유는 어머니에게 있었다 … 만일 그 시인이 저지른 범죄가 마땅히 세상의 저주를 받는 대상이 되어야 한다면, 이 청년의 가슴에 다른 세상 사람들의 저주를 받을 정도의 격정을 자라게 한 그어머니를 잊을 수 없다.[8]

여성의 목소리 또한 이러한 주장에 합세한다. 마리아 매킨토시는 1850년에 이상적인 아내와 어머니를 이렇게 묘사한다:

> 남편은 그녀를 바라볼 때마다 평온한 그녀의 얼굴에서 지고의 행복을 발견한다. "마음이 순수한 자는 복이 있나니." 자녀들 또한 완전한 사랑의 화신으로 그녀를 존경한다. 그들은 어머니의 가르침보다 어머니 자신으로부터, 자신들을 위해서가 아니라 타인을 위해서, 그리고 그들 안에 있는 하느님을 위하여 살아야 한다는 것을 배운다 … 어머니는 그들에게 조국을 사랑하고 조국의 번영을 위해 자신들을 바치라고 교육을 시켰다…[9]

분명히 어머니는 가부장제도에 이롭도록 봉사한다. 어머니는 바로 사람의 모습으로 나타난 종교, 사회 양심 그리고 민족주의이다. 제도화된 모성은 모든 다른 제도를 부활시키고 새롭게 한다.

그러나 19세기의 '가정을 지키는 어머니'가 아주 해로울 정도로 까다로움을 부렸다는 사실도 우리에게는 낯설지 않다.

> … 자신도 다스리지 못하는 어머니가 자녀들을 다스릴 수 있겠는가? … 어머니는 자신을 다스리는 법을, 자신의 격정을 억제하는 법을 배워야 한다. 어머니는 자녀들에게 순종과 평정의 모범을 보여주어야 한다.

자녀가 잘못할 경우, 어머니는 슬퍼하며 그러한 슬픔을 나타내야 한다. 어머니는 평온하고 진지하게 상황에 따라 필요한 징계를 해야 한다. 그러나 격앙된 감정을 표현하거나 노여움을 말로 표현해서는 안 된다.[10]

이것은 남성 전문가의 말이다. 여성인 리디아 마리아 차일드는 『어머니를 위한 책』(1831)에서 다음같이 충고한다.

항상 자신의 감정을 다스릴 수는 없다고 말하는가? 한 가지 방법, 가장 확실한 방법은 기도이다 … 아마 화가 날 때 혹은 상심했을 때마다 매번 기도할 여유가 없다고 말할 것이다. 기도하는 데는 시간이 필요치 않다. 어디에서건 어떤 상태에서건 마음 속으로 "하느님 유혹을 물리치도록 도와주십시오"라고 외칠 수 있다. 만일 겸손한 자세로 진지하게 빌면, 성난 파도에 "멈추어라"라는 목소리가 들리며 여러분의 혼돈된 영혼이 다시 평온해 질 것이다.[11]

어머니에게 하는 그러한 충고를 보면, 여성들이 화를 내는 것에 대하여 대체로 어떻게 여기고 있었는지 어느 정도 이해할 수 있다. 『작은 아씨들』에서 마미는 '작은 악마'와 같은 '성미'를 가진 딸, 조에게 말한다:

사실 나는 내 일생동안 거의 매일 화가 났단다, 조. 그렇지만 나는 그것을 드러내지 않는 법을 배웠단다. 이제는 분노 자체를 느끼지 않는 법을 배우기를 바라고 있지. 물론 그렇게 되려면 앞으로 40년이 더 걸리겠지만 말이다.[12]

어릴 적에 주입받던 비슷한 이야기가 생각난다. 어릴 때 나는 내 성미가 외부 세계에 대한 대한 반응이 아니라, 나의 내부에 있는 어둡고 사악한 결점이라는 이야기를 들었다. 그 당시 내가 표출했던 분노는 종종 '어른스런 발작'으로 비유되었는데, 이 때문에 나는 어른의 세계는 마치 악마에게 홀리는 것과 같으리라고 생각했다. 나중에 젊은 어머니로서, 불끈 화를 내는 것이 아이들에게 '좋지 않은 영향'을 끼친다고 죄책감을 느낀 기억이 나는데, 이는 마치 어린 시절 '화를 내는 것'이 성격적인 결함이어서 자신의 외부에서 일어나는 일과는 아무런 상관도 없는 것처럼 여기도록 배워야 되는 것과 마찬가지였다. 어머니의 사랑은 지속적이고 무조건적이어야 한다고 여겨진다. 사랑과 분노는 양립할 수 없다. 여성의 분노는 모성이라는 제도를 위협한다.

3.

가정에 함께 가두어진 어머니와 자녀라는 19세기와 20세기의 이상, 여성은 어머니 역할에 전념하여야 한다는 관념, 생계와 투쟁, 야망과 적극성, 권력을 위한 남성의 세계와 가정의 분리, '가정적인 것'과 '공적인 것' 혹은 '정치적인 것' 간의 분리, 이러한 모든 것은 인간 역사에서 최근에 나타난 현상이다. 그러한 이상과 현실의 힘이 너무 강하기 때문에 오로지 하나의 목적만을 위해서는 쓰이지 않는다.

이러한 관념은 어떻게 시작되었을까? 그리고 어떤 목적에 도움이 되는가? 초기 정착 생활에서부터 공장이 생산의 중심지로 발전할 때까지, 가정은 피난처, 여가와 잔인한 '외부 세계'로부터의 도피처가 아니었다. 가정은 세상의 일부이며, 노동의 중심지, 그리고 생계의 단위였다. 가정에서 여성과 남성, 그리고 감당할 수 있는 나이에 있는 자녀들은 쉬지 않고 곡식을 재배하고 준비하고 처리하며, 가죽과 갈대, 진흙, 염료, 기름, 약초를 다루고, 옷감을 짜고 옷을 만들며, 술을 빚고, 비누와 양초를 만들고, 치료하고 간호하며, 이러한 기술을 어린 사람들에게 전수해왔다. 한 여성이 한 자녀 혹은 여러 명의 자녀를 돌보는 일만을 하는 경우는 설혹 있다고 해도 극소수뿐이었다.* 여성과 아이들은 매우 바쁜 사회 집단의

* 아그네스 스메들리는 금세기 말에 그녀의 할머니에게 편지를 쓰면서 생산적

일원이었다. 일은 힘들고 고통스러우며, 종종 육체를 소진시켰다. 그러나 그 일은 다양하고 보통 공동체를 위한 성격을 띠었다. 출산과 임신으로 인한 사망률과 영아 사망률이 매우 높았고, 여성의 수명이 짧았기 때문에 계속해서 영양실조, 가뭄 그리고 질병에 시달리며 사는 생활을 낭만적으로 생각한다면 어리석은 일일 것이다. 그러나, 어머니의 역할과 개인적인 피난처로서 가정을 지키는 파수꾼 역할은 여성의 중심적인 일이 아니었으며, 또 그렇게 될 수도 없었다. 또한 어머니와 자녀가 자신들만의 관계 속에 고립되어 있지도 않았다.

서부 개척시대 위스콘신 주에서, 어머니들은 여관 주인이자, 교사, 약사였으며, 10명에서 15명에 이르는 자녀를 거느리고 생계 단위로서 가정을 관리하고, 지나가는 여행자를 받아들여 그들에게 숙식을 제공하였다. 어머니는 "야생 식물, 열매, 나무껍질, 꽃 그리고 뿌리를 채집하였다 … 그녀는 이것들을 말리고 표시하여 … 나중에 쉽게 사용할 수 있게 하였다 … 때때로 그녀는 외과 의사가 되었으며 … 손가락을 맞추고 함께 묶고, 천 조각을 묶는다. 혹은 발에 박힌 녹슨 못 조각을 뽑아내고 상처를 씻으

인 일에 관여하는 정열적이고 힘 있는 어떤 여성에 대해 다음과 같이 말한 바 있다:

> 매일 아침마다 매일 밤마다 그녀는 남자의 힘과 남자의 움직임을 가지고 소의 젖을 짭니다. 그녀는 탈지 우유통을 옮기고 돼지들에게 끼니를 줍니다. 빵 반죽을 할 때는 그 팔로 아주 힘차게 반죽을 해서 마치 그녀의 팔뚝은 증기 기관의 피스톤처럼 움직입니다. 그녀는 새벽에 남자들을 깨워서 밤에 언제 위층에 가야 하는지를 알려 줍니다. 그녀는 사과, 배, 복숭아, 모든 종류의 열매들을 따는 것을 진두지휘하고, 여자들에게 겨울에 대비해서 이 과실들을 저장하고 보존하고 말리는 방법을 알려줍니다. 가을에 그녀는 소와 돼지를 도살하는 일을 알려주고, 그다음에 그 고기들을 훈제실에서 훈제합니다. 여름에 사탕수수가 익으면 그 나무를 잘라, 언덕 아래 길고 나지막한 사탕수수 공장에서 당밀 만드는 것을 감독합니다.

이 여성은 자신이 낳은 5명의 아이와 남편의 전처가 낳은 8명의 아이를 키웠다.(『대지의 딸』[올드 웨스트버리, 뉴욕: 페미니스트 프레스, 1973], 18-19쪽)

며 … 부상당한 가족을 구한다."[13] 어머니 역할 중에서 실제적이고 가장 힘든 부담은 바로 육체적인 것이었다. 계속되는 임신과 육아 그리고 간호가 가장 힘든 역할이었다.

19세기에 들어 가정, 일, 여성, 그리고 여성과 생산의 관계에 대한 서구인의 생각에 중대한 변화가 일어났다. 가장 초기의 공장은 농업 노동자들의 가정이었는데, 그들은 가정에서 섬유, 철, 유리 등의 일용품을 만들어서 중간상인에게 판매하였고, 중간상인들은 최종제품에 대한 시장을 제공할 뿐 아니라 재료까지도 농부들에게 대주었다.[14] 여성들은 심지어 제철소에서조차도 남성들과 나란히 일을 하였으며, 특히 양조 산업은 거의 여성들의 차지였고, 섬유 산업도 항상 여성에게 의존하였다. 영국에서는 이미 14세기부터 여성들이 가족을 위해서 뿐만 아니라, 가정용 이외의 용도를 위해서도 옷감을 짰다.

점차적으로 그때까지 집에서 물레로 일을 하거나 옷감을 짜던 여성들이 방적기와의 경쟁에서 밀려 공장으로 나오게 되었다. 노동시간을 제한하는 법이 없어 여성들은 12시간 동안 공장에서 일하고 나서 집으로 돌아와 힘든 집안일을 해야 했다. 1844년, 한 영국 공장 감독원의 보고에 따르면, 야간에 그리고 낮에 장시간 동안 공장에서 일하는 대부분의 노동자는 여성이었다. 노동력이 싸고 남성보다 육체적으로 피곤한 일을 하도록 설득하기가 쉽기 때문이었다.[15]

이러한 여성들은 아이들을 집에 놔두고 일터로 나갔다. 때로는 여섯 혹은 일곱 살 먹은 딸에게 혹은 할머니 혹은 돈을 주고 옆집 아이에게 아이들을 맡기고 나간 것이다. 때때로 좀 더 나이가 든 여성이 돈을 받고 아기들이나 어린아이들을 집에서 돌보았다. 젖을 떼지 않은 아기들에게는 모유 대신에 묽은 죽이나 '빵죽'을 먹였고, 여유가 있으면 우유를 사서 먹였다. 아이들을 조용히 시키기 위하여 아편을 먹였다. 일의 영역과 육아의 영역이 분리되자 이와 같이 즉각적으로 아이들과 어머니 모두에게 불편과 고통이 초래되었다.

여성들은 필요에 의해, 남편의 부족한 임금을 보충하기 위하여 혹은 남편을 대신하여 생계를 책임지기 위하여 일을 하였다. 그리고 임금이 쌌기 때문에, 여성 노동자는 남성 노동자에게 위협적인 존재였다. 여성의 노동은 분명히 '가정'과 가부장제 하의 결혼에 대하여 파괴적이었다. 남편이 부인의 임금에 경제적으로 의존하게 될 수도 있을 뿐만 아니라, 경제적인 관점에서 보면, 이론적으로 여성은 결혼하지 않고도 살 수 있었다.* 이러한 두 요소, 아동 복지에 대한 인도적인 관심과 가부장제도의 가치를 위협한다는 두려움이 결합되어 아동 노동과 여성의 노동을 규제하는 법률을 제정해야 한다는 압력이 거세졌으며, "가정이야말로 여성이 진정으로 관심을 기울여야 할 영역"이란 주장이 대두되었다.

그런 식으로 정의된 가정은 과거에 존재한 적이 없었다. 그것은 산업혁명의 산물이며, 신이 부여한 듯한 위력을 지닌 이상이었다. 그리고 하나의 이념으로서 그 힘은 오늘날까지 사라지지 않고 그대로 남아있다. 처음으로 여성에 의한 생산(생식은 제외하고)은 "시간의 낭비, 재산의 낭비, 도덕의 타락, 그리고 건강과 생명의 소모"로 여겨졌다. 여성들이 집을 비우게 되어 보금자리로서의 가정의 안락함을 제공하지 못할 경우 이는 자녀에 대한 태만이며 남편들을 술집으로 내몰게 되는 결과가 발생한다고 경고를 받았다. 남편과 자녀의 행복이야말로 여성들의 진정한 목적이었다. 남성들은 자녀를 돌보고 집안을 돌보는 의무가 없었으므로 해결책은 여성을 공장에서 나오게 하는 것이었다.

공장에서 일하는 어머니를 둔 아이들의 생활에 대한 여론이 환기되면서 탁아소를 설립하려는 노력이 어느 정도 이뤄졌다. 그러나 빅토리아 시대와 에드워드 왕 치하의 영국에서는 20세기 미국에서와 마찬가지로 육아에 대한 정부 지원은 "가정의 신성함과 사생활의 보호에 위배된다는 이

---

* 사회역사학자 A. W. 칼하운은 미국의 여성들은 공장에서 일하게 되면서 식민시대나 개척시대 초기에 여성들이 결코 경험하지 못했던 새로운 경제적인 독립의 기회를 얻게 되었다고 주장했다. 아동 노동법을 시행하고 여성의 노동 시간과 노동 조건을 제한하는 법률을 시행하게 된 여러 원인 중 적어도 한 가지 요인은 가정을 가부장체제로 계속 유지해야 할 필요성 때문이었다.

유로 지지를 받지 못하였다 … 가족은 인류가 찬양하고 부러워하는 입헌 정부의 토대가 되는 단위이다. 지금까지 법은 감히 이 신성한 영역을 침범하려 들지 않았다. 그리고 남편과 아내는 아무리 가난해도 어떤 직업에 종사하든 아무리 힘든 일을 했든 집에 돌아오면 그들만의 영역이 있었고, 휴식과 수많은 근심에 대한 보상을 받았다."[16]

1915년 영국의 여성협동조합(Women's Cooperative Guild)은 육체 노동자의 아내들이 어머니로서 노동자로서 가정에서의 그들의 생활에 대하여 쓴 편지를 모아 출판하였다. 이들의 생활을 보면, 가정은 노동과 투쟁의 잔인한 현실과 동떨어진 보호받는 장소라고 보는 이상론과는 완전히 상충되는 것이었다. 평균적인 여성들은 5명에서 11명에 이르는 자녀를 낳고 있으며, 여러 차례의 유산을 했다. 그리고 임신 중에 충분한 신경을 쓰지 못했으며, 태어나서도 아이들의 영양 상태가 좋지 못했다. "잘 먹어야 할 때에 아끼기 위해 자신의 몸을 잘 돌보지 않는다. 왜냐하면, 노동자 계급의 가정에서 절약을 할 것이 있다면, 남는 음식에서 끼니를 때우고 '고기 한 점 붙어있지 않은 뼈'를 발라먹어야 할 사람은 남편과 아이들이 아니라 어머니였기 때문이다."[17] 임신에 대한 끊임없는 불안과 이로 인한 육체적인 소모는 바로 이들 편지의 중심적인 주제였다. 많은 여성들은 자신들의 가치관을 위배하며, 종종 남편의 반대를 무릅쓰고 낙태를 하기 위해 약을 먹었지만, 보통 효과가 없었고 태어난 아이가 병약할 경우 그 때문이라고 비난을 받았다. 그러나 편지에서 이야기하고 있는 건강의 악화, 정신적인 피로, 기진맥진함과 아울러 그들에게는 놀라울 정도의 정신적인 강인함과 버티어 나가려는 의지 그리고 자신들이 당하는 불의에 대한 분명한 의식이 있었다.

어렸을 때, 저는 이와 같은 시기에 여성들이 고통을 당하는 것을 당연하다고 여기고 제대로 처신하면서 문제를 일으키지 않는 것이 최선이라고 생각하였습니다 … 어떤 것이 더 나쁜 것인지 모르겠습니다. 생활을 꾸려나가기 위해 불안해하고 정신적, 육체적으로 고통을 느끼며, 그렇지 않아도 이미 부족한데 하나가 더 늘어난다는 생각을 하면서 임신을 하고 있는 것이 더 나쁜지 아니면 해산을 순조롭게 치루고 너무 일찍 집안일을 다시 시작하여 생활과 모든 것을 부담스럽게 만드는 병에 걸리는 것이 더 나쁜지 모르겠습니다.[18]

많은 여성들이 무지로 인한 피해, 젊은 여성들이 결혼과 임신에 대한 준비가 전혀 되어 있지 않다는 사실, 그리고 임신 중이나 출산 직후에도 바로 성관계를 요구하는 남편의 둔감함에 대하여 편지를 썼다.

임신 중에 동물의 수컷은 암컷을 멀리합니다. 그렇지만 사람은 그렇지 않습니다. 여성은 마치 임신을 하지 않았을 때와 마찬가지로 남성의 먹이입니다 … 남편은 부인이 그의 뜻을 따라 주지 않을 경우 부인에게 벌을 주는 다양한 방법을 알고 있으므로, 여성은 몸이 편치 않다고 해도 그렇다고 이야기해서는 안 됩니다.[19]

저는 이번 아이의 출산에 대하여 남편을 탓하지 않습니다. [편지를 쓴 여성은 이미 일곱 명의 아이가 있고 두 차례의 유산을 한 적이 있었다] 그는 제가 불편했던 10개월 동안 참을성 있게 기다렸고, 안전하다고 생각이 들어, 의무로서 그의 뜻을 따라주었습니다. 가정이 불편하면, 남편들이 신의를 지키지 않는 경우가 많다는 것을 알고 있기 때문이었습니다 … 지금이야말로 산모에 대한 문제가 제기되어야 할 때라고 생각합니다. 그리고 우리는 남성들에게 우리도 이상을 가지고 있고, 단순히 남성들의 욕구를 충족시키는 대상이 되는 것보다 더 고귀한 무엇이 되기를 열망하는 존재라는 사실을 알게 해야 합니다.[20]

여성들은 일생의 상당 부분을 임신하고 있을 뿐만 아니라 힘든 노동을 했다. 마루를 닦거나, 대야의 물을 버리고 다리미질을 하고 석탄과 나무불을 꺼지지 않게 관리하고 요리를 했다. 한 여성은 유산 후 몸조리를 하는 동안 의사의 말을 무시하고 침대에서 다리미질을 하고 반죽을 하였다.[21] 남편들이 성관계를 요구하고 낙태를 반대하는 것에 유감을 갖고 있었지만, 여성들은 하루 종일 힘들게 일한 남편들이 집에서도 힘들게 하지 않도록 노력하였다.

> 불안한 상태에 있는 남편이 제가 고통스러워 지르는 비명을 듣게 할 수는 없습니다. 그렇지만 산고를 항상 억누를 수만은 없습니다. 이 문제도 의사가 도움을 주었습니다. 제가 진통을 느끼자마자 남편에게 수면제를 준 것이죠. 그래서 남편은 이쪽 방에서 잠을 자고 그동안 저는 다른 방에서 애를 낳았는데, 어떤 아이보다 귀여운 사내아이를 낳았답니다.[22]

그러나 여성에게는 일을 마치고 돌아올 집이 없다.

집안에서건 집밖에서건 현실은 항상 이상과 다르다. 1860년 미국에는 백만 명의 여성이 직업을 가지고 있었다. 남북전쟁이 끝났을 때, 뉴욕에만도 75,000명의 여성이 직업을 가지고 있었다. 1973년 미국의 인구 조사에 따르면, 집밖에서 정규직으로 일을 하는 어머니를 가진 6세 이하의 아이들이 육백만 명 이상이었다.[23] 무료 탁아소가 광범위하게 보급되어 있지 않을 경우, 매일 아이들을 집에 남겨두고 일을 하러 나가기 위해 머리를 짜내고 임시방편을 마련하려 했던 여성이라면 누구라도 불안감, 죄의식, 불확실성, 경제적인 부담, 앞의 통계가 내포하고 있는 실제적인 비상사태를 상상할 수 있다. 아무리 현실성이 없어보여도 가정에 머무르는 어머니의 자상한 모습을 그려보는 것은 생계를 꾸려나가기 위하여 일하는 어머니를 괴롭혀 왔다. 그러나 그러한 모습은 여성은 물론 남성에게도 위험한 전형이 되었다. 갈수록 잔인해지고 비인간화되는 세상에서 지순한 사랑과 구원의 원천으로서의 어머니, '객관적'이고 '합리적인' 판단을 요구하는 남성 논리에 의해 지배되는 사회에서 여성적이고 감화력 있고 정서적인 요소로서의 어머니, 전쟁과 치열한 경쟁, 인간의 나약함을 경멸하는 세상에서 도덕적인 가치와 부드러움의 상징으로서의 어머니는 남녀 모두에게 위험스러운 전형이다.

4.

　자녀를 둔 여성이 담당해야 하는 의무 때문에 지게 되는 육체적, 정신적 부담은 어떠한 사회적 부담보다도 무겁다. 이는 노예제도나 중노동과도 비교될 수 없다. 왜냐하면, 여성과 그 자녀 간에 맺어진 감정적인 유대관계는 강제 노동을 하는 사람이 이해할 수 없는 방식으로 여성을 약하게 만든다. 강제 노동을 하는 사람은 자신의 상관이나 주인을 미워하거나 두려워하고, 하는 일을 싫어할 수 있다. 그러나 어머니는 훨씬 더 복잡하고 파괴적인 감정의 희생자가 된다. 이 경우 사랑과 분노가 동시에 존재할 수 있다. 어머니 역할을 하는 상태에서 폭발하는 분노는 아이들에 대한 분노로 바뀔 수 있으며, "자녀를 사랑하고 있지 않다"는 두려움으로 바뀔 수 있으며, 인간의 요구를 충족시켜주기에는 지나치게 부족한 사회에서 자녀들에게 해줄 수 없는 모든 것 때문에 느끼게 되는 슬픔은 자책감과 자기 고뇌로 바뀔 수 있다. 너무나 많은 여성들이 소위 '무력한 책임'이라고 불리는 일을 담당해 왔고 지금도 담당하고 있으며, 게다가 그와 동시에 어머니 역할을 수행해야 하는데, 이는 생계를 책임지는 일보다도 더욱 힘든 부담이다. 왜냐하면, 최소한 특정 지역에서는 경제적인 요소, 정치적인 억압이 가난과 실업 뒤에 도사리고 있다는 것을 알고 있기 때문이다. 그러면서도 여성이 자녀들에 대한 책임을 "다하지 못했을 때" 어머니의 인격, 여성으로서의 그녀의 지위 자체가 문제된다.

　알려진 사실이 어떤 것이든 간에* 여전히 어머니는 "자녀와 함께" 있다고 여겨진다. 결국 자녀의 건강, 그들이 입는 옷, 학교에서 그들의 행동,

---

　* 1970년대 중엽 미국에서, 2천6백만 어린이의 어머니는 임금 노동자이고, 여성이 가장인 경우는 8백만 가구에 이르고 있다.(1976년 2월 7일 아리조나 대학에서 발표한 알리스 롯시의 「여성의 생활에 있어 아동과 노동」)

지능, 그리고 전반적인 성장에 대하여 책임을 져야 하는 것은 결국 여성이다. 심지어 아버지가 없는 가정에서 어머니가 생계를 책임지는 유일한 사람인 경우에조차도, 허술한 탁아소에서 혹은 잘못된 학교 제도에서 하루 온종일을 보내야 하는 자녀에 대하여 죄책감을 느껴야 하는 사람은 다른 어느 누구가 아니라 바로 어머니다. 심지어 자신이 어쩔 수 없는 환경, 즉 영양실조, 쥐, 페인트의 납 중독, 마약 거래, 인종 차별과 같은 문제들을 감당하려고 노력하고 있는 경우에도, 사회의 눈으로 보면 어머니만이 바로 아이의 환경인 것이다. 노동자들은 노조를 결성하고 파업을 할 수 있다. 어머니들은 자신들의 가정에 갇혀 분열되어 있으며, 감정적인 유대에 의하여 자녀에게 구속되어 있다. 어머니들이 벌이는 비공식 파업은 종종 육체적이거나 정신적인 파괴의 형태를 띠게 된다.

어머니에게 있어서 가정의 개인화는 깊은 무력감과 절망적인 고독을 느끼는 것을 의미한다. 런던 동부 지역에 사는 한 무리의 여성들이 공동 주택이 밀집한 거리에서 아이를 키우는 것과 전후 런던의 새로운 고층 아파트에서 아이를 키우는 것이 어떻게 다른지 한나 가브론과 이야기한 적이 있다. 그들은 친근한 동네, 현관 입구에서의 생활, 아이들이 노는 것을 여러 사람이 지켜볼 수 있는 공동 포장도로들이 사라지는 것에 대하여 이야기하였다.[24] 1950년대 매사추세츠 주 캠브리지에는 일부 결혼한 대학원생들이 '좁은 길' 혹은 공동 주택이 밀집한 거리에 건설된 주거지에서 살고 있었다. 이곳에서는 아이들이 공동 뜰에서 놀고, 어머니들은 한 시간 정도 아이를 이웃에 맡길 수 있었고, 아이들은 다른 집들을 제 집처럼 드나들었고, 어머니들 또한 서로 부담 없이 만나 함께 지낼 수 있었다. 학벌이 한 계단 올라가면서 그들은 교외로, 보다 소규모의 혹은 보다 큰 개인 주택으로 이주해 갔다. 남편의 물질적인 성공과 함께 '가정'은 점차 고립되어 갔다. 새로운 아파트로 이주한 노동 계급의 어머니와 새로운 부를 누리게 된 고등 교육을 받은 아내들은 모두 무엇인가를 잃게 되었다. 그들은 보다 극단적인 경우 집에 갇혀서 고립되었다.

영국의 마르크스주의 여성해방론자인 리 샌더스 코머는 고전적인 마르크스주의의 관점에서 여성과 남성 그리고 아이들로 구성된 소규모의 개인화된 단위인 핵가족에 대해 다시 한 번 비판한다. 이러한 분업화된 체제 안에서, 남성은 주된 생계 담당자거나 혹은 유일한 생계 담당자이며, 여성의 역할은 주부, 어머니, 소비자 그리고 남편과 자녀에 대한 정서적인 지원자가 된다. 사실 '가족'은 '어머니'를 의미한다. 어머니는 육아를 전담하며, 또한 남편이 일에서 받은 좌절감과 분노(종종 가정 폭력의 형태를 취한다)의 대상이 된다. 그녀 자신의 분노는 허용되지 않는다. 남편이 매일 다시 공장이나 광산으로 돌아갈 수 있도록 가정에서 필요로 하는 애정과 안식을 제공하는 것이 그녀가 할 일이기 때문이다. 코머는 자본주의가 이와 같은 분업을 요구하고 있다고 여긴다. 그런데 왜 자본주의 자체가 본질적으로 여성들에게 이와 같은 정서적인 구원자의 역할을 특화하도록 요구하는가? 왜 남성이 아닌 여성이 아이를 기르고 가정을 돌보아야 한다고 요구하는가? 이러한 것은 실제로 어느 정도나 자본주의와 연관되어 있는가? 그리고 엘리 자레츠키가 지적했듯이 자본주의보다 앞서고 사회주의 하에서도 살아남은 제도인 가부장제와는 어느 정도 연관이 있는가?[25]

초기에 남자아이가 여성에 의존한다는 사실, 여성이 자신의 몸에서 새로운 생명을 탄생시키고, 젖을 먹이는 모습, 정서적으로 그리고 생명의 재생산자로서 남성을 위해 여성이 필요하다는 사실, 이러한 사실들은 우리가 그러한 사실에서부터 생성된 제도를 변화시키려 하면 반드시 인식해야 할 요소들이다. 가부장적인 사회주의 하에서 우리는 모성이라는 제도가, 여성들이 자녀의 생산자이며 양육자로서의 역할을 수행하면서 동시에 개발도상의 경제체제가 필요로 하는 전업 노동자의 역할까지 모두 수행하는 방향으로 바뀌고 개혁되었다. 탁아 시설, 청소년 캠프, 학교 등은 일하는 여성이 담당해야 할 '이중 역할'을 수행하는 데 도움이 되긴 하지만 근본적으로 상황이 변화되지는 않는다. 어떠한 사회주의 국가에서도 수많은 남자들을 육아로 몰고 갈 정도로 노동의 성별 분업이 해체되지도 않았다. 마르크스나 모택동의 사회주의 하에서 모성과 이성애는 여전히 제도화되어 있어서, 이성애를 통한 결혼과 가족은 여전히 인간의 '정상적인' 상황이며 새로운 사회를 건설하는 토대로 간주된다. 여성 간의 동성애는 중국에는 존재하지 않는다고 선언되었다. 한편, 쿠바에서 동성 연애자는 정치범으로 취급된다. 경제적, 군사적, 그리고 인구학적 요구에 따라 여성들이 피임을 할 수도 있고, 하지 못할 수도 있다. 중국에서 여성은 '혁명을 위하여' 새로운 피임 방법의 실험 대상이 되도록 강요받는다.[26] 이처럼 여성의 육체를 남성이 통제한다는 사실은 전혀 새로운 사실이 아니다. 여성의 육체야말로 가부장제가 세워진 토대이다.

Ⅲ

아버지의 왕국

역사상 처음으로 가부장제가 왜 존재해야 하는지 그 존재 이유를 설명할 수 없다는 인식이 광범위하게 퍼지고 있다. 즉, 가부장제는 반드시 있어야 하는 것이 아니라, 일시적인 것이고, 모든 문화에서 보편적으로 남성이 여성을 지배하는 것이 더 이상 부정도 할 수 없고 그 사실이 더 이상 옹호도 되지 않는다는 인식이다. 이 점을 인정하면서, 우리는 모든 권력 관계의 핵심에 있는 관계, 욕정과 폭력, 소유, 공포, 의식적인 갈망, 무의식적인 적개심, 감정, 합리화가 뒤엉킨 관계, 그리고 사회적이고 정치적인 형태의 성적인 하부 구조를 파헤치려 한다. 처음으로 우리는 우리 주위를 둘러보며 가부장제의 왕국을 꿰뚫어 보고자 한다. 우리가 보게 되는 것은 기록된 문명에서 한번도 도전을 받아 본 적이 없고, 너무 보편적으로 퍼져 있어서 마치 자연법처럼 여겨지는 제도이다.*

---

* 1912년 제인 해리슨, 1920년대에 헬렌 디너, 1938년에 버지니아 울프 모두가 우리 사회에 가부장적인 가치가 퍼져 있는 것을 지적했고, 그것에 의문을 제기했으며 도전했다. 1949년 시몬느 드 보부아르는 "이 세상은 항상 남자의 세계였다"

가부장제는 아버지의 권력이다. 가족 사회적인, 이데올로기적인, 정치적인 체제로서, 그 안에서 남성은 힘으로, 직접적인 압력에 의해, 혹은 의식, 전통, 법률, 언어, 관습, 예절, 교육, 그리고 분업을 통하여 여성들이 담당해야 할 일, 그리고 담당해서는 안될 일을 규정하며, 그 안에서 여성은 어디에서나 남성 밑에 존재한다. 그렇다고 해서 모든 여성이 권력을 가지고 있지 않다거나 특정 문화에서 모든 여성들이 특정한 권력을 갖고 있지 않다는 것을 의미하는 것은 아니다. 예를 들어, 모계 사회인 크로 인디언 부족에서, 여성들은 의례와 축제에서 존경을 받는 중요한 역할을 담당하나, 월경 중에는 사회적인 접촉을 할 수 없으며, 신성한 대상을 만질 수 없다. 여성과 남성이 함께 특정한 문화적 현상을 공유하고 있다고 할 때, 그것은 성에 따라 매우 다른 의미를 갖는다. "북아프리카 튜아레그 부족처럼 남성이 베일을 쓸 경우, 그 베일이 개인의 지위와 권력을 높여주지만, 아랍권에서 베일을 쓰고 있는 여성의 경우는 그렇지 못하다." 다른 형태를 띠고 있긴 하지만 결국 모든 문화에서 '선이 그어져 있다.'[1]

또한 봉건시대나 빅토리아 시대에 그랬던 것처럼, 비록 한때는 가부장제 하에서 아들에 대한 아버지의 권력이 바로 유지된다고 문화적으로 당연하게 여겼지만, 반드시 가부장제의 권력이 이런 식으로 지속되는 것은 아니었다. 독일 정신분석학자 알렉잔더 미셰르히는 산업화와 대량 생산, 그리고

고 주장했다. 그러나 이 주장이 담고 있는 광범위한 함의에 대한 보부아르의 토의는 주로 추론에 의한 것이었다. 현대 미국 여성주의 문헌에서 가부장제를 최초로 광범위하게 분석한 글은 케이트 밀레트의 『성의 정치학』(1970)이다. 좀 더 상세하고 널리 영향을 미친 것은 메리 델리의 『하느님 아버지를 넘어: 여성 해방의 철학을 향해』(1973)에서 나온 주장들이다. 델리는 모든 문화에 당연한 전제로 스며 있는 가부장제도의 편견에 대해 상세히 다루었다. J. J. 바코펜, 로버트 브리포트, 프레데릭 엥겔스, 에리히 노이만 등과 같은 남성 저자들이 그러한 현상을 지적하고 가부장적인 가족이 필연적인 '자연 현상'이 아니라는 것을 제시했다는 점에서 예비적인 단계로 도움을 주고 있지만, 그들은 가부장제도의 편견이 우리가 생각하는 범주에까지도 영향을 줄 정도로 만연되어 있다는 것을 깨닫지는 못했다. 가부장제도의 편견으로 해서 가장 뛰어난 교육을 받은 탁월한 여성이라 하더라도 문화를 형성하는 일에 참여하지 못하는 국외자, 아웃사이더로 여겨지고 있다.

분업화의 압력 하에서 이러한 부자 관계의 쇠퇴를 추적하였다. '노동'이 가정을 떠나면서, 그리고 사회가 복잡해지고 분화되면서, 아버지는 대부분의 경우에 가족에 존재하지 않는 인물로서, 과거 실제적인 권위의 '실체'를 상실한 인물이 되었다. 그러나, 미셰르히가 지적하듯이, "우리 사회의 가부장제의 구조적인 요소는 주술적인 사고와 밀접히 연결되어 있다. 이러한 사고에 따르면 아버지와 아들, 신과 인간, 지배자와 피지배자 간의 전능 대 무력(無力)의 관계가 사회 조직의 본질적인 원리라고 가정되어 있다." 이러한 전능 대 무력의 관계는 무엇보다도 남성과 여성 간의 관계에 존재한다. 그리고 교육, 사회 조직, 그리고 우리 자신의 '주술적인 사고'에는 여전히 그러한 부계 사회적인 이미지의 흔적이 남아있다.[2]

아버지의 권력은 모든 것에, 그리고 그것을 기술하는 언어에 스며들어 있기 때문에 파악하기가 어려웠다. 그 권력은 확산되어 있으면서 동시에 구체적이며, 상징적이고 실제적이다. 그것은 보편적인 동시에 보편성을 드러나지 않을 정도로 지역에 따라 다양한 형태로 표현된다. 가부장제 하에서, 나는 베일을 쓰고 있을 수도 있고 트럭을 몰 수도 있다. 나는 자녀를 키부츠에서 키울 수도 있으며, 아니면 편모 가정의 유일한 생계 담당자일 수도 있고, 아니면 아이를 등에 업고 낙태 반대 시위에 참여할 수도 있다. 또한, 중국의 마을 공동 농장에서 '맨발의 의사'로 일할 수도 있으며, 아니면 뉴잉글랜드 지역의 여성 동성연애자들 공동체에서 살 수도 있다. 혈통에 의해 혹은 선거에 의해 국가 원수가 될 수도 있으며, 아니면 백만장자 아내의 속옷을 빨고 있을 수도 있다. 베르베르의 촌락에 진흙벽집에서 남편에게 이른 아침 커피를 날라다 줄 수도 있고 아니면 학자들의 행렬에 참가하여 걸어갈 수도 있다. 지위와 상황, 경제적인 수준에 상관없이, 혹은 어떤 성관계를 선호하든 상관없이, 나는 가부장의 권력 아래에서 살고 있으며, 나의 특권과 영향력은 가부장제가 내게 허락하는 정도까지, 그리고 남성의 승인을 얻기 위하여 대가를 지불하는 조건에서만 얻을 수 있는 것이다. 그리고 이러한 남성의 권력이 법보다 관습보다 더욱 강한 것이다. 사회학자 브리지트 버거의 말에 따르면, "남성에 의해서건, 여성에 의해서건 상관없이, 현재까지 주로 남성적인 지성과 정신이 사회와 문화에 대한 해석을 지배하였다… 근본적으로 남성적인 사고가 우리의 모든 도덕사와 지성사를 규정하였다."[3]

혈족 관계와 상속이 모계를 따라 이뤄지는 모계사회, 혹은 남편이 장모가 사는 집 혹은 마을로 들어와 사는 모거제(母居制) 사회는, 아버지의 성(姓)을 따르지 않는 아이를 '서출' 취급하는 서구의 세습적인, 부계의, 부거제(父居制) 가부장제 가족과는 다른 모습을 띤다. 그러나 이러한 변형은 단지 지위와 재산을 남성에게 물려주는 다른 방식일 뿐이다. 이러한 제도는 여성들의 지위와 존엄성을 어느 정도 향상시켜주고 다처제(多妻制)를 억제할 수 있지만, 그것을 '모가장제'와 혼동해서는 안 된다. 안젤라 데이비스가 지적했듯이, 흑인 여성이 아무리 자기 집에서 가장이라 할지라도, 보다 큰 사회에서 무력하고 억압을 받고 있다면 '모가장(matriarch)'이라 불릴 수 없다.[4]

모계 집단에서, 여성은 육아를 책임지며, 여러 명의 여성이 한 아이를 돌보고 있다 하더라도 그 아이를 주로 책임지는 여성이 있다. 성인 남성은 여성과 아이들에 대하여 권위를 유지하며, 이족(異族) 결혼 제도(같은 모계 가족에 속하지 않는 배우자와 결혼하는 제도)가 실시된다. 데이비드 슈나이더는 여성과 남성의 상대적인 권력의 차이를 극명히 밝혀준다. "극소수의 여성에만 해당되는 특별한 경우를 제외하고, 여성과 아이들은 남성의 권위 하에 있다. 모계 집단에서도 최고 권위를 갖는 지위는 보통 남성들이 차지하고 있다."[5]

부계 질서와 비교하여 모계 질서가 여성에게 갖고 있는 장점은 사실 미약하다. 어머니와 자녀 간의 정서적인 유대 관계는 부계 친족 집단이 아이를, 특히 남자아이를 모계 집단으로부터 데려가려 하기 때문에 불안정해지며, "부자 간의 경제적 협력과 재산의 상속"은 어머니의 감정적, 심리적 권위를 약화시키는 데 중요한 역할을 한다. 부계 사회에서는 반대의 경우가 성립되지 않는데, 이는 어머니가 아이와 아무리 강한 정서적 유대 관계를 맺고 있다고 하더라도 어머니는 그러한 관계를 넘어서는 힘, 부권

의 힘(부계 계승 및 상속)에 도전할 수 있는 힘을 갖지 못하기 때문이다.[6]

'모가장제(matriarchy)', '모권(mother-right)' 그리고 '여성 정치 (gynocracy)' 혹은 '여권 정치(gynarchy)'라는 용어들이 부정확하게 쓰이거나 혼용되는 경향이 있다. 로버트 브리포트*는 원시사회에서 모가장제는 단순히 권위를 가진 사람이 남성이 아니라 여성이라는 차이만 가진 가부장제는 아니었다는 점을 보여주려 한다. 그는 '여성정치'라는 용어를 여성이 재산을 통하여 경제적인 지배와 통제를 하는 상황에만 국한하여 사용한다. 그의 지적에 따르면, 어떠한 사회에서나 모가장적인 요소는 '기능적인 원인', -즉, 임신과 출산, 육아와 자녀 교육 등의 어머니 역할-을 가지고 있다. 그리고 초기 사회에서 이러한 기능에는 상당한 활동과 권한이 수반되었는데, 현재는 이것이 가정을 벗어나 남성 영역으로 이전되었다. 브리포트가 말하는 모가장제 사회는 남성이 여성을 지배하는 가부장제 사회와 반대로 여성이 남성을 지배하고 통제하는 사회라기보다는, 여성의 창조력이 충만하고 여성이 생명체적 권위를 보유한 사회였다. 브리포트에 따르면, 모가장제 사회에서는 여성들이 중요한 실제적, 주술적 역할을 하였기 때문에 여성의 권위에 대한 소위 자유의사에 따른 동의가 있었을 것이다. 따라서 그는 모가장제를 본질적으로 유기적인 것으로 본다. 농사와 수공예, 발명 활동이 어머니와 자녀를 중심으로 하는 생활에 통합되어 있었기 때문에, 여성들은 다양하고 창조적이며 생산적인 역할을 수행하였다.** 브리포트의 견해에 의하면, 남성들이 경제력을 지배하고 여성의 영역으로 여겨지던 주술적인 권력을 빼앗아가고, 이러한 유기적 질서에 반기를 들 때 가부장제가 발전한다. 따라서 '여성정치'는 가부장제

---

* 『어머니 연구』(1927); 브리포트의 저서에 대해서는 4장에서 다룰 것이다.
** 케이트 밀레트의 『성의 정치학』(뉴욕: 더블데이, 1970)을 보라: '모가장제'라는 말이 가부장제와의 의미론적인 유사성 때문에 이러한 생각이 나게 만들 수는 있지만, 그러한 사회 질서가 반드시 한 성의 지배를 의미할 필요는 없다고… 생각할 수 있다. 좀 더 단계의 삶을 인정하고 여성 중심의 다산 종교가 남성의 신체적인 힘 때문에 사라졌을 수도 있다는 사실을 받아들인다면, 가부장제 이전의 사회는 상당히 평등주의적이었을 수 있다."(28쪽)

와 마찬가지로 무력 혹은 경제적 압력을 이용하여 권력을 장악하는 것을 의미하며, 사적 재산권과 집단 간의 경제력의 차이가 있을 때에야 비로소 존재할 수 있다.[7]

가부장제의 핵심은 개별가족 단위인데, 이 단위는 재산권의 개념과 자신의 재산을 생물학적인 후손에게 승계하고자 하는 욕구 때문에 유래된 것이다. 시몬느 드 보부아르는 이러한 욕구를 불멸성에 대한 갈망과 연결시킨다. 즉 깊은 의미에서 보면 "재산의 소유자는 자신의 존재를 재산으로 이전시키고, 소외시킨다. 그는 자신의 삶 자체보다 재산을 더욱 소중히 여긴다. 왜냐하면 그 재산은 짧은 생애라는 한계를 극복하고 불멸의 영혼을 담고 있는 세속적이고 물질적인 결합체인 인간의 육체가 썩어 없어지고 나서도 계속 존재하기 때문이다. 그러나 이와 같은 존재의 계속성은 그러한 재산이 그 소유자의 손에 계속 남아있을 때 비로소 가능하다. 자신이 투영되어 있는 개인, 즉 바로 '자신의 소유'인 개인이 그 재산을 소유할 때에만 사후에도 재산이 자신의 것으로 남아 있게 된다."[8] 따라서, 남성의 의식 발달에서, 달이나 봄비, 혹은 죽은 자의 영혼이 여성을 수태시키는 것이 아니라 바로 자신이 그렇게 한다는 사실을 발견할 때 중요한 전기가 생기고, 그녀가 임신하여 낳은 아이가 초자연적 차원에서 그가 죽은 후 신에게 기도와 제물을 바쳐 위로하고, 구체적으로는 자신의 재산을 물려받음으로써 자신을 영원하게 만들 자신의 자식이라는 사실을 발견할 때, 이 전기가 찾아온다. 성적인 소유 관계, 사적 재산권, 그리고 죽음을 극복하려는 욕망이 이와 같이 교차하는 곳에서 우리가 알고 있는 제도─즉 오늘날과 같이 남성의 성기를 숭배하고 성에 따른 분업, 감정적, 육체적, 물리적 소유 의식, 죽을 때까지 계속되는 일부일처제라는 이상(그리고 부정한 아내에 대한 가혹한 징벌)을 유지하며, 혼외 출생 아이를 '서출'로 보는 의식, 여성의 경제적인 의존, 아내의 무보수 가사 노동, 남성 권위에 대한 여성과 아이들의 복종, 그리고 이성애적인 역할의 각인 및 지속 등의 특징을 갖는 현재의 가부장제 가족이 발전되었다.

다시 말하면, 남편이 토라를 연구할 수 있도록 아내가 외부 세계와의 접촉을 담당하고 생계를 책임지는 전통적인 유대교 가족에서건, 아니면 가사일을 담당할 하인과 자녀를 교육하는 가정 교사를 고용하고 전문적인 일에 종사하는 유럽이나 동양의 상류계급 부부이건, 가부장적 가치들이 일부 결합된 형태로 나타나거나 혹은 그 중 특정 측면이 지배적으로 나타난다. 이것은 여성이 명목상의 '가장'인 경우에도 마찬가지이다. 왜냐하면, 여성이 가정에서는 남편과 동등하게 생계를 책임지거나, 가장 역할을 할 수 있을지는 몰라도, 일단 아이가 태어나 수년이 지나면 어머니들은 가부장적인 교육, 법률, 종교, 성규범에 아이들을 맡겨야 하기 때문이다. 실제로, 어머니들은 아이들이 이러한 제도에 편입될 때 반항하거나 '부적응' 문제를 겪지 않도록, 또 어른이 되어 그것을 영속시키는 역할을 담당하도록 준비시키게 된다. 어머니와 자녀 간의 관계가 개인적이고 사적인 것으로 간주되는 어린 시절에조차 어머니가 보수적인 영향력을 행사하여 미래의 어른들에게 가부장적인 가치를 주입하는 역할을 제대로 수행해야만 가부장제가 유지된다. 또한 가부장제는 의례와 전통을 이용하여, 일정한 단계가 되면 어머니가 자녀를, 특히 아들을 그녀의 영역에 묶어 두는 것을 그만두도록 만들어 왔다. 분명한 것은 이렇게 함으로써, 모성에 대한 보수주의를 강화하고 모성을 남성 권력의 유지를 위한 에너지로 전환시키는 원형적인 어머니 상이 만들어지게 되었다는 것이다.

　이러한 이미지가 모든 인간관계에 끼치는 영향에 대하여 아직 논의되지 않은 것이 많다. 여성은 어머니인 동시에 딸이지만, 이 주제에 관해 거의 이야기하지 않는다. 문헌을 통해서나 시각적으로 보게 되는 모성상의 상당 부분은 집단적인 남성의식이나 개인적인 남성 의식에 의해 걸러져 우리에게 전달된다. 여성은 아이가 자신의 몸속에서 자라고 있다는 사실을 알게 되자마자, 자신의 새로운 존재 방식에 대한 이론, 이상, 전형, 설명 등에 휩싸이게 된다. 그렇지만 이러한 모든 것은 다른 여성에 의해 생성된 것이 아니며 (물론 다른 여성들이 전달을 해주는 경우도 있지만), 여성이 처음으로 자신이 여성이며 따라서 언젠가는 어머니가 된다는 것을 깨닫게 된 이래로 그녀 주위를 맴돌아 왔다. 우리는 역사에 있어서 매우 핵심적인 이념, 즉 부성의 권력을 지탱하기 위하여 어머니로부터 박탈한 조건이 무엇인지를 이해하기 위해서라도 이와 같이 생성된 이미지와 조작된 사고에서 그대로 존속시킬 가치가 있는 것이 무엇인지를 이해할 필요가 있다.

2.

여성 해방 철학자인 메리 델리가 지적한 것처럼, 여성들은 가부장적 사고방식으로 보면 문제가 될 수 없다고 여겨왔던 문제들을 제기하기 시작하고 있다. 남성을 지식의 소유자로, 그리고 여성과 자연을 지식의 대상으로 분리하는[9] 지배적인 남성 문화는 지적 양극화를 발전시켰다. 이러한 양극화는 여전히 우리의 상상력을 억압하는 힘을 가지고 있다. 그러한 문화가 가치있다고 여기는 자질에서 조금이라도 벗어날 경우, 그러한 일탈은 부정적인 것으로 간주된다. '합리성'은 건강성, 적법한 방식, '실제적인 사고'로 간주되고, 모든 대안적인 지식, 직관적이고 감각을 초월하며 시적인 지식은 '불합리'한 것으로 간주된다. '불합리'라는 말이 무엇을 내포하는지 잘 생각해보면, 그것은 매우 감정적인 뜻을 담고 있음을 알 수 있다. 여기에는 '히스테리'(이 질병은 한때는 자궁에서 생겨난다고 생각되었다), (모든 '합리적인 남성'에게 있다고 믿는 사고력이 결핍되어 나타나는) '광기', 혼란스러워서 일정한 형태가 없다는 것을 의미하는 '무작위'라는 의미가 함축되어 있다. 따라서 기술적 이성이 이미 인정하고 있는 그러한 것들과는 동떨어진 낯선 형태나 언어 혹은 패턴을 찾으려 시도할 필요가 없다. 더군다나, '합리성'이란 용어는 다루기를 거부하는 모든 것을 그것과 반대되는 용어에 귀속시키고, 그럼으로써 초현실적이거나 비선형적인 요소를 발견하고 이해하려 하기보다는 그로부터 비합리적인 것들을 제거하려 하였다. 이러한 한 가지 잘못만으로도 가부장적 사고방식, 특히 과학적이고 철학적이라고 하는 사고방식이 우리가 지금 알고 있는 것보다도 더 손상되었을 수 있다.

보다 근본적인 분열은 '내적인 것'과 '외적인 것'을 양분하는 것이다. 이러한 인식에 대한 설명을 프로이트의 글 "없음에 관하여(On Negation)"에서 찾을 수 있다:

> 가장 오래된 언어, 즉, 구강 본능 충동의 언어로 표현하여, 달리 표현하자면 이와 같다: "나는 저것을 먹고 싶다, 혹은 나는 그것을 뱉고 싶다" 혹은 한 단계 더 나아가, "나는 이것을 내 안으로 가져오고 싶고 저것을 내 바깥에 그대로 두고 싶다." 즉, 그것은 내 안에 있거나 내 바깥에 있게 된다 … **원래 쾌락을 추구하는 자아의 관점에서 보면, 나쁜 것, 자아와 동떨어진 것, 외적인 것은 모두 동일하다.**"(저자강조)[10]

여성의 육체를 가진 사람으로서, 나는 이러한 설명을 들으면 잠시 생각을 멈추게 된다. 내게 있어서 자아의 이러한 경계는 프로이트의 '내적인 것'과 '외적인 것'이라는 단어보다는 훨씬 더 섬세하게 정의해야 할 것처럼 보인다. 나는 내 자신을 어떤 사절들을 받아들이고 다른 사절들은 배제하는 성곽 도시라고 생각하지 않는다. 문제는 훨씬 다양하며 복잡하다. 어떤 여성은 강간을 당할 수도 있다. 그 경우 그 여자의 의지에 반하여 질속으로 남근이 들어오거나 강제로 그것을 입속에 받아들여야 하는데 그러한 경우에 여성은 분명 그것을 낯선 침입자로 경험한다. 그러나 이성애적인 성행위에서 자신이 원해서 상대방의 남근을 자신의 질속에 삽입할 수도 있다.

단순한 '성교'가 아니라 애정이 바탕이 된 성행위에서는 육체적, 감정적 갈망으로 한 사람이 다른 사람의 몸 안으로 들어가면서 육체와 육체 간의 경계가 허물어지기 때문에 종종 강한 상호 침투감, 육체의 벽이 녹아내리는 강한 느낌을 갖게 된다. 다른 여성의 오르가즘을 마치 자신인 것인 양 동일시하는 것은 가장 강렬한 인간관계 경험 중의 하나이다. 그러한 순간에는 어떠한 것도 나의 '내부에' 있거나 혹은 '외부에' 있는 것이 아니다. 심지어 자기 발정의 경우에도, 어느 정도 외적이라고 할 수 있는 클리토리스(陰核)는 몸 안에 있어 볼 수 없고 만질 수 없는 질과 자궁까지 흥분 신호를 전달한다.

그리고 임신 중에 조차도 나는 태아를 프로이트의 말대로 확실히 내 안에 있는 내적인 것으로 경험하기보다는 내 안에 있어서 나의 일부인 무엇이지만, 시간이 지나고 날이 가면서 점점 나로부터 분리되어 다른 자아로 되어가는 무엇으로 경험하였다. 임신 초기에 태아의 떨림은 내 육체의 이상한 떨림으로 느껴졌고, 나중에는 내 안에 갇힌 어떤 존재의 움직임으로 느껴졌다. 그러나 이러한 모든 느낌은 나의 느낌이었고, 내 자신의 육체적이고 정신적인 공간 감각에 도움이 되었다.

분명한 것은 특정한 상황에서 누군가의 몸 안에 있는 아이는 외부에서 들어온 낯선 존재처럼, 이방인처럼 느낄 수도 있다는 것이다.(그러나 나일즈 뉴턴은 그녀의 논문 「모성의 감정」에서 임신 기간 중의 입덧에 대한 연구들을 인용하고 있다. 이 연구에 따르면, 입덧은 임신에 대한 거부감이라기 보다는 수태의 조건, 원하지 않는 빈번한 성관계 그리고 오르가즘이 생기지 않는 것과 연관이 있다.)[11] 그러나 강간 당한 여성조차 폭력 때문에 생긴 태아를 외부로부터 들어온 어떤 것이 아니라 내부로부터 생겨난 것으로 동화시키는 경우가 많아 보인다. 물론 태아는 두 가지 요소를 모두 포함한다. 난자가 정자와 만나게 되든 아니든 상관없이 우리는 배란을 한다. 아홉 달 동안 내 몸 속에서 자라는 아이는 나도 아니고, 내가 아닌 것도 아니다. 여성은 결코 '내적인 공간'의 형태로 존재하지 않고 외적인 것, 내적인 것 양자에 강하게 연결되어 있으며 동시에 영향을 받는데, 이는 여성에게 있어서 '내적인 것'과 '외적인 것'은 양극적인 것이 아니라 연속적인 것이기 때문이다.

우리 지성 교육의 대부분을 구성하는 이분법을 거부하고, 긍정과 부정의 양극화를 거부하는 것이 여성 해방 사상의 토대이다.[12] 그리고 이들을 거부함으로써, 우리는 수세기 동안 부정적으로 규정된 모든 이들, 단지 여성뿐만 아니라, '사회 하부 계층', '남자답지 못한 사람', '유색인', '무식한 사람들', '보이지 않는 사람들'의 존재를 재확인시킨다. 이로써 우리는 근본적인 이분법, 즉 권력 있음과 권력 없음의 문제에 맞서게 된다.

권력은 가부장제에서 가장 중요한 단어인 동시에 가장 중요한 관계이다. 어머니를 통제함으로써 남성은 자녀에 대한 소유권을 확인한다. 자녀를 통제함으로써 남성은 사후 세습 재산을 처분할 수 있으며, 영혼의 안전한 이전을 확신할 수 있다. 따라서 까마득한 먼 옛날부터 남성의 정체성이나 인격은 구체적인 의미의 특정한 권력, 즉, 아내와 자녀로부터 시작하여 타인에 대하여 행사하는 권력에 의존하였다. 원시시대의 결혼 혹은 중매결혼으로부터 지참금이 수반되는 계약 결혼, 최근의 '사랑 때문'이지만 아내의 경제적 의존을 수반하는 결혼까지, 봉건제도, 노예제도 그리고 농노제도에 이르기까지 인간에 의한 인간의 소유가 만연되어 있다. 권력을 소유한 자(대부분 남성)는 권력을 소유하지 못한 자를 대신하여, 건강한 자는 건강하지 못한 자를 대신하여, 장년의 사람은 나이든 이들을 대신하여, '제 정신인 사람'은 '미친 사람'을 대신하여, 그리고 교육받은 이들은 무식한 사람들을 대신하여, 그리고 영향력 있는 사람은 주변 사람들을 대신하여 결정을 내린다.

　어떻게 남성이 최초에 어머니로서의 여성에 대하여 권력을 갖게 되었든지, 최초의 성적 노예 관계에서 생겨난 이러한 권력은 우리 사회 전체로 확산되어 나갔다. 모든 식민지 국민은 정복자에 의하여 약하고, 여성적이며, 자기 통제력이 없으며, 무식하고, 교양 없고, 무력하고, 개화시킬 필요가 있는 사람들로 규정된다. 한편으로는 신비롭고, 자연적이며, 땅과 깊은 관계를 맺고 있는 사람들로—이것은 모두 태초의 어머니가 갖는 속성이다—여겨질 수도 있다. 그러나 정복자가 생각하는 방식으로 이해된다고 해서 피정복자들이 진실 되게 이해되었다고 볼 수는 없다.

　다른 사람들에 대하여 권력을 소유한다는 것은 그 권력을 가진 자들이 복잡한 인간성을 관통하는 일종의 지름길을 가지고 있다는 것을 의미한다. 그는 직관을 통하여 무력한 사람들의 영혼으로 들어갈 필요가 없으며, 무력한 자들이 침묵의 언어를 포함하여 다양한 언어로 말하는 내용을 들을 필요도 없다. 식민주의는 바로 이러한 지름길 때문에 존재하는 것이다. 그렇지 않고서야 어떻게 극소수의 사람들이 그렇게 많은 사람들 사이에 살면서, 어쩌면 그다지도 아는 것이 없을 수 있겠는가?

　이러한 상황이 권력 없는 사람들의 심리에 끼치는 영향 – 여성에게 모두 적용될 수 있다 – 에 대하여, 비록 남성들이고 성차별주의자들이긴 하지만, 많은 사람들이 글을 남겼다.[13] 무력감은 무기력, 자기 부정, 죄의식, 우울함을 가져온다. 또한 일종의 심리적 긴장, 약삭빠름, 억압자에 대한 기민하고 노련한 관찰이 생겨난다. 이와 같은 '심리적 긴장 상태'는 생존을 위한 한 방법으로 발달된다. 권력자는 항상 자신의 의지를 관철시키기 위하여 권위나 무력의 지름길에 의존하므로, 무력한 자의 통찰력이 필요 없고, 사실 권력자가 지나치게 세심하게, 권력이 없는 자의 마음속을 들여다보는 것이 위험할 수도 있다. 미국 남부 백인들은 흑인 인권 운동이 전개되던 시기에조차도 "우리 깜둥이"들은 사실 자신의 상황에 만족하고 있다고 주장하였다. 마찬가지로 자만심에 빠진 남편은 아내가 "해방된 여성"이라고 단언할 것이며, 남성 심리분석가와 철학자들은 여성에 대하여 멋지고 근거 없는 이론들을 만들어 낸다.[14] 권력을 가진 사람들은 타인의 진정한 인간성에 대한 이해를 억제하거나 부인해야 할 많은 이유가 있는 것으로 보인다. 권력은 타인의 내적인 부분에 대한, 따라서 자신에 대한 일종의 고의적인 무지, 도덕적 불감증을 만들어 내는 것으로 보인다. 이러한 자질은 '초연함', '객관성', '건전성' 등으로 다양하게 설명되었고, 마치 다른 사람의 존재를 인정하게 되면 공포와 히스테리가 걷잡을 수 없게 되는 것처럼 여겨졌다. E. M. 포스터는 이러한 자질을 그의 소설 『하워즈 엔드』(1910)에서 기업가인 윌콕스 씨와 그의 아들이라는 인물을 통하여 의인화한다. 이들에게 있어서, 개인적인 것은 사소한 것이며 동시에 위험한 것이다:

　… 헨리에게는 그의 아내가 아무리 생각해 보아도 결코 이해할 수 없는 자질이 있었다. 그것은 바로 둔감함이다. 그는 사물을 알아차리지 못하고 할 말도 더 이상 없었다. 그는 음울한 대화에 존재하는 빛과 어둠, 길 안내 표지, 이정표, 충돌, 장대한 광경 등을 알아차리는 경우가 없었

다. 언젠가 … 그의 아내가 이 점에 대하여 질책을 하였다. 그는 어리둥
절해 하며, 웃으면서 대답하였다: "내 신조는 집중하라는 거요. 나는 그
런 일에 내 힘을 낭비할 생각이 없소." "그것은 힘을 낭비하는 게 아녜
요."라고 아내가 대꾸하였다. "그것이 당신 강점을 확대하는 것일 수도
있어요." 그가 대답하기를, "당신은 영리한 여인이요. 그렇지만 내 신조
는 집중하라는 것이요."[15)

윌콕스 씨는 일차 대전 이전에 이미 도시화, 투기적 자본주의, 독특하
게 추상화된 계급 제도로 자기 상실을 겪고 있는 영국의 부유한 제국주의
적 남성 세력의 일원으로 권력가다. 소설에서 보여주는 계급적 억압은 여
성에 대한 경멸이나 자만심과 불가분의 관계에 있으며, 윌콕스와 그의 아
들은 그러한 많은 예를 제공한다. 그는 또한 가장이고, 가족이 따라야 할
원칙을 정하는 사람으로서, 권력을 가진 사람이다. 그는 아내의 재산을
가족의 재산으로 유지해야 한다는 명분으로 아내의 유언을 묵살한다. 그
의 아들 또한 가족의 명예와 재산을 보호한다는 미명 하에 살인을 자행한
다. 거짓말, 무력의 사용, 그러나 무엇보다도 인간 본성을 철저히 무시하
는 태도가 윌콕스 세계의 특징이다. 윌콕스의 두 번째 아내가 되는 마가
렛과 그녀의 여동생 헬렌은 이러한 남성들이 거짓되고, 내적인 '혼돈과
공허'를 감추려 하고 있다는 사실을 정확히 간파한다. 그러나 이러한 남
성의 권력은 이념의 힘, 즉, 전통과 심지어 종교의 형태로 내재화되어 있
는 체제의 권력에서부터 나온다.

일신론은 신의 가장 중요한 속성을 전능함으로 본다. 신은 바빌론이나
니느웨를 휩쓸어버릴 수도 있고, 이집트에 질병과 화재를 가져올 수도 있
으며, 바다를 갈라지게 할 수도 있다. 그러나 신의 힘은 사람들의 마음속
에 있는 어떤 개념의 힘으로, 이 개념으로 인하여 사람들은 징벌에 대한
두려움 때문에 신에게 복종하고, 다른 신(종종 여신)과 자신의 신이 싸우면
항상 자신들이 숭배하는 신이 승리할 것이라고 확신하기 때문에 다른 신
들을 거부하게 된다. 신은 자기 자신을 '아버지'라 부른다. 그러나 아버지

는 단순히 한 여성(혹은 여러 여성)과 그녀의 아이들을 소유하고 통제하는 남성에 불과하다는 사실을 기억해야만 한다. 가부장적 권위는 하느님 아버지로부터 나온 것이 아니다. 아버지가 가족에 대한 통제력을 갖기 위하여 노력하는 과정에서 하느님 아버지가 만들어진 것이다. 그의 말은 법이며, 하느님의 권력이라는 개념이야말로 그것에 대한 어떠한 증거보다 중요하다. 그 권력은 '양심', '전통', '내적인 도덕률'로 내재화된다.

이와 같이 권력이라는 관념은 관념의 권력이 된다. 그것은 다른 모든 권력 개념에 배어있다. 동양과 서양을 막론하고, 성적인 사랑이란 누군가 위에 군림하는 힘, 혹은 다른 누군가의 힘에 굴복하는 것이라고 상상했다. 아라비아의 전통에 따르면, 사랑에 빠지는 것은 마법의 힘에 굴복하는 것이다.[16] 마찬가지로 서양에서 사랑에 빠지는 것은 '홀리는 것'이며 아니면 '매혹되는 것'이다. 즉, 구속되는 것이며 무력해지는 것이다. 역시 이러한 경우에, 타인에 대한 책임, 다른 사람을 인간으로 진실되게 이해할 필요가 없어진다. 가부장적 권력에서 사용하는 언어는 이분법에 매달린다. 한 사람이 권력을 소유하면 다른 사람이나 다른 사람들은 권력을 가질 수 없게 된다.

따라서 여성이 완전한 인간성을 주장하기 시작하면서, 권력의 의미에 대한 근본적인 의문이 제기된다. 무력한 상태에서 벗어나 우리는 어디로 나아가고 있는가? 대부분의 여성이 가부장적인 의미에서 힘을, 즉 다른 사람에 대한 권력을 느끼는 경우는 바로 어머니의 역할을 할 때다. 그리고 우리가 보게 되듯이 이러한 경우는 남성의 통제력을 강화하는 방향으로 왜곡되고 조작된다.

고대의 모성은 마나(mana, 초자연적인 힘)로 가득 차 있었다. 이것에 대한 연구는 조셉 캠벨과 에리히 노이만과 같은 사람들의 글에서 찾아볼 수 있다. 그러나 어디에서나 아이의 무력함 때문에 어머니는 보잘 것 없지만 어느 정도 권력을 갖게 되었다. 이 권력은 어머니 자신이 원하지 않았을 수도 있으나, 그녀가 다른 모든 경우에 느끼는 무력감을 보상해 줄 수도 있다. 무엇보다도 어머니의 권력은 영양과 애정, 즉 생존 자체를 주거나 주지 않을 수 있는 권한이다.* 여성이 이처럼 말 그대로 삶과 죽음을 결정할 수 있는 권한을 갖는 경우는(캐더린 드 메디치 같은 절대 군주나 강제 수용소의 여자 감시인 같은 예외적이고 드문 경우를 제외하면) 그 어디에도 없다.** 그리고 바로 그 순간이야말로 여성의 생활은 좋든 싫든 간에 자녀의 생활과 긴밀히 연결되며 아이도 좋은 방향으로든 나쁜 방향으로든 최초의 인상을 얻게 된다. 시몬느 드 보부아르의 말을 빌리자면, "여성이 두려움을 느끼는 것은 어머니일 때다. 여성이 변화하여 노예로 전락하는 것은 바로 모성 안에서이기 때문이다."[17] 모성 권력이라는 관념은 길들여져 왔다. 여성을 변화시키고 노예로 만드는 과정에서, 역사적으로 볼 때, 모성의 권력의 궁극적 근원인 자궁은 도리어 여성에게 불리하게 작용하여, 무력함의 근원 자체로 바뀌었다.

3.

아이에 대한 어머니의 짧은 권력의 바깥에서―이 동안에도 남성의 간섭을 받게 되어 있는데―여성은 두 가지 형태의 부정적인 '권력'을 경험한다. 첫 번째는 다른 남성들을 지배하기 위해 유혈이 낭자한 투쟁을 벌이고, 지배력을 확보하기 위한 과정에서 인간관계와 정서적 가치를 희생하는 남성들이 여성에게 행사하는 권력이다. 그러나 다른 피지배자와 마찬가지로 우리는 남성의 의지를 조종하고 부추기고 아니면 내재화하여

* 나는 어떠한 아동 양육 지침서도 이러한 관점을 피력한다든가, 혹은 영아 살해의 문제를 제기하는 것을 보지 못했다.

** 안톤 체홉은 그의 단편 『자고 싶다』에서 아이 때문에 며칠 동안 잠을 자지 못한 유모가 결국 그 아이를 목 졸라 죽이게 되는 과정을 그리고 있다. 그 단편은 고문에 관한 이야기이다. 아기의 울음소리는 세뇌시킬 때 사용하는 잠 못 자게 하는 수법과 같기 때문이다. 그러나 인간에 대해 대단히 정직하게 전달하는 체홉조차도 영아 살해를 저지르는 사람으로 아이 엄마가 아니라 농노를 설정했다. 19세기 초기 러시아에서 의사 수련을 하면서 체홉은 어머니들이 영아 살해를 저지르는 경우를 많이 보았을 것이다.

우리 것으로 만드는 방법을 익혀 왔으며, 남성들은 이러한 것을 우리가 가진 '권력'이라고 말한다. 그러나, 이것은 달콤한 말로 얻고자 하는 것을 얻는 아이나 창녀의 '힘'이며, 남에게 의존해 살아가는 사람이 총애를 받기 위하여 혹은 말 그대로 살아남기 위하여 자신의 감정을 – 심지어 자신에게조차 – 감추는 '힘'에 불과하다.

역사적으로, 여성이 '권력'을 차지할 수 있는 가능성은 감상주의와 미신 때문에 모호해져 왔다. 그림케 자매가 1830년대 노예 반대 단체 앞에서 연설하기 시작했을 때, 그들은 여성들이 연단에 나서는 것을 금하는 사회 통념을 깨뜨린 것이었다. 조합 교회의 목사가 그들을 반대하는 교서를 발간하였다.

> 여성이 담당해야 할 적절한 의무와 영향이 신약 성서에 분명히 언급되어 있다. 그러한 의무와 영향력은 나서지 않고 개인적으로 이뤄지지만 **엄청난 힘**의 근원이다. 남성의 완고한 의견에 대해 순종적이고 의존적이며, 온화한 영향력을 충분히 행사할 경우, 사회는 그 효과를 수천 가지 형태로 느끼게 된다. **여성의 의존성이 바로 여성의 힘이며**, 이는 하느님께서 여성을 보호하기 위하여 여성에게 부여한 연약함을 의식함으로써 생겨난다. 하지만 만일 여성이 대중 개혁자로서 남성의 위치와 목소리를 갖는다면 … 그녀는 **하느님이 그녀를 보호하기 위하여 부여한 자신의 힘을 포기**하는 것이 되며, 성격이 부자연스럽게 된다. (저자 강조)[18]

이는 마치 올리브 슈라이너의 『소설 아프리카 농장 이야기』(1883)에서 여주인공 린달이 "어떤 여성은 권력을 갖고 있다"는 친구 왈도의 말에 대해 터트린 감정적인 대답처럼 여겨진다.

> 권력이라고! 남자들에게 다른 사람들이 권력을 가졌는지 아닌지 질문을 해본 적이 있어요? 남자들은 태어나면서 권력을 갖죠. 샘을 막아 늪을 만들거나, 그대로 내버려 둘 수는 있어요. 그렇지만 그것이 거기에 있어

야 하는지 없어야 하는지에 대하여는 말할 수 없어요. **그것은 거기에 있는 것이니까요.** 그리고 그것은 공공연히 선을 위해 쓰이지 않을지는 몰라도 은밀히 악을 위해서라도 어쨌든 작용을 해요 … "권력이라구요!" 그녀는 작은 손을 난간에 내리치면서 갑작스럽게 말하였다. "그래요, 우리에게는 힘이 있어요, 그리고 우리는 그 힘을 산에 터널을 뚫거나, 병을 치유하거나, 법을 만들거나 돈을 벌거나 그 외 다른 외부의 대상에 사용하지 못하기 때문에 **당신들 남자들에게** 그 힘을 쓰게 돼요. 당신들은 우리의 물건, 우리의 상품, 우리가 영향력을 발휘하는 재료예요 … 우리는 법, 과학 그리고 예술을 공부할 수 없어요. 그래서 당신들을 연구합니다. 당신들 남성의 본성에 있는 모든 것 중에서 우리가 알지 못하는 것은 없답니다.[19]

　이 글에서 잠시 올리브 슈라이너는 권력에 대해 다소 색다른 정의를 언급하고 있다. 그렇지만 이것은 잠시 동안에 불과하다. 여주인공 린달은 강렬한 에너지를 소유한 여성으로서 교육받기를 갈망하고, 그녀의 에너지를 쏟아 부을 관념의 형태로서의 '외부 대상'을 갈망한다. 그리고 그녀는 '여성의 적절한 의무와 영향력' 이외에 그러한 에너지를 분출시킬 출구를 찾지 못할 경우, 무력해질 가능성이 자신에게 있음을 경험한다. 여러 세기 동안 여성들은 자신들의 적극적, 창조적 충동을 일종의 악마에게 홀린 탓으로 돌렸다. 남자들 또한 그러한 충동을 악마적인 것으로 간주하여 징벌하였다. 앤 허치슨의 경우는 단지 한 가지 예에 불과하다.[20]
　남성이 여성에 대해서 가지고 있는 권력 이외에, 그리고 우리에게는 무엇인가 부인되고 무산되고 있다는 인식 외에도, 여성들은 또한 남성의 정신적 창조물에서 표현되는 **'힘의 충만함**(powerfulness)'을 그 단어의 어원적인 의미(posse, potere, 혹은 pouvoir는 할 수 있다, 능력이 있다는 의미를 갖는다)대로 느껴왔다. 음악 작품의 박자, 건물의 공간적인 조화, 회화에서 표현되는 강렬한 빛, 지성 체계의 통일성과 힘에서, 우리는 그러한 '힘'과 자아를 표현하는 에너지, 여성과는 달리 외부 세계로 표출하는 것이 허용된 표현 에너지로서 경험한다. 우리가 권력을 얻기 위한 남자들의 무자비한 투쟁을 공포로, 종종 우리 자신과 아이들에게 찾아오는 공포로 경험했다면, 우리는 또한 우리 자신의 것이 아니라 남성의 정신 활동에서 표현되는 이러한 다른 종류의 힘이, 인간의 열망을 재는 척도로 우리 앞에 놓여 있다는 것으로 알고 있다. 그리고 자주 우리 자신이 그러한 종류의 권력과 결합되기를 갈망해 왔다.(우리 세대의 고등학교 연보에서, 가장 촉망받는 여학생 중의 하나가 자신의 바람을 "훌륭한 사람과 결혼하는 것"이라 쓴 적이 있다.) 남성 권력과 어느 정도 결합하는 것은 우리 대부분이 직접 권력을 공동 소유할 수 있는 가능성이 가장 큰 방법이다. 아무리 보잘 것 없고 타락하였다 하더라도 여하한 형태의 남성 권력과 연결되지 못할 경우에 이것은 우리가 실로 보호받지 못하고 상처받기 쉬운 상태에서 살고 있다는 것을 의미한다. 권력이라는 관념은 대부분의 여성에게 있어서 남성다움 혹은 무력의 사용과 관계가 있고, 종종 이 둘 다와 불가분의 관계를 맺고 있는 것으로 여겨진다.

그러나 또한 우리는 직관적으로 그리고 무의식적으로, 우리의 권력에 대하여 남성이 갖고 있는 환상을 경험한다. 이러한 환상은 어린 시절로 거슬러 올라가서 신화적인 토대를 갖고 있는 환상이다. 기원이 무엇이든, 대부분의 여성에게 있어서, 남성의 이와 같은 환상은 매우 완곡하게 표현되어 있어서 알아보기가 어려웠다. 수 세기 동안 우리는 여성의 공공연한 힘을 혐오하는 것을 보아왔고, 강하고 독립적인 여성을 별나고, 중성적이며, 둔감하고, 남자를 거세시키고, 병적이며 위험하다고 정의해 왔다. 어머니다운 여성은 '조종하려는 여성'으로 두려워하고, 의존적이고 유순하며 '여성적인' 여성을 선호하는 것을 보아왔다.* 그러나 어떤 심오한 수

---

* 마가렛 미드는 미국에서 서부 개척 시대가 열리면서 여성적 특질에 대한 다른 가치 평가가 생겼고, "강한 여성, 강인한 성격과 결단력이 있는 여성, 실제로 배짱 있는 여성들이 점점 더 많은 평가를 받았다"고 주장했다.(『남성과 여성』[뉴욕: 모로우, 1975], 225쪽). 그러나 미드는 여성들은 여전히 '남성을 즐겁게' 해줄 수 있으리라고 여겨졌다는 점을 인정했다. 그리고 서부가 정착되고 새로운 유한 계층이 도시마다 자리잡기 시작하면서, 손스타인 베블렌과 에밀리 제임스 푸트남이 『귀부

준에서 모든 여성은 남성들이 두려워하고 혐오하는 대상일 수도 있다는 생각이 일부 프로이트 이후 학자들의 글을 통하여 서서히 우리들에게 인식되기 시작하였다.[21] 그리고 아직도 여성들은 그러한 생각은 여성들이 거부하고 있다. 카렌 호니의 말대로,

> 이러한 명백한 내용이 엄청난 양으로 표현되어 있다는 점을 고려해 보면, 남성들이 비밀스럽게 여성을 두려워하고 있다는 사실을 거의 깨닫지도 못하고 관심을 기울이지도 않고 있다는 사실이 정말 놀랍지 않은가?(우리도 이러한 질문을 하면서 놀라게 된다) 더욱 놀라운 것은 여성들 자신이 그렇게 오랫동안 이러한 사실을 간과해 왔다는 점이다…[22]

그녀에 따르면, 여성들이 이러한 남성의 두려움을 모르고 있다는 사실 이면에는, '불안감과 상처받은 자긍심'이 놓여 있다. 물론 불안감이 있는 것이 사실이다. 여성이 자신을 남성의 마음에 드는 대상, 두려움을 주지 않는 대상으로 만들려고 아무리 애써도, 어쩔 수 없이 어느 정도까지는 '여성'으로서 두려움을 주는 측면이 있다는 사실, 개별적인 여성과 아무런 상관이 없는 추상화된 모습이 있다는 사실을 깨닫게 되고, 대상화된 자가 느끼는 불안이 있는 것이 사실이다. 정치적으로 사회적으로 남성은 여성에 대하여 거대한 권력을 행사하고 있기 때문에, 배우자나 고용주가 여러분을 두려워하고 있다는 사실을 깨닫는 것은 자신을 잃게 하는 경험이다. 그리고 여성이 주인이 아니라, 형제, 연인, 동료를 찾고자 한다면, 이러한 두려움에 어떻게 대처해야 하는가? 만일 이 때문에 그녀가 자신의 성의 내재적인 힘을 두려워하게 된다면, 그 힘은 적대적이고 파괴적이며, 통제적이고 악한 것으로 인식된다. 그리고 권력이라는 관념이 그녀에게 있어서는 유해한 것이 된다. 뒤에 가서 여성에 대한 이와 같은 두려움에 대하여 다시 언급할 것이다. 여기에서는 현재까지 여성의 일차적인 권력

인」(1910)에서 명료하게 밝힌 바대로 개척지의 '강한' 여성은 평가절하되었다.

경험은 세 가지 측면에서 부정적이라는 것을 다시 한 번 강조할 필요가 있다. 즉, 우리는 남성의 권력을 억압으로서 경험한다. 우리는 자신의 생명력과 독립성을 어느 정도 남성에게 위협적인 것으로 경험한다. 그리고 우리가 '여성답게' 수동적으로 행동하고 있을 때조차도 우리는 우리 자신의 잠재적인 파괴력에 대한 남성의 환상을 인식하게 된다.

J. J. 바코펜, 로버트 브리포트, 조셉 캠벨, 로버트 그레이브스, 헬렌 디너, 제인 해리슨의 글에 대한 새로운 관심이 생겨난 것, E. G. 데이비스의 『제 1의 성』에 대한 반응, 제인 알퍼트의 "모권(Mother-Right)"과 같은 여성 해방 이론에 관한 에세이들은, 가부장제는 어느 면에서 보면 퇴보이며, 권력을 가진 여성은 남성과 다르게 소유의 방식이 아닌 비폭력, 파괴적이지 않은 방식으로 권력을 사용한다는 신념을 입증하기 위한 노력의 일환이었다. "모가장제에 대한 논란"은 바로 이와 같은 노력으로부터 직접적으로 생겨난 것이며, 여성주의 사상의 초기 단계로서 반드시 겪게 되는 '생물학'에 대한 반응을 재검토하도록 만드는 촉매가 되었다.

저명한 두 명의 여성 이론가, (1920년대 후반 독일어로 처음 글을 발표한) 헬렌 디너와 (1970년대에 저술 활동을 한) 엘리자베스 굴드 데이비스는 앞선 시기의 저자들, 주로, J. J. 바코펜과 로버트 브리포트에 상당 부분 의존해서, 여성의 생리적인 특성이 가부장제 이전에 여성이 가졌던 권력의 주된 원천이며, 여성을 생명 그 자체의 근원으로 여기도록 만들고 또한 여성이 남성보다 자연의 주기와 과정에 더욱 깊이 연결되도록 만들어 준 주된 원천이었다고 주장한다. 이들 저자들은 모두, 여성이 어머니와 가장으로서, 그리고 초기 신화 전체에 걸쳐서 나타나는 티아마, 레아, 이시스, 이슈타, 시벨, 데미테르, 에베소의 다이아나, 그리고 그밖의 다른 이름으로 불리는 여신으로서, 생명을 부여하는 영원한 자로서, 그리고 죽음을 포함하여 자연 질서를 구현하는 자로서의 중심이 되는 선사시대 문명을 상정하고 있다.

디너와 데이비스에게 있어서, 어머니로서의 여성이라는 관념은 당연히 여권 정치로 이어졌다. 즉 여성이 이끄는 사회, 여성에 대한 깊은 존경심을 특징으로 하는 사회로 이어졌다. 시몬느 드 보부아르와 슐라미스 파이어스톤을 포함하는 다른 학자들은 '모가장제' 혹은 '여성 정치' 체제 중 어느 것도 존재한 적이 없다고 말하며, 여성의 모성이 당연히 여성에 대한 억압의 뿌리라고 인식한다. 결론이 어떻든, 모성이라는 개념과 권력이라는 개념 사이에는 피할 수 없는 상관 관계가 있다.

예를 들어, 사회학자인 필립 슬레이터는 그리스에서 초기 모가장제 문화의 실질적인 증거를 볼 수 있으며, 나중에 가부장제가 이 문화를 대체하게 되었다고 생각했다. 그렇지만, 그는 다른 문화에서 그리스에서와 같은 모가장제로부터 가부장제로의 이행이 있었다고 보기는 어렵다고 했다. "원시 모가장제의 **개체 발생적인** 경험이 보편적이어서, 이러한 경험이 신화와 민간 전승에 나타나는 이러한 전통의 기원"이 되고 있기 때문이다. 달리 말하면(그리고 이것은 프로이트적인 사고이다), 모든 여성과 모든 남성은 아주 어렸을 때, 어머니의 권력 하에서 살았다. 그리고 이 사실만으로도 강력한 여성의 전형 혹은 여성이 다스리는 황금시대에 대한 꿈, 전설, 신화 등이 반복되어 나타나는 것을 설명할 수 있다.[23] 그렇게 이상적인 시대는 아니었다 할지라도, 그러한 시대가 어디에서든 존재한 적이 있었든, 혹은 우리 모두가 아주 어린 시절 경험을 통하여, 우리 자신보다 크고 강한 여성의 육체와, 혹은 여성적인 따스함, 양육, 부드러움과 연결되었던 과거의 개인적인 관계를 기억하든지 아니면 갈망하든지 상관없이, 유익한 여성 권력에 내재한 **가능성**에 대한 새로운 관심이 생겨났다. 이것은 사회 전체에 결핍된 권력 양상이고 심지어 개인적인 영역에서 조차도 여성들이 극도의 한계 안에서 행사하는 권력이다.[24]

4.

가부장제의 역사는 아직 다 기록되지 않았다. 물론 남성의 역사를 의미하는 것은 아니다. 가부장제의 역사란 생성되어 발전하고 독특한 표현 양식을 가지며, 자기 파괴적임을 입증한 한 관념의 역사를 말하는 것이다. 그러나 최근 역사에 있어서 흥미 있는 현상이 너댓 가지 있다. 하나는 소위 말하는 1960년대에 있었던 성의 혁명으로, 이것은 잠시 동안 여성의 해방과 동일시되었다. 일부 사람들은 '피임약'이 여성을 임신에 대한 공포에서 해방시키고, 그에 따라 성도덕의 이중적인 기준으로부터 해방시키고, 우리를 성적으로 남성과 동등하게 만들 것이라고 생각하였다. 여러 가지 이유로 해서, 이것은 신화로 그치게 되었다. 그것은 우리가 자유롭게 우리 자신의 성적 관심을 발견할 수 있게 되지는 못했다는 것이다. 그보다는 여성의 성적 관심에 대한 남성의 생각에 따라, 비록 그 생각 자체는 바뀌었다 할지라도 빅토리아 시대의 모든 아내들과 마찬가지로 분명하게 그러한 생각에 따라 여성들이 행동하기를 기대한다는 것을 의미했다. 그리고 '피임약' 자체는 기계론적, 가부장적 도구로서, 최근 들어 치명적인 부작용이 있음이 증명되었다.[25] 그러나 성적 태도의 자유화, 혼전 및 혼외 성관계의 증가, 이혼율의 증가, 그리고 많은 사람이 인정하듯이 핵가족화로 인한 가정의 약화로 인해, 새로이 가부장적 이론과 현실간의 모순이 인식되었다.*

또한 생태계 보존과 인구 증가 억제에 대한 운동이 전개되고 있다. 물론 이러한 관심은 여성에 대한 관심에서 주로 출발한 것이라기보다는 기

---

* 가부장적 이론과 실천 사이의 갈등을 보여주는 고전적인 예로 강간이 널리 퍼져 있는 것을 들 수 있다. 강간은 오늘날 미국에서 가장 빈번하게 저질러지는 강력 범죄로 추산되고 있다. 어떤 작가가 지적했듯이, 강간은 "남성다운 남자는 … 여자 보호자로서의 기질을 입증하리라고 기대되면서" 반면 강간이 역시 수컷 기질의 척도이기도 한 사회의 성적인 정신분열을 드러내고 있다. (조 프리만이 편집한 『여성: 여성주의 관점』(팔로 알토, 캘리포니아: 메이필드, 1975)에 수록되어 있는 수전 그리핀의 「강간: 전 미국적인 범죄」 참조) 그러나 강간이 미국적인 범죄인 것만은 아니다. 모세의 명령에 따라 32,000명의 여성들을 강간했다는 기록이 나타나는 『민수기』(31: 14-36)에서부터 최근 파키스탄 군인들이 방글라데시의 십만 여성들을 강간한 것에 이르기까지, 강간은 모든 문화에서 처벌받지 않는 전쟁 범죄이다. 심지어 남편이 아내에게 저지르는 강간은 강력 범죄면서도 전혀 법적인 제재를 받지 않는다.

술 사회의 낭비적 성격과, 보통 기근과 인구 과잉 문제로 불리는 지구 자원의 배분의 불균형과 독점에 기인한 것이다. 생태학적인 분석에서, 기술 지향 사회의 가치에 대한 신선한 검토가 일부 이루어졌는데, 그러한 사회의 충동적인 소비 성향, 근시안적인 이익 추구에 대한 인식뿐만 아니라, 친밀감, 생명체의 보호, 다양성과 차이의 존중, 그리고 자연 현상의 존중을 인식하게 되었다. 어느 정도까지 이러한 분석은 가부장제 이전의 가치를 재확인하는 것으로 볼 수 있다. 그러나 이러한 운동이 목표로 하고 있는 것은, 무엇보다도 출산율 억제이며, 임시방편적이긴 하지만, 생물학적 어머니가 되기를 원하는 여성들에게 죄의식을 느끼도록 하는 선전으로 이러한 목적을 달성할 수 있을 것으로 보인다.

더구나, 이러한 운동에 있어서 여성들이 자신 육체에 대한 통제력을 갖는 문제가 주된 관심사로 여겨진 적은 없었다. 1974년 부카레스트에서 개최된 세계 인구회의에서 한 영국 여성운동가의 보고서에 따르면,

> 부부와 가족(결코 여성은 아니다)이 자녀의 수와 터울을 결정할 권리를 가져야 된다는 점을 지지하는 말들이 많지만, 그 어떤 경우에도, 이러한 권리가 경제적인 필요보다 더 중요한 것으로 여겨진 적은 없다. 지난 50년간의 선진국―자본주의와 사회주의를 모두 포함하여―의 역사를 간단히 살펴보면, 항상 노동력과 군사 수요에 맞춰 여성이 아이를 조절하도록 요구받았던 것이지, 경제가 출산율의 증가나 감소에 적응을 했던 것이 아니었음을 알 수 있다.[26]

이와는 대조적으로, 흑인 민족 운동에서는 산아제한과 낙태를 '민족 말살'이며, 생존을 위한 흑인들의 투쟁을 이끌어 갈 아이들을 공급하지 않을 경우, 흑인 여성은 죄의식을 느껴야 한다고 선언하였다. 그러나 흑인 여성들은 이러한 주장을 점차 거부하고 있으며, "이 나라와 우리의 문화적인 상황을 고려할 때, 젊은 여성, 그리고 전체 모든 자매에게 그들의 일정한 결정 권한이며, 우리들 중 상당수에게는 유일한 권한이라고 알려진

피임약을 포기하라고 하는 것은 무책임하고 생각 없는 요구"라고 비판하였다.[27] (이것은 물론 피임약의 치명적인 부작용이 널리 인정되기 전에 씌어진 것이다.) 지역공동체 조직운동가 겸 어머니인 제니스 모리스의 말에 따르면, "흑인 여성은 임신 중이나 출산 후 자녀에게 무엇이 최선인지를 생각해야 하며, 많은 경우에 모든 책임을 전적으로 혼자 감당해야만 한다. 솔직히, 그녀가 한 형제에게 '나는 이 아이를 갖지 않을 거야'라고 말한다면, 그것은 바로 그녀 자신의 문제이지 그 어느 누구의 문제도 아니다."[28]

이러한 운동들 중 어느 것도, 산아제한에 찬성하든 반대하든 상관없이, 여성이 처한 상황을 그들 사상의 뿌리로 여기지 않는다. 이러한 모든 운동은 가부장제가 항상 그랬던 것처럼, 여성에게 아이를 '생산'해야 하는지, 어떤 상황에서 해야 하는지 명령할 태세가 되어 있다. 사회학자 제씨 버나드의 말대로,

> 1960년대 후반이 되어야 비로소 우리나라에서 어머니의 역할이 심각한 정치 문제가 되었다. 다른 많은 문제들과 마찬가지로, 이 문제는 분명하고 신중히 검토된 형태가 아닌, 생태학, 환경보호, 그리고 '사회복지제도의 혼란 상황'이 불분명하게 뒤엉킨 상태로 제기되었다. 그것은 '인구 억제론적' 경향을 띠었다. 제기된 문제는, 어떻게 여성이 지나치게 많은 아이들을 낳지 않게 할 수 있는가라는 문제였다.* 생태학자들은 수백만 명의 사람들이 산소 부족으로 질식하고 있는 이미지를 동원하여, 그리고 개혁자들은 정부의 생활 보조금을 계속 받기 위하여 아이를 낳는 여성,

---

* 명령하는 것 이상이다. 남부 구호법 센터가 앨라배마, 몽고메리에서 연방 정책에 따라 불임시술을 당한 11살, 14살짜리 렐프 자매를 위해 소송을 제기하면서, 연방 정부의 보조를 받고 있는 진료소에서 복지 대상의 빈민 여성들이 원치 않는 불임시술을 당하고 있다는 것이 널리 알려지게 되었다. 렐프 자매는 둘 다 임신했던 적이 없다. 바바라 시걸은 "중국에서 … 여성들은 결혼을 해야만 산아제한 정보를 얻을 수 있다. 또한 어떤 지역에서는 여성들이 불임시술을 받을 경우 의복이나 소위 '교통비'와 같은 보상금을 받고 있다고 한다."(『우리 등 뒤에서』, 5권, 1호, 11쪽). 칼 드제라씨의 「중국의 산아제한에 대하여」(『차이나 쿼털리』, 57호(1974, 1월-3월), 40-60쪽) 참조.

특히 흑인 여성의 모습을 동원하여 우리를 위협했다. 첫 번째 무리의 사람들은 중산층 여성을, 두 번째 그룹은 생활 보호 대상 여성들을 공격하였다.[29]

이러한 역사적 추세에 있어서 세 번째 경향은 기술적인 것이다. 현재 실험실에서 진행되고 있는 유전 혁명은, 이미 '정자은행'과 인공수정을 개발했고, 현재는 유전적으로 동일한 일련의 후손을 만들어 내기 위하여 '유전자 복제'나 하나의 단일한 '부모'로부터 이식한 세포핵을 매트릭스에서 배양함으로써 선별적인 유형을 통제하여 재생산하는 연구를 하고 있다. 생물학적 어머니를 인공적인 어머니로 대체하는 것에 대한 열렬한 신봉자인 슐라미스 파이어스톤의 말에 따르면, 인간의 유형, 성별, 가부장제에 의해 통제되고 있는 능력 등을 우리가 선택할 수 있게 된다면, 그 가능성은 정말 놀라울 것이라고 말했다.[30] 한편, 생물학적인 어머니가 되는 것이 진정 선택의 문제가 된다면(명령에 의해 강제로 규정되고 폐기되는 것과 구별되어), 여성을 자궁으로 보는 개념, 그리고 '생물학적인 운명'이라는 개념은 옹호하기가 더욱 어려워진다. 그리고 이러한 개념들이야말로 그동안 처음부터 가부장제를 지탱해 온 것이다.

5.

1950년대 중반, 드니스 드 루즈몽, 에리히 노이만 등과 같은 몇몇의 남성 저자들이, 문명에 있어서 노이만이 '여성적인 것'이라고 부른 것을 부정하려는 경향은 비인간성과 자기 파괴적 성향의 근원과 같다고 여기기 시작하고, '여성적인 원칙'의 회복을 요구하기 시작하였다.[31] 가톨릭으로 개종한 유태인으로서 프로이트학파에 속하는 정신분석학자인 카알 스턴은 『여성으로부터의 비상(飛上)』에서 데카르트로부터 시작되는 과학적인 지식을 직관이나 정신성, 시와 관련 있는 '여성적인' 지식의 부정으로 간주하며, 현대의 역사적 위기에 분명하게 나타나는 … "양성성(兩性性, Androgyny)의 신비"에 대해 말한다.[32]* 그리고 최근 들어서 철학자인 허버트 마르쿠제에서 시인인 로버트 블라이에 이르는 일련의 저자들은, '여성적인 것'으로의 회귀(마르쿠제는 이를 '남성의 여성화'로 부른다)가 인류 발전의 다음 단계라고 주장한다.[33] 그러나 '양성성(兩性性)'과 같은 이러한 '여성적인 원칙'은 일부 저자들에게 이해하기 어렵고 추상적인 문제로 남아 있으며, 실제 여성들의 열망이 커지고 의식이 깨이는 것과 거의 관련이 없는 것처럼 보인다. 사실, 마르쿠제와 블라이는 생시몽학파와 셸리에 비유될 수 있는데, 그들과 마찬가지로 여성다움의 중요성을 이론적으로 주장하였으나, 대부분의 경우 그들의 무의식적인 가부장적 편협성을 드러냈다.[34]

필립 슬레이터는 여성은 사회의 주변적인 구성원이며, 따라서 "사회를 정서적으로 해방시킬 수 있는 더 나은 위치에 있다"고 여긴다. 그러나 그는 여성이 실제로 가부장적 가치에 저항하여 일어설 가능성에 대해서는 회의적이기 때문에, 그가 정말 어떤 뜻으로 그런 말을 했는지는 회의적이

---

* '양성성'이라는 말은 최근에 동성애와 이성애를 다 즐길 수 있다는 의미에서부터 강요된 성 역할에서 벗어난 것을 의미하는 데까지 많은 사람에게 많은 것을 의미하는 '그럴 듯한' 단어가 되었다.(마치 모성이라는 말처럼!) 그 용어를 쓰는 것에 대해 어떠한 정치적 비판을 당하는 경우는 거의 없다. 캐롤린 하일먼은 『양성성을 받아들이기 위해』라는 책에서 서구 인본주의에는 '양성적인' 저류가 흐르고 있으며, 이 점을 인정하게 되면 우리 자신이나 사회 둘 다 가부장제도 하에서 요구하는 역할이나 노동 분업에서 벗어나게 될 것이라고 주장했다. 다른 작가들은 '양성성'이라는 말이 연상시키는 반동적인 의미에 대해 비판을 가했다. 캐롤린 스팀슨은 "양성인은 여전히 근본적으로 '여성적', '남성적'이라는 것에 따라 생각한다. 양성인은 '여성적', '남성적'에서 떠나는 새로운 방식으로 세계를 개념화하거나 현상을 조직화하지 못한다."(캐롤린 R. 스팀슨, 「양성인과 동성애자」, 『여성 연구』, 2권(1974), 237-48쪽), 같은 호에 나오는 신시아 세커, 「양성성: 재평가」, 다니엘 A. 해리스, 「양성성: 위장된 성차별주의 신화」, 바바라 찰즈워드 겔피, 「양성성의 정치학」 참조, 『퀘스트: 페미니스트 쿼털리』, 2권 1호(1975년, 여름)에 수록된 제니스 레이몬드, 「양성성의 환상」 참조. 마지막으로 양성성, 안드로지니(androgyny)라는 단어의 구조 자체가 성의 이분법과 남성인 안드로스(andros)가 여성인 진(gyne)보다 우월하다는 것을 그대로 반영하고 있다. 진정으로 후기 양성 사회가 된다면 '양성성'이라는 말 자체가 무의미하게 될 것이다.

다. 미국인의 무의식 속에 존재하는 '폭군적인 아버지'라는 개념-이 개념은 그가 말하듯이, 현실의 아버지를 어떤 추상적인 권위로 치환한 것, 혹은 환상 속의 아버지 혹은 기술 자체를 말한다-에 대해 논의하면서, 그는 가부장제가 바로 자신이 설명하고 있는, 그리고 인간의 존재를 궁극적으로 위협하는 제도의 진짜 이름임을 암시한다. 물론 이것은 그가 꺼려하는 결론이다.[35]

앞의 모든 저자들 중 어느 누구도 '여성다움으로의 회귀'에는 실제로 고통과 두려움이 따르고, 따라서 남성의 격렬한 저항이 수반될 수 있다는 가능성을 말하지 않는다. 우리가 파이어스톤, 밀레트, 그리고 메리 델리의 글에서 발견하게 되는 것 같은 가부장제의 본성과 범위에 대한 설득력 있는 분석을 그들의 글에서는 발견할 수 없다. 그러나 우리는 가부장제가 딸들을 격하시키고 억압하는 과정에서, 다소 분명하지는 않다고 할지라도 아들들에게도 또한 해악을 끼쳤으리라는 확증을 발견할 수 있었다.

그와 같은 생각은, 비록 그런 것으로 인식되지 않았다 하더라도, 1960년대 '운동'에서 최소한 희미하게나마 표출되고 있었고, 인종 폭력과 베트남 전쟁에 대한 거부에 깔려있던 근본적인 성차별주의에도 불구하고, 가부장제 하에서 아들들이 겪고 있는 해악이 어느 정도 드러났다. 징집을 거부하고, 이 때문에 투옥되거나 망명을 떠나야 했던 남성들은 권위주의, 군국주의, 민족주의, 그리고 '남성이라는 정체성'에 대한 가부장적 전형에 대하여 반감을 표시하였다.(유니섹스 복장, 남성의 장신구 착용, 보다 부드러운 태도, 장발로 표현되는 '반문화'는 보다 피상적인 징표였다. 남성의 특권주의와 우월주의가 우리 시대에 스스로를 선전할 뿐 아니라 위장을 위해 걸치는 다양한 의상에 대하여 많은 이야기를 할 수 있을 것이다.) 평화 운동은, 비록 "아가씨들은 징집을 거부하는 사나이를 좋아한다."(CHICKS SAY YES TO MEN WHO SAY NO)는 표어에서 알 수 있듯이 성차별주의를 보여주고 있었지만, 폭력, 고등 기술, 그리고 제국주의의 가치에 환멸감을 표명하였다. 1960년대의 급진적 학생 운동에 대하여, 이 젊은이들은 자신의 아버지에 대하여 반항하고 있는 것이며, 자신들의 오이디푸스적 분노를 "행동으로 나타내고 있다"는 비난이 공통적으로 쏟아졌다. 사실 '반문화'는 (이를 구성하고 있는 대부분의 내용은 곧 모든 것을 빨아들이는 '문화'에 흡수될 것이 분명하지만) 얼마동안 가부장제의 특징인, 역할을 통한 권위 혹은 힘을 통한 권위에 대해 무의식적인 비판을 가했다. 권위적인 교육에 대한 일시적인 저항이 있었다. 처음으로 교사들은 역할로서가 아니라 하나의 인간으로서 자신을 주장하게 되었다. 복종은 학습의 반대라고 간주되었다. 교육에 있어서 권력 관계에 대한 이와 같은 문제 제기는 종종, 호전적이고 반지성적이며 파괴적인 형태로 나타났고, 교실을 담당하는 교사 개인을 비인간화시킨다는 점에서 완전히 남성적인 형태를 띠었다. 그러나, 이것 역시 학습 과정에서 일어나는 학생의 비인간화, 즉 '전체를 구성하는 하나일 뿐'이라든지 혹은 정보가 쌓이는 은행이라는 인식에 대한 저항에서 생겨난 것이다.

그러나 이러한 반남성주의의 덩쿨은 반남성주의 이론에 대해 무지한 채로 뻗어나갔고, 여성의 성적 착취와 가부장적 혁명이라는 세습된 이론을 보유하고 있는 SDS와 웨더맨의 남성우월주의 윤리나 남성의 인간애 운동으로 쉽사리 섞여 버렸다. 1970년대 중반, 수전 손탁이 나치즘에 대한 성적 애착(eroticisation), 즉, 파시스트적 미학의 숭배라고 부른 형태의 반동 운동이 일어났다.* 내 생각으로는 나치에 대한 이와 같은 애착이 여성 의식의 변화 확산과 여성의 정체성에 대한 새로운 인식과 때를 같이하고 있다는 것은 결코 우연이 아니다. 나치즘은 여성에 대한, 여성의 지위에 대한, – 남성 kinder, kirche, kuche의 어머니로서 – 분명하고 명확한 정치적 처방이 있었다. 나치즘은 20세기의 다른 어떤 제도보다도 분명하게, 인종적으로 '순수한' 여성의 건강한 몸은 아들과 영웅을 길러내는 보육기(인큐베이터)로 찬양하였다.

---

* "성 이미지 중 상당 부분이 나치즘의 표시를 가지고 있다. 장화, 가죽, 체인, 번쩍이는 상의에 달은 철십자 훈장, 나치 독일 표장을 갖춘 나치 복장은 푸줏간의 갈고리와 중장비 오토바이와 더불어 에로티시즘의 은밀하고 가장 값비싼 장신구로 되어가고 있다."(「파시즘의 유혹」, 『뉴욕 리뷰 어브 북스』, 1975년 2월 6일, 29쪽)

6.

20세기 중반의 여성운동은 더욱 진전되어 그 전의 운동보다 더 많은 것을 요구하였다. 가부장제만큼이나, 반가부장적 여성운동의 범위와 영향은 파악하기 어렵다. 여성운동은 비록 그 수가 많긴 하지만 특정 조직, 집단, 혹은 분파로 정의되지 않는다. 여성운동은 가장 구체적이면서 실천적인 수준으로, 공식적, 비공식적 커뮤니케이션의 네트워크의 형태로, 쌓여가는 분석과 이론으로, 그리고 '인간이라는 것'이 의미하는 것이 무엇인가에 대한 심오한 도덕적, 정신적, 철학적 계시로서, 전세계적으로 많은 발전 단계에 걸쳐서 분포되어 존재한다. 현재의 형태로 존재하기 시작한지 10년이 채 안된 운동으로서, 여성해방운동은 모든 연령과 경제 수준에 속한 여성의 가치, 관계, 정체성에 결정적인 변화를 이끌어내었으며, 이들 중 많은 여성들이 스스로를 여성주의자(feminist)라 부른다. 이것은 여성들에게 비록 많은 것이 개인적이고 보잘것없어 보이기는 하지만, 새로운 범위의 선택 기회를 열어주고 있다. 그리고 이러한 각각의 기회가 모여 새로운 의식 환경이 조성되는 데 도움이 된다. 19세기 초 참정권 운동가이며, 저술가이고 연사였던 엘리자베스 오크스−스미스는 1852년에 다음과 같이 질문하였다. "우리는 과연 우리가 요구하는 것이 바로 현 사회 체제의 완전한 전복, 기존 사회 계약 전체의 해체라는 사실을 이해하고 있습니까?" 1970년에 슐라미스 파이어스톤은 이 질문에 대답한다. "우리는 여성적인 원칙을 '개인적인' 묵상으로 한정하여 생각하기 보다는… 그것을 재확산시키고자 한다. 처음으로 아래로부터 사회를 창조하고자 한다." 그리고 메리 델리는 1973년 이어서 말한다: "급진적인 여성해방론이야말로 '궁극적인 대의명분'이 될 수 있다. 왜냐하면 모든 혁명적인 대의명분 가운데 여성주의만이 성차별주의가 억압의 기본 형태이며 근원이라는 사실을 밝혀주면서 계층 없고 억압 없는 사회를 원하도록 인간 의식을 개방시켜 주기 때문이다."*

---

* "나는 '최종 원인'이라는 말의 뜻이 분명하게 전달되기를 바랍니다. '전통'에

현대 서구 사상 발전에 가장 중요한 영향을 끼친 마르크스와 프로이트가—마치 묵시적으로 약속이라도 한 듯, '인간'을 정신과 육체, 심리와 정치로 양분하는 수세기에 걸친 과정을 완성시켰을 때, 시몬느 드 보부아르는 1949년, '여성의 발견'과 관련된 현상학적 접근 방법을 도입하고 있었다.

> 그래서 … 우리는 같은 이유로 프로이트의 성적 일원론과 엥겔스의 경제학적 일원론을 거부한다. 정신분석학자는 여성의 모든 사회적 요구를 '남성적인 저항'의 현상으로 해석할 것이다. 한편, 마르크스주의자인 엥겔스에게 있어서, 여성의 성적 욕구는 다소 복잡하고 간접적인 방식으로 여성이 처한 경제적 현실을 표현하고 있을 뿐이다. 그러나 '부르주아'나 '프롤레타리아'라는 범주와 마찬가지로 '음핵(陰核)'이나 '질(膣)'로 나누어진 여성의 성감대의 범주는 구체적인 여성을 포괄적으로 나타내기에는 부족하다. 모든 개인적인 드라마의 기저에는, 인류의 경제사에서와 마찬가지로, 우리가 인간의 삶이라 부르는 특정한 존재 양식을 유일하게 통합적으로 이해할 수 있게 하는 실존적 토대가 있다.[36]

남성적인 지성 체계로는 부족하다. 남성적인 지성체계는 여성적인 의식이 그 지성에 기여하는 것을 거부하므로 여성의식이 제공할 수 있는 완전성이 결핍되어 있기 때문이다. '제2의' 성의 '타자성(他子性, otherness)'을 당연하게 여김으로써, 이러한 남성 체계는 근본적인 지성적 오류 위에 구축된 것이다. 그러므로 진정한 여성의 해방이란 사고방식 자체의 변화

따르면, 최종 원인은 '최초의' 움직임이고, 다른 것에 동기를 부여하는 목적입니다. 최종 원인은 '의도의 순서상 최초'여서 다른 것들을 움직이기 시작하도록 만듭니다. 여성운동을 하는 여성 자신이 그 활동의 방향이나 함의에 대해 전부 알 수는 없습니다 … 그러므로 여성운동이 최종 원인이라고 말하는 것은 여성운동으로 인해서 많은 차원의 운동, 예를 들어 아동 해방, 노인 해방, 인종 해방의 운동이 생겨날 수 있었다는 뜻입니다. 이것은 여성운동이 일종의 촉매의 역할, 그것도 반드시 필요한 촉매 역할을 했다는 말입니다.—여성운동은 결코 자폐적인 체제가 아닙니다"(개인적인 대담, 1974년 봄)

를 의미한다. 즉, 그동안 무의식적인 것, 주관적인 것, 감정적인 것으로 여겨온 것을 합리적인 것, 지성적인 것과 재통합하고 E. M. 포스터의 말 대로 '산문과 열정'을 연결시키는 것을 의미하며, 최종적으로 그러한 이 분법을 무(無)로 돌리는 것을 의미한다. 신부로 팔려가거나, "아이를 낳을 수 없기 때문에" 그리고 남성의 지위를 향상시킬 수 있는 아들을 생산할 수 없기 때문에 거부된 여성의 존재에 있어서, 경제와 성, 율법주의와 주술, 카스트 구조와 개인의 공포, 물물교환과 욕망은 불가분의 관계를 맺고 공존한다. 가부장적 범주와 가부장적 거부를 벗어나야만, 이러한 것들을 독립적으로 따로 깨달을 수 있다.

1949년 여전히 보부아르는 사회주의가 사유재산제도와 가부장적 가족을 폐지하고, 여성에게 남성과 같은 경제적 평등성을 약속한다면, 여성해방은 사회주의 해방의 결과로서 얻을 수 있는 많은 해방 중의 하나일 수 있으리라고 보았다. 그녀는 자신의 경험과 분석을 통하여 그 이후 한 단계 더 나아간다.[37] 그러나 급진적 여성해방운동에서는 이제 "여성혁명," "후기 양성성(兩性性)" 사회, 새로운 인류의 창조를 이야기한다.

7.

하나의 스펙트럼을 상상해 보라. 한 끝에는 애팔래치아 산맥이나 뉴햄프셔 지방의 농촌에서 타르지로 만든 오두막이 있다. 그곳에는 네 아이를 가진 18살 먹은 어머니가 다섯 번째 아이를 임신하고 있다. 그녀는 처음 월경을 시작한 이래 한 번도 월경을 한 적이 없다. 다리는 비정상적으로 부푼 정맥으로 이상한 색을 띄고 있고 배는 이미 늘어져 원상회복이 되지 않으며, 가슴도 이미 처져 버렸고, 이는 칼슘 부족으로 썩고 있다. 거의 글을 읽지 못하며 매일 아이 우는 소리로 밤잠을 설치고, 딸린 아이들 때문에 모든 힘이 소진되어 버렸다. 피임이나 산전 치료를 한다는 것은 그녀 존재에 대한 통제력을 갖는다는 것을 의미하며, 이런 일은 그녀가 한 번도 누려보지 못했고 그녀 자신도 열한 명의 형제 중 하나로서, 본보기를 본 적도 없는 일이었다. 그녀는 13살 때, 첫 번째 아이를 임신한 이후 한 번도 물리적으로 그녀의 아이들과 떨어져 본 적이 없었다. 남편이 그녀를 강간할 때, 그녀는 그것을 강간이라 부르지 않는다. 그러나 기억 어디에선가, 12살 소녀가 가졌던 들뜬 기분, 호기심, 에너지, 싹트는 욕망, 그리고 자신의 어머니처럼 살지는 않으리라는 막연한 상상의 어렴풋한 기억이 남아있다. 그녀의 시간관념은 희미하다. 그녀에게 딸린 이 모든 생명체와 자신이 별개라고 상상하는 것은 불가능하다. 가끔씩 그녀는 거울을 들여다보며, 자신이 자기 어머니처럼 되어 가고 있다는 것을 발견한다.

스펙트럼의 다른 극단으로 가서 어떤 실험실을 상상해 보자. 그 실험실에서는 역사상 가장 뛰어나다고 할 수 있는 남성들이 극도의 세심함과 정확성이 요구되는 일, 즉 선별된 인체 조직에서 떼어낸 세포로부터 여러 개의 동일한 태아를 만들고 있다. 이 태아들은 이미 그들의 정체성이 결정된 상태에서 의식을 갖게 될 것이다. 왜냐하면, 그들은 현재 세대의 가부장제도에 의해 선별되어, 다음 세대의 가부장제를 제공함으로써, 가부장제의 특성, 특히 합리적 천재성, 추상화의 재능, 그리고 '개인적인' 문제나 장애를 '일'을 분리할 수 있는 능력을 영속화하기 위하여 선별될 것이기 때문이다. 특정한 육체적 특성을 가진 여성도 양육되는데, 여기에는 두 가지 유형이 있다. 한 가지 유형은 남성이 발기를 하도록 만드는 한 가지 신체형 혹은 일련의 신체형들이다. 이는 종족 번식을 위해서가 아니라, 성관계를 통해 아이를 만들지 않게 되면서 발기 불능 문제가 점차 증가하고 있기 때문이다. 다른 유형은 특별한 목적, 예를 들어 '유인' 우주 비행에 적합하도록 작은 체구와 적응성, 신체적 인내력을 갖추고, 정서적 긴장감이나 인간관계에 대한 욕구가 낮아야 한다. 새로운 남성은 어머니의 애정과 어머니의 지배가 끼치는 불안정한 효과에서 자유로와진다. 그리고 새로운 여성은 성에 따른 역할 때문에 생기는 좌절을 겪지 않게 된다. 왜냐하면, 잔 다르크나, 엘리자베스 1세, 메리 울스턴크래프트, 앤 허치슨, 소저너 트루스, 조지 엘리엇, 엠마 골드만, 마가렛 생거, 거트루드

스타인, 에밀리 디킨슨 등과 같은 여성 중 어느 누구도 대량으로 재생산할 대상 '유형'으로 선정되지도 않았으며, 앞으로도 선정되지 않을 것이기 때문이다. 남성에 의해 선택되고 남성과 함께 일하는 엘리트 여성은 사회 개조를 위한 지적 공로자로서 뿐만 아니라, 필요한 만큼 상징적인 수의 여성을 재생산할 수 있도록 세포를 기증하는 대상으로 이용된다. 따라서, 적합한 능력을 부여받은 여성은 비록 숫자상으로는 훨씬 적겠지만 남성만큼 높게 평가된다는 것이 입증된다.

이러한 두 가지 비전 중 어느 하나도 결코 멋진 일이 아니다. 가부장적 사회주의에 토대를 둔 혁명은 타르지로 만든 판잣집을 없애 버릴지는 모른다. 그렇지만, 그로 인하여 남성에 의한 사회 조작이 없어진다고 누가 말할 수 있는가? 남성이 만들어 놓은 사회 체계에서 남성이 아무리 이론적으로 '여성 해방'을 주장한다고 하여도, 그리고 그들이 의식적으로 아무리 성에 따른 계급 제도의 폐지를 원한다 하더라도, 그들은 여전히 자신의 주관성, 두려움과 열망을 부인한 채 인정받지 못한 동굴에서 살고 있기 때문이다. 그리고 그러한 어둠의 세계에 맞서서 견딜 수 있는 남성은 거의 없다. 가부장제가 아무리 남성에게 부정적이라 하더라도, 그리고 남성들을 자신들로부터 분열시킨다 하더라도, 여전히 가부장제는 그들의 질서, 그들의 특권을 확인시켜주는 질서이기 때문이다. 남성들은 성에 따른 계급 제도와 제도화된 여성 혐오라는 문제를 심각하게 고민해야 하는 고통을 당하지 않도록 보호되고 있다. 이 문제는 대체로 가부장제의 핵심에 있는 애매성, 즉 남성에 의해 만들어진 질서에서 여성들을 비하시키는 것과 대조적으로, 모성의 신성함이라는 개념과 여성의 구원력이라는 개념을 만든 것 때문에 생긴 것이다.

IV
어머니의 우월성

❝

원시시대 남성에게 있어서, 여성은 ··· 연약하면서도

동시에 불가사의한 존재이며,

억압의 대상인 동시에 두려움의 대상이다.

여성에게는 남성이 할 수 없는,

아이를 낳을 수 있는 능력이 부여되어 있었는데 ···

제대로 이해할 수도 없는 능력인 여성의 이 힘은

모든 곳에서 남성에게 공포감을 갖게 만들었다.

여성에 대한 남성의 태도,

그리고 정도는 덜 할지 몰라도 남성에 대한 여성의 태도는,

오늘날에도 여전히 근본적으로는 불가사의하다.

– 제인 해리슨, 『테미스: 희랍 종교의 사회적 기원에 관한 연구』

❞

    그동안 우리가 여성으로서 과거와 맺은 관계에는 문제가 많았다. 여성은 모든 문화가 가진 중심적인 강박관념(그리고 억압된 본능)이었으며, 최소한 인류의 절반을 항상 구성하고, 최근 들어서는 절반 이상을 차지하고 있다. 그러나 우리는 글로 쓴 기록에서 우리 자신을 거의 발견할 수 없다. 이와 같은 "위대한 과학"과 맞서서, 외견상 우리가 추구할 수 있는 길은 두 가지가 있다. 한 가지는 우리의 억압 상태를 면밀히 분석하여, 우리에게 불리한 법률과 규정을 자세히 기술하는 방법이다. 다른 하나는 침묵을

깨뜨린 여성, 비록 종종 대가를 지불하고 오해를 받고, 그들의 일이 무시되고 거부당하거나, 혹은 상징적인 존재로서 인정을 받지만 외로움과 불안정을 느낄 수밖에 없다 할지라도, 힘과 용기, 자기 결정권을 상징하는 여성, 한마디로 말해 본보기가 되는 여성을 찾아내는 방법이 있다.

잊히고 기록되지 않은 대다수 여성들의 삶, 역사를 통틀어 낭비된 여성의 두뇌와 재능을 생각하면, 몇몇의 여성에게 국한된 것이 아니라 대부분의 여성이 자신의 능력을 최대한 발휘할 수 있었던 선사시대라는 관념이 매우 매력적으로 느껴지게 된다. 그리고 그러한 상태에 대한 희망은 역사적인 측면에서보다 인류학적 측면에서 정당성을 인정받았다. 인간 사회는 조화 못지않게 다양성을 구현한다는 사실이 인식되기 시작하면서, 그리고 이교도 문화, 야만적인 문화, 혹은 서구 문화의 아류로서가 아니라, 그 자체로 가치 있는 문화로서, 비서구 사회가 연구되기 시작하면서, 서구 문화의 가부장적, 부계 가족이 그동안 생각되었던 것처럼 본질적인 것도 아니고 불가피한 것도 아니라고 생각하는 것이 가능해졌다. 부권이 아니라 모권이 우선되었던 어떤 보편적인 초기 문명을 상상하는 것도 가능해졌다. 이 문명에서는 모계사회로서의 성격과 어머니 중심적인 사고방식이 중요한 역할을 담당하고, 여성이 문화의 모든 측면에서 활동적으로 참여하고 존경을 받았으며, 또한 그렇기 때문에, 여성이 이 세상에 존재하는 완전히 다른 양식을 상상할 수 있게 되었다. 만일 우리 여성들이 단지 '원래' '수동적'이고 '유순'하며 '비합리적인' 인간성에 매여 있는 것이 아니라면, 만일 우리의 '본성'을 결정짓는 것이 제도와 문화라면, '어머니'에게 요구되는 희생과 자기부정은, 모권의 시대─모가장제 시대가 전도(顚倒)된 것이라고 볼 수도 있다.*

---

* 모가장제라는 생각과 더불어 '아마존주의'의 이상이 생겼다. 1920년대 초기 헬렌 디너가 그녀의 '최초의 여성문화사'를 『어머니와 아마존』이라고 명명했기 때문이다. 여성주의자들은 때때로 '모가장제'의 이상을 주장하는 입장과 '아마존주의'의 이상을 주장하는 입장으로 대립되기도 하는데, 현재로서는 그 중 어떤 것도 역사적으로 입증된 바는 별로 없으나 둘 다 신화로서는 강력한 영향력을 가지고 있다. '모가장제' 문화와 '아마존' 문화는 대립되는 것으로 이해되고 있으며, 디너

분명하게 과거를 확인하고 여권의 전통을 찾으려고 하는 것은 이러한 주장의 타당성을 입증받고자 하는 욕구 때문에 생긴 것이다. 만일 과거에 여권이 강했다면, 우리는 선례를 갖게 되는 것이다. 만일 여성의 생물학적 특성이 권력의 원천이었던 적이 있었다면, 여성의 생물학적 특성이 지금처럼 무력함의 원천으로 반드시 남아 있어야 할 필요가 없는 것이다. 많은 여성에게 있어서, 어떠한 역사적 주장도 모든 것을 담고 있지 못하다는 사실, 역사는 남자에 의해 남자를 위해 쓰여져 왔다는 사실, 그리고 우리는 미래를 정당화하기 위하여 과거에 의존할 필요가 없다는 믿음이 있다는 것만으로도, 과거의 모가장제 이론을 무시하고, 현재와 미래에만 관심을 가질만한 충분한 이유가 된다. 한편, 다른 여성들은 우리 자신을 새롭게 창조할 필요가 있다는 신념을 가지고 있으면서도 동시에 이미 쓰여진 역사물에 대해서도 호기심을 가질만하다고 생각한다. 과거에 대한 입증 가능한 증거로써 필요한 것이 아니라, 아직도 자신에게 영향을 끼치고 있는 강박관념, 부정, 상상의 과정을 불완전하지만 종종 설득력 있게 기록한 몽상가의 노트와 같은 것으로서 과거를 궁금해 한다. 역사의 연속성을 믿는 사람으로서, 나는 어디서 '과거'가 끝나고 '현재'가 시작되는지 알 수 없다. 또한 소위 과거라고 부르는 것 때문에 우리가 보수적으로 되어야 한다고 생각하기보다는, 여성에게 있어서 과거를 비판적으로 돌아본다는 것은 근본적인 변화를 가져오는 경험이 될 수 있다고 생각한다. 그렇지만 우리는 분명하게 우리가 가진 자료의 한계를 인식할 필요가 있다.

엘리자베스 굴드 데이비스와 같은 일부 저자들은 고대 아르카디아의 모가장제 세계를 기정사실로 여겨왔다. 그러한 이론은 로버트 그레이브스의 백색의 여신과는 상관없이, 주로 J. J. 바코펜과 로버트 브리포트의

나 디너의 이론에 많은 영향을 남긴 좀 더 초기의 독일 저술가, J. J. 바코펜 뿐만 아니라 어떠한 모가장제도(다른 종류의 성기를 가진 가부장제라고 보았기 때문에) 거부했고 모든 여성들은 딸이어야 한다고 믿었던 질 존스톤 같은 당대 작가들도 이 두 가지 입장을 대립적으로 받아들였다.

글을 토대로 하고 있다.* 바코펜의 글은 그 이전에도 헬렌 디너가 1929년 독일에서 출간하고 1965년에 처음으로 영어로 번역된 『어머니와 아마존』이라는 책에서 이미 인용한 바 있다.** 아마도 디너는 바코펜의 글을 전부 읽었을 수 있지만, 그것의 주석을 하나도 달지 않았다는 점에서, 1926년 독일어 요약본을 읽기만 했을 수도 있다는 점을 기억할 필요가 있다. 그녀는 책 서문에서 바코펜과 브리포트에게 감사의 말을 하고 있다.

디너 혹은 데이비스의 글을 읽는 사람들은, 바코펜이 여성의 힘을 찬양하고 단순히 "모가장제" 시대를 모든 문화가 한번은 거쳐 가는 보편적인 단계로서가 아니라, 인류가 운이 좋으면 다시 돌아갈 수도 있는 황금시대, 잃어버린 유토피아로 생각하고 있다는 인상을 받을 수 있다. 그러나 만하임이 번역한 바코펜의 글들을 자세히 보면 그와는 다른 느낌을 받게 된다. 다른 많은 빅토리아 시대 사람들과 마찬가지로, 바코펜도 여성에 대해 감상적인 일반화 경향이 있었다. 그에게 있어서 여성적인 원칙은 "요점의 명확함과 자유로움보다는 예언적인 느낌에 의해 특징지워지며, 사고보다는 감상의 지배를 받으며, 항상 정신과 **'여성에게만 독특하게 속한 이상하고도 목표 없는 노력'** 사이에서 분열당하고, 광란과 반성, 그리고 관능과 정절 사이를 오가는 것이다."(저자 강조)[1]*** 그가 신화에서 그

---

* 바코펜의 『모권(母權)』(Das Mütterrecht)은 1861년 독일에서 처음 출간되었고 그에 대해 부분적이고 부족한 영어판이 남아 있다. 랄프 만하임의 1967년 번역판은 1926년 독일에서 출판된 바코펜의 저서의 발췌본을 번역한 것이다. 크레테에 대한 장은 특별히 흥미로운 자료들을 담고 있으리라 생각되는데 생략되었고, 바코펜의 글 "Gräbersymbolik"의 부분이 이집트에 관한 부분에 섞여 있다.

** 최초의 미국판에는 다소 후원하는 어조로 조셉 캠벨이 서문을 썼는데 지금은 그 책보다는 브리지트 버거의 비판적인 서문이 들어 있는 1973년 앤코판을 사용한다.

*** 참고, 브리포트 : "여성들은 원래 남성 지성의 특질을 결여하고 있다… 여성적인 지성은 질적으로 남성 지성과 다르다. 여성은 추상적이라기보다는 구체적이고, 일반화하기보다는 특수화한다."(이것은 남성의 '결점'이 아니라 여성의 '결점'이라고 설명했다는 데 주목할 것) "여성들은 남성들보다 더 조숙하고, 여성은 더 일찍 어른으로 성장한다. 여성들이 성장하면서 신체적이든 정신적인 발전의 정지가 있으며, 이것은 상대적인 조숙함과 병행한다. 남성은 40이 넘으면 아무것도

순환성을 찾아보려고 했던 양성간의 갈등에서, "관념은 남성의 영역이며, 물질적인 삶의 세계는 여성에게 속한다."[2] "물질적인 생활의 무상함은 모권의 무상함과 궤를 같이 한다. 부권은 빛의 세계에 속하는 초물질적 삶의 불멸성과 연결되어 있다." 모가장제 단계는(바코펜이 성적인 난잡함과 동일시하는) 늪지 생활에서 벗어나는 것, 농업과 동일시된다. 이 단계는 그 자체로서도 상위 단계라 할 수 있다. 그렇지만 본질적으로 그것은 보다 높은 단계인 부권으로 나아가기 위한 발판 역할을 한다.

> 이 점에서, 모가장제의 확립은 문명을 향한 발전의 한 단계라 할 수 있다 … 여성은 숭배 받는 어머니의 존엄성을 가지고 남성이 자신의 우월한 힘을 남용하는 것에 대하여 맞선다 … 이러한 첫 단계에서 남성이 야만스러우면 야만스러울수록, 여성의 억제력이 더욱 필요하게 된다 … 모가장제는 인류의 교육을 위하여 **특히 남성의** 교육을 위하여 필요하다. 아이가 태어나 처음에 어머니로부터 교육을 받듯이, 남성들은 초기 단계에는 여성으로부터 교육을 받아야 한다. 남성은 통치할 수 있게 되기에 앞서, 복종하는 법을 배워야 한다. 남성의 원시적인 힘을 길들이고, 그것을 바람직한 방향으로 분출시키도록 안내하는 것이 바로 여성이 맡은 역할이다.(저자 강조)[3]

바코펜이 여성 우월 사회(아마존주의, Amazonism)를 이상적이라고 보는 것 또한 그리 오래 가지 않는다. 역사적인 과정에 대한 그의 견해에 따르면, 고대에는 아마존의 시기가 두 차례 있었으며, 이는 모가장제의 두 시기와 번갈아 나타났다. 난혼과 여성고유제도의 시대 다음에 아마존 시대가 이어지는데, 이 단계에서는 여성들이 성적인 착취에 저항하여 무기를 들고 남성들이 물리적인 학대에 반기를 들었다. 그러나 이와 같은 초기의

배우지 못한다고 한다. 같은 의미로 말하자면 여성은 25세가 넘으면 아무것도 배우지 못한다고 할 수 있다."(『어머니 연구』[뉴욕: 존슨 리프린트, 1969], 3권: 507-8쪽)

아마존 여전사들은 플루타르크 영웅전에서 인용되고 바코펜이 해석한 신화에 따르면, 어머니들이 일종의 정신적인 승리를 얻게 되면서 어머니들에게 패배한다. 모가장제란 여성들이 자신의 '타고난 소명'을 인정한 것으로 여겨지며 일부일처제와 불가분의 관계를 맺는다. 바코펜은 아마존주의란 "결혼을 통한 모가장제"와는 대조되는 것으로, 여성다움의 변질, "여성적인 힘의 부자연스러운 강화"라고 본다.[4]

바코펜에 의하면 농업과 결혼의 여신인 데미테르적인 모가장제는 "엄격한 질서에 뿌리를 둔 … 정절 … 숭고한 덕의 원천이며, 비록 관념에 있어서는 제한되어 있지만, 그럼에도 불구하고 확고하고 질서 잡힌 존재의 원천"이라고 말한다. 이 단계에 이어 디오니소스적인 혹은 아프로디테적인 모가장제가 뒤따르는데, 이는 "극단에서 극단으로 이어지면서, 여성이 항상 중용을 지킨다는 것이 얼마나 어려운지를 보여주는" 퇴폐적인 단계이다.[5] 그러나 모든 숭고한 덕에도 불구하고, 데미테르적인 모가장제는 부권의 '해방' '승화' 가부장제의 승리와 구별되어(심지어는 그 반대로), 여전히 늪의 풀밭, 물질적이고 육체적인 것에 얽매여 있다. 바코펜에게 있어서 이러한 대립적인 요소들은 항상 변증법적 갈등 관계에 놓여 있으며, 이러한 갈등은 순전히 남성적인 시각에서 이해된다: "모성은 남성의 육체적인 측면과 관계있다. 이것은 남성이 동물과 공유하는 유일한 부분이다. 부성적인 – 정신적인 원칙은 남성에게만 속한다. 여기서 남성은 땅의 굴레를 끊고 눈을 들어 **우주의 높은 곳**을 바라 본다."(저자 강조)[6] 그러나 모가장제의 굴레를 끊음으로써, 남성은 여성의 지위를 떨어뜨리고 비천하게 만든다. 이 때문에 다시 한 번 디오니소스적인 무절제의 결과로써 새로운 아마존 사회가 대두된다. 그러나 이것 또한 사라지고, 이후 이 저자의 생각으로는 세상을 밝게 비춰 온 가부장제가 생겨난다.

바코펜의 글에서 우리는 여러 단계의 표현을 보게 된다. 플루타르크, 스트라보, 헤로도투스, 오비드 그리고 그리스 희곡작가와 같은 출처에 기록되어 있거나 구체적으로 표현된 실제 신화, 그와 같은 신화를 생겨나게 한 고대인의 제식, 그리고 종종 모순된 바코펜 자신의 19세기 독일 남성의 의식이 나타나 있다.* 그것은 마치 저녁에 유리창에 반사된 그림을 보고 있는 것과 유사하다. 때때로 바코펜의 글에서 불명확성과 부정확성이 지나칠 경우가 있어서 이것은 만하임이 번역한 그 글의 발췌본이 갖는 단편적인 성격 때문이 아닌가 생각될 정도다.

너그럽게 생각해서, 바코펜이 자신의 견해가 아니라 신화에 표현된 당시의 지배적인 견해를 나타낸 것이라고 생각해 볼 수 있을 것이다. 예를 들어, 어떻게 렘노스의 여성들이 트라키아 여인들과 동거하고 있는 자신들의 남편 중 한 사람만 빼고 모두 학살하였는지에 대한(아이스킬로스와 아폴로도러스의 글에 씌여진) 이야기에서 나타난 대로, 여성들은 "피에 대한 끊이지 않는 갈증"에 사로잡혀 있다고 바코펜이 말했을 때를 지적할 수 있다. 여성의 특성에 대한 이러한 묘사를 정당화하기 위한 근거로써, 그는 유리피데스의 이온과 메디아를 인용한다.(그는 다른 곳에서는 여성은 정숙하고 질서와 조화의 제공자라고 보고 있다.) 언제 바코펜이 남성이 만든 신화와 시를 여성에 대한 객관적인 설명으로 받아들이고 있는지, 그리고 언제 이 설명이 단지 특정 시기에 특정 남성이 여성에 대해 인식한 방식일 뿐인지 그 차이를 확인하기가 쉽지 않다. 한 가지 분명한 점은 바코펜에게 미래의 모가장제에 대한 갈망이 없다는 점이며, 과거의 모가장제에 대해서 그리고 여성의 존재 자체에 대해서도 상당히 이중적 의식이 존재한다는 사실이다.

2.

로버트 브리포트의 세 권짜리 책, 『어머니 연구』는 1927년 처음으로 출간되었는데, 이 책은 외롭고 분노에 찬 편집증적인 정신의 산물이다. 그는 이 책에서 인간 "역사에 있어서, 사회화 요소는 여성의 기능과 연관되어 있고 남성의 기능과는 아무 관계가 없는 본능의 작용으로 거슬러 올라

---

* 바코펜, 랄프 만하임 번역, 『신화, 종교, 모권(母權)』(프린스턴, 뉴저지: 프린스턴 대학 출판부, 1967); 예를 들어 100쪽과 101쪽의 글과 비교해보라.

갈 수 있다"는 것을 보여주고자 했다.[7] 그는 가부장제 가족을 근본적으로 반사회적인 것으로 간주했다. "가부장제 가족은 개인주의적 남성과 그에 딸린 종속적인 부양가족에 대한 완곡한 표현에 지나지 않는다. 사회적인 단위로서, 가족은 가장 적극적인 개인주의적 본능에 의해 생겨난 개인을 의미하는 것이다. 그것은 사회의 토대가 아니라 사회를 부정하는 것이다." 진정한 의미의 사회적인 유대는 "원시시대의 어머니가 자신이 만들어낸 집단에 대하여 행사하던 자연적이며 생물적인 지배력, 그녀의 주술적인 본성과 힘에 대한 경외감에서 생겨났다." 그와 같은 사회적인 유대는 "원시적 생명 발생의 신비와 추종자들로 구성된 이상적인 부족에게 베풀었던 공동의 피와 공동의 음식으로 이루어진 원시시대의 성찬식"으로부터 생겨났다.[8]

브리포트는 이러한 자연적인 지배력과 유대 관계를 추적하기 위해, 문헌 목록에 빽빽한 조판 상태로 거의 200페이지를 할애하였다. 세 권으로 구성된 그의 책에는 자세한 각주가 달려 있으며, 그는 학자다운 태도로 단지 한두 개의 예에 의존해야 하는 말은 쓰지 않았다. 브리포트의 원 저서(브리포트 저서의 축약본이 두 종류 나와 있는데, 하나는 그 자신에 의해, 다른 하나는 G. 라트레이 테일러가 축약한 글이다)는 브리포트의 저서가 나오기 전까지 역사, 전설 그리고 인류학에서 여성을 어떻게 보고 있는지에 대해 관심 있는 사람에게는 지식의 보고이다. 그가 어떻게 결론을 내렸건, 그러한 결론에 대하여 우리가 어떻게 논박을 하길 원하든 상관없이, 우리는 문명에 있어서 여성의 영향에 대한 세부사항과 그 형태를 그처럼 헌신적으로 찾아내려는 사람에 대하여 감사하지 않을 수 없다. 물론, 그가 자신의 전문 영역, 즉 방대한 자료를 융합시키고 압축하고 그들간의 관계를 찾아내는 일에서 벗어나면 도덕주의적인 경향으로 치우쳐, 책 말미에 결혼에 대한 부분에서처럼 여성의 지성이 남성의 지성과 구별된다고 거리낌 없이 주장하고 여성이 (그의 말대로 물론 양성간의 적대감을 '유발하지' 않고서) 문명을 구원해야 할 필요성에 대하여 역설한다. 그러나 그의 저서 마지막 장을 보면, 가부장제에 대한 환멸을 느낄 수 있다: "우리는 가부장제의 원칙이 더 이상 유효하지 않은 가부장제 사회에 살고 있다 … 권력, 에너지, 야망, 지성, 그리고 투쟁적인 남성의 관심으로는 더 이상 그 남성의 완성을 이룰 수 없을 뿐만 아니라, 그것만으로 인간 사회를 건설할 수도 없다." 브리포트가 바라는 것은 모가장제로의 회귀가 아니라(이 용어는 책의 서두에서는 명확하게 정의되었지만, 책의 끝부분에 가서는 다소 모호하게 사용되었다), "새로운 형태의 결혼", 즉 "어머니의 사랑 속에서, 여성과 남성 상호간의 헌신 속에서 조직적이고 건설적인 지성의 업적이 안개 속으로 사라져 가는" 조건으로의 변화이다.

안개 속으로 사라진다는 것은 아마도 브리포트 자신의 환상의 안개 속으로 사라진다는 것이리라. 분명한 것은 지성과 모성적인 이타주의 둘 다 공존하는 것으로 볼 수 있는 투명한 통찰력 안으로 사라져 가는 것은 아니다. 왜냐하면, 그러한 통찰력은 여성에게 사고하고, 건설하며, 자녀들을 낳고 키우는 것 이상으로 창조하고 개발할 수 있는 본래의 능력이 있다는 것을 확인하기 때문이다.

3.

바코펜이 19세기 중엽 독일의 가부장적 신화 작가로서 과거의 신화와 역사의 단편을 이용했다면, 엘리자베스 굴드 데이비스는 동시대인으로서 최초로 여성주의적인 시각에서 신화를 해석한 사람이었다. 『어머니 연구』가 발간된 후 110년 후에 출간된 『제1의 성』은 때때로 부정확하고, 편협하고, 전문적이지 못한 경우가 있다. 그렇지만 이러한 비난에도 불구하고 그 저서의 가치가 떨어지는 것은 아니다. 또한, 데이비스는 동양이나 식민지 지배 이전 아프리카와 미국의 신화와 전통에서 여성의 권력을 어떻게 이해했는지 언급하거나 분석하지 않음으로써 무의식적인 편협성을 드러내고, 연구 범위를 서구 문명에 국한시키고 있다. 무엇이 진지한 지식을 구성하는가에 대해 엄격하게 전통적이고 정통적인 정의에 따라 연구하려는 여성주의 학자가 보기에 그녀의 저서는 당혹스러운 것임에 틀림없다. 그러나 그 책은 흥미로운 제목이 갖는 의미를 비롯하여 매우 중대한 영향을 끼친다. 그 저서가 갖는 학술적인 취약점은 쉽게 나열할 수 있다.[9] 우선, 데이비스는 생략된 부분을 표시하지 않은 채 인용을 하고 인용한 단락의 문장을 재배치하는 경향이 심하다. 한편, 여성과 관련된 부분에 있어서, 소위 '전문적'이라는 역사가 지나치게 비학술적이다. 데이비스는 마치 잿더미 속에 감춰진 불씨를 휘젓고 불꽃을 튀게 하는 사람처럼 많은 자료, 일부는 신화적인 것, 어떤 것은 역사적인 사항, 그리고 또 다른 일부는 고고학적이고 문학적인 내용을 발굴해 내었다. 그녀는 피정복민의 만담가의 역할을 떠맡아, 그들의 과거 전설을 장황하게 이야기하고, 그들의 어머니가 한때는 여왕, 여신 그리고 강력하고 용기 있는 지도자였음을 상기시켜 준다. 사실과 추측, 소문, 기억 그리고 욕망의 단편을 뒤섞어, 그녀는 예전의 시인들이 서사시나 민요로 해냈던 것을 산문으로 만들려고 한다. 여성들 앞에 현재 우리가 알고 있는 조건과는 다른 조건을 그려보게 하고, 현재를 살아가는 여성들에게 다른 존재 양식을 생각할 수 있도록 상상력을 가지라고 격려한다.

시몬느 드 보부아르나 헬렌 디너와 달리, 데이비스는 그녀의 책에 철저히 주석을 붙임으로써, 그 책이 박사 논문처럼 읽히고 비평을 받을 수 있으리라는 인상을 준다. 따라서, 학구적인 학자는 그녀의 저서가 '전문적인' 연구로서는 미흡하다고 생각하겠지만, 각성한 여성운동가는 과거 성서를 그렇게 여겼던 것처럼, 그녀의 주장이 과거를 그대로 기록한 것이라고 여기고 싶어할 수도 있다.(그러나 그녀의 문헌 목록은 그 자체로서도 상당한 가치를 갖는다) 만일 우리가 데이비스를 확고부동한 사실의 기록자나 혹은 실패한 현학자보다는 기억과 상상력을 자극하는 사람으로서 받아들인다면, 그녀의 책이 이룬 성과를 보다 잘 평가할 수 있을 것이다.

데이비스에 의해 철저하게 파헤쳐진 모가장제의 신화는 아마 결코 완전하게 논박될 수도, 입증될 수도 없을 것이다. 여성의 억압조건을 상세하게 다룬 모든 연구와 비교해 보면, 데이비스의 저서는 반(反)이미지(counter-image)를 만들어 낸 최초의 저서로서 의미가 있으므로, 결코 학구적인 역사학자나 인류학자에 의해서도 가볍게 취급될 수 없는 저서이다.

일부 여성주의 인류학자는 '모가장제' 시기가 문화의 한 보편적인 단계로서 실제로 존재한 적이 없다고 말할지 모르나, 그들이 반드시 '모가장제' 라는 개념 자체를 "말도 안되는 것" 이라든지 어리석은 것이라고 매도하지는 않는다는 사실에 주목할 필요가 있다. 고전 인류학자인 제인 해리슨이 언젠가 말했듯이, 신화는 상상력으로부터 "분명하고 명확하게" 솟아나는 것이 아니라(만일 어떤 것이든 그렇게 된다고 말할 수 있다 하더라도), 그보다는 환경에 대한 대응, 정신과 외부세계와의 상호작용의 결과로서 생겨나는 것이다.[10] 신화는 어떤 필요, 바램을 표현한 것이다. 그리고 신화는 항상 누적되고 보태어져 왔다. 여신이나 영웅의 모습은 항상 변하고 외부 상황의 변화에 의해 영향을 받는다. 만일 데이비스가 여성이야말로 유일하게 실제적이고 정신적인 통찰력을 소유한 자로 그리고 있다면, 또 여성이 정신적이고 정치적인 질서를 창조하고 있는 동안, 남성은 장난감처럼 자질구레하고 하찮은 장치들을 가지고 시간을 보내는 세상을 그리고 있다면, 데이비스의 이러한 신화는 TV스크린에 등장하는 얼굴들 즉, 가부장제의 순수한 산물인 남성 지도자의 얼굴들에 대한 강력하고 창의적인 대응이라고 할 수 있다. 이 남자들은 갈수록 신뢰감을 잃고 있고, 갈수록 책임 있는 통찰력을 발휘하지 못하고, 갈수록 어떤 공동체도 통치할 수 없게 되고, 그리고 갈수록 인간의 삶을 격하시키고 파괴하는 기술적인 능력만을 갖게 된다. 많은 여성들에게 있어서, 데이비스는 비록 안식처는 아니라 할지라도 여성적인 힘의 가능성과 그 본질에 대한 생각의 기원을 제공하고, 이는 운동에 희망을 주는 발판을 제공하였다.

4.

"과연 진정으로 보편적인 모가장제가 존재한 적이 있는가?" 라는 질문은 결론이 나지 않기 때문에, 과거에 대한 보다 중요한 질문을 부각시키지 못하는 것 같다. 따라서, 나는 특정한 유형의 여성 중심적인 신념과 여성 중심적인 사회 조직을 공유하고 있는 인류 문화의 시기를 말할 때, '여성중심적인(gynocentric)'이라는 용어를 사용한다. 세계 대부분의 지역에서 여성이 여러 가지 이유로, 물론 가장 중요한 이유는 어머니라는 사실로 인하여 존경을 받았던 시기, 여신 숭배가 우세하였던 시기, 강력한 여성 인물을 숭배했던 것으로 묘사된 신화를 가진 시기가 있었다는 고고학적 증거가 남아 있다. 우리가 알고 있는 가장 먼 과거의 유물을 보면, 여성적인 것이 가장 근원적인 힘이었다는 사실을 알게 된다.

그러한 이미지가 여성에 의해서 만들어진 것인지 혹은 남성에 의해서 만들어진 것인지에 대한 논의는 그만두고라도, 그러한 이미지는 여성의 본질적인 중요성, 여성이 갖는 의미의 깊이, 필요하고 성스러운 것의 중심에 위치한 여성의 존재에 대한 인식을 토대로 여성에 대한 태도를 표현한다.* 그러한 신화에 등장하는 여성은 우리가 그동안 거의 잊고 있었기 때문에 혹은 이제는 추한 것이라고 규정된 이유 때문에 아름답다. 그러한 신화에 등장하는 여성의 육체는 양감, 내적인 깊이, 내적인 휴식과 균형을 소유하고 있다. 그녀는 웃지 않는다. 그녀의 표정은 내면으로 향해 있으며, 무아지경의 상태에 있다. 그리고 때때로, 눈은 타오르는 듯하다. 종종 그렇듯이 아이가 젖을 빨거나 무릎에 누워 있는데 그렇다고 해서 그녀가 아이를 생각하는 데 빠져 있는 것은 아니다(아들을 세상의 중심에 둔 '처녀성의 찬양'은 나중에 설명한다). 그녀는 특별히 젊지도 않다. 그보다는 그녀의 나이를 결코 알 수 없다. 심지어 아이에게 젖을 먹일 때조차도, 원추 모양의 많은 젖가슴을 가진 에베소의 다이애나처럼 여성은 여성 자신일 뿐이다. 때때로 그녀는 독을 품은 어금니를 가지고 있으며, 곤봉을 휘두르기

---

* 폴 그리마가 편집한 『라루즈 세계 신화』의 앞 부분, 폴 라댕의 『아프리카 민요와 조각』, 레이놀드 히긴스의 『미노아와 미케네 예술』에서 그러한 이미지에 대한 사진을 찾아 볼 수 있을 것이다; (그에 대한 설명을 보려면) E.Q. 제임스의 『모신(母神, Mother-Goddess) 숭배』를 참조하라.

도 한다. 또한 때때로 독사가 몸을 감싸고 있을 수도 있다. 그러나 가장 선량한 모습을 하고 있을 때조차도 고대의 여신은 숭배자에게 손짓하지 않는다. 그녀는 남성을 치켜 올리거나 안심시키기 위해서가 아니라 자신을 주장하기 위하여 존재한다.

그러한 이미지 상태에서 살아가면, 여성이 자신에 대해 어떤 생각을 갖게 되는지 잠시 상상해 보자. 그러한 이미지가 여성에게 어떤 영향도 미치지 않았다 하더라도, 그것은 정신적으로(오늘날 우리가 갖고 있는 이미지가 할 수 없는) 여성 존재의 타당성을 확인해 주고, 여성에게 자신의 모습이 무미건조하지도 사소하지도 않다는 것을 알려주며, 본질적인 신비에 참여하고 있다고 느끼게 해주었을 것이다. 어떠한 피에타 상도 이 일을 할 수 없었고, 이집트의 성스러운 아마르나가의 고상한 왕비도 이 일을 할 수 없었다. 이집트의 태양왕이 자신의 손을 근엄하게 아들의 머리 위에 올려 놓고 그 옆의 왕비는 아무리 위엄이 있다 할지라도 왕의 비에 불과했다. 가부장제 이전 시대 여신 숭배의 이미지는 분명히 한 가지 일을 했다. 즉, 그러한 이미지들을 여성들에게 특권이나 기적에 의해서가 아니라 본래 그들이 권력을 가지며 경외의 대상이 되고 중심에 위치해 있음을 말해주는 것이었다. 그 이미지는 여성적인 것이 본질적인 것이라고 말해 주었다. 초기 예술에 남성적인 것이 나타난 적이 있다면, 종종 작고 무기력한 어린아이의 모습으로, 팔에 옆으로 안겨 있거나, 여신의 무릎에 앉아 있든지 젖을 빨고 있는 모습이었다.*

---

* 풍부한 암시와 세세한 기록을 담고 있는 『석기시대의 종교개념』에서 G. 레이첼 레비는 시베리아부터 남프랑스까지 신석기시대 동굴에서 발견되는 도형 유형을 설명하고 있다. 레비는 동굴에서 발견되는 여성 조각상과 더불어 이 그림 중 많은 부분에서 여성적 상징과 이미지를 보았는데 그 중 어떤 것은 윤곽만 그려져 있고 어떤 것은 완벽하게 색칠되어 힘으로 충만해 있었다. 레비는 이 이미지들이 '모신(母神) 숭배'를 암시할 뿐만 아니라 그 동굴들은 재생의 어머니의 몸과 같다고 지적했다. 그녀는 동굴이 세속적인 의미의 안식처일 뿐만 아니라 종교적인 성소였으며, 가장 절묘하고 신비한 이미지들은 일반적인 가정적 서식지역이 아니라 다가가기 어렵고 분명히 신성한 장소였던 미로 같은 깊은 골목에서 발견된다고 말했다. 전체적으로 동굴 그 자체는 어머니의 몸이라고 인지되고 있지만, 동굴 안에도

이제 신석기 시대, 콜럼버스의 신대륙 발견 이전의 시대, 키프로스 시대, 미노스 시대, 절대 왕조가 생기기 전 이집트에서 이러한 모습들로 해서 그 당시 여성들이 자신을 어떻게 인식하고 있었는지에 대하여 우리는 아무것도 알 수 없다. 그러한 모습들은 남성들이 만들어 낸 것으로, 남성이 땅이나 자연과 맺게 되는 관계에 대한 남성의 인식에 상징적인 형태를 부여한 것이라고 주장하기 때문이다. 융 학파의 분석가인 에리히 노이만은 이러한 견해를 갖고 있다. 무엇보다도 그는 (1) "영양을 공급하는 어머니와 아이의 관계 …" (2) "남성이 땅과 자연에 가장 많이 의존하던 역사적인 시기", 그리고 (3) "자아와 의식이 무의식에 의존"하던 것으로 특징 지워지는 세 유형의 관계를 설정한다.[11]* 또한 노이만에 따르면, "여성적인 것, 즉 영양의 공급자는 모든 곳에서 숭배되는 자연의 원칙이며, 남성은 기쁨과 고통을 느낄 때 이것에 의존한다. 어머니에 의존하고 있는 아이와 같이 자연에 의존하는 연약한 **남성이 이와 같은 외부 경험 때문에 어머니와 아이라는 이미지가 계속해서 새롭게 떠오르게 된다.** (저자강조)[12] 달리 말하면 여성의 역할이 단지 아이를 낳고 키우는 것에 지나지 않는 반면, 남성은 여성에 대해, 그리고 여성과의 관계에 있어서 자기 자신에

많은 여성 이미지가 발견되고 있으며, 특히 폐쇄된 공간으로 들어가는 입구에서 발견되는 삼각형의 상징은 세속적인 영역과 신성한 영역간의 선을 긋는 것처럼 보인다. 비록 남성 사냥꾼의 모습이 나타나는 경우가 있긴 하지만 이들은 숭배 대상이 아니었다. "신석기 시대 문화의 기본적인 원칙은 여성적인 것이었다."

 * 불행히도 이 세 유형은 너무나 친숙한 이원론, 즉 남성/문화/의식과 여성/자연/무의식의 이원론에 의존하고 있다. 생각하는 여성으로서 나는 내 자신에게서 자연과 문화, 여성적인 몸과 의식적인 사고 간의 그러한 분열을 경험하지 않았다. 여성은 여성의 주제를 비판적으로 다루고 이 세계에서 여성의 상황에 대해 좀 더 자각해나가는 행위를 하면서, 이전보다 더 깊이 그녀의 무의식이나 그녀의 몸과 관계를 맺게 된다는 것을 느낄 수 있다. 노이만을 읽는 여성, 프로이트를 읽는 여성, 엥겔스나 레비 스트로스를 읽는 여성은 강력하고 명료한 평가, 분석, 비판을 하기 위해 자신의 깊은 경험에 의존해야만 한다. 그러한 여성은 단지 "내가 이전에 얻은 지적인 훈련은 내게 무엇인가?"라는 질문을 할 뿐만 아니라 "내 자신의 두뇌, 내 자신의 몸은 내게 무엇이라고 하는가, 나의 기억, 나의 성욕, 나의 꿈, 나의 힘과 에너지에 대해 무엇이라고 하는가?"라고 스스로에게 물어보아야만 한다.

대한 인식을 다른 형태의 창조행위인 예술적인 이미지의 형태로 그려내게 되는 것이다.*

그러나 노이만이 저술 활동을 하고 있던 시기는 원시 문화 시대에 대한 기존의 생각을 바꿔놓은 사건이 있기 전이었다. 최근 이스라엘의 여리고와 터키의 아나톨리아와 같은 지역에서 이뤄진 고고학 발굴 작업을 통해, 이라크, 이란, 시리아, 팔레스타인 신석기 문화 시대로 여겨지던 시대로부터 2천여 년 거슬러 올라간 시기에 소아시아 지방에 문명이 존재하였다는 사실이 밝혀졌으며, "후기의 위대한 '어머니-여신(大母神)' 신화의 거의 모든 기본적인 모티브를 훌륭하게 보여주는, 상징적으로 장식된 사당"과 입상을 포함하여, "신석기 시대 이전의" 숭배 의식의 증거가 출토되었다.[13] 아나톨리아의 싸탈 휘이크 시내 발굴 작업에 적극적으로 참여했던 고고학자인 제임스 멜라르트는 그곳에서 발견된 다른 예술 작품은 물론 여신상이 여성들에 의하여 만들어진 것이라고 생각한다:

특히 주목할 점은 … 입상, 조상, 석회 조각, 벽화 중 어떤 것에서도 성 (그가 의미하는 바는 성적 관심)이 완전히 결여되어 있다는 사실이다. 생식기관이 보이는 경우가 결코 없으며, 남근과 음문의 묘사를 찾을 수 없다. 아나톨리아 이외의 지역에서 구석기 시대 후기, 신석기시대, 신석기 시대 이후의 문화에서는 이러한 것이 자주 묘사되고 있다는 사실과 비교

---

* 노이만은 비록 융 학파이긴 하지만 여성이 문화에서 담당하는 역할에 주목했고 여성혐오론의 위력을 인정했다는 점에서 융보다 훨씬 더 앞서 나갔다. 그러나 융과 마찬가지로 노이만은 주로 여성 정신을 남성 정신과 통합시키는 것(다시 말해, 마르쿠제의 용어대로 "남성의 여성화")에 관심을 기울였고 그의 경향은 분명히 남성중심적이다. 그럼에도 불구하고 내가 보기에 노이만이 여러 가지 양상의 경험을 서로 끼워놓았기 때문에 우리가 인간의 생물학적인 생산과 양육이라는 신체적인 영역, 인간 존재가 함께 살기 위해 고안했고, 처방했고 계획해 왔던 문화적/역사적 영역, 개인 정신 내에 존재하는 영역에 대해 동시에 말하게 된다는 것을 자각하게 했다는 점에서 그의 이론은 유용하다. 브리포트처럼 노이만은 여성, 특히 어머니와 관련된 방대한 자료를 모았고 그 자료들 중 많은 것들이 가부장제 이전 생활의 분명한 양상들을 암시하고 있다.

할 때, 이 점이 더욱 특징적이라 할 수 있다. 외견상으로는 까다로운 문제로 보이지만, 답은 매우 단순하다. 왜냐하면 보통, 성에 대한 강조는 남성적인 충동이나 욕망과 연결되어 있는 경우가 대부분이기 때문이다. 신석기 시대 여인이 신석기 시대 종교의 창시자라고 생각하게 된다면, 이와 같은 성의 부재(不在)를 설명하기가 쉬워지며, 여기에서는 가슴, 배꼽, 임신이 여성을 상징하며, 뿔이나 뿔 달린 동물의 머리가 남성을 상징하는 것으로 되어 있는 다른 상징 체계가 만들어졌다.[14]*

이러한 가정을 뒷받침하는 것을 브리포트와 노이만의 글에서 간접적으로 발견할 수 있다. 브리포트와 노이만은, 매우 신성한 도예기술이 여성에 의해 발명되었고, 남성에게는 금기가 되었으며, 신성한 과정으로 간주되었다는 사실과 "도기를 만드는 과정은 아이를 만드는 과정처럼 여성의 창조적인 활동의 일부이다 … 도기를 만드는 과정에서 여성은 본원적인 창조력을 경험한다 … 우리는 신성한 도기가 원시 시대에 특히 주술적인 행동의 매개 수단으로서, 얼마나 중요한 역할을 했는지 알고 있다. 이와 같이 주술적인 의미를 통하여, 여성의 변형성의 가장 근본적인 특징이 변형의 상징으로서의 도기와 밀접한 관계를 갖는다"는 사실을 보여 주기 위해 수많은 예를 인용했다.[15] 브리포트는 주니의 여성들이 유방 모양으로도 실제 도기를 빚는 것에 대해 묘사한다. 또한 그는 "원시 사회의 대부분의 활동과 마찬가지로 도기를 만드는 것은 … 의례적이고 종교적인 성격을 띠며", "세계 대부분의 지역에서 도기를 위대한 어머니(大母, Great Mother)와 동일시하는 것은 고대 신앙에 뿌리를 두고 있다"고 지적한다.[16]

여성 도예가는 단순히 도기뿐만 아니라, 자신의 형상, 생명이 닮긴 그릇, 피를 생명과 젖으로 바꾸는 변화자의 형상을 빚었으며, 그렇게 함으

---

* 왜 예술에서 성욕은—신석기든 다른 시대든— "반드시 남성의 충동이나 욕망과 관련이 있는지" 궁금하다. 그러나 이 책은 그러한 질문을 계속 이어나갈 만한 곳이 아니다. 여기에서는 단지 말라르트가 초기 여성상은 여성이 만든 것이라는 자료가 있다고 암시했다는 점을 인용하겠다.

로써 없어서는 안 될 힘을 소유한 창조적인 존재로서의 경험을 표현하고 기념하며, 이 경험에 구체적인 형태를 부여했을 가능성이 있다. 여성의 생물적 기여가 없다면 부족의 미래, 부족의 지속성을 유지하는 존재인 아이는 태어날 수 없었다. 그리고 여성의 발명과 기술이 없다면, 항아리나 그릇 - 인간의 손으로 만든 가장 성스러운 물건 - 은 존재하지 않았을 것이다.

　항아리, 그릇, 단지, 주전자는 단지 장식품이나 일상적인 용기에 불과한 것이 아니다. 그것은 기름과 곡식을 오랫동안 저장할 수 있게 해주고, 날음식을 조리된 음식으로 변형시킨다. 또한 그것은 죽은 자들의 뼈와 재를 담는 데 사용되기도 했다. 도예 기술의 발달과 발전을 본질적으로 가능하게 한 능력인 생활을 개선시키고 안정화시키는 능력은, 그 기술을 다룰 줄 아는 사람에게 엄청난 힘을 주었고, 이 힘은 기술 시대의 가장 복잡한 혁신 - 원유의 정제 기술, 원자력의 이용 - 에 비유될 수 있을 정도다. 그렇지만 이와 같은 비유만으로는 충분하지 못하다. 친밀하고 일심동체라는 의식이 배어 있는 도공과 도기와의 관계를 오늘날의 기술에서는 찾을 수 없기 때문이다.

　"내부 공간(inner space)"으로서 여성의 의미와 가치에 대한 에릭 에릭슨 같은 사람의 견해(그의 견해는 케이트 밀레트에 의해 재치있게 분석되었다) 때문에, 여성을 '담는 그릇'과 연관 지어 말할 때, 반드시 조소적이지는 않다고 할지라도 부정적인 반응을 끌어내지 않으면서 말하기가 어렵다.[17] 친숙한 연상들이 생각나기 시작한다. 여성은 '수용적이며', '담는 그릇'이다. 어린 여자아이들은 '본능적으로' 남자아이들과 달리 인형놀이를 좋아한다. 여성의 자리는 가정이라는 '내적공간'이다. 여성은 자학적이고, 인내하며, 평화주의적이라는 의미에서 생리적으로 모성적이어야 할 윤리적 의무를 지도록 되어 있다. 아이가 없는 여성은 '완성되지 못하고', '쓸모없으며', '무가치한' 여성이다. 남성들이 여성의 생리 구조에 대하여 이끌어낸 생각과 연관된 나의 부정적인 연상이 워낙 강하여, 유방과 배를 강조하는 원시 '어머니 - 여신(大母神)' 상을 보았을 때, 나는 한동안 혐오감과 심한 애증을 느꼈다. 내가 가부장제 하에서 체득한 반응양식을 넘어서, 그러한 모습의 자세와 표현이 갖고 있는 힘과 완전성, 절대적인 비여성성을 연상하기까지는 상당한 시간이 걸렸다. 그러므로 '내적공간'이란 말은 여성이 사회에서 담당해야 하는 적절한 기능을 결정짓는 요소에 대한 것이 아니라, 일련의 원초적 연상에 대한 것이라는 사실을 염두에 두면, 우리는 여성/도기의 연상이 확대되는 것을 볼 수 있다.(또 한 가지 기억해야 할 것은 원시시대의 의미로서 도기는 '수동적인' 담는 그릇이 결코 아니었다는 것이다. 그것은 변형시키는, 그러므로 능동적이고 강력한 성격을 갖는 것이다.)

여기서 도표를 사용하는 것이 도움이 될 것이다.

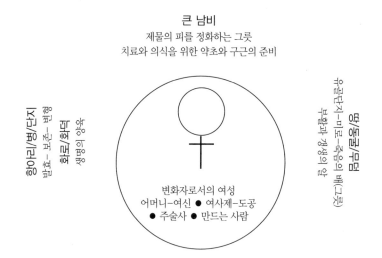

큰 남비
제물의 피를 정화하는 그릇
치료와 의식을 위한 약초와 구근의 준비

항아리/병/단지
항아리 — 부유 — 변형
생명의 양육
호/화덕

유골단지-미로-죽음의 배(그릇)
부활과 갱생의 일
땅/동굴/무덤

변화자로서의 여성
어머니-여신 ● 여사제-도공
● 주술사 ● 만드는 사람

따라서 이와 같은 원시시대 상징에서 보면, 생명을 영속시키는 데 필요한 변형이란 여성적인 힘을 발휘하는 것이다. 노이만에 따르면, "주술적인 냄비나 항아리는 항상 권위 있는 여성, 사제 혹은 나중에 가서는 마녀의 손에 들려 있다."[18] 가장 원시적인 종교 행위를 일으킨 것은 영원성에 대한 명상이 아니라 생존을 위한 투쟁이었다. 그것은 브리포트의 말대로, "사색적인 것이 아니라, 실제적인 것으로", 매일의 욕구와 관련된 것이었다. 그리고 여성은 그러한 욕구를 충족시켜주는 사람이었다. 브리포트는 우리가 말하는 성적 불평등이라는 것이 가부장제 이전의 사회에는 존재하지 않았다고 말한다. 즉, 가부장제 하에서 발달된 행정적이고 관료적인 권력 관계는 존재하지 않았다는 것이다.[19] 따라서 **타인에 대한** 권력이 아니라 **변화시키는 힘**이 진정으로 의미 있고 본질적인 권력이었으며, 가부장제 이전의 사회에서 여성은 이러한 권력을 갖고 있었다.

5.

오랫동안 성행위와 임신의 연관 관계에 대해서는 알려진 것이 없었다. 지그문트 프로이트는 『토템과 타부』에서, 오토 랑크는 『심리학을 넘어서』에서, 그리고 브로니스로 말리노브스키는 『미개인의 성생활』에서 이러한 사실을 지적하고, 이것은 단순한 무지라기보다는 의도적으로 남성의 역할을 부인하는 것이라고 주장한다. 이와 같이 남성의 역할을 부인함으로써, 남성들은 여자들이 부족의 토템 동물로 상징되는 죽은 자의 영혼에 의해 수태하게 된다고 믿게 되었다.

랑크는 여기에 두 가지 원인이 작용하고 있다고 주장한다.(후대에 가서 다시 태어나는 방식으로서) 개인의 불멸성을 바라는 욕구와 남성 개인이 아닌 어떤 것 즉, 토템 동물에게 종족 보존의 책임을 지우려는 체제에 대한 욕구가 작용하고 있었다는 것이다.[20] 말리노브스키는 트로비안 섬의 사람들이 처녀가 임신을 할 수 없으며, 임신을 하기 위해서는 여성의 질이 열려야 한다는 사실을 알고 있었다는 것을 발견하였다. 그러나 그들은 부족의 어떤 정령이 완전한 모양을 갖춘 아이 영혼을 여성의 머리 위에 놓으면 그 영혼이 그 여성의 몸으로 들어가면서 임신이 된다고 주장했다.[21] 물론, 결국 어머니와 아이 간의 가시적이고 육체적인 관계가 당연히 아버지와의 모호한 관계보다 확실한 것으로 여겨질 수밖에 없을 것이고, 아이와 아버지의 관계가 실제로 이어지는 일은 아주 구체적으로 어머니에게 달려있다.

가부장제 이전 사회에서 남근은 남성 중심적인(혹은 남근 중심적인) 문화에서의 의미와는 매우 다른 의미를 갖고 있었다. 그것은 그 자체로서 숭배되거나 자동적으로 힘을 갖는 것으로 여겨지지 않았다. 남근은 황소, 암소, 돼지, 초승달, 뱀, 초승달 모양 도끼인 라브리스, 여신의 무릎에 앉은 작은 아이와 함께 여신의 부속물로서 존재했다. 잎이 무성한 나무는 남근을 상징하는 것이 아니라 여성의 상징이다. "그것은 열매를 맺고 변화시키고 영양분을 공급한다. 그 나뭇잎과 가지와 잔가지는 나무에 '포함되어 있으며' 나무에 의존하고 있다." 나무에는 나무의 정령이 살고 있으며, 나무는 또한 이 정령을 담고 있는 것이다. 신성한 숲은 여신에게 바쳐진 것이다. 노이만은 나무를 – 잎이나 자연적인 뿌리가 없는 기둥 혹은 원주처럼 – 남근 숭배의 가부장제의 상징으로 본다든가 혹은 뿌리가 하늘로 뻗어있는 세계나무로 왜곡시킨 것을 '비자연적인 상징'(자연적 사실을 가부장적으로 뒤집어 놓은 것)으로 본다.[22] 가부장제 이전의 남근 숭배는 여성이 다산의 수단을 찬양한 것이었지, 남성이 '남성다움'이나 개인의 부성(父性)을 찬양하기 위한 것이 아니었다. 위대한 어머니(大母, Great Mother)는 개인으로서의 남편을 인정하지 않았다. 단지 배우자가 되는 아들을 인정할 뿐이었다.

가부장제 이전, 여성 중심의 모성은 아내로서의 여성보다 앞선 것이었다. 어머니의 관계와 지위는 아내라는 지위보다 훨씬 중요했다. 바바라 시먼은 원시인들에게 있어서 탄생이란 심오한 경외대상이었을 것이며, 오늘날에도 출산을 지켜보는 사람들에게 강렬한 초월적 감정을 느끼게 하지만, 원시인들에게는 그러한 느낌이 훨씬 강했음에 틀림없다고 주장한다.[23] 여성은 자신의 몸으로부터 남성, 여성을 창조하고 존재를 이어갔다. 신적인 존재로서 영적인 의미를 부여받은 여성은 모든 유형의 생장, 결실, 풍요의 원천이었다. 여성이 아이를 낳건 그렇지 못하건, 도기를 만드는 사람과 베를 짜는 사람으로서, 여성은 사물 이상의 의미를 갖는 최초의 사물, 즉 예술작품을 창조했으며, 따라서 주술적인 힘을 갖는 사물을 창조했고, 이것은 또한 약초와 구근에 대한 전승, 치료 기술과 어린아이를 양육하는 기술을 포함하여 최초의 과학 활동의 산물이었다.*

이와 같은 활동처럼 생물적인 어머니로서 여성은 단지 생명을 만들어 내고 안정을 주는 사람이 아니었다. 여기에서도 여성은 변형시키는 사람이었다. 월경혈이 아이로 변화하고(이것은 오늘날도 남아있는 생각인데, 지적인 호기심이 많고 박학했고, 의사의 아내였던 나의 어머니가 내게, 월경혈을 '잃어버린 아이'라고 말씀하셨던 기억이 난다), 그리고 어머니의 가슴에서 흘러나오는 젖으로 변화한다고 생각되었다. 오늘날 많은 여성들이 자기 의지와 상관없이 일어나는 수동적인 기능으로 경험하고 있는 것이, 한때는 **변형의 능력**으로 여겨지고, 우리가 보아왔듯이 부활을 포함하여 다른 종류의 변형과 관련지어 생각되었다. 만일 항아리나 그릇이 여성의 몸과 연관되어 있다면, 원사(原絲)를 실로 바꾸는 것은 생과 사를 관장하는 힘을 연상시켰다. 자신의 몸으로부터 실을 잣는 거미, 미로의 실마리를 제공하는 아리아드네, 운명의 세 여신 혹은 북유럽의 운명의 여신 중의 하나인 노른의 모습, 그리고 생명의 실을 자르거나 그 실을 더 길게 잣는 물레 돌리는 여인들, 이러한 모든 것들은 바로 이 과정과 연관되어 있다.

여성들은 단지 아이를 낳을 뿐 아니라, 아이가 계속 살아나가는 것을 가능하게 했다. 그녀의 가슴은 아이의 첫 번째 음식을 제공할 뿐만 아니라, 아이에 대한 여성의 관심은 그러한 일 대 일의 관계를 넘어서게 되었다. 브리포트는 원시적인 노동의 분화가 수렵의 발달에 의해 이뤄진 것으로 본다. 그는 선사시대 여성들이 뛰어난 사냥 능력을 보여주는 많은 예를 들면서 남성들로만 구성된, 보다 지배적인 형태의 수렵이, "양성 각각

---

* "인간이 위대한 문명 기술―도자기 만들기, 옷감짜기, 농업, 가축 사육―을 완벽하게 습득하게 된 때는 바로 신석기시대다. 오늘날 누구도 더 이상 이러한 엄청난 진보가 일련의 우연한 발견이 우발적으로 모여서 이루어진 것이라고 생각하지 않으며, 아무도 이러한 발전이 어떤 자연현상을 수동적으로 받아들임으로써 이루어진 것이라고 믿지 않는다. 이러한 기술 모두는 수세기 동안의 적극적이고 체계적인 관찰, 끝없이 반복되는 실험에 의해 시험 당한 대담한 가설을 전제로 하고 있다."(버논 그라스가 편집한 『유럽의 문학 이론과 실천: 실존주의 현상학에서 구조주의까지』[뉴욕: 델타 북스, 1973]에 실린 끌로드 레비-스트로스, 「현실의 과학」, 138-139쪽)

의 힘이나 능력의 차이 혹은 ⋯ 여성의 신체적인 열세 때문이 아니라, 아이 키우는 일에 여성을 묶어 두고, 여성이 집을 비우지 못하게 만들 필요" 때문에 생겨났다고 결론짓는다.[24] 인간은 다른 어떤 동물 종족보다 오랫동안 유년기를 어머니(혹은 어른)의 보살핌을 받아야 하며, 아이를 안전하고 효과적으로 양육할 수 있는 환경을 만드는 데 여성은 계몽가, 농업의 창시자, 공동체의 창조자, 언어 자체의 보존자가 되었다.*

6.

여성의 육체는 새로운 생명을 잉태하고 양육하는 능력을 가졌으면서 동시에 모든 시대를 통틀어, 모순의 장이기도 하다. 여성의 육체는 힘이 있는 공간이면서 동시에 취약성을 갖고 있다. 신비스러운 존재인 동시에 악의 화신이다. 이중적인 의식의 집합체이며, 이러한 이중적인 의식으로 인해 여성들은 문화를 정의할 수 있는 집단 활동에서 배제되어 왔다. 이와 같은 생활은 최초의 노동의 분화에 있어서 본질적인 것이 되어 왔지

---

* 최근의 연구는 '함의 분석'을 사용한 표준적인 다문화간 표본에서 성에 따른 노동분업이 "남성들은 아기에게 젖을 먹일 수 없고, 산업화 이전 사회의 어떤 여성이라도, 한 집단으로 고려해 볼 때, 어린아이 보호에 일차적인 책임을 가지고 있다"는 것과 사냥이든 경작이든, 무거운 물건을 다루는 일을 포함해서 "아이들에게 위험한 상황에서 수많은 여성들이 동시에 일하게 되는 활동은 여성이 수행하지 않을 것"이라는 기본 사실에서 유래했다는 것을 보여준다. 작가들은 여성의 역할에 대한 이러한 제한이 일련의 생산과정(땅의 경작과 개간, 씨 뿌리기, 수확하기) 동안 역할 행위로까지 이어졌고 이러한 제한은 '인적자원의 효과적인 이용'의 필요성 때문에 생긴 것이라고 말했다. (D. 화이트, M. 버튼, L. 브르드너, J. 건, 『성에 따른 노동 분업의 함의 구조』, 미발간, 1974) 떼어 놓을 수 없는 아이들을 보호하기 위해 여성들이 위험스럽거나 신체적으로 부담이 되는 작업을 피했다는 것은, 물론 그러한 활동에 참여할 수 있는 여성의 타고난 능력에 대해서는 아무런 설명도 해주지 못한다. 또한 이러한 입장은 아이에게 젖을 먹이지 않거나 아이 없는 여성의 역할에 필요한 제약에 대해서 아무런 설명도 하지 못한다. 유일하게 '타고난 제약'은 젖을 먹일 수 없는 남성들에게 가해지는 것처럼 보인다.

만, 브루노 베틀하임이 보여주고 있듯이, 모든 곳에서 남성은 여성의 물리적인 힘을 모방하고 병합하고, 주술적으로 공유하려고 노력해 왔다.[25] 현대 산과학의 고도로 발달된(그리고 상당히 의심스러운) 기술은 수잔느 암즈가 "출생의 과정을 여성으로부터 빼앗아 자신의 것으로 만들려는 남성들의 점진적인 시도"라고 부르는 과정의 후기 단계에 불과하다. '인구과잉'이 오늘날 국제적인 문제로 여겨지고 있다. 그러나 전 세계적으로 식량의 생산과 배분을 위한 새로운 방법을 찾기보다는 여성(주로 흑인 여성과 제3세계 여성)의 단산과 산아제한을 위하여 훨씬 많은 노력을 기울이고 있다. 여기서 서구 자본주의뿐만 아니라 여성의 생식 능력을 통제하고자 하는 남성의 욕구만이 주된 관심사이다.

조셉 캠벨은 원시 신화에 대한 연구에서 신화(그리고 시)에 대한 강렬한 반응을 동물행동 연구에서 발견된 특정 신호에 대한 생물의 본능적 반응과 비교한다.(새로 부화한 병아리가 있는 닭장 위로 매의 나무 모형이나 실제 매의 그림자를 지나가게 하면 병아리들은 재빨리 피할 곳으로 뛰어간다. 갈매기의 모형이나 그림자가 지나가면 병아리들은 그와 같은 반응을 보이지 않는다. 갓난아기도 사람의 얼굴을 닮은 가면을 보면 반응을 보일 것이다. 그렇지만 그러한 가면은 특정한 구체적 특징을 갖고 있어야 한다. 그렇지 않으면 아무런 반응을 일으키지 않는다.) 그는 인간의 마음에 새겨진 초기의 특정한 자국을 지적한다. 그것은 태아가 무중력 상태에서 양수에 떠 있을 때 느꼈던 지고의 행복감, 세상에 나와 처음으로 숨을 들이쉴 때의 힘겨움과 질식에 대한 두려움, 젖을 빠는 경험과 어머니가 없을 때의 버려진 느낌, 이러한 모든 것들은 끊임없이 되살아나고, 추구되거나 회피되며, 신화, 시, 예술을 통하여 강력한 반향으로서 되풀이되어 경험된다. 그는 계속해서, "월경혈에 대한 두려움, 월경 중인 여성을 격리시키는 것, 탄생의 의식, 그리고 인간의 다산과 연관된 모든 주술적인 전승 지식을 보면 이것들이야말로 인간 상상력이 가장 관심을 갖는 중요한 영역이라는 것이 분명하게 드러난다 … 여성에 대한 두려움과 어머니로서의 여성의 신비는 자연 자체에 대한 두려움과 신비 못지않게 남성에게 깊은 인상을 준다"[26]고 인정한다.

생식과 연관된 여성의 주기, 신비스럽게 달의 주기와 일치하는 주기, 때로 원하지 않는 남성의 성적인 접근으로부터 여성이 자신을 지켜야 할 필요성 등은 성욕을 억제해야 하는 남성의 반응과 밀접하게 관련돼 있다. 여기에 또 다른 관계 즉, 임신 중에 월경이 중지된다는 사실, 월경이 끝나면 생식 능력이 없어진다는 사실, 원시 여성들조차도 월경을 통해 알고 있었던 자신에 대한 지식, 임신을 했는지 임신을 할 수 있게 될지 이러한 지식 간의 관계가 덧붙여진다.

일반적으로 월경 중의 금기(성행위를 포함하여 일상적으로 하던 행위를 자제하는 것)는 기본적인 금기사항이다. 전문가들이 의견을 달리하는 부분은 그것이 처음 여성에 의해서 부과되었는지 아니면 남성에 의해서 부과되었는지 하는 문제이다. 브리포트는 그 금기를 "원래 남성이 성적 본능을 행사하는 데 대해 여성이 부과한 거부권으로 본다 … 이러한 금지는 여성이 남성을 거부하는 것을 나타낸다." 그의 연구에 따르면, 월경 중의 금기나 출산과 관련된 금기사항 모두 여성이 만들어냈으며, 여성이 스스로를 격리하는 것을 남성은 그 여성이 '위험한 영향력'을 발산하고 있는 것으로 받아들인다.[27] C.G. 하틀리는 초기 남성 집단의 자기중심적인 반사회적 독재로 인하여 여성이 사회 규범을 만들 수밖에 없었다고 주장한다.[28]

노이만은 "남성에게 부과한 금기를 통하여 여성은 남성을 길들이고 그렇게 함으로써 최초의 인류 문화를 창조했다"[29]고 말한다. 그의 견해에 따르면 성적인 통과 의례는 남성의 성인식이 아니라 초경과 관련된 의식에 그 기원이 있다. 여성이 남성에게 부과한 월경 중의 금기와 관련되어 금기가 생겨나고 여성들이 가장 가까이 살고 있는 남성들에 의해 성적 착취를 당하지 않기 위해 만든 근친상간의 금기로부터 족외혼이 생겨났다고 말한다. 현대 여성이 '깨끗하지 못한 상태'로 경험하는 것을, 가부장제 이전의 여성들은 그들의 신성한 신비 중의 하나라고 이해하였을 것이다.

융 학파의 심리학자인 에스터 하딩에 따르면,

원시 공동체에서, 여성의 전체적인 삶은 그녀의 생리 주기의 정상적인 변화에 초점을 맞추고 있다. 가정에서 그리고 그녀의 이웃과 함께 사회 생활을 하는 공동체에서 노동기간, 남편과의 동침기간 다음에는 격리기간이 있었다. 정기적으로 여성은 혼자 떨어져 있어야 한다. 여성은 요리를 해서도 안 되고, 경작된 밭을 돌보아서도 안 되고 멀리 나가도 안 되었다. 일상적인 일 중의 어떤 것도 행하는 것이 금지되었다. 그녀는 혼자 있어야 했으며, 자기 자신에 몰입하여 내향적으로 있어야 했다. 대체로 개인의 심리보다는 부족의 관습에 더욱 관심을 갖고 있는 인류학자들은 이러한 관습이 여성에게 어떤 영향을 끼쳤는지에 대해서는 질문하지 않았다. 그렇지만 이러한 정기적인 격리 상태는 여성이 삶과 맺게 되는 관계에 심오한 영향을 끼쳤음이 분명하다.[30]

하딩과 베틀하임은 남성들의 성년식 – 격리, 정화, 금식, "통찰력의 추구"를 포함하는 남성의 성년 의식은 여성들이 주기적인 월경 중의 격리와 분만에 따른 격리로 해서 자연히 얻게 되는 내적인 정신성의 힘을 얻기 위한 시도라고 주장한다. 하딩은 월경기에는 자신의 심오한 존재의 리듬에 보다 가까이 다가가기 때문에 현대 여성도 그때를 자신의 주체성에 도달하기 위한 시기로 이용할 필요가 있다고 주장하는데, 이는 월경이 신경병이나 마귀에 홀린 시기가 아니라 이 시기를 잘 이용하면 통찰력의 원천이 될 수 있기 때문이다.

메리 더글러스는 오염과 금기에 대한 그녀의 연구 『순수와 위험』에서 남성의 지배가 확고하고 여성이 완전히 폭력에 의해 종속된 곳에서(호주 중부 지역의 사막 부족인 월버리 부족처럼), 월경 중의 금기는 존재하지 않는다고 지적한다. 그녀는 그것이 남성에 의해 부과된 금기로서, 여성에게서 나온다고 여겨지는 위험으로부터 남성을 보호하기 위해 고안되었다고 생각한다.[31] 마가렛 미드를 포함하여 많은 저자들은 월경 중의 금기는 피에 대한 원시적인 두려움 때문에 남성이 만들어 낸 것이라고 가정하고 있다. 그러나 파울라 위더거가 『월경과 폐경』에서 지적하듯이, "만일 모든 피가 마나(mana, 초자연적인 힘)의 원천이라면 왜 남성, **오로지** 남성만이 월경혈을 정신적인 내용에 있어서 다른 피와 동일한 것으로 간주하는가? 무엇 때문에 피에 대한 여성의 태도는 그렇게 다른가? … 원시인들이라고 해서 발달이 억제되어 반복되는 경험을 통해서 자연현상에 대해 배울 능력이 없는 바보들이 아니다 … 모든 여성들은 아주 어렸을 때부터 월경혈의 교훈을 배우며, 남성들 또한 그럴 것이다."[32]

여성이 실제로 금기를 만들었든 아니든, 월경 중의 금기가 존재한다는 사실은 좋든 나쁘든, **기껏 반밖에 이해되지 못한 힘, 즉 여성에 대한 두려움과 어머니로서의 여성의 신비**를 의미한다. 만일 여성이 월경 중의 금기를 최초로 만들어냈다면, 자신들의 신성한 신비에 대한 인식에서든, 아니면 남성을 조정하고 사회화할 필요성에서 생겨난 것이든, 이 금기 자체가 여성에게 의례의 카리스마를 부여함으로써 여성의 외면적인 힘을 강화했음에 틀림없다고 생각한다. 여성이 남성으로부터 의도적으로 거리를 두는 것은 거의 대부분의 경우 잠재적으로 위험하거나 적대적인 행위, 음모, 전복, 불필요하고 이상한 일이라고 간주되었다. 한편, 남성 집단으로부터 여성을 배제하는 것은 그것이 사제 집단이건, 저녁 식사 모임이건, 낚시 여행이건, 학술위원회건, 마피아의 접선이건 상관없이 우리가 익히 들어 알고 있는 주장에 의해 정당화된다.(대부분의 경우 동성애 관계에서, 그리고 또한 앤 허치슨 주변에 형성된 집단에서, 1848년 프랑스 혁명 중 여성 정치 집단에서, 오늘날의 여성층이나 의식 고취 집단에서처럼) 여성의 자기 격리는 오늘날까지 남성에게 위협적인 것으로 간주된다. 아마도 주술적인 성격을 갖는 문화에서, 그것은 위협적인 의미를 함축할 수도 있을 것이다.

분명한 것은, 월경 주기는 가부장적인 사고방식에 의해 전복되어 불길하고 불리한 것으로 바뀐 여성 경험의 또 다른 측면이라는 점이다. 이러한 태도를 내재화함으로써 우리는 실제로 우리가 불결하다고 인식한다. 육체를 혐오하는 여성의 경향(남성에 의해 우리에게 건네진 여성 육체에 대한 혐오감)이 강조된다. 심지어 '선진' 사회에서조차도 종교적인 금기사항이 우리를 지배한다.* 무의식적으로 여성의 월경혈에 대한 두려움으로 가득 찬

---

* 현대 이스라엘에서 합법적으로 결혼하기 위해서는 여성이 랍비에게 가서 그

남성은 월경기를 오염된 시기, 악령이 찾아든 시기, 육체적으로 혐오스러운 시기라고 여성이 느끼도록 만들 것이다. 종종 남성들은 정액을 찬양하고 낭만적으로 생각하면서(내가 알고 있는 한 남성은 정액의 냄새를 밤나무꽃의 냄새에 비유하였다), 월경혈을 부자연스럽고 혐오스러운 것으로 비하한다.(또 다른 남성은 월경 중인 여성과 성관계를 갖는 것이 두렵지는 않지만 남근이 짜증을 낸다고 말한 적이 있다).

오늘날 월경기와 월경 직전의 시기는 뚜렷이 우울, 불안, 분노를 나타내는 것으로 알려져 있다. 부분적으로 수분(水分)의 이상 정체와 호르몬 분비 변화가 원인이겠지만, 또한 깊은 심리적, 문화적 요인이 작용하고 있다. 금지와 수치심(그리고 두려움)의 이중적인 의식이 가부장제 하에서 초경을 할 때의 특징적인 상태이다. 때때로 젊은 여성은 노골적인 부인과 반감을 경험한다. 마찬가지로 폐경기에 여성은 두려움과 안도의 이중적인 의식을 경험하게 되는 경우가 많다. 어머니라고 규정된 여성에서 있어서 그것은 마침내 원하지 않은 임신의 끝을 의미하며 동시에 성적인 존재로서의(그런 식으로 정의된) 여성, 어떤 기능을 담당하는 존재로서의 여성의 죽음을 의미한다.

월경혈에 대한 남성의 태도는 차치하고, 월경이 계속되는 세월은 여성이 실지로는 아니라 하더라도 잠재적으로 어머니인 시기이다. 가부장제 하에서, 가임 여성은 최근까지도(그리고 지금도 여전히 상당한 어려움을 감수하면서도) 자신이 원하는 대로 할 수 없고, 고대에 처녀라는 단어가 담고 있었던 권위 있는 의미의 처녀가 될 수 없었다. 미혼모는 교회와 사회의 가

녀의 마지막 생리일을 말해야만 한다. 그녀가 '정결하지 못한 채'로 남편에게 가지 않도록 그 날짜에 따라 결혼 날짜가 정해진다. 유태 여성은 생리 기간 중 남편과 성교를 하면 남편이 전사하게 된다고 아직도 믿고 있다. 이러한 여성 경시에는 물론 오래 된 배경이 있다. 미쉬나는 생리 중인 여성의 '불결함'을 임질 걸린 남자의 불결함, 한센병자의 불결함, 인간시체, 동물시체, 죽은 파충류의 불결함, 근친상간적인 성교에 비유했다. (개인적인 대담, 이스라엘, 벤-구리온대학, 마이라 쇼츠 박사: 에밀리 컬페머, 『니디아: 불결의 표시냐 성스러움의 표시냐?』 미발간 논문, 하버드 신학대학원, 1973)

장 잔인한 비난을 감수하고, 자신의 선택에 대한 징벌로서 경제적, 사회적 압력이라는 무거운 부담을 져야 한다. 월경을 경험하면서 여성은 잠재적이든 명시적이든 그 어딘가에, 월경기를 가임 능력과 연결짓게 되고, 제도화된 모성에 대한 심각한 애증과도 연결짓게 된다.

7.

가부장제 이전의 종교는 우주의 모든 부분에 여성이 존재한다는 것을 인정하였다. 보통 달은 최초의 자연숭배 대상인 것으로 여겨지는데, 월경주기는 달의 주기와 일치하며, 달은 원시시대에 여성과 연관되어 생각되었다. 하딩에 따르면 달의 어머니(Moon Mothers)는 그 단어가 갖는 위대한 원초적 의미대로 처녀였다. 처녀성을 빼앗기지 않은 소녀가 아니라 자신에게 속한 여성, 혹은 에스키모의 표현대로 한다면, "남편을 가지지 않을 여성"이었다. 그녀에게는 많은 연인, 많은 아들이 있었고, 종종 아들은 자라서 연인이 된다. 때로 달은 그 자체로서, 셀레네, 아르테미스, 루나와 같은 여신으로 묘사되는 여성이었다. 때로 달은 수태를 시키는 자, 위대한 어머니(大母, Great Mother)의 다산(그리고 모든 여성의 다산)을 가능하게 하는 남성적인 원천이기도 하다. 그러나 그렇다고 해도, 여전히 하딩의 표현대로 "여성의 신비"와 주로 연관되어 있었다. 달리 말하면, 여성이든 남성이든 달의 신은 무엇보다도, '처녀 – 어머니 – 여신'과 연관되어 있다. 그녀는 스스로를 위하여 존재하며, 그 힘은 모성적 측면에서부터 발산하여 지구상의 만물의 풍요, 곡식의 재배와 수확, 계절의 주기, 인간과 자연의 대화로 이어진다.[33]

그러나 달은 한때 우주를 지배했다고 생각되는 여성 존재의 한 측면에 불과하다. 가부장제 이전의 사고방식은 모든 것을 여성화한다. 아이가 여성의 몸으로부터 나오는 것처럼, 땅의 자궁으로부터 생명과 영양분이 생겨난다. 어머니와 진흙을 나타내는 단어들 mutter, madre, mater, materia, moeder, modder(흙, 진흙, 지구가 만들어진 물질, '남자'가 만들어진 먼지나 진흙)은 많은 언어에서 매우 유사하다. 비록 우리 시대에 와서는 다소 기이하고, 낡고 감상적인 느낌을 주는 표현으로 상당히 변색되었지만, "어머니 대지(大地, Mother Earth)"란 호칭은 여전히 통용되고 있다.

겨울이 되면 생명은 땅의 자궁 속으로 후퇴하여 들어간다. 죽음을 맞이하여 인간의 육체는 다시 이 자궁으로 돌아가 새로운 탄생을 기다린다. 고대 중동의 무덤은 어머니의 육체를 닮도록 만들어져서 어머니의 뱃속처럼 미로와 나선형으로 이루어졌다. 그렇게 함으로써 영혼은 그곳에서 다시 태어날 수 있게 된다. G. 레이첼 레비는 이러한 구조가 어머니의 자연스런 상징인 신석기 문화의 동굴에 그 유래를 두고 있다고 주장한다. 우리는 여기에서 어머니라는 개념과 죽음이라는 개념 간에 여러 연상들을 볼 수 있는데, 이것은 가부장적 사고방식에서도 여전히 강력한 것으로 남아 있는 연상이다.[34]

여성의 월경처럼 달의 인력에 조수로 반응하는 대양, 인간의 생명이 시작된 양수에 반응하는 대양, 그 위에(여성으로 의인화된) 배가 떠다니고, 뱃사람이 죽음을 맞아야만 그 깊이를 알 수 있고 괴물들이 자신의 몸을 감추고 있는 대양―이러한 대양은 자연의 여성화 가운데, 땅과 달의 중간 어딘가에 놓여 있다. 인간의 눈으로 달은 접근할 수 없지만 대양은 접근할 수 있다. 땅은 그렇지 않지만, 대양은 불안정하고 위협적이다. 대양은 매일 새로운 생명을 낳지만 또한 생명을 삼켜 버린다. 대양은 달처럼 변화무쌍하고, 통제되지 않으면서도 파괴할 수 없으며 영원하다. 대양에는 씨를 뿌릴 수도 경작을 할 수도 없다. 대양은 메마르고 소금기 있는 광야지만, 동시에 그것은 풍요롭고 영양분을 공급하며 육지의 생명이나 동물과는 확연이 다른 나름대로의 생명을 생산한다. 위대한 여신(Great Goddess)은 모든 물에서 발견된다. "빛의 신들의 배가 돛을 저어가는 천상의 바다, 땅 위와 땅 아래에서 순환하고 생명을 잉태하는 대양, 바다, 강물, 샘, 연못, 그리고 빗물이 모두 그녀에게 속한다.[35]

때때로 달은 여성과 땅을 잉태하게 만드는 남성 신으로 인식된 적이 있다. 그러나 여성중심적인 범신론은 하늘 자체를 여성으로, 해와 달을 그녀의 아들로 생각하였다. 노이만이 인용한 이집트, 아즈텍, 베다, 바빌론 등 수많은 문화와 신화에서, "여성화된 하늘은 고정되고 지속적으로 나타나는 요소"이다. 여성 수장(首長)의 위대한 어머니(大母)는 원래 어둠과 빛, 바다의 심연과 하늘의 지고함으로 의인화되었다. 바로 가부장적 우주 생성론이 발달하면서부터 비로소 여성은 순전한 '흙'의 존재로 한정되었고 어둠, 무의식, 잠으로 표현되었다.

V
어머니 길들이기

"
… 페르시아의 천지창조 신화는 성경보다 훨씬 앞선다.

페르시아 신화에서는 한 여성이 세상을 창조하는데,

남성이 모방할 수 없는 순전히 여성만의

천부적 창조행위에 의해 창조가 이루어진다.

이 여성은 많은 아들을 출산한다.

이 아들들은 그들이 모방할 수 없는

어머니의 행위에 당혹하여 두려움을 갖게 된다.

그들은 어머니가 생명을 줄 수 있다면 또한

그 **생명을 거둘 수도 있다**고 생각했다.

어머니의 이런 신비스러운 능력과, 생명을

앗아갈 가능성에 대한 공포 때문에

그들은 어머니를 죽인다.

– 프리다 프롬–라이히만, 「여성은 왜 성적 쾌락을 거부하는가」
"

프레드릭 엥겔스는 부권과 사유재산제도가 시작된 것은 모계사회가 종식되고 노예제도가 시작된 것과 그 시기가 같다고 보았다. 엥겔스는 여성들이 경제적 자립능력이 없기 때문에 어쩔 수 없이 결혼과 매춘으로 빠져들었다고 주장한다. 그리고 사유재산제도가 폐지되고 남성의 경제력 지배가 끝나면서 성의 해방이 찾아와야 할 것이라고 예언했다. 엥겔스(마르크스주의의 계승세대로서)는 여성의 억압을 경제적 원인으로만 이해하여 경제적 해결책을 제시했다. 실제로 그는 남녀평등이 **어떻게** 이루어져야 하는지에 대해서는 고려하지 않았다.

> 곧 다가올 자본주의 생산의 전복 후에 남녀관계가 어떻게 정립될 것인가에 대해 지금 우리가 추측할 수 있는 것은 주로 부정적 특징뿐이다. 즉 대부분 없어져야 할 것들에만 국한된다. 그러나 어떤 새로운 일이 생길까? 이 대답은 새로운 세대가 성장했을 때 비로소 나올 수 있을 것이다. 즉 돈이나 다른 사회적 권력으로 여성의 항복을 얻어내는 것이 어떤 것인지를 전혀 알지 못하는 남자들의 세대, 진정한 사랑이 아닌 어떤 다른 요인, 또는 경제적 이유 때문에 애인에게 굴복하기를 거부하는 것이 어떤 것인지 결코 알지 못하는 여성들의 세대가 답할 것이다. 이들이 성인이 되면 오늘날의 사람들이 해야 한다고 생각하는 일에 대해 조금도 개의치 않을 것이다. 각자 나름대로의 선례를 만들고 각 개인의 실례에 대한 그 나름의 여론을 만들어 낼 뿐이다. 그리고 그 목적이 있을 것이다.[1]

이것은 "'남녀 사이의 갈등'을 무시하는 것이 남성에게 득이 되며 그들이 강조하는 사상 때문에 여성들 또한 이 이론을 받아들이게 되었다"고 한 카렌 호니의 주장을 잘 나타내고 있다. 카렌 호니는 『남녀 간의 불신』이라는 수필집에서 모든 남성들이 품고 있는 여성에 대한 분노와 우려에 대해 말하고 있다. 그녀는 심지어 "의식적으로 여성과 상당히 긍정적 관계를 갖고 있고 여성에 대해 인간적인 존경심을 가지고 있는 남성들도" 속으로는 이런 생각을 감추고 있다고 말한다.[2]* 물질주의적 분석과 남성

---

* 에리히 노이만은 훨씬 더 앞선다. 『여성 발달의 심리 단계』(레베카 야콥슨이 번역하고 힐데가드 나이젤과 제인 프랫가 수정하여 『스프링』지에 실렸다)라는 글에서 노이만은 여성적인 악의 신화와 "가부장적인 특징을 가진 문화, 유태-기독교 문화, 모하메드 문화, 힌두 문화에서 여성성은 악이라고 '인정'되고 있다는 뜻에서" 여성을 희생양으로 사용한 것에 대해 논의하고 있다. "여성성은 억압되고, 굴복되고, 외부적으로 생명을 잃게 되었고, 그렇지 않으면-마녀 재판에서 일어났

적 편견의 영향으로 엥겔스는 경제적 해결책만이 잘못된 의식을 정화시키고, 새로운 성 개념을 창조하며 과거의 병폐를 순화시킬 수 있다고 생각했다. 그러나 그는 남성 우월적인 성 정치학의 원인이 구매자인 남성과 피구매자인 여성과의 관계뿐 아니라, 그 이상으로 모자관계와 모녀관계라는 것을 이해하지 못하고 있다. 전 세계적으로 여성의 의식이 높아져가고 있음에도 불구하고 사회주의적, 혁명적 운동은 여전히 남성이 압도적으로 이끌고 있으며, 근본적으로 그들은 남성의 통치력과 지도력을 그대로 유지하는 사회혁명을 소망한다.* 엘리 자레츠키는 적어도 사회주의의 혁신적 여성해방운동에 의해 야기된 도전에 대응하려고 했다. 그는 볼셰비키혁명에서 다음과 같은 점을 인정하고 있다.

> 경제발전을 통한 혁명은 압박받는 여성에 관한 많은 분야를 그대로 남겨두었다. 여성이 산업체에 진출한다고 해도 남성우월주의라는 심리적 유산은 별 위협을 받지 않았고, 동시에 가족제도의 강화는 오히려 모성애의 고양 등과 같은 전통적인 가부장적 사고의 부활을 촉진시켰다.

마르크스주의는 이성애를 '자연스러운' 것으로 보면서 가족 내의 전통적 노동분업을 주장했다.[3] 그러나 19세기 남성 지성이 탄생시킨 심리분석과 마르크스주의를 결합하려는 시도는 헛된 일로 보인다. 문제는 남성이 여성에게 가지고 있는 공공연한 또는 숨겨진 태도라기보다는 오히려 '가

듯이- 악의 전달자로서 처벌되고 죽음을 당하였다. **남성은 여성 없이는 존재할 수 없다는 사실만이… 무의식의 위험성이 투사되어 있는 이러한 '악한' 인간 집단(여성)의 소멸을 방지할 것이다.**"(저자 강조) 마지막 말을 들으면 자궁 외 임신과 유전자 복사 기술을 남성이 통제하게 된다면 어떻게 그러한 기술들이 미래의 인간 말살에 적용될 수 있는가라는 질문이 생긴다.

* 호니는 여성에 대한 두려움을 인정하는 것은 남성에 대한 두려움을 인정하는 것보다 남성의 자존심에 훨씬 더 위협적이라고 말했다. 계급 개념에서 여성이란 지배계층의 남성이든 노동계층의 억압된 남성이든 남성 아래에 위치할 뿐이라고 가정하고 있으므로, 아마 남성이 만든 계급 분석이 성의 분석보다 앞서는 것은 당연한 일로 여겨져 왔다.

족'이라는 것을 알았기 때문이다. 여성은 인간 이상으로서나 이하로서나 모두 남성을 위한 존재, 끔찍하게 필요하면서도 동시에 끔찍한 존재였다. 여성은 '숙련된 노동자 이상'[4]도 아니었고 단순한 '타자(他者)'도 아니었다. 무엇보다도 남성을 삼켜 자궁 속으로 돌려보내거나, 남성을 똑바로 쳐다봐서 돌로 변하게 하지 않도록, 여성은 축소되고 통제되어야 할 어머니라고 인식되었다.

가부장제의 합리화는 이런 사실을 부정하는데, 물론 이것은 좌파에 속하지 않는다. 인류학자인 로빈 폭스는 친족제도에 관한 책에서 '기본적인 여성의 기능'을 설명하고 있다. 근본적인 인간의 유대, 모든 사회적 유대의 근거가 어머니와 지식 간의 유대라는 것을 인정한 후에, 그는 계속해서 직립 두 발 인간의 자궁 외 양육이 어떻게 오랜 기간 동안 여성이 임신과 육아에 집착하도록 만들었는지, 다시 말해 오랜 기간 동안 임신·육아를 겪으면서도 어떻게 또 임신할 수 있는지를 설명한다. 폭스는 그렇기 때문에 무능하게 된 어머니들이 '보호받아야' 하는 제도가 필요하다고 주장한다. 엥겔스는 남성지배사상이 사유재산 소유에서부터 발달한 것으로 보는 반면, 폭스는 위의 '보호적' 역할, 즉 "사냥을 하고 적과 싸우고 **결정을 내리는 것**이 바로 남성"(저자 강조)이라는 점에서 자연히 남성지배사상이 발전한 것으로 보고 있다.[5] 보호집단이 내릴 수 있는 결정의 범위가 얼마나 광범위한가라는 문제와는 별개로, 우리는 이미 의사결정이란 원래 여성의 역할과 불가분의 관계에 있었다는 것을 알고 있다. 폭스는 권력이나 힘보다는 '보호'가 문제임을 암시하면서 고대 남성에 관해(우연히 자신에 관해서도) 빅토리아식 이미지를 만들었다. 그러나 만일 우리가 일반적으로 남녀에게 자연스러운 것으로 인정되어 온 노동의 '자연적' 분업이 여성의 자녀양육기능에서 비롯된 것이라고 가정한다면, 여성과 관련된 법, 전설, 금기사항들이 초기 가부장적 신화(이브의 경우를 들 수 있다)로부터, 중세의 마녀사냥과 여아 집단학살, 현대의 강간에 관한 법, 시어머니에 대한 농담, 자학적 도색영화 등에 이르기까지 '보호적'이라기보다는 적대적이고 방어적이라는 사실을 어떻게 설명할 수 있는가?

후기 프로이트 심리학의 주제 중 하나는 남성이 문화에 끼친 공로는 남자들이 기본적이고 창조적인 모성 능력이 부족한 것을 보충하기 위한 하나의 방편이라는 것이다. 브루노 베틀하임은 남성의 성년식이 여성의 힘에 대한 남성의 깊은 질투심에서 나온 것이라고 분석했다.[6] 카렌 호니는 모든 면에서 남성지배적임에도 불구하고 여전히 시기심과 분노가 남아 있어 이것이("남근에 대한 시기심"과 같은 개념을 포함하여) 남근숭배사고, 모성애에 대한 평가절하(나는 이를 축소라고 부른다), 일반적인 여성차별주의 문명으로 표현되었다고 주장했다.*

---

　　* 여성 혐오는 남성에 대해 분노하는 여성들이 만든 여성의 투사물이 아니다. 여성 혐오가 존재하고 항상 가부장문화에 의해 타당성을 인정받아왔다는 것은 분명하게 기록되어 있다. 이 문제에 대해서는 최근 수많은 작품이 나왔는데 모두 남성들의 글이고, 그중 대부분은 그 경향과 결론에 있어 여성 혐오적이라는 점이 꽤 흥미롭다. R. E. L. 마스터즈와 에두아르 리는 『안티 섹스』(1964)라는 선집(選集)에서 규칙적으로 "진정한 여성 혐오는 무제한적인 일반화"라고 주장하고 그들이 모은 반대 증거에도 불구하고 여성 혐오가 실제로 인간 문화에서 드문 일이라고 암시했다. 동시에 그들은 여성 혐오는 개인적이라기보다는 "문화적이고 이데올로기적"임을 인정했다. 마스터즈와 리 둘 다, 그리고 울프강 레드러(『여성 공포』 [1968])는 그들의 책의 헌사에서 자신들은 여성혐오자가 아니라고 한다. 레드러는 남성의 여성 공포에 대해 광범위한 연구를 했지만, 그의 결론은 여성의 출산 충동 ("어떤 여성들은 지나칠 정도로-병적이라고 말할 정도다- 아이를 많이 낳는다") 이 문명에 대해 진정으로 위협이 되기 때문에 남성의 이 공포심에는 정당한 이유가 있다는 것이다. 남성이 진짜 두려워하는 것은 여성이 아니라 인구 과잉의 지구 위에서 여성이 계속 아이를 낳기로 되어 있다는 것이다. 비슷한 경우의 부정을 고전학자 H. F. 키토의 글에서 찾을 수 있다. 키토는 아테네 여성의 억압 사례를 무수히 들고 난 후 다음과 같이 썼다: "이러한 사례에 따라 아테네 남성상을 그린다면 잘못된 일이다. 아테네인들도 결점은 있었지만, 생생한 지성, 인간성, 호기심이 그들의 가장 뚜렷한 특질이었다. 아테네 남성이 그의 종족의 반을 무관심과 심지어 경멸로 대했다고 말하는 것은 옳지 못한 것 같다"(『희랍인』[볼티모어: 펭귄, 1960], 222쪽)

　　H. R. 헤이즈는 그의 책 어디에서도 여성애호를 드러내지 않으면서도 여성혐오증이 가장 적은 글을 남겼다. 그의 『위험한 성』(뉴욕: 푸트남, 1964)은 "남성들이 수세기 동안 장황하게 이야기해온 환상과 합리와의 부끄러운 부담을 남성들이 깨닫게 하려는…" 시도이다. "이러한 상징적인 마술을 사용함으로써 남성은 '여성'을 감금하고, 여성을 국외자로 만들고 희생양으로 취급해왔다"(295쪽) 헤이즈의

카렌 호니는 새 생명을 창조할 수 있는 여성의 힘을 시기하는 오래된 분노 외에도 남성의 생식기에 영향을 미치는 여성의 힘에 대한 두려움도 있다는 것을 발견했다. 따라서 남성에게 여성은 근본적인 위력, 성적유혹자, 남성의 성에너지 소비자로 여겨져서 불안을 불러일으키는 존재가 된다. "여성은 정령들과 교감하며 남성을 해치는 데 사용할 수 있는 마력을 가진 신비스러운 존재이다. 따라서 남성은 여성을 굴복시킴으로써 여성의 힘으로부터 스스로를 보호해야만 한다."(남성이 보다 '합리적'이고 주체적일수록 이런 엉뚱한 사상에 무의식적으로 동조할 가능성이 더 크다.) '어머니다움'은 성적 매력(요부)과 '모성애'(강력한 여신)로부터 분리된 것이며 '양육, 이타심, 자기희생'이라는 형태로 받아들여질 수 있다. 그러므로 14세기에 성모마리아는 다른 여성들이 마녀로 몰려 학대받고 화형 당하는 와중에서도 숭배를 받을 수 있었던 것이다.

2.

선사시대 이후 '위대한 여신', 혹은 '위대한 어머니(大母)'의 보편성을 추적해 온 조셉 캠벨은 "인류 역사의 가장 초기에 여성의 마력과 불가사의는 틀림없이 우주 그 자체만큼이나 경이로운 것이어서 이것은 여성에게 놀라운 힘을 부여했다. 이 힘이 바로 남성들이 자신의 목적을 위해 파괴하고 통제하고 소유해야 할 주요 관심사 중의 하나가 된 것이다"[7]고 주장했다. 그는 농업보다 사냥을 더 중시하고, 기원전 3만년 말기에 여성을 모델로 한 조각상이 사라진 것을 여성의 기본적인 힘에 대항하는 남성의 자기주장이 부상한 것과 연관이 있다고 보았다. 여성 조각상이 "호모 사피엔스의 최초의 숭배대상이었으나 곧 호모 사피엔스의 마법, 의식, 이미지가 여성의 질에서 남근으로, 식물 중심에서 동물 중심의 신화로 변했

책은 전혀 신경질적이지 않고 단도직입적이어서 성의 정치학에 대해 진진하게 생각하고 싶은 남성이라면 반드시 읽어볼 만한 책이다.

다"는 것을 알아냈다.

G. 레이첼 레비는 신석기시대의 의식을 설득력 있고 구체적으로 재창조하여 제시한다. 그녀는 기원전 3만년의 동굴을 직접 탐사하고, 다양한 문화유물과 벽화를 추적하며, 신석기시대 이후의 문화 건축물과 동서유럽 전역에 걸쳐 선사시대의 야생동물의 이동과 초목 분포에 관한 연구를 토대로 결코 독단적이라 할 수 없는 결론을 이끌어냈다. 그녀는 동굴에 나타난 여성수장과 그 속에서 발견되는 여신숭배 조각상 등을 통해 생명을 부여하는 하나의 원칙이 있다는 것을 알 수 있었고, 이 원칙이야말로 사냥하는 무리들에게 생명을 불어넣어주는 것이라고 말했다. 동물의 사육과 목축의 시작, 농업의 발달이 처음으로 '시간의 변화' 즉 계절의 순환, 별의 움직임, 동·식물의 임신과 출산, 죽음 등에 대한 인식을 가져왔다고 그녀는 생각했다. 이 '시간의 변화'에 대한 의식이 수많은 관계, 균형, 순환적 대칭의 의식을 불러 일으켰고, 이는 또한 도기의 발전에도 영향을 미쳤다.[8] 그러나 이 '정신적 혁명'의 가장 중요한 부산물은 **이원성**을 깨닫게 된 것으로서, 양극단으로 나뉜 정신은 후에 가부장적 의식의 근원이 된 것이다.

사물의 순환적 변화(태어나서 죽고 다시 환생하는 것, 밀물과 썰물, 겨울과 여름, 보름달과 그믐달)를 인식하는 것은 과정과 지속성이 긍정적 사건과 부정적 사건들을 모두 포용한다는 것을 깨닫는 일이다. 물론, 과정의 일부로서 모든 사건들이 전적으로 '긍정적'이거나 '부정적'인 것으로 낙인찍힐 가능성은 적다. 레이첼 레비에 의하면 가부장제 이전의 의식은 처음에는 여성적이라고 느껴지는 본질적인 단일 통일체로 시작하여 계속 발전하면서 여성적 존재가 변천의 유동성을 주재한다고 생각했다. "점점 이원성을 인식해 가면서 어머니는 남자들이 돌아가야 하고 모든 생명의 원천이기도 한 땅으로서 자신의 이전의 근본적 지위를 보유하였다. … 신석기시대 유물에는 남성을 신성시하는 어떤 숭배도 발견되지 않는다. … 여성의 힘이 그 당시 조각의 가장 큰 주제였다."[9]

죽음조차도 시간 변화의 일부이며 환생과 재생으로 이어지는 순환고리의 일부였다. 위대한 어머니(大母)의 '어둡고' '부정적' 인 면은 이미 처음부터 존재하고 있어서 어머니의 자애롭고 생명을 주는 면과 불가분의 관계에 있었다. 죽음과 마찬가지로 폭력, 유혈, 파괴력 등도 항상 어머니의 한편에 잠재적 '악' 으로 자리하고 있었다. 이것이 따로 분리되면 독이빨을 가진 피의 여신 칼리, 살인자 어머니 메디아, 음탕하고 사악한 마녀, '거세시키는' 아내나 어머니로 형상화된다.(이 글을 쓰고 있는 동안 내 아들이 『내셔널 지오그래피』 최신호의 표지를 보여주었다. 그것은 연례행사의 하나로 한 페루 인디언이 풍년을 기원하기 위해 땅의 어머니에게 바칠 흰 라마(낙타)를 티티카카 섬으로 몰고 가는 사진이었다. 이 의식은 여마법사가 주관하며 라마의 피는 "Pacha Mama(대지의 어머니)"[10]에 뿌려진다. 따라서(예를 들어 음식처럼) 생명을 가져오는 것이 옛날처럼 유혈과 살해와 연결되고, 이 둘은 또 위대한 어머니(大母)와 관련되는 것이다. 오늘날에는 이러한 관습을 거의 찾아 볼 수 없으나 과거에는 흔히 볼 수 있는 광경이었다.)

여성의 피는 남성이나 동물의 피와는 다르다. 그것은 '저주' 와 월경의 신비뿐만 아니라 순결을 잃을 때의 마나(mana), 탄생이라는 변화의 신비, 그리고 생식력 그 자체와도 관계가 있다. 따라서 여성의 여러 면에서 파생된 이런 복잡한 관계가 융합된 것을 표로 나타내 볼 수 있다.

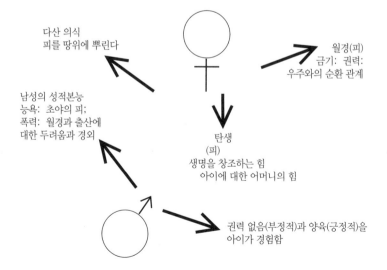

조셉 캠벨은 "출산과 월경의 신비는 죽음만큼이나 바로 수긍이 가는 것이며, 태초에 그랬던 것같이 오늘날까지도 종교적 경외의 원천으로 남아 있는 것이 확실하다"고 인정한다.[11]

많은 영웅신화에서 남자아기는 자라서 아들/연인이 되고 나중에 어머니의 손에 의해 폭력(살인이나 거세)을 경험한다. 용을 죽이는 신화(역시 폭력/유혈신화)는 젊은이가 무서운 어머니에 대한 두려움, 다시 말해 여성에 대한 남성의 근본적인 두려움을 극복하려는 시련을 자세히 설명한다. 미케나 신화에 따르면 아폴로가 나중에 그의 성전이 된 델포이로 들어가기 전에 암용과 싸웠다고 한다.[12]

성전 입구에 새겨진 여성의 성기를 상징하는 신석기시대의 트라이앵글, 즉 요니는 여성의 힘에 대항하는 투쟁에서 독이빨을 가진 칼리나 뱀머리처럼 또아리를 튼 메두사의 얼굴이 되었다. "방금 죽은 영혼을 빨아들이는 무덤 뒤의 자애로운 암소여신"은 임신하는 괴물인 "하마와 악어, 암사자, 여자"로 변했다.[13]

노이만은 성인 남성의 자아는 위대한 어머니(大母)의 어두운 면과 자애로운 면 모두와 창조적 관계를 이룰 수 있다고 본다. 완전한 성인은 궁극적으로 죽음 그 자체와의 새로운 관계로 들어가야 하기 때문이다. 여전히 자아에 대해 불확실하며 여성을 위협적 존재로 인식하고 "무의식적이고 자아가 없으며, 어둡고, 아무것도 아니며, 공허하고 바닥이 없는 함정으로" 인식하는 것은 사춘기적 자아이다. 물론 여기서 문제가 되는 것은 약 20세에 끝나는 사춘기적 자아나 인간의식의 보다 원시적 단계의 자아가 아니라 남성의 성욕의 양상인데, 아마도 남성들 대부분에게 이 양상은 중년 그리고 그 이후까지도 계속될 것이다. 사실상 가부장은 언제나 여성을 부정하며 본능적으로 '용을 죽이려고' 한다. 가부장사회에서 성인여성은 여전히 사춘기적 아들/연인만을 발견할 수 있을 뿐인데, 이들은 여성의 손에 거세당하고 죽임을 당할까봐 두려워하면서도 내면적으로는 자신의 생명을 유지하기 위해 여성을 원한다. 이 두려움이야말로 파괴되어야 할 진짜 용이다.

3.

　여성은 항상 자신을 딸로서 그리고 미래의 어머니로서 생각하는 반면, 임신과정과 무관한 남성은 먼저 아들로서의 경험을 하고 한참 후에야 아버지로서의 경험을 한다. 남성이 부권을 주장하고 이를 근거로 여자들과 아이들에 대한 우월권을 주장하기 시작할 때, 그가 어머니의 아들로서 이전의 지위를 보상하거나 복수하려는 과정이 시작된다.

　가부장적 일신론은 단순히 신의 성별을 바꾸어 놓은 것만이 아니었다. 이 세상에서 여자의 신성을 앗아갔고, 여성으로 하여금 신의 제물이 되게 했고, 어머니로서(가부장제 이전에 소유했던 마나(mama) 없이) 또는 신성한 아버지의 딸로서만 존재하게 했다. 여성은 남편이자 아버지의 소유물이 되었고 '재고품'이 아닌 완전한 처녀로서 남성에게 와서 그에게 순결을 바쳐야만 했다. 남성이 자신의 아이들을 알려면 그 아이들의 생산에 대한 통제권을 가져야만 했다. 다시 말해 아이들의 어머니를 독점적으로 소유해야 한다는 뜻이다. '정당성'에 대한 의문은 아마 자기 소유물을 자기 혈통으로 전하고자 하는 욕망보다 훨씬 더 깊을 것이다. 남자들은 아마 "나역시 자식을 낳을 수 있는 힘을 가지고 있다. 이들은 나의 씨, 나의 아이들이며 나의 원천적 힘을 증명하는 것이다"고 잘라 말하고 싶을 것이다. 물론 아이들은 나중에 세습재산의 수혜자가 된다. 그들은 기도와 희생으로 아버지의 영혼이 사후에 안전하게 돌아갈 수 있도록 할 것이다. 그러나 그들 또한 재산을 가지고 들일을 하며, 고기를 잡고, 사냥을 하며, 적과 싸우기도 한다. 자녀생산의 수단이 여성이므로 아내의 불임(최근까지도 불임의 주범은 남편보다 아내쪽이라고 단정했다)은 저주로 간주되었다. 남성은 세속적 지위 향상을 위해 아이들이 필요했고 특히 아들이 필요했다. "번식하고 생육하라"는 야훼의 명령은 전적으로 가부장적인 명령이다.* 그는

─────────────

* 창세기에 나오는 이 명령은 물론 아담의 신화 다음에 나온 것이다. 아담의 신화에서 여성의 생식력은 거부되고 여성은 남성에게서 나온 것이다. 아담과 이브가 저주를 받을 때 이브는 "슬픔 속에서 [여성은] 아이를 낳으리라"는 말을 듣는다.

위대한 어머니(大母)가 아니라 자신의 아들들에게 더 많은 아들들을 낳으라고 요구했다. 따라서 엥겔스가 "가부장적 가족에서 남편은 부르주아이며 아내와 아이들은 프롤레타리아"라고 한 유명한 말은 옳다. 그러나 가족 각자는 서로에게 좀 더 많은 의미를 가지며, 경제적 유대관계를 공고히 하는 동시에 그 유대관계를 넘어서는 어떤 것을 가지고 있다.

중세기부터 오늘날까지 사람들은 여성의 불임은 여성의 사악함에 대해 신이 내린 벌이라고 믿었다.(남성이 아니라 여성이 죄인이라고 보는 것이다.) 그리고 딸을 출산하는 것은 어머니뿐만 아니라 딸에게조차 재앙이라고 믿었다. 히브리 학자인 라파엘 파타이는 "선사시대부터 19세까지 아랍세계와 관련된 역사적 기록물에서 우리는 종종 아버지가 딸이 태어나자마자, 또는 며칠 후 죽이라는 명령을 내리는 것을 볼 수 있다. 갓 태어난 여자아기를 사막의 모래에 묻는 것이 일반적 방법이었다"라고 말한다. 그는 코란에서 아버지가 갓 태어난 자기 딸을 보고 자문하는 말을 인용했다. "딸을 경멸할 것인가, 아니면 모래 속에 묻을 것인가?"[14] 이 잔인한 질문 앞에서는 앞서 말한 여성우월 사상의 배경은 잠시 마음속에 묻어둘 필요가 있으며, 그와 더불어 여호와주의자들이 아쉬타르트(원래는 타니트, 아세라, 또는 이쉬타르)의 숭배를 억압하고 여신숭배를 '혐오'스러운 것으로 부정했던 사실도 명심해야 한다.[15]

어머니 여신은 점점 평가 절하되고 부인 당했다. 인간 여성 또한 자신의 영역과 권위가 점점 축소되는 것을 보았다. 가부장적 남성은 '그의' 아내를 임신시키고 '그의' 자식을 낳도록 했다. 여성의 기본적 힘은 여성이 제공하는 서비스와 여성이 수행하는 기능으로서만 인식되었다. 아이스킬로스의 『에우메니데스』라는 작품에서 모권을 상징하는 복수의 여신들은 모친살해 죄목으로 오레스테스에 대한 복수를 선언한다. 그러나 아폴로는 오레스테스의 모친살해가 그의 아버지 아가멤논의 죽음에 대한 복수이기 때문에 정당행위라고 선언한다. 계속해서 아폴로는 이렇게 말한다.

어머니는 자식이라 불리는 자의 부모가 아니라 새로 심은 씨를 자라나도록 양육하는 존재일 뿐이다. 부모는 앞으로 발전해 갈 남성이다.

부권을 상징하는 아테나는 어머니가 있다는 사실을 부인한다. 그녀는 아버지 제우스의 머리에서 나왔고 진정한 여성의 표상처럼 행동한다. 그녀는 조금도 주저하지 않고 오직 '남성'에게만 충성한다고 선언한다.[16] 중세교회는 남성의 정자 속에는 다 자라서 영혼까지 있는 작은 인간 호모느쿨러스가 있어 이것이 남성에 의해 여성 몸속으로 들어가는데 이때 여성의 몸은 단지 인큐베이터의 역할만 한다고 보았다.[17]*

신의 가족에 대한 이미지도 변한다. 여신은 수메르, 미노스, 미케네, 크노소스, 시리아 등에서 젊은 남성신, 그녀의 아들, 하인, 배우자 등과 함께 나타나는데 항상 이들은 여신에게 종속되어 있었다. E. O. 제임스는 이들 젊은 남성의 이미지가 자손번식에 있어서 남성의 역할을 인정하는 첫 표시라고 보았다. 그러나 오랫동안 젊은 남신은 남편이라기보다는 아들, 동등하다기보다는 한 단계 아래의 배우자로 존재했었다. 멜라르트는 여신의 아들의 역할이 '엄격하게 여신들에게 종속'되어 있다는 것을 발견했다. 싸탈 휘이크 성지 중 하나에서 발견되는 남성상의 역할에 대해 멜라르트는 "아마도 남신은 사냥을 대표할 것이다. 싸탈 휘이크의 신석기시대에는 사냥만이 남신의 독립적 존재이유였다."[18] 그러나 가장 초기에는 남성이란 식물적 기능의 신이어서 식물적 주기를 계속 이어가기 위해 죽어서 다시 소생해야만 하는 존재였다. 어떤 의미에서 그는 여전히 곡식, 과일 등 성장하는 것들의 어머니에게 종속되어 있었다. 그 후 아버지, 아버지의 아내, 아버지의 자식들이 아이를 가진 처녀 어머니를 대신했다. 레오나드 팔머가 인용한 여왕 둘과 왕 하나로 구성된 미케네의 "성 삼인(聖 三人, Divine Triad)"과 대조적으로, 우리는 아버지와 아들, 손자로 구성

---

* 마가렛 미드는 항상 아이를 수태하는 데 있어 남성의 역할보다는 여성의 역할을 애매하게 만들기가 더 어려운 일인데도 불구하고 어머니의 역할이 단지 수동적일 뿐이라고 주장하거나 어머니의 역할을 분명하게 부인하는 문화-로셀 섬의 주민들, 몬테네그린 족-가 있다는 것을 보여주었다.(『남성과 여성』[뉴욕: 모로우, 1975], 59-60쪽)

된 이집트의 아마르나 가족과 같은 이미지를 발견한다.[19] 어머니는 더 이상 '자기 자신을 향한 여성'인 처녀가 아니라 '남편 쪽으로' 향하는 존재였다. 남편과 동등하지 못한 배우자이거나 그가 기르는 가축처럼 취급되는 소유물이며 부속품이었다.*

여신의 평가절하에 대한 예는 무수히 많다. 라파엘 파타이는 유태인의 가부장적 일신론과 여신숭배 사이의 투쟁을 설명하면서 금송아지가 여신 숭배의 유일한 흔적으로 남아 있다고 말한다.(전 세계적으로 뿔 달린 수소나 암소가 여신을 위한 제물로 바쳐졌다.)** 라파엘 파타이는 여성들이 예루살렘에 있는 사원에서 아쉬라를 위해 '집'을 짜고(아마도 의류였을 것이다), 아쉬타르트나 아나스를 위해 빵을 굽는 일에 대해 말한다. 여성의 존재를 보여주는 일부 잔재들에는 융이 '아니마의 투사(投射, anima-projecton)'라고 말한 특징이 가득하고, 이 신은 "사랑스럽고, 즐거워하고, 모성적이며, 고통 받고, 슬퍼하며, 일반적으로 감정으로 가득 찬 모습"을 띠고 있다.(수백 년 동안 이것이 유태인 어머니들에게 어떤 의미를 가졌을까?) 여신은 또한 13세기 카발라 르네상스에서 마트로니트라는 이름으로 다시 등장한다. 라파엘 파타이에 의하면 마트로니트는 독특한 독립적 존재이지만 유대교 주류에는 거의 영향을 미치지 못한 것처럼 보인다.[20] 코란과 구약에서 더러운 동물로 단정된 돼지가 여신숭배 종교에 자주 등장한다. 암퇘지는 크레테에서 신성시되었고, 때로는 이시스의 구현이라고 여겨지기도 했으며, 아프

---

* 유대교에는 신의 가족이 없다. 기독교의 성 가족—실제로는 예수의 인간 가족—은 성부, 성자, 성신이라는 삼위일체와는 다르다. 델리는 성신의 애매성을 지적했는데, 성신은 전형적으로 '여성적인' 특질을 가지고 있지만 남성 대명사로 지칭되고 마리아를 수태시켰다고 여겨진다. 예수의 인간 가족에 대해 말하자면, 복음서에서 예수가 마리아에게 "여인이여, 내가 그대와 무슨 관계가 있는가?"라고 했던 말은 암시하는 바가 크다. 물론 여기 Virgin Mary의 처녀(Virgin)는 누구도 건드리지 않은 여성(virgo intacta)이란 뜻이지 아르테미스 숭배와 관련 있는 의미의 처녀(virgo)는 아니다.

** 그의 『고대 유대교』에서 막스 웨버는 히브리인들이 '식물적인 성격'의 숭배를 거부했다는 말을 언뜻 비쳤다. 물론 웨버가 이때 말하는 것은 모신(母神) 숭배이다. 델리는 그렇게 거부된 경우를 '위대한 침묵'이라고 불렀다.

로디테의 축제에 제물로 바쳐지기도 했고, 데미테르의 숭배의 상징이기도 했다. "우리는 돼지고기 섭취가 금지된 곳과 돼지를 지저분한 상태로 두고 있는 곳이라면 어디에서든 원래는 돼지가 신성한 존재였다는 것을 확인할 수 있다."[21]

제인 해리슨은 크레테의 대지의 어머니였던 판도라가 헬레니즘의 이미지로(모든 의미에서) 하락한 것과, 모든 것을 주는 존재에서 단지 올림피아 신들의 선물을 받은 아름다운 소녀로 변해 남성을 유혹하는 여자로 보내진 것에 대해 설명한다. 뚜껑을 열자 모든 슬픔과 문제들이 터져 나온 판도라의 유명한 '상자'는 원래 대지의 어머니가 모든 술, 곡식, 과일을 저장해 두는 상자나 병이다. 제인 해리슨은 헤시오드의 다음과 같은 이야기에 나타나는 "추하고 사악한 신학적 적의"에 큰 충격을 받았다. "그는 아버지에게 전부이며, 아버지는 인간이 만든 그의 올림프스에서 어떠한 대지의 여신도 남겨두지 않을 것이다."[22]

슬레이터는 올림피아 신화 전부가 성숙한, 모성적 여성에 대한 두려움으로 가득 차 있다고 보았다. 많은 숭배를 받은 여신 아테나는 아버지 제우스의 머리에서 탄생했는데 처녀이며 아이가 없고 남성에 대한 충성을 맹세했다. 헤라는 질투심과 경쟁이 많은 배우자이며 가이아, 레아, 메디아, 클리템네스트라 같은 파괴적 어머니들이 상당히 많았다. 슬레이터는 여성들의 교육수준이 낮았던 5세기 그리스의 성 정치학에서 파생된 이런 모성적 여성에 대한 두려움이 결혼에까지 이어졌고, 결국 자녀생산 이외의 역할을 가지지 못했다고 주장한다. 남성의 성적 관심은 주로 동성에게 기울어졌고, 지적인 우정을 나눌 필요가 있을 때 창녀(주로 외국 태생의 여성)나 다른 남성을 찾았다. 슬레이터는 어머니가 아들에 대한 분노와 시기심으로 가득 차 있다고 가정하고는, 어머니 자신의 좌절감 때문에 초기에 지나치게 아들을 지배하는 경향이 있다고 보았다. 아들은 이런 어머니의 감정을 잠재적인 파괴적 적대감으로 경험할 수도 있는데 이는 나중에 신화나 고전극에서 구체적으로 나타나게 된다.[23]*

* 슬레이터는 가부장제를 거부하려고 했지만 완벽하게 이론을 펴보지 못한 작

4.

항상 달의 신에 대한 숭배(여성이든 남성이든)보다 늦게 나타나는 태양숭배도 가부장적 사고의 또 하나의 특징이다. 고대인들은 달이 태양 빛을 반사하고 있는 것이 아니라 어두운 밤에 혼자 빛을 내는 것으로 보았다. 태양은 빛의 근원이라기보다는 거주지였다.

아마르나 시대의 이집트 예술에서 태양의 지배과정을 구체적으로 본다는 것은 상당히 특이한 일이다. 비록 태양의 신이 오랫동안 이집트 종교의 중심이었으나 여전히 이시스, 하토르, 누트, 네피스 등의 구체적 인물로 나타나는 강력한 여신숭배가 남아 있었다. 기원전 14세기에 이집트의 태양왕 아케나톤은 태양원반인 아텐을 새로운 종교의 유일한 구체적 상징으로 정립하면서 이집트의 우주론에 일대 혁신을 일으켰다. 텔-엘-아마르나에 있는 아텐의 자리인 그의 수도에서 그는 빛을 발사하는 태양원반 속에서 계속해서 일원론적, 태양 중심적, 가부장적 우주의 메시지를 주장하는 예술을 장려했다.

아마르나의 예술을 생각할 때 우리는 보통 네페르티트의 유명한 흉상을 생각하게 된다. 그러나 오늘날 우리가 그녀의 중요성을 과장할 만큼 당시에 인기를 누렸던 것은 아니다. 사실 아마르나의 예술은 오늘날의 전형적인 가족형태와 별로 다를 바 없는 가족과 여성의 이미지를 강조한다. 무늬를 새기거나 조각을 해놓은 이런 이미지 속에서 아케나톤은 아마 가

가 중 한 사람이다. 그의 논지는 어머니가 아들에게 지나치게 매여있는 것은 여성의 열등하고 축소된 지위에서 연유된 것으로, 이는－5세기 그리스에서뿐 아니라 미국에서도－자기애적인 남성의식을 초래하여 남성들은 전쟁, 무의미한 성취와 탐욕, 경쟁을 통해서 스스로를 '입증'하려고 만들었다는 것이다. 어떤 작가들처럼 그는 그 문제를 어머니의 문제로 남겨두지는 않았다. 슬레이터는 아들과 어머니의 관계가 어머니에게 다른 활동 기회를 주지 않고, 모성을 여성의 정의라고 여기게 만들고, (중산층의) 아동 양육을 여성만의 전업으로 만든 사회적인 맥락에서 발생한다는 것을 깨달았다. 비록 슬레이터의 여러 관찰들이 유용하긴 하지만, 심리 양상을 가부장적인 맥락과 연결 짓지 못한 것 때문에 유감스럽게도 그의 이해는 불완전하게 끝나고 말았다.

부장인 동시에 (아텐의 환생인) 신이다. 그와 함께 있는 것은 특이한 태도와 우아함을 겸비한 왕비 네페르티트이다. 그녀는 대부분의 가부장제도 하의 여성 이미지보다는 오히려 현대의 여성적, 귀족적 아름다움의 이상에 훨씬 더 가까운 편이다. 그럼에도 불구하고 그녀는 여전히 두 번째이다. 왕보다 한 단계 아래의 배우자이며, 위엄과 존엄성으로 묘사되는 왕족이지만 본질적으로는 여성의 상징에 불과한 것이다. 한 돌기둥에 새겨진 비문에는 심지어 사적이고 친근해 보이는 장면에서 왕족(아케나톤, 네페르티트와 그들의 세 딸)이 그들 간의 상당히 긴밀한 사랑을 표현하고 있다. 그러나 왕족 위에는 아텐이 빛을 발하고 있고, 그것이 바로 이 구성원 모두의 진정한 중심이며 초석임을 보여준다.

아텐 숭배사상을 정립하면서 아케나톤은 그 이전의 신들의 이미지들을 파괴하라고 명령했고, 비석에서 그들의 이름을 삭제했을 뿐만 아니라, '신'이라는 단어의 복수형태조차 사용할 수 없도록 금지시켰다. 시릴 알드레드가 "'어머니'와 '진실'을 뜻하는 단어들은 그것이 연상시키는 과거의 의미를 모두 잃어버렸다"는 사실을 언급한 것은 상당히 흥미롭다. 왜냐하면 '집'이나 '마을'을 뜻하는 상형문자 역시 '어머니'를 상징하는데, 이는 개별양육과 동시에 집단양육의 원칙을 강조하기 때문이다.[24]

아이스킬로스의 『에우메니데스』에서는 그리스의 태양신의 아폴로가 부권의 대변인이 되고 어머니를 부인하는 여신 아테나의 지지를 받는다. 아폴로는 시와 서정시의 신이며 독신여성의 쌍둥이 형제로, 빛과 나무, 치료기술과 관련되어 있다. 제인 해리슨은 아폴로가 팬(Paean)이라는 신에게서 비롯된 것으로 보고 있다. 이 신은 지혈작용을 하는 모란이 자라는 땅의 신으로 이 약초는 동양에서 귀한 대접을 받았다. 그러나 지위가 강등된 그의 여동생 아르테미스도 치료효과가 있는 약초와 관련이 있었다. 아폴로가 나무와 관계 있다는 것은 흥미로운 일이다. 요정 다프네는 아폴로의 강간 위협에서 벗어나기 위해 월계수로 변했다. 아폴로는 이 나무를 자신의 상징으로 삼았다.[25] 델포이에 있는 땅의 여신 테미스의 신탁(神託) 성전을 인수할 때도 아폴로는 손에 월계수 가지를 들고 있었다. 이미 알고 있듯이 아폴로는 그곳으로 가는 도중에 암용을 죽였다.

　아폴로는 위대한 어머니의 여러 매력을 융합시켜 달과 짝이 될 수 있을 정도였다. 나무의 어머니, 약초와 생명보존의 어머니는 남성 신이 되었고, 달의 여신은 그의 여동생이 되었다. 슬레이터는 아폴로는 "반(反)모계 가족제의 구현, 하늘신의 전형, 땅의 신들에게 저항하는 개혁가"라고 불렀다. "그는 태양 빛이요, 올림피아 인이며, 분명하고 이성적이다."[26] 제인 해리슨의 말대로 그리스정교는 아폴로에 대한 "어떤 음침한 행위나 꿈도" 허용하지 않을 것이다. 모든 것은 투명함과 빛나는 남성다움을 가져야만 했다. 하딩은 달에 대한 숭배는 본능의 지혜와 자연의 법칙에 대한 존경심을 나타내며, 태양숭배는 자연의 힘을 지배하려는 사상과 관계있다고 주장하였다.[27] 사실상 아폴로는 태양의 전차를 운전하는 것으로 형상화되었다. 디오니소스 숭배에서 나타나는 본능의 과도함과는 반대되는 아폴로 식의 자연에 대한 이성적 통치, 무의식과 반대되는 의식의 힘, 모권에 대한 부권승리와 축하 등이 이 신화에 함께 나타난다.

　달의 숭배가 반대세력의 공존을 허용하고 있는데 왜 양분된 의식을 구체적으로 표현하기 위해 태양을 등장시켜야만 했는지 질문해 보는 것은 흥미 있는 일이다. 태양은 하나의 변치 않는 형태로 자신을 보여주는 반면, 달은 그 자체가 계속 변하며 여러 행태로 보일 수 있다는 사실을 고려해 보면, 강력하게 태양으로 이끌리는 인간의식과 아니면 강력하게 달에게 이끌리는 의식을 설명할 수 있을 것이다. 결국 태양종교의 도래와 함께 다양한 인격과 표현을 가진 '위대한 어머니(大母)'의 위치가 점점 축소되기 시작한다. 즉 그녀의 일부는 분리되었고, 또 다른 일부는 성의 변화를 겪는다. 따라서 여성 자신도 남성을 신성시하는 법의 지배를 받고, 남성의 판단에 좌우되는 가부장적 환경 하에서 생활하게 된다.

5.

　남성이 어떤 식으로 어머니로서의 여성과 관계 있는지 실질적인 것과 마법적인 것 두 가지로 나누어 살펴볼 수 있다. 남성은 한때 완전히 여성에게 종속되었다. 모든 문화에서 남녀 모두 여성에게서 애무, 사랑에 관한 연극, 충족된 욕구에 대한 위로를 배웠고, 거부당한 욕구에 대한 근심과 타격에 대해서도 배웠다.

　브리포트는 모성적 감정이 짝짓기 본능보다 훨씬 앞선다고 이해했다. 최초의 사랑은 모자 간의 사랑이라는 것이다. 그는 다정한 감정은 여성의 제2차적 성적특징이라고 보았다. 이는 여성 유기체의 생물적 특징이 발전되는 과정에서 파생된다. 짝짓기, 안정, 여성에 대한 욕망 등에 맞추어서 남성의 성적 본능을 수정하도록 한 것은 바로 남성이 어머니에게서 경험하는 부드러움에 대한 욕구 때문이다.[28] 마가렛 미드는 다음과 같이 말한다.

> 　남성의 내재적인 성적충동과 번식력 사이에 관계를 짓는 것은 후에 습득한 반응인 것처럼 보인다. … 남성의 성욕은 원래 즉각적 방출 이외에는 목표가 없다는 것이다. 남성에게 자신의 본래의 충동을 명령하고 통제하고 고양시키는 상호 개인적 관계나 자녀에 대한 욕구를 불러일으키는 것은 바로 사회이다.[29]

　따라서 가부장적 생활 이전에 남자아이는 일찌감치 여성의 자손 번식 능력이 초자연적 능력이 마나(mana) 때문이라고 인식했다. 신성하고, 강력하고, 창조적인 것의 상징은 바로 여성이었다. 자신은 생존을 유지하는 데 열중하지 못하면서 생사를 지배하는 (여성의) 힘을 인정했을 때, 가부장제 이전의 남성은 국외자 같은 느낌을 받았을 것이다. 마가렛 미드는 "사랑을 위한 남성의 도구(성)는 아주 어린아이에게도 분명히 나타난다. 그러나 아버지가 된다는 것은 무엇인가? 이것은 마치 자신의 신체 밖으로 나와 다른 사람의 몸속으로 들어가는 것과 같다"[30]고 말한다. 인류학자인 레오 프로베니우스는 에티오피아 여성의 말을 통해 남성과는 대조적인 여성의 풍부한 생물학적 재능과 복잡성에 대해 언급했다. "남성의 삶과 육체는 언제나 동일하다. … 남자는 아무것도 알지 못한다."[31]

가부장적 남성은 성적이고 애정적인 좌절감, 맹목적 욕구, 육체적 힘, 무지, 감정적 기반과 분리된 지성 등에 뒤섞인 채 여성에게 불리한 제도를 만들어냈다. 이는 여성의 유기적 특성, 경이로움과 원래의 힘의 원천 등을 가로막는 제도였다. 어떤 면에서 여성의 진화는 단절되었고, 우리는 여성이 계속 발전했더라면 어떠했을지 상상조차 할 수 없게 되었다. 다만 우리는 이제 이러한 일을 여성의 손에 맡겨 볼 수밖에 없다. 모자관계는 가장 중요한 인간관계이다. 가부장적 가족이 구성되는 과정에서 이 기본적 인간단위에 폭력이 가해진다. 이는 단지 여성이 길들여지고 엄격히 정의된 제한된 틀 속에 국한되었다는 것만을 의미하지 않는다. 여성 존재의 단 한 가지 양상, 즉 모성이라는 하나의 분야에 안전하게 가두어 두었지만, 여성은 여전히 명백하고 교활한 형태의 불신, 의심, 혐오의 대상이 되고 있었다. 그리하여 인간 생명의 기반을 이루는 여성의 생식기관이 가부장제 과학 기술의 주요 공격 목표가 되어 왔다.

VI

인간의 손, 철의 손

여성들은 어떻게 아이를 분만하는가? 누가 그들을 도우며, 어떻게 그리고 왜 돕는가? 이는 단순히 조산술과 산과학사에 관한 질문이 아니라 정치적인 질문이다. 생리 주기를 기다리거나 진통이 시작되기를 기다리는 여성, 낙태나 출산을 위해 힘을 주며 수술대 위에 누워 있는 여성, 피임기구를 삽입하거나 피임약을 복용하는 여성은 수세기에 걸쳐 이미 굳어버린 관습의 영향으로 이런 일을 하고 있는 것이다. 여성이 어떤 선택이든 할 수 있다 하더라도 그 선택이 허용되거나 법으로 금지되는 것은 법률과 전문조항, 종교적 제재와 민족적 전통에 따라 결정된다. 물론 이런 기준을 정할 때 여성은 배제되었다.

유대 기독교 신학에서는 출산의 고통을 신이 내린 형벌로 간주한다. (출산의 고통을 형벌로 보는 것은 다른 문화에서도 찾아볼 수 있다) 창세기에서 이브에게 가해진 저주가 19세기까지 그대로 전해왔기 때문에 진통 중의 여성은 고통을 예상해야 한다. 그러나 더욱 중요한 것은 30년 전까지만 해도 여성은 고통에 저항해서는 안 된다고 생각한 점이다. 1591년, 조산원인 아그네스 심프슨은 마약이나 아편으로 출산의 고통을 완화시키려 했다는 이유로 화형당했다.[1] 19세기에 와서야 마침내 클로로포름으로 진통 중인 여성의 의식을 잠시 마취시키는 것이 허용되었다. 산모를 완전히 무기력한 상태로 만들어 자신이 아이를 분만했는지 알지 못한 채 의식이 깨어나게 했다. 어떤 사람들은 산모들이 마땅히 겪어야 할 진통을 그대로 겪게 내버려 두었다. 초기 조산술 책자에는 '자연' 분만이 분만용 집게나 핀셋을 든 의사들의 기술보다 더 현명한 것으로 인용되고 있다. 그러나 여성이 출산과정을 스스로 이해하도록 배우고, 자신의 특징과 지성, 본능적이며 신체적인 수단으로 분만할 수도 있다는 사실은 어디서도 찾아볼 수 없다. 말없이 고통을 감당하는 '용기'만이 누워있는 산모에게 보내는 최상의 찬사였던 것이다.

나는 남성들이 분만에 동참하는 역할이 늘어났고, 그래서 원래 여성의 힘과 카리스마의 원천이었던 그 영역에 권위를 가지게 되었다는 가설에 접하면서 출산에 대해 진지하게 생각하기 시작했다. 그러나 여러 가지 이유 때문에(남자조산원과 남자 산과의사의 등장이 한 가지 예가 될 수 있다) 사람들은 말없이 진통을 참아내는 것이 전형적인 출산경험이라고 간주해 왔다. 따라서 진통을 그저 말없이 꾹 참는 것이 보편적이고 '자연스러운' 여성의 운명으로 여겨졌고, 이런 인식은 다른 모든 영역에까지 확대되었다. 이를 완전히 이해하지 않고서는 여성이 수백 년 동안 이어진 고통을 '인내' 하는 존재에서 벗어나 새로운 능동적 존재로 옮겨 갈 수 있는 자기인식을 갖지 못할 것이다.

상당수의 여성, 가난하고 배우지 못한 여성뿐만 아니라 교육받은 중산층 여성들이 "나는 할 수 없으니 의사가 처리하게 해 달라"며 가능한 한 진통에 대해 알고 싶어하지 않은 채 진통에 임한다. 나 역시 50년대에 이런 여성들 중의 하나였다. 교육 받고, 지성적이며, 심리에도 관심이 많은 예술가였으나 내 몸에 관한 지식은 '전문가' 의 문제이며 출산은 산과의사의 일이라고 믿었다. 한편으로는 말없이 진통을 감당한다는 것을 받아들일 수 없었고 그러는 나 자신을 '여성적이지 못한 것' 으로 치부했다. 어머니가 되면서 나 자신을 '여성적인 여성'으로 확인하려고 애썼다. 만일 순종이 필요했다면 그 기대에 맞게 자신을 순응시켰을 것이다. 나는 또한 내 몸을 불신했고 내 몸과 격리되어 있었다. 60년대 중반쯤, 나는 여러 차례 관절염 수술을 받게 되었다. 예전처럼 자유로이 거리를 활보하려면 고통스러운 물리치료에 능동적으로 참여해야만 했다. 그 당시에는 '여성스러움'이 문제가 아니었다. 이 경험을 통해 나는 저항의 정치적 의미와 고통을 행동으로 전환시키는 것의 정치적 의미, 그리고 내게 어떤 일이 일어나는지를 분석할 필요 등에 관한 정치적 의미를 생각하게 되었다. 수술 후 필요한 운동을 하기 위해 엄청난 의지와 결심이 필요했지만, 나는 한편으로는 환자를 아이나 대상으로 축소시키고 수동적 반응만을 유도하는 병원제도의 실상을 파악하기 위해 열심히 기록해 나갔다. 그때 나는 내가 대상이 될 수 없음을 알았다. 그리고 나중에는 그 고통이 무엇이든지 상관없이 똑같이 능동적으로 고통을 받아들이면서 출산을 할 수도 있었음을 알게 되었다.

출산의 역사에 관한 책을 읽을 때 우리는 현대 의학자들이 쓴 산과학사의 '숨어 있는 뜻을 읽어야' 한다. 우리는 또한 여성 조산원을 반대한 사람과 찬성한 사람들 사이에 오고간 열띤 지상논쟁도 점검해 볼 수 있을 것이다. 그러나 중요한 것은 작가들도 결코 이해관계에 초연하지 않았다는 점, 그리고 우리가 의견을 듣고 기록을 얻고 싶은 어머니 집단이 거의 이런 사실들에 대해 들어본 적이 없다는 점을 잊지 말아야 한다는 것이다.

2.

18세기의 벤자민 러쉬라는 의사는 미국 어머니들에 대해 다음과 같은 보고를 했다.

자연이 그들의 유일한 조산원이다. 그들의 진통은 짧고 거의 고통을 수반하지 않는다. 각 여성은 개별적으로 독방에서 분만하며 다른 여성 하나만이 동석한다. 분만 후 혼자 찬물로 씻은 후, 며칠이 지나면 일상생활로 되돌아간다.[2]

물론 '원시시대'의 여성들이 아무 고통이나 소동을 피우지 않고 출산을 마친 뒤 일상생활을 계속한다는 등 그럴듯한 이야기들이 많이 있다. 그러나 신체적 특징을 보면 단일 종족으로 이루어진 초급문명의 여성들이 여러 종족이 모여 사는 도시화된 문화에 속한 여성들보다 정상 분만 시간이 적게 들었고 더 쉽게 분만한다는 사실을 알 수 있다.

먼저 가장 초기의 인간집단에 속한 사람들은 모두 키가 작았고, 따라서 작은 태아를 분만하기도 더 수월했을 것이라고 짐작할 수 있다. 더구나 태아와 어머니는 신체구조가 똑같았다. 뼈대가 작은 중세기 여성이 키가 크고 뼈대가 굵은 북쪽의 남성을 만나거나 결혼하는 일은 없었기 때문이다. 결과적으로 이 여성은 좁은 골반을 통해 굵고 골격이 큰 아이를 분만하지 않아도 되었다. 그녀는 초경 후 10대에 곧 아이를 임신하기 시작한다. 결혼에 동의할 나이까지 기다리지 않고도 오늘날 30대 여성에게서 볼 수 있는 근육과 유연성을 이미 갖추고 있었다.[3] 구루병으로 골반이 잘못될 가능성도 적었다. 이것 역시 나중에 도시화와 실내 위주의 생활 때문에 생겨난 병이다. 감염될 가능성도 거의 없었다. 주로 혼자 분만을 하고 아무도 그녀의 몸 안에 손을 대지 않았기 때문이다. 더구나 본능적으로 자연스럽게 앉은 자세로 중력의 힘을 빌려 아이를 밀어내는 식의 분만을 했는데, 이 모든 것이 정상 분만에 해당된다. 그러나 아이가 거꾸로 앉았다거나 쌍둥이나 조산아처럼 비정상적인 경우에는 산모나 태아 모두에게 치명적이다. 혼자 진통을 겪는 여성이 출산의 고통을 용이하게 하기 위해 자기 몸이나 아이의 몸을 조정할 수는 없기 때문이다.

출산에 관한 문헌에는 오늘날까지도 대부분의 출산이 '정상'이며, 조산원의 주요 역할은 아이가 태어나기 전과 진통 시에 산모 옆에 함께 있으면서 태반 제거를 도와주고 탯줄을 끊고 신생아 옆에 있는 것이라고 적고 있다. 따라서 우리는 역사기록 이전의 대부분의 출산 또한 정상적이었을 것이라고 가정해 볼 수 있다.

아버지가 부성애를 인식하면 분만 시 옆에 동석하기도 했을 것이다. 초기 사회의 여성들이 아기 아버지의 무릎을 분만의자처럼 이용하여, 친척 여성의 도움으로 분만했다는 설명이 있다. 오늘날의 한 산과의사의 주장처럼, 부성애를 인식하거나 이해하기 전에 아버지가 출산을 돕는다는 것은 불가능해 보인다.[4] 사실 여러 문화에서 임산부나 진통 중인 여성은 오늘날까지도 여성 친척을 제외하고는 모두에게 접근이 금지되어 있다. 그리고 남성은 분만실에 있을 수 없다.[5] 가장 일반적인 것은 할머니나 여자 친구, 친척, 또는 조산 경험이 있는 여성들이 분만을 돕고 용기를 북돋워 주는 일이다. 이들 중의 몇몇 사람이 '노련한 여성', 또는 '현명한 여성', 즉 산파라고 알려지게 되었다.[6]

유사 이래 18세기까지 출산이 전적으로 여성의 영역임을 부인하는 사람은 아무도 없었다. 만일 여성들이 직접 분만 과정에 참여했기 때문이라면 이 말은 수긍이 간다. 그러나 여기에는 남성들의 합리적 변명이 있었다. 예를 들어 한편으로는 출산에 관한 한 아테나의 조산원이 히포크라테스의 의사보다 훨씬 더 많이 알고 있으리라는 것이고(상당히 그럴듯한 말이다), 또 한편으로는 조산술은 남자의사의 '권위보다 한 단계 아래'에 있으리라는 것이다. 후자의 견해는 물론 아테나 남성들의 생각 즉, 여성을 비하하고, 슬레이터가 보여주듯이 특히 어머니들을 비하하는 의견과 일치한다.

아테네의 조산원들은 분만 동석자 이상의 능력을 발휘했다. 그들은 성욕 촉진제나 피임약을 처방해 주었고 성문제 상담에 응하거나 낙태를 유도하기도 했다. 그들은 종종 진통을 덜어 주기 위해 주문을 외는 여제사장과 함께 있었다. 의사의 낙태시술은 금지되었지만 거꾸로 앉은 아이를 돌려놓는 시술은 허용되었다.[7] 이런 특별한 경우 때문에 남자의사들은 권위를 가지게 되었고, 비록 수백 년 동안 뒤에서만 맴돌았으나 조산술 역사 전체를 통해 그 권위를 찾아볼 수 있게 되었다.

거꾸로 앉은 아이를 산도를 통해 분만자세로 돌려놓는 기술은 기원전, 1,500년에 이미 이집트에서 조산원이나 의사가 아니라 성직자에 의해 시행되었다.* 그리스 의사들은 진통이 급격히 심해질 때에만 불려갔다. 아이를 돌려놓는 시술은 이들 중에서 노련한 사람에 의해 시술되었다고 한다.[8] 조산술에 관한 역사 문헌에는 조산원이 정상적인 출산을 도왔으나 위급사태 발생 시에는 남자의사(또는 사제)가 소환되었다는 주장이 실려있다.**(물론 5세기 그리스에서 여성은 의사가 될 수 없었다) 그러나 아이를 돌려놓는 시술은 외과수술도 질병치료도 아니었다. 단지 산과에만 관련된 기술이며 정상분만 과정과 여성의 내부기관에 관한 충분한 지식을 필요로 하는 것이다. 만일 히포크라테스가 여자 조산원들에게서 이를 배우지 않았다면 어떻게 아이를 돌려놓는 시술을 할 수 있었는지 이해하기란 매우 힘들다.

절개를 통해 어머니의 복부로부터 아이를 들어내는 제왕절개가 힌두인들과 히포크라테스에 의해 시술된 것은 분명하지만, 동시에 많은 어머니들의 목숨이 희생되는 대가를 치렀다.(이 기술은 수백 년 동안 잊혔다가 1500년 서유럽에서, 의사가 아니라 암퇘지를 거세하는 사람에 의해 다시 고안되었다) 그러나 아이를 돌려놓는 시술과 제왕절개 이전에, 힘든 진통 속에서 아이를 분만하려는 노력이 아마도 진통 그 자체보다 더 참기 어려운 것이었는지도 모른다. 문화마다 여러 가지 다양한 분만술을 발견할 수 있다. 즉, 산모와 동석한 사람이 복부에(마치 소젖을 짜는 것처럼 아이를 내리기 위해 아래로 쥐어짜려고) '채찍질'을 가한다든가, 태아 바로 위의 복부를 짓밟는다든가, 강제로 배 바깥으로 밀어내기 위해 어머니의 배 주위를 단단히 묶는다거나 하는 방법 등이 있다. 만일 자궁수축이 약하면 보에 싸서 '흔들거나' 나무에

---

* R. P. 피니에 따르면 현존하는 가장 오래된 의학서인, 이집트의 엘버 파피루스에는 출산에 대한 기록은 단 한 번 언급되어 있다고 한다.(『모성의 역사』[뉴욕: 리버라이트, 1937], 23쪽)

** 한 가지 예외는 힌두교의 높은 캐스트에 속한 여성들의 경우일 것이다. 그녀들은 정상분만일 때에도 사제 겸 의사인 사람의 도움으로 출산했다. 반면 낮은 캐스트의 여성들은 산파의 도움을 받았다.

매달기도 했다.* 죽은 태아의 잔해를 끄집어내는 데 수백 년 동안 갈고리가 사용되었다. 이는 "파괴적 산과학"이라고 알려진 분야로 개두술, 태아해부술, 갈고리 사용 분만, 사지절단 등의 분야로 세분된다. 이것은 히포크라테스와 갈렌이 가르친 남자의사들의 전문분야였다. 갈렌은 특히 이 것이 남성들의 영역이라고 단언했다.[9]

이런 종류의 진통이 얼마나 자주 일어나든지 간에 그런 진통을 보고 겪고 들었던 여성들에게는 뚜렷한 기억으로 남게 된다. 출산 과정은 이미 오래전부터 가장 자연스러운 과정인데도 공포와 형벌이라는 말로 그 과정이 오염되기 시작했다. 어떤 문화에서는 쉽게 분만되지 않는 유아는 사악하거나 마귀가 씌운 탓이므로 죽이라는 저주를 받았으며, 그런 아이를 임신했다는 이유로 어머니도 함께 처벌되는 경우도 가끔 있었다.

로마에서는 세 가지 형태의 조산원이 있었다. 산과조산원, 조수, 그리고 성공적인 분만을 기원하며 주문을 외는 여사제였다. 에베소의 소라누스는 2세기경의 의사로서 조산원을 교육하는 산과논문을 발표했다.[10] 조산원이 아니면 그가 어디서 이 지식을 얻을 수 있었을까? 정상적인 분만에는 남자들이 동석하지 않기 때문이다. 그러나 여성들은 책을 쓰지 않았다. 진정한 분만기술의 발달 상황과, 실제 시술한 사람들에 의해 축적되고 전수된 전문 지식은 남성 산과학사에서 삭제되어 버렸다. 조산술을 지배하려는 남성의 투쟁과 영향력이 한창 진행 중이던 중세기 이후에야 이 분야의 '영웅들'에 대해 들을 수 있었다. 그리고 실제로 진통중인 여성들의 생명을 구하기 위해 노력한 남성 영웅들이 있었다. 그러나 위대한 여자조산원의 이름은 대부분 잊혀지고 말았다.

---

* 때로는 그것이 쓸모가 있었다 … 그것이 쓸모있는 것처럼 보일 때마다, 그 생각을 고안해낸 사람들은 그들이 자연에 영향을 미치고 통제할 수 있는 힘을 가지고 있다고 자신하게 되었다. 남자의 이성의 힘이 자연을 형성하고 통제할 수 있다는 그러한 극적인 증거에 직면하게 되면서 종종 산파들이 자연 과정이 진행되도록 기다렸다가 조용히 도와주기만 해도 그 과정이 지나 안전한 결과에 이르렀다는 사실은 잊혀졌다.(수잔 암즈, 『순수한 거짓』[보스턴, 하프톤 미플린, 1975], 10쪽)

3.

　서양에서 기독교의 확립은 출산에도 영향을 주었다. 의학지식의 대가 히포크라테스와 갈렌 사이에서 교회는 과학적 근거 때문이 아니라 일신론을 근거로 갈렌을 선호했다. 갈렌은 수술은 의약과 무관하다고 가르침으로써 수백 년 동안 수술은 과학이라기보다는 기술로 남아 있었다. 수술을 하기 위해서는 기껏해야 튼튼한 배짱과 잔혹한 자기확신만 요구할 뿐이었다. 산과수술이 요구되면 '이발사와 암퇘지 거세자'가 시술했다.[11] 중세기와 그 이후에 조산술은 어떤 경우든 불결한 직업으로 보였다. 여성, 특히 여성의 생식기관을 악의 소생으로 보는 교부들(敎父, Church Fathers)의 여성혐오증은 출산과정에도 이어졌다. 때문에 남성들은 분만 시 동석할 수 없었고, 조산원의 1차적 관심은 어머니의 편안함과 안녕이 아니라 유아의 침례세례였다.[12] 필요하다면 자궁 속에 성수를 주사하기도 했다. 조산원은 필요하지만 품위 없는 기능을 수행하는 거세자로 분류되지만, 편리한 이중적 사고에 의해 사제를 제외하고는 조산원만이 침례를 할 수 있었다. 사제를 불러올 때까지 아기가 살아 있지 못하다면 아기는 저주 속에 죽게 되기 때문이다.

　어떤 경우에도 남자의사는 여성의 생식기관에 대해 제한된 용어를 사용했는데, 교회가 역시 사체해부도 금했기 때문에 해부학 연구는 일반적으로 뒤쳐질 수밖에 없었다. 따라서 수백 년간 임신, 분만과정, 여성해부학, 진통 촉진 등에 관한 지식은 전적으로 여성에 의해 축적되었다. 15세기에 와서야 분만 동석자들이 그림과 조각 등에 등장하기 시작했다.[13] 17세기경에 비로소 우리는 남성 조산원의 등장을 보게 되는데 이때부터 남성 의료진이 치료행위를 지배하기 시작한다. 그들은 여성과 수백 년 동안 가난한 사람들을 위해 일해온 사람들과 여성들에게 '전문적' 지위를 부여하기를 거부했다. 남성의사는 처음 궁중에 등장하기 시작했는데 주로 상류층 여성의 출산에 동참했다. 그리고는 곧 조산원의 열등함을 주장하며, 조산원을 더럽고 무지하며 미신적이라는 뜻과 동일시했다.

바바라 에렌라이히와 데어드르 잉글리쉬는 그들의 고전적 저서인 『마녀, 조산원, 간호원: 여성치료사의 역사』에서 엘리트 남성 의료진의 출현을 추적한 결과, 이것이 마녀사냥, 박해, 살인이 횡행하던 시기에 여성치료사를 억누르고 등장한 것임을 밝혀냈다. 마녀로 처형된 수백만 명 중 85%가 여성이었다. 그들의 죄목은 남성 성기를 사라지게 한 것으로부터 이웃집 암소를 죽게 했다는 것에 이르기까지 상상할 수 있는 모든 종류가 망라되었다. 마녀 사냥꾼들은 특히 산파, 치료사, 조산원들을 지목했다. 나는 앞서 진통 중에 진통완화제를 처방해 주었다는 이유로 처형당한 한 영국 조산원의 이야기를 인용한 바 있다. 그 외에도 많은 사람들이 귀신의 지시로 '이교도'의 마법과 주문을 사용했다는 혐의를 받았다. 미국의 매사추세츠 베이콜로니에서도 조산원들은 종종 의심의 눈초리를 받았고 마녀 혐의를 받았다.

　앤 허치슨의 경우는 미국의 청교도 조산원들이 위협적이며 파괴적인 인물로 보이는 여러 면을 잘 드러내 보여준다. '만인사제주의' 교리와 신과의 일차적 중재자로서 개인의 양심을 강조하는 청교도는 남녀가 평등하다는 생각을 장려한 것처럼 보였다. 그러나 실제로는 여성의 양심이나 지성과 신 사이에는 남성 위주의 신학과 남성판사가 서 있었다. 신의 '알 수 없는 전지전능함', 특히 신의 저주나 구원의 힘을 해석하는 일은 남성에게 맡겨졌다. 남성들이 계약신학의 문제를 자유로이 다룰 수 있도록, 여성들은 '세속적 근심'을 돌보는 데 전념했다. 다시 말해 가정에 머무르면서 남성의 신학 영역에 접근하지 않았다. 신은 남성에 의해 여성에게 계시를 보낸다. 벤 바커-벤필드는 17세기 동부지역에 살던 여성들이 신의 알 수 없는 의지와 그 의지를 해석하는 데 참여하지 못하게 하는 남성들의 방해라는 이중 압박감 속에서 살면서 겪었던 근심, 좌절, 무력감이 일부 여성들을 유아살해, 살인미수, 자살 그리고 '철저한 절망감'으로 몰고 갔다고 주장했다. 또 어떤 여성들은 공격적인 어조로 남성계급에 도전했다는 이유로 채찍질을 당하기도 했다.

　결코 앤 허치슨을 찬양하는 사람이 아니었던 윈스롭 주지사가 말했듯이 앤 허치슨은 조산원이자 사려 깊은 여성이었고, "도도하고 위협적이며, 재치와 활발한 기질을 가지고 있고, 달변가에다 남자보다 더 대담한 여성"이었다. 그녀는 보스턴에서 60명에서 80명으로 이루어진 규모의 그룹을 운영했는데 그들은 매주 만나서 교리문제 토론과 성경공부를 했다. 바커-벤필드는 다음과 같이 말했다.

그룹의 규모와 구성으로 입증된 여성들의 욕구를 충족시키기 위해 앤 허치슨이 도움을 제공한 부분은 바로 실제 전적으로 여성의 영역인 산과를 통해서였다. 여성들의 자아 표현 욕구가 너무나 강하여 어떤 여성은 자신의 아이를 살해하기까지 했다. 남성만이 정신적인 조언자가 될 수 있는 곳에서 여성이 조산원이나 출산보조원이 되는 것은 당시 여성의 억압된 자아와 뚜렷한 대조를 이룬다. 윈스롭 주지사는 남성신화를 공격하는 앤 허치슨의 주장과 출산에서 허치슨이 담당하는 역할 사이에 밀접한 관계가 있다는 것을 알았다.

물론 임신은 성욕과 밀접한 관계를 가진다. 청교도의 조산원에 대한 인식은 성욕을 촉진하게 하고 여성에서 남성의 성을 지배할 수 있는 힘(남성의 성기를 떼어낼 수 있다고 생각되는 마녀의 힘)을 부여하는 존재로 여겨졌다. 존 코튼은 "여성집단의 더러운 죄", 예를 들어 교리토론을 위해 앤 허치슨이 다른 여성들과 모이는 것이 완전한 성문란으로 이어진다고 보았다. 만일 청교도 사회의 남성지배적 계급조직이 변하려면, 다시 말해 여성이 인간과 신과의 관계를 생각하고 형성하려면 완전한 혼란과 동물적 욕망이 생길 것이다. 따라서 생명 그 자체의 문제에 있어서 이미 막강한 전문지식과 힘을 가진 조산원이 종교적 교리에 도전할 때는 너무나 위협적인 존재가 되어 버린다. 즉 마녀가 되는 것이다. 앤 허치슨만 해당되는 것은 아니었다. 매사추세츠 베이 콜로니에서 처음 처형당한 마가렛 존스라는 여성도 마녀로 몰린 조산원이었다. 조산술 분야에서 앤 허치슨의 동료인 호킨스 부인 같은 사람도 "악마와 친숙"하다는 혐의를 받았다.[14]

역사를 통해 여성에게 개방된 몇 안 되는 전문직 중의 하나인 조산원은 틀림없이 뛰어난 지성, 능력, 자기존중심을 가진 여성들의 흥미를 끌었을 것이다.* 마녀들이 사용한 여러 치료법이 '순전히 마법적'이고 설혹 효과가 있었다 하더라도 일종의 자기 최면에 의해 그랬을 뿐이라고 인정하면서도 에렌라이히와 잉글리쉬는 마녀치료사와 중세기 말의 의사들과의 중요한 차이점을 이렇게 지적한다.

> … 마녀는 경험주의자이다. 마녀는 신념이나 교리보다는 자신의 감각에 의존한다. 마녀는 시행착오와 인과관계를 믿는다. 마녀의 태도는 종교적으로 수동적인 것이 아니라 능동적 탐색을 요구하는 것이다. 마녀는 약을 통해서든 마술을 통해서든 질병, 임신, 출산을 다루는 방법을 찾는 자신의 능력을 믿는다. 간단히 말해 마녀의 마법이 당대의 과학이었던 것이다.

이와 반대로,

> 중세 말에 교회의 교리와 상충하는 의술훈련은 하나도 없었고, 우리가 '과학'이라고 인정할 수 있는 의술훈련도 거의 없었다. 의학도들은 … 여

---

* '산파'라는 말은 너무나 경시되고 무지와 더러움을 연상시키는 말이어서 우리는 쉽사리 그러한 사실을 놓치게 된다. 캐슬린 베리는 '더러운' 산파라는 생각과 여성의 육체와 여성 치료를 '더러운' 것으로 본 남성의사들의 관점 간에는 연관성이 있으리라고 보았다. 만약 여성의 육체가 본래 더럽고 사악하다면, 여성을 다루어야만 하는 사람, 특히 출산의 순간처럼 남자가 보기에 공포와 신비로 가득차있는 때 여성을 다루어야만 하는 사람에게도 이러한 특실이 생기게 된다.(캐슬린 베리, 『산과학과 부인학에 나타나는 남성의 동기』, 미발간, 1972 참조) 이것은 단순히 서구 남성의 문화적 기반만이 아니다. "신은 질병을 만들었으며, 편의상 여성을 열등하고 불결하고 피 흘리는 존재라고 명명했고, 중국의 의사들은 임신을 혈액의 질병이라고 진단했으므로, 종교적 교리에 따르면 임신한 여성은 불결하다고 한다. 만약 여성이 생리 중이거나 임신 중이면 성전의 문을 지나서는 안된다." (M. W. 스탠드리, 『큰 진통: 일본의 조산술과 산과학의 역사』[루트랜드, 버지니아: C. E. 투틀, 1959], 26쪽)

러 해 동안 플라톤, 아리스토텔레스, 기독교신학 공부를 하며 지낸다. …
학생 신분 동안 의사는 어떤 환자도 만나지 않았고 어떤 종류의 실험도
하지 않았다 … 대학에서 훈련 받은 의사가 병자와 직접 대면했을 때 미
신을 행하는 일 말고는 할 일이 거의 없었다. 이러한 것이 마녀치료사가
'마법'을 실시했다는 이유로 처형당하던 당시의 의료 '과학' 상태였다.[15]

19세기 말까지 무균처치법이라든지 박테리아나 더러운 손을 통한 질병
전염에 대해 전혀 무지했기 때문에 모든 의료현장은 지저분했었다. 남성
이 여성의 몸과 관련해서 연상하는 여성혐오적인 더러움이 아니라 문자
그대로의 불결함이었다. 산모의 진통 시에만 함께 있을 수 있던 조산원이
오히려 의사보다 병균을 옮기는 경우가 적었다.

그러나 분만 시의 여성을 둘러싼 여성 혐오적인 분위기는 여러 가지 형
태를 띄었다. 조산술에 관한 라틴어 저서 『데 파르투 호미니스』를 1540년
영어로 번역한 『인간의 탄생』에 대한 반발이 거셌다. 라틴어를 모르는 일
반인에게도 이 책이 읽혀질 수 있었기 때문일 것이다. 다음이 바로 이 책
에 대한 반론이다.

> 우리 어머니들에게 이런 문제를 그렇게 노골적으로 다루는 것은 적합
> 하지 않으며 그런 저속한 언어는 … 여성들을 무시하는 처사이다. 이를
> 읽거나 들은 남성들은 그 책에 감명을 받아 **여성과 함께 있는 것을 더욱
> 더 싫어하고 혐오하게 될 것이다.** 모든 소년들과 악당들은 마치 로빈 후
> 드 이야기처럼 이 책을 공개적으로 읽을 것이다.[16](저자 강조)

간단히 말해 여성의 육체에 관한 사실은 반감을 불러일으킬 뿐이며 여
성에 대한, 특히 어머니 역할을 행하는 여성에 대한 육체혐오는 남성의
특징상 당연한 것으로 간주된다.

고대 의사들은 조산원을 자기보다 저급한 것으로 취급했다. 기독교 시
대의 남성 의사들은 분만실에서 자기의 남성다움이 저하되는 것을 허용

치 않았다. 의학사에서는 남성 조산원이나 의사가 여성조산원의 자리를 떠맡은 후에야 산과학이 발전할 수 있었다고 단정 짓고 있다. 롱기는 "산과지식의 후퇴는 이 분야를 완전히 여성이 독점했기 때문에 빚어진 결과"라고 주장했다.[17] 또 다른 산과학사가는 "오늘날까지도 조산술이 다른 전문분야에 비해 뚜렷하지 않은 것은 아마도 그것이 원래 **여성의 손에서 비롯되었고**, 수백 년 동안 남성의 직업으로는 부적당하다고 간주되었기 때문일 것이다"[18](저자 강조)고 말했다. 그러나 에렌라이히와 잉글리쉬가 지적하듯이 여성은 여러 면에서 그들 자신이 살고 있던 시대에 비하면 남성보다 훨씬 과학적이었고, 남성들이 모르는 여성의 신체구조를 알고 있었으며, 그들 스스로도 경험해 보았던 분만과정을 훨씬 더 많이 처리해왔다. 물론 위의 인용문들에서 암묵적인 가설은 남성만이 의사가 될 수 있다는 것이다.

4.

산과학이 남성 영역으로 바뀐 것은 1663년 부쉐르라는 궁중의사가 루이 14세의 애첩 루이즈 드 라 발리에르 옆에 참석한 때로 거슬러 올라간다. 아꾸세르라고 불린 남성 조산원을 고용하던 유행은 곧 프랑스 상류사회로 퍼져갔다. 한 역사가는 "조산원 자격이 있다고 알려진 극소수의 남성의사들에게 왕족과 부유층의 요청이 쇄도했고, 그들은 이 갑작스러운 행운에 놀라서 곧 자신들의 의료분야를 산과로 한정시켜 버렸다"[19]고 적고 있다. 남성의사들은 물론 돈을 잘 내는 고객들만 상대했다.

남성의사들은 적어도 약 50년간 자신의 특수한 상황을 이용해서 옛날부터 잘 알려지지 않거나 또는 마녀나 산파만이 알고 있는 기술을 찾아내려고 했다. 1551년 엠브르와조 빠레라는 의사는 거꾸로 앉은 아이를 돌려놓는 기술을 재생한 산과치료법을 저술했다. 아이를 돌려놓는 시술이 의사들에게 알려지지 않은 채 남아 있었다면 우리는 실제로 조산원들이 이를 시술했는지 어떤지를 결코 알지 못했을 것이다. 빠레는 불어를 읽을 수 있는 사람이면 누구나 접할 수 있도록 이를 책으로 썼다.[20] 1590년대에 말부르그의 의료진이 우연히 맥각의 효과를 알아냈다. 맥각은 병든 곡식에 생긴 곰팡이로 수백 년 동안 마녀와 조산원들이 진통을 촉진시키고 자궁수축을 강화하기 위해 사용해 온 물질이다.* 여성치료자들은 임신부에게 약간의 맥각을 투여하면 효과가 있다는 것을 알았고 양을 줄이면 분만에도 효과가 있을 것이라고 추측했다. 이제 말부르그의 의사들도 이 '마녀' 치료법의 가치를 인식한 것이다.

남성 산과의사들이 쓴 책은 보통 롱기가 유카리우스 뢰슬린에 대해 언급한 것과 같다. "그의 책은 주로 그가 접촉하던 조산원들이 그에게 전달한 정보와 보통의 선례들을 수집한 것이다. 그의 지식은 너무 제한되어 있어 자궁 속의 태아를 묘사한 목판은 기이하게 잘못된 그림이 되어 버렸다."[21]** 17세기가 되어서야 비로소 혈액순환의 발견으로 유명한 윌리엄 하비가 자신의 해부관찰에 의해 여성의 생식기관을 제대로 묘사할 수 있었다.

최초의 위대한 여성 산과의는 루이즈 부르주와였다. 그녀가 '위대하다'는 것은 다른 여성(그리고 남성)들을 훈련시키고 직접 시술했을 뿐 아니라 조산술에 대한 책도 세 권이나 썼기 때문이다. 그녀 자신도 어머니였고 남편은 외과·치과의를 겸한 이발사였다. 남편은 엠브르와조 빠레에게서 배웠는데, 첫째 아이가 태어난 후 루이즈 부르주와도 조산술에 관심을 가져 남편과 그의 스승으로부터 가르침을 받았다. 그녀는 조산원 자격

---

* 경미한 맥각 중독은 임신한 여성의 낙태를 유발했다. 심한 중독인 경우는 '성 안토니 열병'이라는 질병을 일으켰는데 이 병에 걸리면 사지가 검게 변하고 썩어서 떨어져 나가게 되었다. 이것은 중세시대에 너무나 끔찍하고 원인을 알 수 없었던 질병 중의 하나여서 지옥을 상상할 때 이 병의 징후를 떠올리기도 했다.

** 1522년, 함부르크의 의사 위트라는 사람이 무모하게도 여자 옷을 입고 출산하는 곳에 참석했다. 이러한 무례함과 의사라는 직업의 명예를 실추시킨 것 때문에 그는 화형에 처해졌다. 그러나 조산술에 대한 책은 대부분 남성들, 뢰슬린, 스페인의 다미안 카르본, 프랑스의 빠레 등이 썼다.

증을 취득하고는 궁중과 파리의 공공병원인 〈오뗄 디에〉에서 치료를 시작했다. 이곳에서 그녀는 조산원 훈련을 감독하고 외과의들에게 산과학을 가르쳤다. 그녀가 쓴 『여러 가지 유형의 분만』이라는 조산술 책이 1609년 처음 출판되어 널리 번역되기도 했다.[22] 그녀는 자신이 동석했던 마리 디 베디치의 분만상황을 설명한 책도 출판했다. 이 책은 "나의 딸"(딸 또는 젊은 여성 조산원)에게 보내는 일련의 편지형식을 취하고 있는데 조산원들에게 가난한 가정의 산모로부터 가능하면 비용을 적게 받을 것이며 ("조산원들에게는 적은 돈이 산모들에게는 큰 부담이 되기 때문에"), 전혀 돈을 낼 수 없는 사람들에게는 무료로 봉사할 것을 촉구하고 있다. 자신의 직업윤리와 품위에 대한 그녀의 의식은 상당했다.

죽는 날까지 배우라. 그러기 위해서는 겸손이 필요하다. 자만심은 비밀스런 지혜를 아는 사람에게는 통하지 않기 때문이다. 만일 약의 효용에 대한 확신이나 유해하지 않다는 확신이 없다면, 몸속에 투여하든 몸에 바르든 부자나 빈자 모두에게 무모하게 그 약을 쓰려는 모험을 하지 말라. 또한 약을 아무 때나 사용하면서 기적을 일으킨다고 주장하고 그러면서도 그들의 의료행위는 숨기는 돌팔이로 취급되지 않으려면, 의사나 조산원들에게 네가 알고 있는 의술을 숨기지 말라.[23]

수세기에 걸쳐 여성의 희생은 어느 정도 불가피한 것이기도 했다. 어떤 이유였는지는 모르지만 방부제를 발견하기 전, 그리고 해부에 의해 신체구조를 세세히 알기 전에 남녀사망률은 똑같이 높았다. 그러나 임신부나 진통 중인 산모가 보통 질병으로 고통 받고 있는 것이 아니라는 사실을 기억한다면 그 대부분은 피할 수 있는 것이었다. 한편으로 의료 및 수술 과정에 대한 조산원의 무지, 다른 한편으로 의사들이 여성의 육체와 분만 관련 기술에 대해 무지한 것은 불가피한 것이 아니라 제도적인 여성혐오 증의 결과였다. 조산원의 작업은 몰래 빼앗겨 '학식 있는' 과학자들의 논문 형태로 재생되기도 했고, "숨겨진 마술"이나 "늙은 아내의 이야기"로 취급되기도 했다. 하비의 친구인 퍼시발 윌러비(1596-1685)는 『조산술 연구』라는 책에서 조산술이 "자신의 체면을 살리고 무지를 감추기 위해 무슨 짓이든 하는 거만하고 도도한 조산원들"의 허세 때문에 더욱 비하되었다고 주장했다.[24]

수백 년 동안 여성들에게 '저급한' 기술을 시행한 조산원의 중요성은 여성의 접근이 금지된 엘리트 의료직의 성장과 더불어 줄어들고 사라졌다. 진통이 힘들 때 산과의의 시술을 용이하게 해주기 위한 도구가 나중에 개발되면서 수백만 명의 아이를 분만시키고 수백만 어머니들의 진통을 달래준 여성의 손은 일할 기회를 거부당했다. 남성의 '철의 손', 즉 분만용 집게가 그 당시나 오늘날까지도 정상분만을 촉진하는 것과는 무관하게 무자비하게 사용되어, 아기의 뇌에 손상을 입히고 어머니의 섬세한 조직에 상처를 내는 결과를 초래하였다. 두 가지 손상은 모두 생기지 않을 수도 있는 것이었다. 가장 능력 있는 여성 시술자까지도 불신하고 몰아내려는 남성의 편견과, 남성 위주의 제도정책으로 전문분야가 불필요하게 분리되는 수난을 겪게 되었다.*

5.

"산과에서 쓰이는 분만용 집게는 다른 어떤 기구보다도 산과의사의 기술을 상징한다."[25] 분만용 집게의 역사는 특이하다. 한 가족의 남성들이 3대에

---

* 덜 노골적인 여성 혐오론자 중 한 사람인 의학박사 오거스트 K. 가드너는 필라델피아 의대에서 그의 분만 강좌를 시작하면서 "산과 시술에 있어서 과거 여성의 무용성과 현재 여성의 타고난 무능력을 보여주기 위해" 첫 강의를 하곤 했다. 그는 "의학의 전 분야는 아니라 하더라도 내가 다루고 있는 치료기술 일부를 다시 여성들에게 제공해야 한다고 논의하는 주장—여성의 권리, 블루머 복장, 비슷하게 말도 안 되는 다른 이론들을 옹호하는 사람들한테서부터 나온 주장"에 대해 통렬하게 반박했다. 가드너는 또한 산아제한과 여성의 고등교육에도 반대했다.(『조산술의 역사』[뉴욕: 1852], 26-27쪽, 30-31쪽)

걸쳐 발명하였다는 것과 이 과학적 발명품을 상업적으로 활용했으며, 그 발명품을 남성이 독점함으로써 효과적으로 여성 조산원을 대체한 것 등도 특이하다.

분만용 집게의 역사는 16세기 말 프랑스의 가톨릭교회 박해를 피해 영국으로 이민 온 위그노 교도, 윌리암 챔벌렌과 함께 시작된다. 챔벌렌의 아이들 중 2명이 남성 조산원이었는데 이름이 둘 다 피터였다.(왕처럼 이들은 피터 1세, 피터 2세로 알려졌다) 이 두 피터는 그들의 추진성, '뻔뻔스러움', 반체제적 사고로 유명해졌다. 모든 조산원들이 이들을 알게 되었고 피터 2세는 조산원들을 조직하여 자격증과 법인 지위를 가진 집단을 만들려고 했다는 이유로 의사협회로부터 공식 징계를 받았다. 그렇게 조직된 조산원들이 독립단체가 될 수 있었는지, 아니면 피터 2세의 공식후원단체가 되려고 했는지는 알 수 없지만, 아마 후자가 더 그럴듯해 보인다. 그러나 두 피터와 피터 2세의 아들(더욱 혼란스럽게도 이 아들의 이름도 피터다)은 의사협회와 계속 마찰을 일으켰고 모두 궁중에서 일했다. 피터3세는 하이델베르그, 파두아, 옥스퍼드에서 수학한 후 의학학위를 취득함으로써 가족의 이름에 더할 나위 없는 명예를 가져다주었다.

챔벌렌 가족은 단지 유행을 잘 탄 것이 아니라 그들만의 비밀을 가지고 있었다. 그들에 대한 비밀스러운 이야기들이 퍼져나갔다. 그들 중 두 명이 출산 때마다 동참하였으며, 이들은 마차를 타고 둘 사이에 커다란 상자를 끼고 운반했는데 그 상자의 내용물은 아무에게도 보여주지 않았다. 더구나 출산을 도와준 여성들도 눈가리개를 하고 있었다. 힘든 진통 끝에 그들은 극적으로 분만을 끝내는 데 성공했다.

이 가족의 비밀은 거의 100년 동안 지켜져 왔다. 그들은 세 가지 도구, 즉 분만에 쓰이는 분만용 집게 한 쌍, 태아의 머리 뒷부분을 잡는 데 사용되는 지레, 일단 비정상적인 자세에서 벗어나면 산도를 통해 태아를 끄집어내는 데 도움이 되는 띠 혹은 줄을 사용했다. 아이러니컬하게도 이 기구들이 여러 해 동안 챔벌렌 가족의 성공을 보장해 주었는데도 불구하고, 조산원인 피터3세의 아들로 가문의 전통에 따라 역시 조산원이 된 휴 챔벌렌이 유명한 프랑스 산과의사인 프랑소와 마리소에게 이 비밀을 팔려고 했을 때 실험에 실패했다. 마리소는 휴에게 가망이 없어 보이는 산모를 성공적으로 분만시켜보라고 요구했다. 환자는 척수염증과 골반 이상을 가진 난장이 여성으로 초산이었다.* 챔벌렌은 분만에 실패했고 마리소는 꽤 높은 가격을 요구했던 그 비밀 기구를 사지 않았다.

철두철미하게 건방졌던 챔벌렌은 마리소의 조산술 저서를 영어로 번역한 서문에서 독자들에게 마리소가 '비밀' 을 소유하지 않았다는 점을 상기시켰다.

> 나의 아버지, 형제, 그리고 나는 신의 축복과 우리 사업 덕분에, 이 경우 산모나 아이에게 어떤 편견도 없이 여성의 분만을 시행하는 방법을 알고 또 오랫동안 그렇게 시행해 왔다.(그리고 내가 아는 유럽의 어느 누구도 그것을 알지 못한다) … 다른 사람도 그렇게 하고 있지만 고리를 사용하면 아이나 산모 혹은 둘 다를 위험에 빠뜨릴 것이다.[26]

챔벌렌의 말에서 우리는 수천 명의 여성들과 아이들의 생명을 쉽게 구할 수 있는 방법을 알면서도 언제라도 희생시킬 수 있다는 것, 그리고 "신의 축복과 우리의 사업"이라는 구절에서 이런 지식을 발설하지 않은 것을 정당화했음을 알 수 있다. 산과 기술의 상징이 된 분만용 집게를 개발한

---

* 이 경우에 대해서 내가 읽어 본 모든 자료에 따르면, 그 여성은 "곱사등이 난장이"라고 언급되어 있었다. 그런 식으로 묘사되고 있는 존재가 여성일 것이며, 아마도 두려워하고 있고 강간을 당한 것 같은 여성이라는 점을 내가 이해하기까지는 시간이 걸렸다. 분명 그녀는 신체적으로나 심리적으로 고통스러워했을 것이고, 심한 진통을 겪다가 죽었다. (휴 챔벌렌은 세 시간 동안 그의 분만용 집게를 "그녀에게 사용했지만" 그의 방식을 입증하는 데는 실패했다. 다른 사람이 비슷하게 이미 다른 방식을 "그녀에게 사용했었다.") 아마 무균 처치, 마취, 안전한 제왕 절개가 생기기 전이었기 때문에 그녀가 살아날 가망은 없었을 것이다. 그러나 의학적인 전문 용어에 가려서 우리는 여기에도 산과학의 무관심의 희생자가 있다는 사실, 이름도 없고 심지어 그녀의 인간성마저 빼앗긴 희생자가 있다는 사실을 쉽사리 잊어버린다.

남성은 엄청난 수익을 올렸다.

그들의 전통에 충실했던 챔벌렌 가족은 마침내 이 비밀을 네덜란드의 한 의사에게 팔았다. 그러나 돈을 받고 비밀을 넘겨주면서 그들은 그를 속이고 기구의 반만을 제공했다. 벨기에의 이발사 겸 외과의인 쟌 팔피느는 네덜란드인에게 팔린 이 기구들을 보았든지, 아니면 챔벌렌 가족이 사용하던 도구들에 대한 소문들을 짜 맞추었든지 간에 전체 기구를 추측하여 1721년 파리 과학원에 그가 완전히 새로 만든 기구를 제출했다. 하비 그래함의 말에 따르면 그것은 다음과 같이 구성되어 있었다.

> … 둥근 나무핸들 속에 두 개의 큰 스푼이 있다. 이것이 'mains de fer(철의 손)'이라고 알려진 것이며, 물론 태아의 머리를 잡기 위해 고안된 잔인한 인공 손이다. 이것은 아이를 없애려는 수술을 한 후 태아의 잔재를 제거하기 위해 수년간 사용되어 왔던 커다란 숟가락 모양의 분만용 주걱에서 따온 것이었다. 가장 큰 차이는 칼날의 곡선과 끝부분이다. 이전의 모든 기구들의 긴 축은 직선이었다. 자궁에서 음문까지는 산도가 심한 곡선이기 때문에, 그와 같은 곡선기구가 어떠한 직선기구보다 분명히 훨씬 더 깊이 그리고 더 효과적으로 몸에 들어갈 수 있을 것이다.[27]

3대에 걸쳐 독점 비밀로 유지되어 온 챔벌렌 분만용 집게의 실제 디자인은 1773년 외과의사이자 남성 조산원인 에드워드 채프먼의 『조산술 발전에 대한 연구』에서 밝혀졌다. 그때부터 모든 남성 산과의들이 분만용 집게를 사용하는 것이 가능해졌으나 여성 산과의는 거의 없었다.[28]

6.

챔벌렌 기구가 일반에게 알려지자 조산원과 외과의 사이에 공개적 싸움이 벌어졌다. 양측의 이론적 수사적 논쟁을 살펴볼 때 몇 가지 유의할 필요가 있다. 외과술은 내과술보다 한 단계 낮은 것으로 간주되었고, 이 발사 겸 외과의는 제대로 교육을 받은 의사가 아니었다. 더구나 우리는 깨끗한 가운을 입고 마스크와 장갑을 낀 경험 많은 완벽한 남성의사와, 마술 가방 위에서 중얼거리는 더러운 시골아낙 차림의 여성 조산원이라 는 두 가지 상반된 전형에 대한 선입견을 가지고 있어서는 안 된다. 의사, 외과의, 조산원 모두 감염과 방부제에 대해서는 모르고 있었다. 의학박사 존 리크는 19세기 말 조산술에 관한 저서에서 "다른 의학분야에서 일반적 으로 실시되고 있는 것처럼" 분만 동석자에게도 시험과 자격증 제도를 실 시하고, "그렇게 함으로써 도시나 시골에 무지하고 설익은 **남녀의사들**이 넘치게 해서는 안 된다"[29](저자 강조)고 주장했다.

남성의사의 청결함은 오늘날의 기준으로 볼 때 그다지 좋은 편이 아니 었다. 의사들이 조산원보다 더 양심적이라는 증거도 없다. 의사나 외과의 보다 조산원의 정상분만 경험이 훨씬 더 많았다. 더욱 중요한 것은 여성 조산원이 전통적으로, 혹은 같은 여성이기 때문에 분만실에서 훨씬 더 편 안했을 것이라는 사실이다. 반면에 남성의사들은 실제로는 그렇지 않을 수도 있지만 감정적으로 극히 위급한 경우가 아니면 분만에 참여하는 것 이 죄라는 전통적 여성혐오증의 영향을 받았을 것이다. 마지막으로 프랑 스의 줄리앙 클레넨이나 영국의 존 리크 같은 남자 의사는 진통 중의 여 성은 절석술(누워서 말없이 고통을 참는 것) 자세를 취하는 것이 더욱 좋다는 사고를 정착시켰다. 조산원은 의자를 이용하거나 똑바로 앉는 자세를 사 용하는데, 이는 아직도 서구문화나 서양의학의 영향이 지배적인 문화권 이외의 지역에서는 보편적으로 사용되고 있다.[30] 그리고 의사들의 반대에 도 불구하고 남미와 북미에서도 다시 이러한 움직임이 부상하기 시작하 고 있다.*

---

* "절석술 자세를 쓰는 데에는 두 가지 목적이 있다. 그 자세를 하면 무균처치 를 더 쉽게 유지할 수 있고 **산과의 편의**에도 상당히 도움이 된다는 것이다. 절석 술이 생리학적으로 다소 좋지 않은 자세이고 **그 자세 자체가 불편하지만**, 위와 같 은 목적이 있으므로 이러한 불리함은 무시할 만하다."(저자 강조)(D. N. 댄포드가 편집한 『산부인학 교과서』에 나오는 브라이안드, 댄포드, 데이비스의 『정상 분만』

분만용 집게는 이 투쟁에서 남성적 무기였으나 모든 남성들이 똑같은 열의를 가지고 움직이는 것은 아니었다. 리크는 "환자의 안전은 이 경우 어떤 다른 의학 분야보다도 의사의 기술에 달려 있다"고 주의를 주었다. 그는 분만용 집게 사용법 설명에서 지레를 너무 강하게 사용하면 질과 방광에 위험한 상처를 입힌다고 했으며 치골을 형성하는 두 개의 뼈를 갈라 놓을 수도 있다고 경고했다.[31] 조산원들은 더욱 목청을 높여 분만용 집게 사용을 반대했고, 곧 그들의 주장을 정당화하는 팸플릿과 소책자도 발행했다. 독일의 저스틴 지그문딘과 영국의 사라 스톤은 기구의 지나친 남용에 대해 주의를 주었다. 스톤은 또한 몇 년간 훈련과 도제제도를 요하는 조산원 직업규율을 정할 것을 주장했다.[32] 한편 챔벌렌 분만용 집게는 여러 사람들, 특히 외과의인 프랑스의 앙드레 레브레와 영국의 윌리암 스멜리에 의해 수정, 발전되었다. 〈오뗄 디에〉 조산원 학교를 졸업한 엘리자베스 니헬이 1760년 발표한 그녀의 책에서 남성 조산원에 대해 공격을 가했는데, 그 중 가장 상세하고 열띤 공격 대상이 스멜리였다.

니헬의 『조산술 연구』는 여성논쟁사의 한 자리를 차지할 만한 가치가 있는 책이다. 이 책은 기구사용 반대에 대한 장황한 논리와 분만보조에 있어서 여성의 인내심, 전문기술, 능력을 피력하고 있다. 그녀는 자신의 편의를 위해, 또는 실험목적으로, 의사들이 미리 무리하게 진통을 오게 하고 정상분만 시간을 단축하는 분만용 집게를 사용한다고 비난했다. 니헬은 자신이 기구를 사용한 경험이 부족한 것을 인정했지만 레브레와 다른 사람들이 쓴 기구 사용법 책자를 읽었다. 그녀는 〈오뗄 디에〉에서 훈련받을 때, 매달 5-6백 명의 여성이 분만했어도 기구가 필요한 경우는 한번도 없었다고 주장했다. 그녀는 여성의 신체에 대한 지식이 있었기 때문에 손이 진통을 덜어주는 적절한 '기구'이며, 분만용 집게는 남성의 전유물로 여성의 조산일을 침해하는 수단이라고 했다.

[뉴욕: 하퍼 앤드 로우, 1966], 532-33쪽. 이 교과서는 42명의 남성과 한 명의 여성이 쓴 것이다.)

이 직업에서 충분히 대가(大家)라고 할 수 있는 조산원들이 있으며, 이 점에 있어서 그들은 … 남성 조산원과도 거의 대등한 수준이다. 남성처럼 실제로 잘못을 저지를 가능성도 적다 … 남성들은 섬세하지 못하며, 기구를 사용하여 성급히 일을 시작한다. 훌륭한 조산술과 관리가 어머니나 아이 모두를 구하는 데 훨씬 효과적이다. **그러나 언제나 어머니에게 좀 더 많은 관심을 보여야 한다.**[33](저자 강조)

그녀의 세 가지 주장은 다음과 같다.

1. 남성의 조산술 진출이 "훨씬 더 안전하다는 보장"은 없다. 따라서 "품위와 정중함을 … 희생"할 필요도 없다. 여기서 아마 그녀는 여성들의 청교도적 감정에 호소하고 있을 것이다.

2. 남성은 "여성이 무능력하다는 환상을 조장"함으로써, 그리고 "살인 기구의 필요성"을 주장함으로써 이 직업으로의 진출을 정당화해왔다.(모든 기구가 과거 파괴적 산과에서 사용된 고리와 칼들을 연상시키기 때문에 살인기구라는 오명을 쓴 것처럼 보인다. 그러나 우리는 분만용 집게 그 자체가 종종 불필요하게 사용되었고, 기술과 경험이 부족한 사람의 손에서 잘못 사용될 수도 있었다는 것을 알고 있다.)*

3. 외과의들이 실험대상으로 "수많은 여성들과 아이들의 생명과 사지"를 이용했음에도 불구하고 그들 자신도 어떤 기구가 더 좋으냐는 물음에는 서로 의견이 같지 않다.

니헬은 좀 더 강력한 영향력을 미칠 수 있는 주장을 펴기 위해 자신의

---

* 분만용 집게를 이용하면서 남성 조산원들은 어머니나 아이 누구에게도 심각한 결과를 남기지 않고 힘든 진통을 처리할 수 있었다. 처음에는 너무나 많은 남성 조산원들이 이 새로운 도구를 맹목적으로 거칠게 사용했다 … 스멜리만이 드물게 분만용 집게를 사용했다. … 스멜리의 제자들은 분만용 집게 사용에 훨씬 더 신중했고, 특히 윌리암 헌터가 그랬는데 … 그의 학생들에게 "천만다행스럽게도 이 집게가 고안되었다"고 말했다고 한다. 분명히 경솔하고 과잉의욕의 남성 조산원들은 함부로 기구들에 의존했고, 산과에 종사하는 지도적인 사람들이 어떤 제재 조치, 특히 분만용 집게를 사용하는 데 대한 제재 조치를 가르쳐야 할 필요가 있다."(월터 래드클리프, 『조산술의 초석』[브리스톨: 라이트, 1967], 48-49쪽)

근거를 바꾸기도 했다. 그녀는 베짜기, 침대정리, 오이 절이기, 음식보관 등 어떤 일은 남성보다 여성에게 더 '자연스럽고' 적합하다고 주장한다. 이 예의 마지막에 그녀는 조산술도 집어 넣었다. 그녀는 물론 여성이 펜 싱학교를 설립하도록 부추겨서는 안 된다고 말했다. 반면에 여성이 우두 머리이며 여성이 의사들을 가르치는 〈오뗄 디에〉 조산원 학교의 전문성에 대해서는 상당한 자부심을 가지고 있었다. 그녀는 남자들이 갑자기 조산 술에 열광하는 사태에 대해 철저히 냉소적이었다.

… 남성들이 조산술로 돈을 벌 수 있다는 가능성을 알게 되자 남성들에게 조산술이 대단한 것처럼 보이기 시작했다. … 이 고상한 기술은 오랜 세월 동안 고상한 남성의 일보다 아래에 있는 것으로 생각되었다. 그 일은 남성적이지 못하고 고상하지 못하다고 여겨져 왔는데, 이제 남성들 때문에 조산술은 어려운 일이라는 말도 당연히 덧붙여질 것이다.

그녀의 주장은 의사의 분만방법을 조산원들과 대비시켜 설명할 때 가장 설득력을 가진다.

그런 남성들이 자신의 학식을 아무리 자랑한다 해도 여러분은 그들에게서 딱딱하게 굳어서 서툰 몸짓, 애정 없는 기능적인 분위기, 어설픈 관리 실태 등을 보게 될 것이다. 이것만 보아도 그들이 단순히 기술만을 습득했다는 것을 알 수 있고, 아니 차라리 그들이 그 기술이 가져다 줄 이익의 병든 산물일 뿐임을 증명한다.(저자 강조: 이 묘사는 분명 사실감을 전해준다)

여성들이 아무것도 모른다고 여겨진다 해도 여러분은 그들에게서 어떤 영리한 활기, 편안함, 엄숙한 시술, 특히 마음속에서 우러나오는 즐거움 등을 보게 될 것이다 … 자연스러운 것이야말로 비범하다고 표현할 수 있다면, 일반적으로 여성들이 분만을 위해 누워있는 여성들과 서로를

향해 깊은 감명을 주는 저 대단히 부드러운 감수성에는 그런 비범함이 있다.[34]

그녀는 또한 조산원이 여성 신체와 정상분만에 대해 지속적이고 밀접하게 경험해 보아야 한다고 강조했다. 이 점에서 남성 조산원은 상당히 불리한 편이다. 그녀에 따르면 조산술 학생들에게 스멜리는 자신이 고안한 기계를 사용하여 가르쳤다고 한다. 그 기계는 다음과 같이 구성되어 있었다.

> … 아이를 가진 여성을 상징하는 나무 조각상으로 복부는 가죽으로 되어 있고, 그 속에 맥주를 채운 조그만 주머니가 자궁을 나타낸다. 이 주머니는 코르크 마개로 닫혀 있고 … 그 중간쯤에 밀랍인형이 있어 여러 가지 자세로 변한다.

한편, 그녀는 복잡한 상황에서는 당연히 의사를 불러야 한다고 말한다. 그녀는 여성이 남성보다 자신감이 부족하고, 쉽게 무지를 인정하며 도움을 청한다고 보았다. 그러나 "누워있는 여성은 무엇보다 도움과 인내를 필요로 한다." 니헬은 분만용 집게가 분만이 어려운 경우에 한해 조심스럽게 사용되는 도구가 아니라 빨리 분만시키는 수단이 되어버렸다고 자신있게 주장했다. 그녀는 진통을 서둘러서는 안 되며, 비록 조산원이 손으로 또는 본능이나 경험에 의해 섬세한 주의를 기울임으로써 고통을 완화할 수는 있지만, 어디까지나 진통은 자연스럽게 진행되어야 한다고 계속 강조했다. 진통과정에 대한 그녀의 믿음과, 그 과정에서 여성이 더욱 이해심이 많고 다정하다는 생각 때문에 우리는 결국 그녀의 말을 믿게 된다. 이전에는 저급한 것으로 여겨져 여성에게만 속했던 이 분야에 갑자기 나타난 남성에 대한 그녀의 냉소와 분노도 잘 이해할 수 있다.

왜 많은 조산원들이 분만용 집게사용을 배워 이 직업의 주도권을 유지하려는 노력을 하지 않았을까? 뛰어난 전문 조산원들은 특히 강하고 자신감 있는 여성이었음에 틀림없다. 그러나 20세기의 강하고 자신 있는 여성들도 여전히 의학, 과학분야에서는 제도적 장애와 편견에 대해 힘든 싸움을 벌이고 있는 실정이다. 조산원이 특히 주요 대상이었던 마녀재판의 기억도 그리 오래된 일이 아니다. 아마 조산원은 아직도 '지나친 의료행위'나 사회의 적대감을 불러일으킬 수 있는 행위를 삼갈 것이다. 더구나 조산원들은 어머니의 몸속에서 아이를 조각조각 끄집어내는 일, 지렛대로 사용되거나 영원히 절단되어 버린 어머니의 치골과 생식기 등, 이미 산과학에서 '파괴적 수술'의 공포를 보았다. 아마 그들 중 많은 이들이 분만용 집게만이 이런 강압적인 수단을 개선할 수 있을 것이라고 진심으로 믿었을지도 모른다. 니헬 자신도 이렇게 말한다.

극소수의 조산원들은 기구 때문에 남성들이 그렇게 몰려든 것에 자극을 받아 … 기구 사용을 시도해 보았다. 물론 그들도 남성들만큼 훌륭하게 기구를 사용할 수 있었지만 곧 자신의 손에 비해 별 효과도 없고, 오히려 손의 위험한 대용품이라는 것을 알았다. 자신의 손으로 더욱 안전하고 효과적으로 환자에게 고통을 덜 주며 수술할 수 있다는 확신이 있었던 것이다.[35]

여성들이 자유로이 분만용 집게를 사용할 수 있었다면 니헬이 분만용 집게 사용을 그렇게 몰아서 비난할 수 있었을까? 아마 그렇지 않았을 것이다. 사라 스톤처럼 그녀도 마지막 수단으로 현명한 판단 하에 조심스럽게 분만용 집게를 사용하라고 가르쳤을 것이다.* 조산원의 다양한 기술, 여성적인 섬세함을 가진 '작은 손', 여성에 대한 진정한 '부드러움' 등에 대한 그녀의 자부심은 니헬과 그 외 다른 사람들에게 분만용 집게가 결코 산과직업의 주요 상징이 되지 않을 것임을 암시해 준다.**

---

* 스톤은 그녀의 『조산술의 시술』(1737)에서 일년 동안 그녀가 분만을 도왔던 300여 회수의 사례 중 기구를 사용한 것은 단 4번 뿐이었다고 주장했다.
** 수전 암즈의 기록에 따르면, 캘리포니아에서부터 덴마크에 이르기까지 현대의 조산원들이 그들의 손을 사용하는 것에 대해서 자부심을 가지고 있다는 것은 이 점을 입증하고 있다.

결국 한 가지 중요한 차이점이 조산원과 남성 산과의를 구분했다. 조산원은 출산 이전에도 산모를 돌보고 충고해 줄 뿐 아니라 진통 시작부터 분만 후까지 계속 함께 한다. 신체적 도움과 함께 정신적 지원도 제공하는 것이다. 반면 남성은 여성 조산원에게 금지된 기능을 수행할 때에만 소환된다(아이를 돌려놓는 시술, 제왕절개, 분만용 집게 사용 등). 그는 상담원, 안내자, 용기를 북돋워주는 사람이라기보다는 단순한 기술자였다. 어머니와 '함께'가 아니라 어머니를 '대상으로' 작업한다. 이 차이점은 오늘날까지도 이어져서, 비록 산과의사가 임신 중인 산모를 진찰하기는 하지만 주로 진통의 마지막 단계에 나타나거나 또는 더 늦게 나타날 때도 있다. 그러나 조산원은 진통기간 내내 산모 옆에 머물면서, 분만실에서는 친구로서 선생으로서 역할을 한다.[36]

7.

17세기부터 약 2세기에 걸쳐 산욕열이 퍼지기 시작했다. 이는 남성 산과의의 증가와 직접적인 관련이 있다. (다시 한 번 그때는 방부제, 무균처치, 전염, 병균 감염 등에 대한 언급이 없었던 것을 기억해야 한다. 내·외과의사의 손과 조산원의 손이 세균감염원일 가능성이 컸다. 그들은 질병을 치료하고는 곧바로 분만을 도우러 오는 경우가 많았기 때문에 감염의 가능성도 그만큼 높았다. 더구나 남성조산원은 분만용 집게사용 시간에 맞춰 왔다가 가버리는 식으로 여러 건의 분만에 참석했다. 반면에 여성 조산원은 진통 초기부터 분만 후까지 한 여성 곁에만 머물렀다. 힘든 분만일 경우 며칠씩 머무르기도 했다.) 유럽의 도시에서 산부인과 병원이 늘어나면서 그 당시에는 거의 알려지지 않은 질병의 비율이 크게 증가했다. 프랑스령 롬바르디에서는 1년 동안 분만 후 살아난 여성이 한 명도 없는 해도 있었다. 1866년 2월에는 파리의 마떼르니떼 병원에서 분만여성의 4분의 1이 사망했다.[37]

산욕열은 전염병으로 간주되었고 "이 전염병의 영향은 불가해한 현상으로 대기, 우주, 지구의 변화를 초래하여 전국적으로 퍼져 나간다"고 생각했다.[38] 모든 병원은 비위생적이었다. 병원은 의사를 집으로 부를 수 없는 가난한 사람들을 위한 시설이었다. 중산층 가정의 위생상태가 오히려 복잡한 병동, 더러운 시트, 열어놓은 배설 물통, 사용한 붕대, 통풍 부족, 시체 등으로 가득한 병원보다 나은 편이었다. 17세기에서 19세기 사이 산부인과 병원은 다른 어떤 병원보다도 더 상태가 나빴다. 1860년 부다페스트에 새로 생긴 한 병원을 관찰한 사람이 다음과 같은 보고서를 썼다.

> 여기서는 가난한 산모들을 볼 수 있다. 짚 위에, 마루 위에, 나무벤치 위에 누운 사람, 지치고 피곤하여 방구석에 쭈그린 사람 등, 모든 곳에서 더러운 침대시트와 거의 누더기가 된 낡아빠진 침대 커버를 볼 수 있다.[39]

올리버 웬델 홈즈는 1840년대의 비엔나 산부인과 병원에서 "산욕열" 사망률이 너무 높아 실제 사망률을 속이기 위해 관 하나에 시체 2구를 넣어 묻었다고 말했다.[40]

산욕열은 치명적인 혈액감염에 대해 잘못 붙인 이름이었다. 17세기에 최초의 여성신체 해부자이며 직접 여성의 생식기를 관찰한 윌리암 하비는 산후의 자궁이 감염에 극도로 취약해서 마치 '열린 상처'와 같다고 설명했다. 분만에 참여한 의사의 손에 부패한 유기체가 묻어 있어서 진통중이거나 방금 분만한 여성의 생식기에 닿게 되면 치명적 결과를 초래한다. 그러나 수백 년 동안 이 병은 이브의 저주의 일부로서 원인을 알 수 없는 전염병으로 간주되었다. 여성들은 병원 분만이 집에서 분만할 때보다 사망할 가능성이 높다는 것을 알게 되었다. 그러나 의사가 필요한 대부분의 가난한 여성들은 공공병원에서 아기를 분만해야 했다. 오늘날처럼 이들이 교육과 실험의 대상으로 이용되었을 가능성도 있다. 병원에서 도망치는 사람, 들어가지 않으려고 자살하는 사람도 있었다.

이런 와중에서 병의 원인이 밝혀지지 않은 채 여성들은 계속 죽어갔다.

원인은 출산이 아니라 분만과정에서 생기는 자궁의 급성연쇄구균 감염이었다. 이 감염으로 우리가 아는 메리 울스턴크래프트가 죽었고, 이름 모를 수많은 여성들이 죽어갔다. 우리는 다만 그들 중에 능력 있고 영향력 있는 인물이 얼마나 많았을까 하고 상상해볼 뿐이다. 역사상 그 어느 때보다 죽음의 망령이 커져가자 모든 여성이 죽을 것이라는 끔찍한 생각이 만연하기도 했다. 근심, 우울증, 희생자가 될 거라는 생각 등, 갖가지 경험담들이 임신부와 산모들 곁을 맴돌았다.

세 남성이 2백여 년에 걸쳐 이 질병에 대해 조사하는 과정에서 부딪힌 무관심과 적의감은 오늘날까지 남성 산부인과 의사와 외과의에게 만연돼 있는 여성의 질병에 대한 무관심과 운명론을 잘 드러내준다. 1795년 알렉산더 고든이라는 스코틀랜드 의사는 산욕열이 "의사의 방문을 받았거나 분만의 도움을 받은 여성, 그 전에 질병에 감염된 환자와 함께 있던 간호원의 치료를 받은 여성에게만 발생한다"는 사실을 발표했다. 다시 말해 산욕열이 수수께끼 같은 병이 아니라 전염병으로서 신체 접촉에 의해 전달된다는 것이었다. 다른 사람들도 고든의 경험을 확인했다. 그러나 산욕열은 여전히 부인과와 조산술 교과서나 책자에 언급되지 않을 채 계속 번져갔다.

약 50년이 지난 후, 올리버 웬델 홈즈라는 미국의 젊은 의사가 자신이 직접 보았거나 보고를 받았을 때 그 병에 대해 상세히 기록해 놓은 것을 가지고 고든의 관찰을 추적해 보았다. 그는 이 병이 의사에 의해 환자에게 전달된다는 것을 더욱 확실히 증명해보였다. 그러나 의사의 손이 깨끗하지 못하다는 암시 때문에 격렬한 반응이 터져 나왔다.[41] 불결함은 의사들이 오랫동안 조산원들에게 가했던 비난이었던 것이다. 홈즈는 무책임하고 여론을 일으키는 젊은이로 지탄받고 공격받았다. 그의 『산욕열의 전염』이란 글은 수년이 지나고서야 의학서의 고전으로 평가받았다.

1861년 비엔나의 의사인 이그나즈 필립 젬멜봐이즈는 『산욕열의 원인, 개념, 예방』이라는 책을 발표했다. 젬멜봐이즈는 5년간 비엔나 산부인과 병원의 두 병동에서 출산과 사망을 관찰했다(제1병원의 의료진은 의사와 의과

학생들이었고 제2병원은 모두 조산원이었다). 그는 비엔나의 거리에서 분만하는 가난한 여성들이 제1병원에서 분만하는 여성들보다 사망률이 낮다는 것을 알았다. 그는 산욕열이 사회 전체에 퍼지는 유행병이 아니라 병원과 관련된, 특히 의사들이 근무하는 임상병원과 관련이 있다고 확신했다. 아무리 가난한 비엔나 여성이라도 의사가 있는 병원보다는 조산원의 도움을 받아 분만하면 살아남을 가능성이 훨씬 높다는 것을 알고 있었다. "그들이 제1병원을 정말 두려워한다는 것이 분명해졌다. 제1병원에 배정 받은 후 제2병원에 들어가기 위해 몸부림을 치며, 무릎을 꿇고 내보내 달라고 애원하는 가슴 아픈 장면을 많이 보아야 했기 때문이다. 제1병원에 있는 많은 남성들 또한 산모들로서는 낯선 존재였다."[42]

젬멜봐이즈는 이런 고통과 죽음의 광경에 얼이 빠졌다. 그러나 그의 사생활에 어떤 일이 일어나기 전까지는 그 원인을 밝힐 수가 없었다. 그는 휴가 중에 베니스에서 열리는 미술전시회를 보러갔다. 그 사이에 친한 친구이자 동료인 콜레츠카가 시체해부 중 손에 입은 상처 때문에 죽는 일이 발생했다. 젬멜봐이즈는 이 소식을 듣고 곧 병원으로 돌아왔다. 그의 설명은 다음과 같다.

> 콜레츠카 교수는… 임파염과 정맥염을 앓았다… 그리고 내가 베니스에 가 있는 동안 늑막염, 심막염, 복막염, 뇌막염으로 죽었다. 죽기 며칠 전에는 한쪽 눈에 전이(轉移)가 일어났다. 베니스의 전시관 방문으로 아직 흥분이 가시지 않았고, 콜레츠카의 죽음으로 상당히 동요되어 있었지만, 내 마음속에서는 콜레츠카를 죽게 하고 수많은 산모들의 죽음을 가져 온 이 병의 실체를 밝혀내야 한다는 결심이 생겼다.[43]

젬멜봐이즈는 해부실의 시체에서 묻은 잔재들은 보통으로 씻어서는 제거하기 힘든데, 이것들이 분만실의 여성에게 옮겨진다는 것을 알아냈다. 콜레츠카가 입은 손의 상처가 이 잔재들을 흡수하여 혈액 속으로 들어가 치명적 감염이 되었듯이, 이 잔재가 묻은 손으로 산모의 자궁을 만질 때 치명적인 결과를 초래하는 것이다. 젬멜봐이즈는 모든 의사와 의학생들이 분만실에 들어가기 전에 소독된 석회수에 손을 씻자는 운동을 전개했다. 곧 제1병원의 사망률이 줄어들어 제2병원의 사망률과 거의 같아졌다.[44]

그의 발견과 다른 의사나 진료소에 대한 그의 논쟁 때문에 젬멜봐이즈는 곧 적대감에 부딪혀 정치적으로 힘을 가진 의사들의 불신을 받아서 비엔나에서는 더 이상 발전할 수 없게 되었다. 그러나 그는 자신 이외에 아무도 비난하지 않았다.

> 양심의 가책 때문에 나는 신만이 나의 잘못으로 인해 죽은 환자가 얼마나 많은지 알 것이라고 고백할 수밖에 없다. 나는 어떤 다른 의사보다 더 많은 시체를 다루었다. 다른 의사들도 마찬가지라고 말한다면, 수백 년 동안 알려지지 않았던 인류의 재앙에 대한 비밀이 밝혀질 것이다.[45]

그는 비엔나에서 부다페스트로 쫓겨와서 "산부인과 창문 바로 아래 온갖 병리해부에서 나온 폐수가 흘러드는 하수구가 있는"[46] 산부인과 병원에 자리를 잡았다. 어린 절망적 환경에서 일을 하는데다 심혈을 기울여 밝혀낸 업적조차 여러 나라에서 거부당하자 심약한 젬멜봐이즈는 큰 타격을 받았다. 1865년 그를 비엔나 정신병원에 수용하라는 결정이 내려졌으나, 입원 며칠 전 그는 수술 도중 손에 상처를 입고는 곧 숨졌다. 콜레츠카와 그리고 그가 목격한 수천 명의 여성들의 죽음과 똑같은 원인이었다. 20년 후 리스터가 수술시 무균처치법 원칙을 제시한 데 이어 파스퇴르가 박테리아 감염의 실체를 보여주자 의사들이 손을 씻어야 한다는 젬멜봐이즈의 탄원이 받아들여졌고 부다페스트에서는 그의 동상도 건립되었다.[47] 200년에 걸친 산욕열의 만연이 끝나고 동시에 마취되고 기술화된 출산의 시대가 시작되었다.

VII

소외된 진통

조산술과 분만에 관한 비유는 현대 여성운동 서적에도 자주 등장한다. 한 여성운동 포스터에는 "나는 나 자신을 낳은 여성이다"라는 글귀가 쓰여 있었다.* 이런 이미지는 한 생명을 탄생시키는 분만과정이 고통스럽고, 선택적이고, 의도적임을 암시한다. 그러나 대부분의 여성에게 출산은 어떤 선택의 여지나 의식이 없는 상태에서 이루어진다. 선사시대 이후로 진통은 두려움과 육체적 고통, 죽음, 미신, 잘못된 정보, 신학적·의학적 이론 등을 떠올리게 만들었다. 간단히 말해 우리는 자발적 희생에서부터 황홀한 충만감까지 모두 느껴야 한다고 배워왔다.

히브리인들은 여성의 산고를 이브가 아담을 유혹하여 타락하게 한 것에 대한 저주라고 보았다. 로마인들은 "위대한 고통"이라는 뜻의 "포에나 마그나"라고 불렀다. 그러나 포에나는 또한 처벌, 벌이라는 의미도 있다. 고대 작가들은 출산이 인간사에서 가장 힘든 고통이라는 사실을 끊임없이 우리

---

* 뉴욕, 웨스트 14번가 62, 타임즈 체인지 프레스 발간.

에게 주지시켰다. 1950년, 원시사회의 '무통분만'의 신비에 관한 한 연구에서 로렌스 프리드먼과 베라 퍼거슨은 분만의 고통을 예상하는 것은 후기산업사회와 초기사회의 공통점이라는 결론에 도달했다. 마가렛 미드는 "출산현장을 볼 수 있었든 없었든, 분만을 이런 식으로 보는 것은 남성들의 책임이다. 나는 한번도 진통하는 여성을 보거나 그 진통 소리를 들어본 적도 없는 남성이 바닥을 뒹굴며 고통스러운 분만과정을 팬터마임으로 연기하는 것을 본 적이 있다"[1]고 말했다. 낸시 풀러와 브리지트 조던은 마야 인디언 여성과 함께 현지조사를 하면서 힘든 분만과 수월한 분만을 모두 목격했다고 보고했다. 그러나 조산원이나 출산 보조자들은 그 고통을 당연한 것으로 예상했고 남편의 참석도 허용했는데, 이는 도움을 얻기 위해서뿐만 아니라 "여성이 얼마나 고통 받는지를 보여주기 위해서"였다.[2]

어떤 여성이 영국해협을 헤엄쳐 건너거나 높은 산을 오를 준비를 한다면, 자신의 신체가 스트레스를 받고 용기를 시험당하며, 심지어 생명이 위험할 수도 있다는 사실을 잘 알고 있다. 그러나 심장과 폐, 근육, 신경에 가해질 고통에도 불구하고 그것을 고통이라기보다는 도전으로 생각한다. 그런데 대부분의 여성은 지식수준에 관계없이 분만을 자신에게 부과된 하나의 개별적인 사건으로 생각하고 마치 '절정경험'이나 고문대의 경험처럼 기이하고, 가끔 더럽혀지거나, 불가사의한 일로 받아들인다. 분만이 우리 신체가 정신의 원천임을 발견하고 우리 몸과 친숙해지는 길이라고 보는 사람은 아무도 없었다.

고통을 사랑과 똑같이 생각하기는 어렵다. 둘 다 어린 시절의 생활로까지 이어지는 연상을 담고 있고, 언어 자체가 담고 있는 문화적 태도를 연상시킨다. 그러나 고통도 사랑처럼 모성애의 이데올로기에 깊이 새겨져 있다. 어머니든 아니든 고통은 모든 여성에게 너무나 깊이 박혀 있기 때문에 그 의미를 좀 더 자세히 살펴 볼 필요가 있다. 가끔 고통을 측정 가능한 자극에 대한 반응으로 생각하여 감각인식이나 심리학적 경험의 범주에 넣기도 한다.[3] 여성경험의 전체성, 특히 어떤 기능, 즉 무의식과 주관적인 힘으로 가득 차 있고 신체적 감각에 있어서도 격렬한 출산기능을 이해하는 데 감각과 감정, 육체와 정신을 분리시키는 것은 별로 도움이 되지 않는다.

고통의 경험은 역사적이고 기억과 예상에 의해서 형성되는 – 상대적인 – 일이다. 소위 말하는 고통은 개인마다 느끼는 정도가 다르며, 고통을 경험하는 상황도 고통을 당하는 본인의 정의에 따라 다를 수 있다. 고통은 또한 문화마다 달리 표현된다. 브리포트는 진통중인 마오리 여성과 아프리카 여성의 예를 인용했다. 전통적으로 그들에게는 한마디의 신음도 허용되지 않았다.[4] 감정표현을 받아들이는 문화도 있다. 출산시의 행동이 그 문화의 전반적인 표현양식을 반영하고 있는 것이다.

그러나 출산의 고통은 특히 여성에게, 어머니로서든 단순히 한 여성으로서든 여성이 다른 종류의 고통스런 경험과 관계를 맺는 데 있어서도 가장 중심적인 사건이다. 어쨌든 출산의 경우처럼 우리를 움켜쥐어 우리에게 자아를 강요하는, 더 심하게 말해 우리 자아가 되도록 강요하는 이 근원적인 생각은 도대체 무엇일까? 우리가 육체적 고통을 고독이나 두려움과 구분할 수 있을까? 창조적 고통과 파괴적 고통이 있는가? 누가, 혹은 무엇이 우리의 고통의 원인과 본질, 기간을 결정하는가? 문화마다 대답이 다르겠지만 여성들이 살아가면서 아이를 낳고 고통 받는 것은 어디서나 마찬가지이다.

훌륭한 철학자이자 신비주의자인 시몬느 베이유는 고통과 고생을 구분했다. 고통은 아프지만 성장과 계몽으로 이어진다. 그러나 고생은 억압된 자나 노예의 상태로, 아무런 목적 없이 끝없이 무거운 돌을 마당 끝에서 끝으로 계속 옮겨야 하는 수용소의 죄수 생활과도 같은 것이라고 했다. 그녀는 고통을 추구해서도 안 된다고 강조했고, 필요 없는 고생으로 자신을 몰고 가는 것도 반대했다. 그러나 어차피 고통이 피할 수 없는 것이라면 고통을 유용한 것, 경험의 한계를 벗어나 생의 본질이나 우리 내부의 가능성을 더 잘 이해할 수 있는 것으로 바꿀 수 있다. 베이유는 순수한 고생은 무력함, 기다림, 단절감, 타성, 다른 사람의 뜻대로 움직이는 '조각난 시간' 같은 것이라고 했다.[5] 이 통찰은 주로 여성의 상황, 특히 출산경험을 설명하는 것이다.

베이유의 수용소 이미지는 진정한 목적과 의미가 있는 작업과 대비되는 강제노동의 이미지이기도 하다. 출산의 고통은 강제노동의 형태였다. 수백 년 동안 대부분의 여성은 피임수단을 가지지 못했고 이브의 저주를 분만실까지 가져가야 했다. 19세기에는 '고통과 산고'를 제거할 수 있다는 가능성 때문에 여성들에게 새로운 감옥, 즉 무의식, 무감각, 최면, 완전히 수동적인 감옥이 생겨났다. 여성들은 마취를 선택할 수 있었다. 처음 마취를 했던 여성들에게 그 일은 의식적이고 대담한 선택이었다. 그러나 정신적, 신체적 고통의 회피는 위험한 수단이다. 그것은 단지 고통감각을 피하는 것이 아니라 우리 자신과의 접촉을 잃는 결과를 초래하기 때문이다. 그리고 출산의 경우, 고통이란 말은 진통 중에 감각영역에서 일어나는 상태에 대해 아무런 차별 없이 똑같이 적용되었던 명칭이며, 이 명칭은 각 여성의 복잡한 신체적 경험을 제멋대로 해석하고 부인하는 표시였다.

2.

가부장제 사회에서 진통중인 여성에게 고통은 목적 있는 활동이었다. 즉 그녀 존재의 목적이고, 그녀가 탄생시키는 새로운 생명(특히 사내아이일 경우)은 가치 있고, 여성인 자신의 가치는 아이를 낳는 것에 달려 있다는 것이다. 여성의 출산능력 없이는 도시건설과 식민지 확장이 불가능하고, 가족이 소멸되며, 이방인에게 재산이 넘어가기 때문에 여성은 자신이 자기 존재의 목적이 아니라 그 목적의 중심에 있다는 것을 알게 된다. 이 목적에 동화된 많은 여성이 출산을 자신의 목적으로 만들기도 한다. 진통중의 여성은 자신의 종족이나 나라를 위해 싸울 새로운 병사, 새로이 부상하는 평민이나 부르주아 가족의 지도자, 아버지, 종교의 새 사제나 랍비, 새 생명을 이어갈 새로운 어머니를 탄생시키는 것으로 인식한다. 이런 가부장적 목적을 생각해 볼 때 여성은 해마다 배가 불러와도 자신의 생산능력 속에서 고통을 잊어버리며, 고통과 진통은 이 세상에서 그녀가 갖고 있는 궁극적인 가치와 연관된다. 그녀는 또한 임신과 진통 끝에 미래가 없는 생명, 즉 충분히 먹일 수 없거나 태어나자마자 죽임을 당할 수도 있는 생명을 낳을 수 있다는 것을 알고 있기도 했다.

12세기경 서구에서는 낭만적 사랑에 대한 숭배가 시작됨에 따라 출산을 둘러싼 또 다른 감정과 태도가 생겨났다. 궁정식 사랑의 전통이 이제까지 재산정리에 불과했던 결혼을 재인식시켰고, 진정한 감정의 분출과 밀도, 활력이 열정적 사랑, 즉 비밀스럽고 보통은 파국적인 관계에 조심스럽게 영향을 미치기 시작했다. 열렬히 사랑하는 남자의 아이를 가지는 것은 그 사랑의 독자성을 주장하는 것이었다. 그 남자의 아기를 가지는 것은 두 사람의 사랑의 절정을 가장 확실히 입증할 수 있는 것이었다. 사생아는 지루하고 의무적인 결혼생활이 아니라 열정적인 관계에서 탄생한, 활력이 넘치고 역동적인 존재라고 여겨졌다. 따라서 아이는 금지된 사랑의 표현일 뿐만 아니라 사랑하는 사람이 여성의 몸 안에서 합체되는 것이기도 했다. 남자는 여자를 버릴 수도 있고 숙명적으로 헤어질 수도 있지만, 여자는 '그의' 아이를 통해―특히 아들일 경우―계속 그를 소유하게 된다. 사회의 정의에도 불구하고 자랑스럽게, 그리고 자신의 선택으로 '사생아'를 갖는 것은 역설적이게도 여성이 가부장제를 거부하는 한 방법이었다. 주홍글씨에서 헤스터 프린이 딸 펄에게 '간통'을 뜻하는 단어의 첫 글자를 수놓은 예쁜 옷을 입힌 것도 일종의 항거의 몸짓이었다. 당시에는 출산이 고통스럽고, 위험하며, 선택의 여지가 없는 것이었다. 그러나 그것은 또한 목적이었으며, 육체를 통해 자신의 주장을 펴야만 하는 여성의 자기주장 행위로 변했다.

필요한 사람을 생산한다는 생각, 또는 여성으로서 자신의 운명대로 산다는 생각에서부터 20세기의 많은 여성들이 모성을 거부하기까지, 당연시 여기는 한 가지 감정의 끈이 계속 존재했다. 어머니의 삶을 보았고, 또 무엇보다 여자에게 출산의 운명을 강요하는 사회에서 자율적인 자아를 만들어 나가려고 노력하는 20세기의 교육받은 젊은 여성들조차 그것은 피할 수 없는 선택이라고 느낄만한 충분한 이유가 있다. 즉 모성과 개성, 모성과 창의성, 모성과 자유 사이에서 선택을 해야 하는 것이다. 도리스 레싱의 여주인공 마사 퀘스트는

> … 그것을 너무나 뚜렷이 보았다. 첫 아이를 염두에 두고 모든 소녀들이 말하는 "아기를 가진다"는 말은 진실을 숨기는 가면에 불과했다. 우리는 어린 아기를 안은 마돈나 같은 연약한 이미지를 보았다. 그보다 더 매력적인 장면은 있을 수 없었다. 그러나 우리가 보지 못한 것, 모든 이들이 보지 못하도록 막은 것은 이미 평범하고 따분한 시민들로 가득한 이 세상에 두세 명의 아이를 낳아 더해준 것 말고는 아무 한 일이 없는 중산층 여성들이다.[6]

　마사는 이 세상이 이미 '만원'이라고 생각할 뿐 아니라, 아이 그 자체가 목적이라는 말을 거부한다. 그녀는 '모성애'라는 감상적 이미지를 넘어서서 어머니라고 규정된 여성의 인생을 아주 뚜렷하게 보았다. 여성의 인생을 '절정경험'이 아니라 지속적인 조건으로 본 것이다. 가난한 여성과 마찬가지로 창조적 여성에게도 아이는 재앙, '내부의 적'으로 비쳐질 수 있다. 코라 샌들의 『알베르타의 자유』에서 가난에 찌든 젊은 여성작가인 알베르타는 애인의 아기를 가지게 된다. 그녀는 예술가인 친구 리젤에게 이를 고백한다.

> "오늘에야 나는 내 작품에 어떤 길을 볼 수 있게 된 것 같아"라고 그녀는 거의 혼잣말로 중얼거렸다. "글을 쓰려는 욕망은 있지만 이전과는 전혀 다른 형태의 욕망이야."
> 리젤이 손짓을 하며 말했다. "오! 그때가 바로 뭔가 일어날 때야. 바로 우리가 뭔가를 성취하기 시작한다고 생각할 때야. 그다음 그런 일이 일어나고 또 방해를 하고…"

그러나 본능적이든, 심리적이든, 문화의 변형이든, 재앙과 화해할 필요가 있다. 알베르타는 거리에서 아이를 데리고 다니는 어머니들을 주목하기 시작했다.

달리 아이들을 돌볼 사람도 없었고, 아침부터 저녁까지 아이들에게 매여 있으며, 아이를 위해 모든 것을 희생하고, 모든 것을 잊어야만 했다. 이 모습을 본 알베르타는 저항감을 느꼈다. 그녀는 이렇게 생각했다. 나는 아직 준비가 안 되었다. 아무것도 성취하지 못했다. 다른 방향은 전혀 볼 수도 없이 나 아닌 다른 사람만을 생각해야만 할까? 한편 그녀는 아이들이 어떻게 입고 다니는지를 눈여겨보는 자신을 보고 깜짝 놀랐다. 그리고 본능적으로 포대기에 쌓인 조그만 얼굴을 보려고 했다.

그러던 어느날 그녀는 이동전시회의 천막에서 아이를 데리고 있는 한 아프리카 여인을 보았다. 그녀는 알베르타가 임신한 것을 보고 말없이 미소를 지으며 고개를 끄덕여 보였다.

처음으로 그녀는 어머니가 된다는 것에 별 저항감이나 냉소를 느끼지 않았다. 그녀에게 다가오는 적은 조그맣고 발가벗은 아이로 그녀밖에는 믿고 기댈 곳이 없다. 아이에 대한 연민으로 가슴이 미어지고 눈물이 넘쳐흘렀다.[7]

알베르타는 자기 보전과 모성애 사이의 갈등이 얼마나 큰지를 경험했을 것이다. 나 역시 이런 근본적인 고뇌를 경험했다. 그러나 출산의 고통에 비하면 이 경험은 아무것도 아니었다.

자신의 어머니에게서 파괴적 힘―그 용어가 정당하든 정당하지 않든―을 경험한 여성은 어머니가 된다는 것을 곧 파괴적으로 된다는 의미로 받아들인다. 좋든 나쁘든, 살았든 죽었든, 진통중인 여성의 어머니는 분만실에서 가장 강력한 존재이다.

3.

전세계 어디서나 임신과 출산을 둘러싼 태도는 위력적이다.[8] 임산부를 자연스럽게 보는 곳은 아무 데도 없다. 임신은 남편의 정상적인 성기능의 증거이며, 남성이나 작물에 위험하고, 특히 악마의 눈에 띄기 쉽고 나쁜 영향을 줄 수 있는 것으로, 당혹함으로, 치료의 힘을 가진 것으로 간주된다.* 이런 태도는 출산에서 그 절정을 이룬다. 각 문화마다 정상분만과 정상진통을 하는 어머니들의 실제 행동에 관한 자료가 부족한 이유는 최근까지도 여성이 여성의 행동을 관찰하는 일이 드물었기 때문이다. (주술사, 마녀 치료 의사 또는 사제로서) 남성의 참석이 허용될 때도 정상분만일 경우에는 보통 남성 고고학자들이 배제되었다는 사실도 그런 기록이 부족한 이유 중의 하나이다.[9] 그러나 모든 지역에서 진통하는 여성의 감정적 반응은 똑같았다.

'자연' 분만의 초기 주장자인 그랜트리 딕-리드는 진통에 대한 두려움, 긴장, 고통 등의 변화를 파악했다. 두려움이 가장 컸다. 무엇보다 첫 아이를 가진 여성에게는 알 수 없는 두려움이 있었다. 그녀는 "여성이 받는 고통"에 대한 이야기를 평생동안 들어왔을 것이다. 아마 분만에 참여하거나 직접 보았을지도 모른다. 먼저 자신의 몸이 자신도 모르게 힘찬 수축상태로 진행되는 것을 느끼게 된다. 대부분의 역사에서 여성은 이를 '수축'이라고 배우지 못했다. 조산원, 외과의, 사제, 어머니들 모두 이를 '고통', 심지어는 벌이라고 설명해 주었다. 신체 기능상의 변화를 생각하는 대신 여성은 스스로 고통의 공격을 받는다고 생각한다.** 사회 통념상 고통을

---

* 내가 처음 임신을 했을 때, 나는 뉴 잉글랜드에 있는 오래되고 유명한 남자고등학교에서 시 낭독을 해달라는 초청을 받았다. 이 일에 관여했던 교장이 내가 임신 7개월이라는 것을 알자 초청을 취소했다. 내가 임신했다는 사실 때문에 남학생들이 내 시에 귀를 기울일 수 없다는 것이 그 이유였다. 그때는 1955년이었다.

** K. D. 카일은 "원시적인 생각으로는, 고통은 어떤 대상이나 정령이 몸속으로 침투해 들어가는 것과 긴밀한 연관이 있다. 살아있든 죽었든 다른 사람의 영혼이 새로운 몸을 구하기 때문에 고통스러운 질병이 생기는 것이라고 여겨졌다. 새

당연한 것으로 예상할 뿐 아니라 그 과정에 대한 무지가 더욱 두려움을 불러일으키는 것이다. 위에 언급한 프리드먼과 퍼거슨의 출산연구에서는 고통에 대한 두려움을 "사지절단과 죽음에 대한 경험적 지식"에서부터 생기거나 괴물의 출생에 대한 경험적 지식에서 발생한다고 결론지었다. 죽음에 대한 공포는 미지에 대한 두려움과 불가분의 관계에 있다.

여러 문화에서 진통중인 여성은 임신 중일 때와 마찬가지로 특히 악령에 영향 받기 쉽다고 믿었다. 출산을 병으로 여기는 것도 바로 이런 생각과 관계있다. 나일즈 뉴턴은 파나마의 쿠나 인디언의 예를 들었다. 그들은 "출산이 너무나 비정상적이기 때문에 임신 중에 도움이 되는 약을 먹기 위해 매일 의사에게 가고, 진통 중에도 계속 약을 먹는다"고 했다. 미국의 병원 분만도 마찬가지로 출산이 종종 수술로 취급되고 항상 의료사건으로 간주된다.

출산을 더러운 것으로 보는 견해 또한 널리 퍼져 있다. 인도의 조산원들은 보통 "건드릴 수 없는"(천민) 계급이었고 인도의 어떤 지방에서는 출산시나 10일 후까지 산모를 "만져서는 안된다"고 생각했다. 이와 유사한 사건으로 1951년 베트남 여인들이 다른 사람에게 불운이 생기지 않도록 하기 위해 출산 후 오랫동안 격리된다는 보도가 있었다. 아라페쉬 여성들은 "배설, 월경, 돼지침입 등에 대비해 마련한" 지역에서 분만했다. 출산후 여성을 정화시키는 의식은 유태인, 기독교인, 아랍인 등 코카서스에서 남아프리카에 이르기까지 다양하게 발견된다. 뉴턴은 산후 '모독' 기간은 적어도 어머니들에게 일상잡무에서 벗어날 기회를 제공하고 아기와의 새로운 관계에 방해받지 않고 평화롭게 전념할 수 있게 해주는 것이라고 보았다. 그러나 이런 곳에서도 여전히 여성의 육체는 혐오의 대상이었다. 강도 높은 신체적 경험을 해야 할 사람이 자기 육체에 대해 증오와 의심을 갖는다는 것은 분명 좋은 일이 아니다.[10]

마지막으로 성적 죄책감에 대한 고통이 있다. 어떤 문화에서는 진통중인

로운 탄생을 찾는 영혼이 여성의 몸 안으로 들어오면서 임신이 된다고 생각했다"고 지적한다. (『고통의 분석』[옥스포드: 블랙웰, 1957], 2쪽)

여성에게서 간통 자백을 받아내기도 한다.[11] 임신과 출산의 성적인 함축의 미는 임신 중에 수치심과 당혹감을 불러일으킬 수도 있고 분만실에 누워있다는 데에서 죄의식을 생기게 할 수도 있다. 쉴라 키칭거가 관찰했듯이 괴물을 낳을지도 모른다는 두려움은 "깊은 죄책감과 관계가 있다. 여자는 자신의 몸속에서 이 괴물, 자신이 저지른 악의 결정을 낳음으로써 스스로를 처벌하고 속죄로 죄책감을 씻어내고 싶어한다."[12]고 말했다. 여성의 성적 죄책감과 신체적 모독은 불가분의 관계에 있으며, 세계 전역에서 엄청난 긴장의 원인이 된다.

문명이 발달한 지역뿐 아니라 미개한 곳에서도 발견되는 이러한 부정적 태도가 출산을 육체적·정신적인 시련으로 만든다. 여성의 몸이 마술적이고, 악의 공격을 받기 쉽다거나 악을 퍼뜨리며, 불결하고, 죄의 실체라는 인식이 깊이 그리고 널리 퍼져 있다. 여성은 이러한 믿음을 내면화하고 이런 믿음은 무지 못지않게 분만과정에 영향을 미치고 위험한 현실을 만든다. 그러나 현대 서구사회에도 이런 태도가 아직 남아 있어 여성을 출산과정에서 소외시키는 데 특히 큰 역할을 했다.

4.

미개한 사회에서 나타나는 출산의 고통에 대한 두려움은 말이나 글, 일화를 통해 전달되어 왔고 문헌에 의해서도 입증되고 있다. 12·3세 때 나는 출산을 상세히 묘사해 놓은 소설 구절을 읽고 또 읽으면서 실제로 어떤 일일까 하고 상상해 보았다. 나를 만족시킬만한 출산에 관한 영화나 사진은 없었지만 유명한 소설 『안나 카레니나』에서 키티 레빈의 남편이 아내의 고통을 설명하는 구절을 찾아냈다.

앞이마에 머리카락이 한 가닥 대롱거렸다. 붉게 달아올라 고통스러운 키티의 얼굴이 그의 눈을 찾아 그에게로 향했다…

그녀는 간신히 말했고 웃으려고 했지만 갑자기 고통으로 얼굴이 일그러져 그를 밀어내었다.

"오, 끔찍해! 난 죽어… 죽을 거야! 가 버려요, 가 버려!"라며 그녀는 소리쳤다. 그리고 그 비명은 온 집안에 울려 퍼졌다…

머리를 문에 기댄 채 옆방에 서 있던 그는 한번도 들어보지 못한 고함과 울부짖는 소리를 듣고 있었다. 그리고 그 소리가 한때 키티였던 것으로부터 나왔다는 걸 알았다…

제 정신을 잃고 그는 다시 침실로 뛰어 들어갔다. 처음 눈에 들어온 것은 아까보다 더 찡그리고 엄숙한 조산원의 얼굴이었다. 키티의 얼굴은 거기 없었다. 그 대신 무서운 것이 있었다. ─ 긴장된 고통과 그 고통 때문에 지르는 소리 때문에 두려웠다. … 계속 끔찍한 비명이 이어지다가 공포의 최후 한계에 도달하자 갑자기 멈추었다. … 그다음 그는 부드럽고, 바스락거리며, 쌕쌕거리는 숨소리와 거친 숨소리와 그녀의 목소리를 들었다. 헐떡이며, 활기차고 부드럽고, 희열에 찬 목소리로 그녀는 "끝났어요!"라고 속삭였다.[13]

『전쟁과 평화』에서 리즈 공주의 결과는 별로 좋지 못했다.

비명이 멎고 몇 초가 지났다. 그러자 갑자기 침실에서 끔찍한 비명이 흘러 나왔다. 그녀의 소리일 리가 없었다. 그녀가 저런 비명을 지를 리가 없다. 앤드류 왕자가 문으로 달려가자 비명이 그치고 아이의 울음소리가 들렸다.

… 한 여성이 뛰쳐나오다가 앤드류 왕자를 보고는 문간에서 주저하며 멈추었다. 그는 아내의 방으로 들어갔다. 아내는 5분 전에 그가 보았을 때와 똑같은 자세로 누워 죽어 있었다.[14]

위의 두 구절은 물론 아버지의 양심을 가진 남성이 쓴 것이다.

나는 내 자신이 '삶의 진면목'을 알고 있는 젊은 여성이라고 생각했다. 친구들의 어머니와는 달리 나의 어머니는 성행위와 피임에 대해 자세히, 친절하게 설명해 주셨다. 그러나 진통과정은 여전히 내게 수수께끼였다. 나는 진통이 아이의 머리가 좁은 산도를 통해 나오려고 하기 때문인 것으로 생각했다. 그러나 그게 왜 그렇게 고통스러운가? '집게' 분만에 관해 듣고난 뒤 아기의 머리를 잡고 있는 동안 어머니를 갈가리 찢을 수도 있는 거대한 기구를 상상했다. 그러나 어떻게 아이가 태어나자마자 갑자기 고통이 끝날 수 있을까? 어떻게 리즈는 "그가 5분 전에 보았던 것과 똑같은 자세"로 죽을 수 있을까? 무엇이 그녀를 죽였을까? 어떻게 그런 일이 갑자기 일어날 수 있을까? 진통을 겪는 여성들을 암시한 톨스토이의 표현 중에 끔찍한 것들이 있다. "그 소리는 한때 키티였던 것으로부터 나왔다", "끔찍한 비명소리─그녀의 것일 리가 없다. 그녀가 저런 식으로 비명을 지를 리가 없다"가 그것이다. 그런 식으로 진통을 겪는 여성은 악령에 씌웠다고 생각되거나 비인간 취급을 받은 것이다.

극히 드물지만 소설에서 찾아낸 출산에 관한 설명(펄벅의 『대지』도 또 다른 예가 된다)에서 나는 내가 태어날 때 진통이 너무 길고 시간이 많이 걸려 어머니가 '헤로인'을 복용했다는 사실을 알았다. 아버지의 서재에서 나는 진홍색 표지의 두꺼운 책, 윌리암스의 『산과학』을 훔쳐보았다. 그 책의 저자는 내가 태어날 때 어머니의 분만을 도운 산과의였다. 그 책 속에는 진통하는 어머니의 얼굴을 찍은 사진은 없었고, 외음부, 외음부 절개, 그리고 내 것과 비슷하기도 하고 비슷하지 않기도 한 하체부분이 아이의 머리 때문에 끔찍하게 펼쳐진 상태로 있는 사진이 있었다. 많은 어린 소녀들과 마찬가지로 나 역시 내 몸이 그런 격변을 견뎌내도록 되어 있다고 상상할 수가 없었다.

딕─리드는 많은 여성들이 고통이 아니라 고통의 두려움 때문에 고함을 지르고, 알 수 없는 공포에서 벗어나기 위해 수면제를 요구한다고 말했다. 수백 년 동안, 특히 산욕열이 만연했던 기간 동안 죽음에 대한 환상이 상당했다는 것을 통계로 알 수 있다. 그러나 산모 사망률이 낮은 장소와 시대에서도 분만 도중 죽을지도 모른다는 여성의 환상은 비교적 높았다. 가부장제에서는 전형적으로 어머니의 생명이 아이와 맞바꾸어진다고 믿는다. 하나의 개별 존재로서 어머니의 자율성은 그녀가 가질 아이로 인해 갈등을 일으키게 되어 있다는 것이다. (은밀히 고통과 연결되어 있고 분노를 억압하는 것을 암시하는) 훌륭한 어머니로서의 자기부정, 자기소멸은 한때 자신에 대한 희망과 기대, 환상을 가졌던 여성을 '죽음'으로 몰고 간다. 그리고 그 희망과 환상은 한번도 이루어지지 못한 채 끝나는 것이다. 가난한 여성에게는 아이가 또 다른 종류의 죽음을 의미한다. 생존투쟁에 새로움 부담이 되기 때문이다.

본질적인 것처럼 보이는 또 다른 종류의 공포가 있다. 변화, 변형, 낯선 것에 대한 두려움이다. 임신은 이전의 자아를 없애는 것 같은 경험이다. 한 유럽 여성은 다음과 같이 일기에 적고 있다.

> 거울에 비친 내 모습이 낯설어 보인다. 성격도 변했다. 알 수 없는 유치한 욕망이 나를 엄습하는데 그것이 싫다. 나는 냉정한 논리적 사색가였으나 이제 이성은 희미해지고 분열되었으며 무력해져 눈물로 바뀌었다. 절망적인 아이 같은 눈물, 이건 내 것이 아니다. 나는 나이면서 또 아니기도 한다. 그것이 나의 속마음을 휘젓는다. 내가 나의 의지로 이 움직임을 통제할 수 있을까? 그럴 수 있다고 생각할 때도 있지만 내가 통제할 수 없는 것임을 깨닫는다. 나는 어떤 것도 마음대로 할 수가 없다. 나는 내가 아니다. 남성들도 경험하는 너무나 짧은 환희의 순간이 아니라 조심스러운 9개월 동안… 그리고는 아이가 태어났다. 더 이상 내 것이 아닌 목소리로 아이가 우는 것을 들었다.[15]

물론 모든 여성이 '냉정하고 논리적인' 이 여성처럼 임신을 '부담스럽고' '낯선' 것으로 여기지는 않는다. 가장 낯설고 서먹한 것처럼 보이는 것은 실제로 그녀 자신의 묻혀있고 거부된 면이라고 말할 수 있다. 그러나 임신과 출산은 모든 어머니의 삶에서 커다란 변화를 예고한다. 자기 아이를 포기하고 출산 시 입양을 결정한 여성조차도 마지막까지 아이를 낳는 과정에서 육체적, 정신적 변화를 겪는다. 계속 어머니 역할을 하는 여성은 그녀 생활의 리듬과 중요도가 가장 심오하면서도 가장 하찮은 방식으로 바뀐 것을 보게 될 것이다. 오랫동안 아이를 원하고 기다려온 여성은 어머니가 되기를 절실히 바랄 수 있다. 그러나 이런 여성조차도 낯선 것에 부딪히게 된다. 이것은 결코 쉬운 일이 아니다.

5.

남성의사들의 독점물인 분만용 집게는 출산을 새로운 남성의료분야로 정착시키는 데 결정적 역할을 했다. 1842년 조지아의 한 의사가 에테르 흡입으로 고통을 잊을 수 있다는 것을 알아냈다. 에테르와 산화질소는 치과분야에 신속히 도입되었다. '마취' 라는 용어는 올리버 웬델 홈즈가 처음 제안하여 곧 일반적으로 통용되기 시작했다. 1847년, 출산에 에테르를 사용한 스코틀랜드의 제임스 심프슨은 여성이 의식을 잃어도 자궁수축이 계속되는 것을 보여주고, 실험을 거쳐 진통을 완화하기 위해 클로르포름을 사용하였다. 그러자 종교 분야의 반발이 거세게 몰아쳤다. 성직자들은 마취를 '사탄의 책략' 이라고 공격했다. "여성을 도와주는 것처럼 보이지만 결국 사회를 냉혹하게 만들어, 어려울 때 도움을 주고자 하는 신의 진지한 말씀을 ▪빼앗아 버릴 것"[16]이라고 주장했다. 이브의 저주를 들먹이는 것이 가부장적 종교기반을 흔들어 놓은 것 같았다. 출산 시 여성의 고함은 아버지 하나님의 영광을 위한 것이었다. 마치 마터 돌로로사(mater dolorosa)-성모의 전형으로서 영원히 고통 받고 순종적인 어머니-를 대체할 수 있는 것은 보는 것만으로도 남성을 돌로 만들어 버리는 메두사뿐인 것처럼, 여성의 고통이 완화되면 사회가 '냉혹' 하게 된다고 보았다.

이 견해는 여전히 낙태반대파들이 애용하고 있으며 일반적인 여성해방운동의 모든 문제에 적용된다. 메리 울스턴크래프트가 패혈증으로 끔찍하게 죽은 후 리차드 폴웰 목사는 "그녀의 죽음은 여성의 운명과 여성들이 특히 잘 걸리는 질병을 보여줌으로써 성의 구분을 뚜렷이 드러냈다"[17]고 자신 있게 말했다.

남성뿐 아니라 여성조차* 여성과 동일시하는 생각은 여성을 어머니의 개념으로 받아들이는 관습 때문이다. 여성의 말없는 고통이 불가피하다는 생각은 이브나 성모마리아뿐만 아니라 헬렌 도이취가 수동성과 자학증을 '정상적' 여성스러움과 연결시킨 것 등 역사 속에서 여러 가지 형태로 찾아볼 수 있다. 중세여성이 출산이 이브의 죄의 대가를 지불한다고 생각했다면 19세기 중산층 여성은 집안의 천사, 즉 산고의 고통에 의해 여성다움을 인정받는 순교자라고 생각했을 것이다. 올리버 웰덴 홈즈는 다음과 같이 호소했다.

> 어머니가 되려는 여성, 갓난아기를 안고 있는 여성은, 그녀가 이런 사랑스러운 부담을 지고 있거나 아픈 팔다리를 뻗는 곳이 어디건 연민과 보호의 대상이 되어야만 합니다. 거리의 부랑자라도 어머니가 될 여성이 내팽개쳐진 것에 동정을 금치 못합니다. 법의 무자비한 복수는… 자비를 구하는 그녀의 말에 아랑곳하지 않습니다. 삶의 시련 중 그녀의 슬픔을 가려내어, 다가올 고통의 시간 동안 성찬식의 엄숙한 기도로 그녀를 보살펴 줄 것을 간청합니다.[18]**

---

* 올리브 슈라이너는 1888년 헤브록 엘리스에게 다음과 같이 편지를 썼다: "전능하신 하느님께서 말씀하시기를 '나는 고통을 견디는 자동 노동 기계를 만들어, 어떤 주어진 공간에서 가장 큰 고통을 감당할 수 있도록 하겠노라'고 하시며 여성을 만들었다. 그러나 하느님은 흡족하지 않았으므로 최고의 완성품을 만들려고 하셨고, 그래서 재능 있는 남성을 만들었다. 그런데도 하느님은 흡족하지 않으셨다. 그래서 하느님은 그 둘을 합쳐 재능 있는 여성을 만드셨고─이제야 흡족해하신다. 이것이 진짜 이론이지─ 그렇지만 결국 하느님의 계획은 무너졌어. 왜냐하면 고통을 견디도록 만든 그 기계가 축복도 누릴 수 있게 되었거든…"(S. C. 슈라이너가 편집한 『올리브 슈라이너 서한집』, 1826-1920, [런던: T. 피셔 언윈, 1924]

** 이것은 순전히 감상적인 표현일 뿐이다. 그 이전이나 그 후와 마찬가지로 19세기에도 여성은 감옥이나 일터에서 출산을 했다. 예를 들어, 그녀의 옆 감방에서

여성의 생명의 가치는 임신과 출산으로 나타날 수 있다. 어머니가 되기를 거부하는 여성은 단순히 정신상태가 의심스러운 것이 아니라 위험한 상태이다. 자손번식을 거부할 뿐 아니라 사회로부터 감정의 원동력, 즉 어머니의 고통을 박탈하고 있는 것이다. 1920년대까지도 "진통중인 여성의 고통은 자식에게 품는 사랑 중 가장 강력한 것"이라고 생각했다.[19]

따라서 1853년 빅토리아 여왕이 일곱 번째 아이를 출산하면서 클로르포름 마취를 받아들인 것은 그녀의 통치 중에 보인 대단히 혁신적 행동이었다. 그렇게 함으로써 여왕은 교회와 가부장적 전통, 그리고 여성에 대한 견해 전부에 반대의사를 표현했다. 그러나 그녀의 영향력과 권위는 상당히 강력해서 이 결정을 계기로 결국 산과에서 마취를 받아들이게 되었다.

또한 여성의 몸이 이전보다 더욱 금기시되고, 신비롭고, '불평과 혼란거리'라고 의심을 받으며, 억측의 초점이 된 시기도 바로 빅토리아 시대였다. 부인과의 남성 의사들은 여성의 성적 반응을 병리학적이라고 보았고, '여성은 약하다'는 그릇된 관념이 중·상류층 여성에게 자주 나타났다. 교육이 여성의 생식기관을 위축시켰다고 생각했다면, 여성의 참정권은 "모든 나라에는 정신병원을… 모든 도시에는 이혼법정"을 세우는 것과 같다고 간주되었다. '말썽', '자살기도', '호색 경향' 등의 행동을 수정하기 위한 일환으로 여성에게 음핵절제와 난소절개를 시술했다. 빅토리아 시대의 영국과 미국에서 (상류층) 여성에 대한 존경심은 주로 여성의 지나친 새침 때문에 생긴 것이었다.[20] 진통이 시작되면 여성은 마취 상태로 반듯이 누워 완전히 의식을 잃는다. 의사들은 마치 마네킹을 다루듯 분만을 시작한다. 분만실은 수술실이 되고 출산은 의사가 주인공인 병원드라마가 되는 것이다.

20세기 초에 특히 진통을 없애는 다양한 마취제가 개발되었다. 유아에 치명적 영향을 미친다는 사실이 발견되기 전까지 모르핀과 스코폴라민 복합체인 '트와라이트 슬립(Twilight Sleep)'이 가장 널리 사용되었다. 후에 소

어떤 여성이 아이를 낳느라고 소리 지르는 것을 들었다는 에믈린 펜크허스트의 설명을 참조하라.(미지 맥켄지가 편집한 『우리 함께』[뉴욕: 노프, 1975], 72, 91쪽)

디움 아미탈과 넴부탈이 기억상실증을 유발하는 것으로 판명되었다. (진통효과도 부분적이었다) 실비아 플러스의 작품에서 넴부탈을 복용한 여주인공은 "나는 그것이 남성이 발명한 약일 거라는 생각이 들었다"[20]고 씁쓸하게 말했다. 국부마취의 개발로 허리 아래 부분만 마취하여 산모가 의식이 있는 상태에서 아이가 태어나는 것을 볼 수 있었다. 『산과술』이라는 책에서 스피르트와 구트마허는 국부마취가 자궁불감을 일으켜서 어머니가 자발적으로 태아를 밀어내는 힘을 없앰으로써 두 번째 진통시간을 연장시킨다는 점을 인정했다. 따라서 기구를 사용하지 않고도 아이가 더 빨리 태어날 수 있는 상황인데도 불구하고 분만용 집게가 '필요' 하게 된다고 주장했다. (물론 미숙한 의사가 맡을 경우 영구불임의 가능성도 배제하기 어렵다.)

심장질환, 결핵, 제왕절개 경험 등으로 어머니가 정상적으로 진통할 수 없는 경우[22]도 있지만 여성들은 이제 깨어 있으나 출산에는 적극 참여할 수 없게 만드는 반마취상태가 건강한 산모에게 어떤 정신적 영향을 미치는지 궁금하게 생각하고 있다. 새로운 생명을 세상에 내놓는 바로 그 순간에 어머니는 이불을 덮고 누워서 마취당한 채 팔다리를 묶인 상태로 있다. 더 이상 여성의 속박에 대한 이런 절망적인 이미지를 만들어서는 안된다. '성해방' 처럼 이 '고통으로부터의 해방' 도 여전히 여성 자신의 신체가 가진 가능성과는 거리를 둔 채, 남성이 여성의 육체를 마음대로 다룰 수 있도록 만들어 버렸다. 따라서 이런 식으로 산고를 잊게 만드는 것은 여성의 종속적 위치를 바꾸지 않으면서도 여성의 지위가 상당히 진보한 것인 양 선전할 수 있었던 것이다.*

---

* 1930년대의 어떤 의사는 미국 산과 기술의 완벽함을 다음과 같이 설명하고 있다:

일단 (병원에) 도착하면… 산모는 즉각 현대의 마취제나 진통제의 혜택을 받는다. 곧 산모는 고통의 절정에서 멍하고 반쯤 의식을 잃은 상태가 되어, 진통 사이사이에 깊은 잠이 든다. 아이가 나올 때까지는 몇 시간이 걸리지만 그동안 산모의 의식은 완전히 사라진다. 나머지는 의사와 산모 자신의 반사작용에 달려 있다. 산모는 한 점의 먼지도 없이 깨끗한 분만실로 옮겨져서, 살균 처리된 수술대 위에 눕혀지고, 살균 처리된 시트를 덮게 된다는 것을 전혀 알 수 없다. 또한 산모는… 그녀를

6.

1940년대 딕-리드는 산모의 고통이 두려움과 긴장에서 나온다는 것을 알고는 산모의 긴장을 완화시키고, 올바른 호흡법을 가르치며, 진통과정을 이해시키고, 운동을 통해 근육조절을 개발시키기 시작했다. 딕-리드는 또한 진통 중에 침착하게 도움을 주는 의사가 필요하다고 강조했다. 쓸데없이 출산과정에 참여하거나 빨리 분만시키려는 수술의가 아니라 신뢰와 안정감을 주는 산과의가 필요하다는 것이다. 그는 언제든지 마취할 준비는 되어 있어야 하지만 산모가 원치 않는데도 강제로 실시하거나, 관습적으로 마취제를 투여해서는 안 된다고 주장했다. 딕-리드의 업적은 획기적이었고 그의 관찰 결과는 오늘날까지 그 가치가 인정되고 있다. 그러나 여성에 대한 그의 태도는 상당히 가부장적이었다. 새 생명을 탄생시키는 여성의 능력에 대해 진정으로 경외심을 가지고 있으면서도 동시에 그는 출산을 의사에게 맡기려는 "여성의 타고난 종속성"에 대해 언급했다. 그는 출산과정을 "황홀한" 것으로 보았고, "모성은 여성의 생물적 욕구"라고 말했다. 여성에게 출산보다 더 귀중한 경험은 없다고 보았다. 그에게 출산은 여성의 영광이요, 삶의 목적이며, 최고의 경험이었다. 두려움을 없애고 황홀감을 강화시키면 출산은 "자연스러운" 것일 수도 있다. 실제로 고통을 없애주는 것이다. 그러나 여전히 남성 산과의가 상황을 조절한다.[23]

30년대와 40년대에 몇몇 소련 의사들이 출산에 파블로프의 조건반사 이론을 적용하기 시작했다. 최면상태와 최면 후 상태에서의 분만이 러시

보호하기 위해 살균 처리된 흰 가운과 장갑을 착용한 의사와 간호사들도 볼 수 없다. 또 반짝반짝 소독한 기구들과 소독액도 볼 수 없다. 산모는 아이가 처음 이 차가운 세상의 냉기를 느끼면서 지르는 울음소리도 듣지 못하고, 의사가 열상을 치료하느라 애쓰는 것도 볼 수 없다. 심한 고통을 겪게 될 때 우리 대부분이 원하는 상태, 수면 상태에 산모는 빠져 있다. 마침내 그녀가 미소를 띠고 깨어나면, 그녀는 어머니가 된 기억을 전혀 가지고 있지 않은 어머니가 되어 있다. (R. P. 피니, 『모성의 역사』[뉴욕: 리버라이트, 1937], 6-7쪽)

아에서 성공을 거두자 산전훈련의 기초였던 '암시'에 대한 중요성이 크게 늘어났다. 이는 임신하고 있는 동안 "분만에 적용될 수 있는 조건반사의 복잡한 연관성을 만드는 것이다. 즉, 임산부는 아이가 글을 읽고 수영을 배우는 것처럼 출산법을 배운다." 고통에 대한 조절이 바뀌고 새로운 반응법이 정립되었는데 이것을 "언어를 이용한 무통" 분만이라고 설명할 수 있다.[24] 파블로프는 다음과 같이 관찰했다.

> … 남성에게 언어는 다른 자극제와 똑같이 실질적인 자극을 제공한다… 언어는 성인의 삶의 과정을 전반적으로 기술하는 것으로, 대뇌피질에 도달할 수 있는 내적, 외적 자극제와 연관되어 있다. 따라서 대뇌피질은 자극을 전달하고 대체하여 모든 기관의 반응을 일으키는데 보통 이 반응은 실제 자극 그 자체에 의해 결정된다.[25]

1951년, 프랑스의 의사 페르낭 라마즈가 '정신예방법'을 사용하는 소련의 산부인과를 방문한 적이 있었다. 그는 이를 서방세계에 소개했고, 그가 맡고 있던 산부인과 병원에서 회원들에게 적용했다. 라마즈는 딕-리드보다 산모가 진통의 모든 단계에 더 능동적으로 참여해야 한다는 점을 강조했다. 그리고 각 진통단계에 사용될 수 있는 정확한 호흡조절법을 개발했다. 딕-리드가 제2단계에서 '의식둔화'를 장려한 반면, 라마즈는 산모가 깨어서 의식을 갖고 숨쉬기, 힘주기, 내뿜기 등 분만동석자의 언어지시를 받아 들여야 한다고 했다. 그러나 수전 암즈는 라마즈의 방법이 "여성의 육체 내부에 깊이 관련된 경험을 인위적인 조절로 흩트려 버림으로써 자연적인 출산과정을 변화시키는 불행한 부작용을 낳는다"고 주장했다. "여성신체에 대한 군대식 조절"이 이루어지면 "분만하려는 몸의 감각, 냄새, 시각과 분리되어 조절에 지나치게 얽매여 버린다"[26]는 것이다.

영국의 쉴라 키칭거가 발표한 "성심리적" 방법은 여성존재라는 맥락의 일부로서 보다 광범위한 출산개념을 포함하고 있다. 그녀는 여성이 "자신의 신체와 본능을 믿도록" 배워야 하고 출산시의 복잡한 감정체계를 이해해야 한다고 강조했다. 키칭거는 어머니가 "자신의 입장, 자아통제, 선택, 자발적 결정, 의사와 간호원에게 적극적인 협조를 할 수 있는 힘"을 유지하려면 출산에 관한 육체적, 심리적 교육이 모두 필요하다고 주장했다. 그리고 특히 조산원의 도움으로 가정에서 분만할 것을 강력히 권장했다.

그녀 자신이 5남매의 어머니로서 솔직하게 "진통중의 고통은 정말 생생하다"고 말했다. 그러나 그녀는 또한 힘을 줄 때 질이 열리는 육감적 경험은 고통스러운 것이 아니라 강력하고 환희에 찬 것이라고 설명했다. 여성의 현실에 대한 그녀의 파악은 딕-리드나 라마즈보다 훨씬 광범위했다. 그러나 준비된 출산에 대해 쓴 다른 작가들처럼 그녀 역시 아이는 부부 사이에서만 태어나야 하며, 육체적, 정신적으로 기댈 수 있는 남편이 분만실의 제일 중요한 인물임을 전제로 하고 있다. 그녀는 "임신경험은 여성의 삶의 중심"이라는 것을 강조했다.[27]

더욱 최근에 미국에서는 딕-리드, 라마즈, 키칭거의 주장을 다양하게 복합시킨 방법에 많은 관심이 쏠리고 있다. 분만할 때 남성의사보다 조산원을 더 선호하는 경향, 병원의 기계화 분위기 등이 "우리 몸을 되찾자"는 움직임과 여성의료복지 운동의 중요한 양상이었다. 60년대 말에 가정분만을 축하하는 여러 가지 책자가 나오기 시작했다. 벗었거나 꽃무늬 드레스를 입은 예쁜 젊은 임산부들의 사진을 실은 이 책들은 히피처럼 산모들을 낭만적으로 미화했다. 그러나 이 책들은 진통중인 대부분의 여성들에게 영향을 미치는 빈곤, 영양실조, 아이 아버지로부터의 버림, 미흡한 산전 간호 등의 문제는 다루지 않았다. (보통 아이를 고대하는 듯한 표정의 젊은 아빠가 출산장면에 함께 등장한다.) 미국에서 '계획' 출산이나 '자연' 분만은 중산층의 현상이다. 그러나 이를 지지하는 사람들도 여성의 삶의 의미가 진통 경험과 어느 정도 관련이 있을 것이라는 점을 인정한다. 삐에르 블래이라는 프랑스 산과 의사는 '정상적'인 경우(정상골반, 정상위치, 신체 및 정신 상태의 정상), "만일 출산 전에 가족, 금전, 사회적 근심으로 마음을 상하지 않는다면 고통 없는 해산을 기대할 수 있다. … 방이 많은 밝고 즐거운 집, 충분한 돈과 미래에 대한 불안이 없는 것이 여성이 아이를 가질 수 있는 최상의 조건이다"[28]라고 말한다. 라마즈는 "집이 너무 작거나 아버지의 수입이 부족한 가족에게 아이 하나를 더한다는 것은 근심을 제공하는 것이다… 어머니 자신의 미래도 암울한 상황에서 아이의 미래까지 걱정해야 하는 어머니가 우울증세를 보이는 것은 당연한 일"이라고 인정한다. 현대 여성운동의 초기 이론가였던 슐라미스 파이어스톤은 자연분만이란 전반적인 여성해방과는 거의 무관한 반동적인 반문화의 일부라고 주장했으며, 그녀가 초기 이론가라는 점을 고려해 보면 이는 어느 정도 이해가 되는 입장이기도 하다.

파이어스톤은 임신을 순전히 가부장제하의 희생경험이라고 보았다. 그녀는 "임신은 야만적"이며 "출산은 고통"이라고 단언했다. 그녀는 이 단순하고 검증되지 않은 관점 때문에 생물학적 모성애를 버렸고, 전혀 다른 정치적, 감정적 맥락에서 보면 임신과 출산의 경험이 어떻게 이해되는지에 대해 고려하지 않았다. 임신에 대한 그녀의 태도("성적 욕망을 감퇴시키는 남편의 죄책감, 9개월간 거울 앞에서 눈물짓는 여성")는 남성에게서 연유한 것이다.[29] 결국 파이어스톤은 너무 기술 쪽에 치우쳐 모성애와 성욕, 고통과 여성의 소외간의 관계를 미처 살펴보지 못했다.

물론 이상적으로는 여성이 아이를 가질 것인지의 여부, 언제, 어디서 임신할 것인지, 또 진통시의 환경을 선택할 수 있고 자연분만과 인공수정도 선택할 권리가 있다. 생명창조의 과정은 자유롭고 지적으로 행해져야 한다. 이는 마치 지프차로 전국횡단 여행을 할 것인지 '도보'로 할 것인지에 따라 정신적, 육체적 준비를 하는 것과 같다. 그 외 다른 것에 대한 결정을 할 수도 있다. 그러나 우리는 이브의 저주라는 마술적 사고를 행하고, 어머니로서의 여성을 사회적으로 희생시켜 버리는 감추어진 이미지를 살펴보지도 않은 채, 이런 생각을 미래에 투영시켜 그것을 실현시킬 수 있으리라고 짐작해서는 안 된다. 그것은 우리 자신의 모습을 부정하는 것이고, 우리 자신의 진정한 모습은 아무리 부정하려고 해도 조만간 그 실체를 드러낼 것이기 때문이다.

7.

　1955년, 1957년, 1959년 나는 전신마취를 통해 세 아이를 모두 정상분만했다. 첫 번 진통에서 당시 홍역이라고 생각했던 임신 알레르기 반응이 생겨 의료개입이 불가피했다. 그러나 그다음 임신 때에도 같은 의사가 첫 번째와 마찬가지로 '전신마취' 상태로 분만을 시켰다. 첫 임신 기간 중 나와 내가 아는 많은 여성들은 그랜트리 딕-리드의 『자연분만』이라는 책을 읽었다. 나는 출산이 여성의 황홀한 경험이라는 그의 주장에 의문을 가졌다. 나는 사춘기 때부터 나에게서 떨어져 나간 내 육체와 다시 합체하는 긴 과정을 시작했다. 사춘기 때부터 내 마음과 몸은 서로 다른 세계에 속했고, 육체적 쾌락, 섹스조차도 내게는 문젯거리였다. 나는 언어, 음악, 사상, 풍경, 대화, 미술에서 발견하는 환희를 알고 있다. 딕-리드의 책에서도 나는 그의 환자들이 경험했으리라고 그가 믿는 것보다 '자연' 진통에서 산과의사가 느끼는 기쁨을 더 많이 찾을 수 있었다. 나는 그의 이론에 별 흥미를 느끼지 못했고 실제로 내게 적용해 볼 생각도 하지 않았다. 내게 있어 진통은 견뎌야 하는 것처럼 여겨졌고, 어머니라는 상태는 그만큼 신비롭고 바람직한 목표였기 때문이다.

　그 당시 그리고 그 후에도 나는 종종 딕-리드와 다양한 방법으로 아이를 분만했거나 분만하려 했던 여성과 대화할 때 미안함을 느끼게 되었다. 그들은 "정말 고통스러웠지만 그만한 가치가 있었다"든지 "내 인생에서 가장 고통스럽고 황홀한 경험이었다"고 내게 말했다. 어떤 여성은 이런 황홀감이라고 생각했던 것이 사실은 고통이었으며, 결국 마취해 달라고 울부짖게 된다고도 주장했다. 또 어떤 사람은 분만침대 위에서 그들의 뜻과는 상관없이 강제로 마취를 당하기도 했다. 그 당시에는 오늘날보다도 더 분만방법에 대한 '선택'이 전적으로 담당 산과의에게 맡겨지는 경우가 많았다. 그러나 분만시 의식이 깨어있는 사람들 중에서도 실질적인 경험보다는 고통을 참는 것에 더 주안점을 두었다. 가끔 나는 내가 여성으로서 자격이 없는 것은 아닐까하고 반신반의하는 원인이 세 번이나 마취상태에서 아이를 분만한 때문일 수도 있을 것이라고 생각했다. "진정한" 어머니는 "분만과정 내내 깨어 있었던" 사람들일 것이다. 나는 의식을 거부한 나의 결정(의사가 이를 받아들여 마취시켰다)과 내 친구가 고통을 경험하고 그것을 이겨낸 희열감(역시 의사가 받아들여 그대로 시행했다)에 공통점이 있다고 생각한다. 우리는 말없이 고통을 참아내는 것으로 예정된 여성의 운명을 여러 가지 방법으로 저지해 보려고 한 것이다. 우리들 중 어느 누구도 실제 경험에 접했을 때 자신의 존재를 뚜렷이 의식하는 사람은 없을 것이라고 생각한다. 자신의 육체에 대해 전혀 무지한 우리는 출산에 관한 한 19세기 여성과 다를 바가 없었다. (그러나 유럽여성과는 달리 조산원의 도움으로 아이를 집에서 낳으려고 생각하는 사람은 하나도 없었다. 미국에서 이런 생각은 시골의 가난한 여성에게나 주어진 운명으로 여긴다.)

무엇보다도 여성은 남성 의료기술의 지배를 받았다. 진통이 있을 때나 없을 때나 우리는 분만시 병원의 계급적 분위기, 의료 비상사태로 정의되는 출산, 육체와 정신의 분리라는 환경에 놓이게 된다. 간호원이 유일한 여성 동참자이나 직업 특성과 스케줄 상 여성의 부드러움은 이미 찾아볼 수가 없다.(나는 세 번째 분만 후 '회복실'에서 깨어났을 때 내 손을 꼭 잡고 있는 어린 견습간호원을 보고 느낀 감사와 놀라움을 아직도 기억한다.) 접근이 금지된 침대나 마취 상태에서 다른 여성이 흐느끼고 있고, 그리고 골반검사나 주사를 주기 위해서가 아니면 '아무도 오지 않는' 분만실에서 반쯤 깬 상태로 누워있는 경험은 고독한 출산의 전형적 경험이다. 방에 갇혀 무력하고 비인간적인 상태에서 오는 외로움과 버림받은 느낌이 미국의 병원에서 해산하는 여성들의 기억에 가장 큰 부분을 차지한다.

그러나 이것이 미국의 병원에만 해당되는 것은 아니다. 코라 샌은 20세기 초 파리의 한 병원에서 사생아를 분만한 알베르타라는 여주인공의 감정상태를 이렇게 묘사했다.

신과 남성에게서 버림받은 그녀는 욕조에 들어가 목까지 물을 담그고 앉았다. 그들은 마치 그녀 혼자로도 충분히 스스로를 돌볼 수 있다는 것처럼 문을 잠그고 가 버렸다. 만일 그들이 그녀를 잊어버린다면? 그녀가 침대에 안전하게 눕기 전에 진통이 시작된다면? 무거운 마음으로 그녀는 문 쪽을 응시했다.

그들이 왔다! 그녀는 다시 숨을 내쉬었다.

그러나 의자에 놓인 옷을 걷어내고 그 자리에 다른 하얀 가운을 얹어 놓고는 다시 문을 닫고 가 버렸다. 그녀는 사람을 불렀으나 아무도 대답하지 않았다. 그녀는 탈출기회도 없는 죄수 신세였다.

지금의 이 일은 피할 수 없는 일이었다. 밖에는 소리 없이 밤이 도시를 감싸며 내려앉았다… 멀리, 저 멀리 다른 세계에서 그녀가 아는 사람들이 살고 있었다… 그러나 이전의 생활에 남겨진 그림자들이 그녀를 도울 수는 없었다. 또 그들은 무뚝뚝한 흰 옷을 입은 사람들, 번쩍거리는 타일이 붙은 벽들로 둘러싸인 이 기계 속에서 그녀가 얼마나 버림받은 느낌인지 조금도 알지 못할 것이다. 그들은 그녀가 변할 때까지, 즉 하나가 둘이 될 때까지 그녀를 붙잡고 절대로 놓아주지 않을 것이다.[30]

전 세계의 분만실태를 연구하는 인류학자인 브리지틀 조던은 미국에서의 병원분만을 이렇게 설명한다.

… 의학적 근거에서 정당화되고 산모나 아이에게 가장 유리한 것으로 간주되는 복잡한 관행… 그 중 몇 가지만 예를 들어본다면 약으로 진통을 유도하고 자극하는 일, 진통완화를 위한 진정제와 약의 정기적 투여, 진통중인 산모에게 모든 심리적 지원을 봉쇄하는 일, 수술로 인한 막의 파열, 관행화된 회음부 절개, 습관적인 집게 분만, 그리고 분만을 위한 절석술 자세 등이 있다.

조던은 분만이란 "문화가 탄생시킨 사건"이라고 했으며 미국에서의 이런 냉혹한 분만법은 진통의 개인적 측면을 고려하지 않은 채 지속되어 왔다고 했다. 그렇다. 회음부 절개는 외음부 파열을 방지하기 위한 것이었으나 앉아서, 또는 의자나 (유카탄에서처럼) 해먹의 도움으로 분만할 때보다 절석술 자세가 파열의 가능성은 훨씬 높아진다. 집게분만 또한 중력의 힘이 아이를 밀어내는 힘주기에 도움이 되지 않는 절석술 자세에서 더욱 필요하게 된다.[31]

아르헨티나의 의사인 투초 페루 씨는 산과 의자 사용을 촉구하면서, 절석술 자세에서는 태아를 아래로 밀어내는 수축이 오히려 태아를 반대쪽으로 미끄러지게 만들어 쓸데없이 진통시간만 연장시킨다고 지적했다. 아르헨티나의 로베르토 칼데이로-바르시아는 간단명료하게 "발을 매다는 것을 제외하고는… 눕는 자세가 진통과 분만에 가장 나쁜 자세"라고 말한다. 더구나 수직분만조차도 자궁이 몸의 가장 큰 정맥에 놓여 있을 때 생기는 태아의 산소부족 현상을 최소화시키는 효과가 있다. 산과 의자 사용에 대한 가장 큰 반대 이유는 의사들에게 불편하다는 것이다.[32]*

미국에서 널리 사용되는 인공적인 진통촉진과 자극은 정상진통시의 수축보다 수축 사이사이의 완화기간을 단축시키면서 수축기간을 더 연장시키고 고통스럽게 만든다. 이것은 다시 진통제 사용으로 이어진다. 이처럼 의료기술이 인위적인 문제를 만들고, 또 이를 해결하기 위해 새로운 인위적인 해결책이 필요한 경우가 종종 있다. 부자연스럽게 힘들고 긴 이런 수축 때문에 태아에게 산소가 부족하게 되고 진통제는 태아의 호흡을 방해한다.** 만일 미국에서 의료상 꼭 필요한 경우에만 유도분만을 실시했

---

* 그러나 브리지틀 조던은 현대 유럽의 분만대는 훨씬 더 다양한 자세를 취할 수 있게 한다고 말했다. "침대의 등을 움직일 수 있고 (산모가 반쯤 앉아 있는 자세에서 침대를 일으킬 수 있어서 산모가 아기를 밀어 낼 때 남편이나 산파가 산모를 도와주지 않아도 된다). 두 번째로 중간 부분도 움직일 수 있고, 세 번째로 침대의 발치도 구부려서 펼칠 수 있고, 혹은 산모가 절석술 자세를 하는 것이 바람직할 경우 (예를 들어 회음부 절개를 치료하는 경우) 바퀴를 집어넣어 중간 부분 아래로 접혀질 수도 있었다. 그러므로 보통 산모가 반쯤 등을 대고 곧추 앉은 자세에서 허벅지 아래에서 손을 구부린 채 아기를 밀어내게 된다. 어떤 분만대에는 손고리가 있고(산모의 손을 묶는 경우는 없다), 어떤 분만대에는 발 지지대도 있지만, 일상적인 분만에서 절석술 자세를 취하는 경우는 없다."(개인적인 대담, 1974년 10월)
** 국립신경질환연구소가 태어나서 한 살까지 5만 명 이상의 아기를 대상으로

다면 전체 분만의 3%만이 이에 해당할 것이다. 그러나 실제로 의사의 편의 때문에, 그리고 어떤 생리학적 정당성 없이 약을 이용한 진통유도나 자극이 적어도 총 분만의 5분의 1을 차지하는 실정이다.[33]

스웨덴이나 유카탄 같은 문화권에서는 분만시 여성이 그 결정에 일부 참여할 수 있다. 유카탄의 조산원은 "모든 여성이 '부스카 라포르마(buscar la forma)', 즉 자기 자신의 방법을 찾아야 하고 어떤 결정을 내리더라도 조산원은 그 방법을 도와야 한다"[34]는 점을 강조한다. 이것은 출산의 고통이 없다는 것이 아니라 불필요한 진통을 방지하고 출산이 '의료사고'로 취급되어서는 안 된다는 의미이다. 그리고 여성의 개인기질과 심리상태를 믿고 존중한다는 의미이기도 한다.

30년 전 마가렛 미드는 『남성과 여성』이라는 책에서 미국의 산과병원 의사들이 인생이 시작되는 첫 시간에 산모와 아이에게 행하는 폭력이 어떤 것인지 기술했다.[35] 1972년 국제출산교육협회 회원인 도리스 헤어가 「출산에 대한 문화적 왜곡」이라는 보고서를 발표했다. 1971년과 72년에 16개국을 대상으로 연구했는데 그중 미국의 유아사망률(첫돌 안에 천 명 당 사망하는 유아의 수)이 가장 높았다. 그녀는 미국의 산과의들이 습관적으로 사용하는 분만법을 조사했고, 이들에 관한 문헌을 살펴본 후, 유아사망률이 특히 낮은 국가에서 실시되는 분만법과 비교해 보았다. 이들 국가에서 주로 실시되는 방법 중 산모와 태아 모두에게 피해를 주는 것을 다음과 같이 열거하고 있다.

- 산과의학의 단점에 관한 정보 공개 금지

한 연구에 따르면 아이러니컬하게도 흑인 아동보다는 백인 아동에게 신경장애가 발생하는 경우가 더 많고, "1970년 한 해 동안 뉴욕의 한 병원에서 보험환자보다는 본인 부담 환자에게서 태어난 아기들이 신경증을 나타낸 경우는 2배에 이른다", "비록 저체중 아기의 출산이나 미숙아, 영양부족은 분명 우리 흑인들에게 더 많이 일어나지만, 흑인 환자들은 보통 보험 환자이기 때문에 전통적으로 진통이나 출산시 의료처치를 덜 받고 있다." (도리스 헤어, 「출산의 문화조직」, 국제출산교육회, 1972, 1974)

- 모든 정상 여성에게 병원에서 출산할 것을 요구
- 유도분만 선택(분명한 의학적 조치 없이)
- 진통과 출산시 산모와 가족을 격리시켜 가족의 따뜻한 격려 봉쇄
- 정상 진통 여성을 침대에서만 분만하게 함
- 진통완화제나 진통완화 기술에 대한 전문가들의 확고한 의지
- 진통의 화학적 효과 신뢰
- 의사가 올 때까지 분만 연기
- 산모에게 출산을 위한 절석술 자세 준비 요구
- 분만시 습관적으로 전신 또는 국부마취 사용
- 주기적인 회음부 절개
- 산모와 신생아 분리
- 초유의 수유시기 연기[36]

  헤어, 쉴라 키칭거, 수잔느 암즈 같은 학자들은 분만과정이란 지속적인 것, 여성의 삶의 전체와 떼려야 뗄 수 없는 관계라고 강조했다. 분만은 전체 줄거리에서 일부만 떼어 낸 한 편의 드라마도 아니고, 자신의 몸을 통제할 수 없기 때문에 다른 사람의 도움을 받아야 할 갑작스러운 위기상태도 아니다. 물론 분만시 실제로 의료 위기가 발생하기도 하지만 출산 그 자체는 질병도, 외과수술도 아니다. 또 산모와 신생아가 출산 직후 다른 간호진들에 의해 별도의 건물에서 보호받아서도 안 된다. 그들은 여전히 이어진 존재이며, 하나가 가까이 없는 상태에서 다른 하나만을 열심히 보호한다는 것도 온전한 일이 못된다. 어머니와 아이와의 유대감은 본질적으로 아이의 삶에 있어 최초의 몇 시간, 며칠을 어느 정도 서로 접촉했느냐에 달려 있을 수 있다.

  태반(아직 끊어지지 않은 탯줄에 의해)과 연결되어 있으면서 바로 어머니의 배 위에 자리 잡고 있는 아기는 젖꼭지를 찾아 빨기 시작한다. 아기가 어머니의 젖꼭지를 핥으면 가슴의 신경을 자극하여 아기가 안전하

다는 신호를 자궁으로 보낸다. 그러면 자궁은 이에 즉각 반응하여 태반을 밀어내기 시작한다. 한편 아기의 빠른 행동은 호흡과 열 생산성을 자극한다. 가장 중요한 것은 신생아가 어머니의 따뜻한 신체와의 직접적인 접촉을 통해 평화와 안정을 찾는다는 사실이다. 이때가 진통이 시작된 이후 처음으로 맞는 평화로운 순간이다.[37]*

수잔느 암즈는 임신, 출산, 산후에 이르는 전 과정의 신화를 깨트리고 다시 인간화, 여성화할 것을 주장한다. 그녀는 병원이 '질병과 무질서', 진통 중인 여성의 긴장을 더해줄 뿐인 의료위급상황과 관련돼 있음을 강조하고, 물론 병원만이 출산의 고통을 만들어 내는 것은 아니라고 말한다. 그러나 모든 진통은 자궁경부가 충분히 확장되는 첫 단계와 태아를 밀어내는 단계 사이의 '변화' 과정을 거쳐야만 한다. 진통의 이 부분에 대한 암즈의 심리적, 육체적 묘사는 아주 세밀하여 많은 것을 알려주고 있다.

바로 이 순간 여성은 기운이 거의 소진했지만 다시 한 번 여력을 모아 아기를 밀어내기 시작해야 한다. 그러나 이제 전보다 더 격렬한 수축에 직면한다. 그 수축이 너무나 강하고 빨라서 마치 계속 이어지는 파도에 함께 빨려 들어가는 것 같을 때 전신을 압도하는 찢어질 것 같은 추진력이 절정에 이른다 … 갑자기 메스껍고 뼛속까지 한기가 들며 산모는 분만실의 누구도 잊어버릴 수 없을 정도로 간절히 애원하는 눈과 표정으로 변한다. 그것은 충격과 불신의 표정, 즉 이 순간 여성은 완전히 혼자라는

---

* 수잔느 암즈는 미국의 여성들이 가정 출산을 요구하기 시작했는데도 불구하고, 비상 의료 사태에 완벽하게 대비하고 조산원, 분만소, 가정출산의 오랜 전통을 가지고 있는 영국, 홀랜드, 덴마크 같은 나라들에서 미국의 산과용 기구들이 팔리고 있다고 보고했다. 서유럽의 영아 사망률이 상당히 낮은데도 불구하고, '빠르고 쉬운' 기계화된 산과술이 점점 널리 퍼져가고 있다. 반면, 미국에서 "의사들은 병원 이외의 장소에서 출산한다든지 출산을 여성의 사건으로 만들려는 어떠한 움직임도 반대하고 있다." (수잔느 암즈, 『순수한 거짓』[보스턴, 하프톤 미플린, 1975], 160쪽)

것을 나타내는 말없는 웅변이다. 겪어보지 않은 사람에게는 무시무시하게 들리는 도움을 구하는 애절한 외침은 종종 "어떻게 좀 해주세요", "더 이상 못하겠어요!", "살려주세요!"나 이와 비슷한 격렬한 단어로 표현된다. 이에 대한 초기 기독교인의 반응은 진통은 여성의 숙명이라고 말하며 아내에게 성경구절을 읽어 주는 것이 고작이었다. 현대의 의사들은 고통을 멈추기 위해 약을 주사한다. 그러나 이 두 가지 반응 모두 책임 있는 행동은 아니다. 원시시대 여성이 이와 똑같이 절망적인 표정으로 조산원을 바라보았을 때 조산원은 이를 "나를 도와주세요", "나를 격려해 주세요", "이런 일이 일어날 수 있다고 말해주세요" 등의 의미로 올바르게 해석한다. 산과의는 "제발 멈춰 주세요", "이 일에 개입해 주세요", "어떤 의료조치를 취해 주세요"라고 이해한다.[38]

　그녀는 "수백 년간의 뿌리 깊은 두려움, 고통의 예상, 남성 우월에 대한 복종이 계속되어 온 지금, 자연분만에 관한 교육을 약간 받았다거나 여성해방이라는 시대 조류에 휩쓸렸다고 해서 산모가 갑자기 '새로운 여성'이 되어 출산에 임할 수는 없다"[39]고 보았다. 우리가 출산에서 깨닫게 되는 것은 우리가 여성으로서 완전히 사회화되었다는 것뿐이다.

　문제는 권력 있음과 없음의 문제이고, 집에서나 적어도 종합병원이 아닌 임산부만을 위한 병원에서 같은 여성의 도움으로 분만할 수 있는 결정을 내릴 수 있는가 없는가의 문제이다. 자신이 원하는 것, "부스카 라 포르마(buscar la forma)"를 결정하는 것은 어머니의 권리에 관한 문제이다. 오늘날 미국에서 여성이 집에서 전문 조산원의 도움으로 분만하는 일은 극히 어렵고 대개 불법으로 간주된다. 의료계는 계속 임신과 출산이 병의 일종이라고 주장한다. 의료업의 경제수익 저변에 놓여 있는 진정한 문제는 어머니와 출산의 관계이고, 출산은 역사적으로 생물학, 운명, 또는 우연에 의해 여성의 통제권이 상실되는 경험이다. 출산 경험을 바꾼다는 것은 여성과 두려움, 무력감의 관계, 우리 신체와 우리의 관계, 아이들과 우리의 관계를 바꾸는 것을 의미하며, 나아가 광범위한 심리적, 정치적 의미까지 내포하게 된다.

8.

출산은 여성의 삶의 전 과정 속의 일부이다. 여성의 삶은 여성 자신이 어머니의 몸을 빠져 나와 본능적으로 젖을 빨거나 어떤 여성의 손에 안긴 순간부터 시작하여 애욕을 느끼고, 음문을 쾌락의 원천으로 느끼는 가장 어린 시절의 애욕, 자신의 몸과 그 신체적 특성, 자위, 월경, 자연과 다른 인간들과 맺게 되는 신체적 관계, 다른 사람과의 최초의 그리고 그 이후에 이어지는 유기적 경험, 수태, 임신을 거쳐 처음으로 자기 아이를 안게 되는 그 순간까지 이어진다. 그러나 출산을 생산의 일종으로 보는 가부장적 사고에 의해서가 아니라 여성의 삶의 일부로 인식한다면 아기를 안은 순간 역시 전 인생의 한 순간에 불과하다.

출산 이후에 아기를 돌보며 신체적 관계는 계속된다. 이는 배란과 월경, 성적 욕망이 반복되는 것과도 깊은 관계가 있다. 임신 중에 골반 전체의 맥관절(동맥과 정맥 생산)이 증가하고 따라서 성적 긴장능력과 성적 쾌감의 빈도나 강도도 증가한다.[40] 임신 중에 이 조직은 새로운 혈관의 증가를 가져 올 뿐만 아니라 음핵반응 증가와 오르가즘에 효과적인 근육 강화도 가져오는 호르몬으로 가득 차게 된다. 출산경험이 있는 여성은 흔히 발생하는 골반기관 파손만 없다면 생물학적으로 생식기의 쾌락기능이 높아진다. 대부분의 여성들이 첫 아이 출산 후 처음으로 오르가즘을 경험하거나 아이를 키우면서 성욕이 강해지는 것도 이 때문이다. 프리다 프롬-라이히만, 나일즈 뉴턴, 마스터즈와 존슨을 비롯한 많은 학자들은 실제로 분만 순간에 여성이 성적 쾌락을 느낀다고 발표했다. 여성의 역할을 어머니로만 한정짓는 문화에서는, 분만시나 젖을 먹일 때 느끼는 오르가즘이 최근까지도 당사자인 여성 자신에 의해 부인되거나 죄책감을 불러일으키는 작용을 했다. 그러나 뉴턴이 "전통적으로 여성이 남성보다 더욱 다양하게 성적 쾌락을 즐기는 편"[41]이라는 점을 우리에게 상기시키듯이 사회학자 알리스 롯시도 다음과 같이 말한다.

서구사회에서 남성지배 특성이 강할수록 성욕과 모성간의 관계는 더욱 멀어진다고 나는 생각한다. 비록 그 대가로 여성과 아이의 관계가 심리적·육체적으로 보잘것없는 것이 된다고 하더라도, 여성의 성적 욕망을 이성간의 성교에만 국한시키는 것이 남성에게는 성적으로 유리하다.[42]

가부장제도에서의 노동분업과 권력의 분배는 단지 고통 받는 어머니뿐만 아니라 성욕이 박탈된 어머니를 원한다. 성모 마리아는 비르고 인택타(virgo intacta), 즉 완벽하게 정숙한 여성이다. 여성은 단지 삶의 어떤 특정 순간에만 성적일 수 있다고 허용된다. 그리고 성숙하고 나이가 들어감에 따라 더욱 관능적으로 변하는 여성을 괴기하고 위협적이며 온당치 못한 존재로 인식한다.

모성애와 성욕이 남성문화에 의해 단호히 분리되지 않았더라면, 성욕의 형태나 어머니가 될 것인지의 여부를 자유롭게 선택할 수 있었다면 여성은 보다 진정한 성적 자주성('성해방'과는 반대로)을 확보할 수 있었을 것이다. 어머니는(생물학적이든, 인공적이든, 처녀수태든) 임신의 수단, 출산장소, 분만방법, 분만 동석자를 선택할 수 있어야 한다. 특히 분만을 도와주는 사람은 조산원이든 의사이든 산모가 원하는 대로 정해야 하고 산모가 좋아하고 신뢰할 수 있는 남성, 가까운 친척이나 남녀친구, 아이들도 동석할 수 있어야 한다. 만일 여성이 간절히 원한다면 임신과정 전반에 걸쳐 자기를 보살펴 줄 조산원과 그녀를 사랑하는 여성 등 여성의 도움만을 받는 "아마존 탐험"이 되어서는 안될 이유도 없다.(현재 미국의 병원에서 진통실과 분만실에 의료진 외에 법적으로 들어갈 수 있는 사람은 아버지뿐이다. 신생아의 아버지조차도 산모가 원하지 않는다면 법적으로 제외될 수 있다.)[43]

그러나 병원 밖에서의 출산이 단순히 장소를 집이나 부인병원으로 옮기는 것만을 의미하지는 않는다. 출산은 격리된 사건이 아니다. 만일 지역마다 모든 여성들이 임신과 낙태 상담, 임신여부 시험, 분만 전 치료, 진통교육, 임신과 출산에 관한 영화, 정기적인 부인과 검진, 건강한 아기 병원을 비롯하여 임신과정과 출산 후의 치료 및 상담을 할 수 있는 장소가 있다면 여성들은 수태, 임신, 자녀양육의 전 과정에 대해, 그리고 모성애를 대체할 수 있는 것에 대해, 그들의 인생 전체에 대해 생각하고 읽고 토론할 수 있을 것이다. 그러면 출산은 다양한 형태의 성욕을 전개하는 하나의 사건이 될 수도 있을 것이고, 반드시 성의 결과가 아니라, 두려움, 소극성, 신체와의 분리 등에서 우리 자신을 해방시키는 하나의 경험이 될 수도 있을 것이다.

9.

나는 나 자신을 낳은 여성이다. 이런 과정을 겪는 동안에도 심리적으로 기운이 소진하고 끝없는 노력이 필요할 것 같은 '변화의 기간' 이 있다. 그리고 정신적으로 육체적으로 '메스껍고, 뼛속까지 오싹한' 느낌을 가진다. 이런 순간 의사에게 도움과 지원을 요청한 수천 명의 여성들은 고통을 마비시키는 약의 소비자로 전락했다. 이 약은 자신에게 필요한 과정에서 여성을 격리시켜주는 대가로 근심과 절망을 없애주었다. 불행하게도 이런 식의 분만에 대처할 만한 유능하고 능숙한 조산원들이 너무 적다. 그리고 우리를 심리적 절석술 자세에 가두어 두려는 사람이든, 산과 심리의, 의약품 제조자들이 여전히 심리치료분야를 주도하고 있다.

도움을 요청하는 것과 '아랫사람이 되겠다' 는 것 사이에는 큰 차이가 있다. 심리적, 육체적 진통을 겪는 여성들은 '변화의 단계' 에 대한 의미와 극단성을 이해하고, '트와라이트 슬립' 이나 마취가 아닌 적극적 치료와 지원을 요구하는 법을 배울 필요가 있다. 비유적으로나 문자 그대로나 출산이 타의에 의해 우리의 몸과 마음을 남성 권위와 기술에 넘겨주는 경험으로 남아 있는 한, 다른 종류의 사회적 변화가 우리와 우리 자신의 관계, 권력과의 관계, 우리 신체 밖의 세계와의 관계를 변화시킬 가능성은 극히 희박하다.

VIII

어머니와 아들, 여성과 남성

아들의 눈에 비친 가부장제하의 어머니의 모습은 통제하고, 관능적이고, 거세시키고, 마음의 고통을 주며, 죄책감에 사로잡히고, 죄책감을 불러일으키는 사람이며, 짙은 눈썹, 커다란 가슴, 탐욕스러운 구멍을 가졌고, 다리 사이에 뱀, 늪, 이빨이 있으며 무릎 위에 무력한 유아나 순교한 아들을 데리고 있는 사람이다. 어머니는 아들을 낳아서 양육한다는 단 한 가지 목적을 위해 존재한다. "나는 어디에서도 어머니가 여성으로만 존재했던 적이 있었다거나, 나와는 전혀 상관없는 인생을 살 수 있었다고는 결코 생각할 수 없었다. 그런 일은 나의 인생과는 무관한 것이다."[1] 여성은 남성 속에서만 존재이유를 발견한다. "아들만이 어머니에게 무한한 만족을 줄 수 있다. 그것은 모든 인간관계 중 가장 완벽하고 애증에서 벗어난 관계이다." "모자관계는 어떤 이기적 타산도 없이 변함없는 부드러움의 가장 순수한 예를 제공한다."[2] 유혹자로서의 어머니는 아들이 함께 자고 싶어 하지만 근친상간의 금기가 가장 강한 존재이다. (조카스타나 거투르드의 경우처럼)* 실제로 부녀 또는 남매끼리의 강간율이 가장 높은데도 불구하고, 모든 문화에서 가장 끈기 있게 금기시되어 왔고 남성 작가들의 작품에서 가장 큰 관심을 끌어 온 것은 모자근친상간이다.³⁾

역시 전 문화권에서 금기시되어 있는 장모는 아내와 어머니를 동시에 대신할 가능성이 있는 치명적 존재이다. 뱅크 아일랜드의 어떤 사위는 밀물이 장모의 발자국을 지워 버릴 때까지 기다렸다가 그녀를 따라 바닷가로 갔다. 나바호는 장모를 "내가 보아서는 안될 여성"이라는 뜻의 "도이쉬니"라고 불렀다. 유카탄에서는 장모와 마주치는 것만으로도 남성이 불임상태로 된다고 믿었다.⁴⁾ 어머니는 아들의 남성다움을 약화시키고 아들의 생명을 억누른다. "항상 어머니와 함께 시작한다. 어머니는 나를 사랑했다. 어머니의 사랑을 증명하고 모든 노예, 어머니가 데리고 있는 남자 아이의 운명에 대한 그녀의 두려움 때문에, 어머니는 자궁에서부터 나를 누르고, 숨기고, 밀고, 붙잡으려고 했다. 무덤까지 나를 쫓아 올 갈등과 모순은 바로 어머니의 자궁에서부터 시작되었다. … 나는 어머니의 힘에 대항하여 밀고 나왔다. 1941년 9월 23일 나는 자유로와졌다."⁵⁾ 아들이 아버지의 폭정에 항거하도록 도와야 했던 여성은 남성에게 속해있던 판단과 강압의 영역을 아들에게 넘겨주었다. "어머니는 무의식적으로 사냥 중에 몰이꾼의 역할을 맡았습니다. 당신(아버지)의 양육방식 때문에 저에게 반항, 혐오, 심지어 증오심까지 생겨서 제 발로 설 수 없을 것 같은 때라도, 어머니는 친절과 합당한 대화, 애원을 통해 그것을 무마시켰습니다. 나는 그렇지 않았더라면 부수고 나왔을지라도 모를 당신의 궤도 속으로 다시 돌아갔습니다. 부수고 나왔더라면 당신에게나 나에게 더 유리했을 것입니다."⁶⁾ 어머니는 아이가 태어나지 못하게 하려고 노력한다. 어머니 자신이 지울 수 없는 출산 상처를 나타낸다. "적은 바로 여성, 즉 아이와 생명 사이에 서 있는 여성 자신이다. 둘 중 하나만 승리할 수 있는 죽음의 전투인 것이다. … 괴물이 다시 한 번 내리 누른다…"⁷⁾ 그녀는 범죄자의

---

* 루이 말의 영화, 『마음의 소란』은 이런 모자 관계에 대한 또 다른 태도를 보여주고 있다. 모자 간의 유혹은 결코 '어두운 전설'이 아니라 단지 가벼운 가정사라는 것이다.

과거 속에도 숨어 있다.

> "오, 어머니, 어머니," 그가 울부짖었다!
> "내가 죽는 것은 당신 때문이에요.
> 어릴 때 훈련을 받았죠.
> 그 때문에 오늘 나는 목매달려 있는 거예요"[8]*

어머니는 죽은 후에도 강력하고 사악한 존재로 남는다. "죽은 후에 평온을 찾지 못한 어머니의 영혼이 아이에게 찾아와 아이가 살아서 이루게

---

* 좀 더 최근에 "보스턴의 교살자"라는 별명을 가진 연쇄 살인자가 연속적으로 여성들을 폭행하고 교살하면서 보스턴 시를 공포로 몰아넣었을 때,

난처해진 경찰의 초청을 받은 정신과의사 위원회가 그 살인범에 대해 상세한 가상의 인상을 만들어냈다. 아니 좀 더 정확히 말하자면, 의사들은 살인범의 어머니의 가상 인상을 만들어냈다. 75세의 여성을 포함해서 최초의 희생자들의 연령이 많다는 데 너무 집착해서 그 위원회는… 미지의 살인범이 정돈되고, 단정하고, 관습적인 복장을 했으며, 아마 중년쯤 되었을 것이고, 아마 성불구일 것이며, 동성애자일 것이라고 추측했고, "부드럽고, 정돈되고, 단정하고, 강압적이고, 유혹적이고, 처벌하고, 압도적인" 자기 어머니에 대해 굉장한 증오심을 갖고 있다고 추측했다. … 어머니에 대한 증오가 심해져서 그 교살자는 "가학적이면서 동시에 사랑하는…" 방식으로 나이든 여성들을 살해하고 상처 입혔다고 정신과의사들은 추리했다.

자기 자신이 말하고 그의 청소년기의 기록이 입증하듯이, 살인범인 알버트 디잘보는 어머니에게 진정으로 애착을 느꼈다. 더구나 어머니는 아직 살아 있었고 특별히 부드럽거나 단정하거나 압도적이지 않았다. 디잘보에게 굉장한 증오의 대상은 분명 잔혹한 술주정뱅이 아버지였다. 그의 아버지는 비참한 어린 시절 동안 정기적으로 그와 그의 어머니, 다른 아이들을 때렸고… 아이들 앞에서 창녀들과 성행위를 했으며, 아들들에게 도둑질을 가르쳤고, 아내의 손가락을 꺾어 버리고, 이빨을 부러뜨렸으며… 알버트가 8살 때 가족을 버렸던 사람이다.

(수잔 브라운밀러, 『우리 의지와 상관없이: 남자, 여자 그리고 강간』([뉴욕: 사이몬 앤 슈스터, 1975], 203-4쪽)

될지도 모르는 모든 업적을 강제로 앗아 간다면 어머니가 아이를 위해 자신을 희생한 것이 무슨 소용 있겠는가?"[9] 연속체인 스펙트럼의 양 끝에 힌두교의 "검은 어머니"로 불리는 칼리가 있다. 그녀는 이빨을 드러내 놓고 해골로 만든 목걸이를 건 채 남편의 시체 위에서 춤을 춘다. 미켈란젤로의 피에타에서 어머니는 잘 생긴 아들의 얼굴처럼 차가운 시신을 무릎 위에 놓고 처녀 같은 마네킹의 얼굴로 내려다보고 있다.

어쨌든 어머니와 아들과의 관계는 죽음과 연관되어 있다. 그것은 아들이 어머니(또는 다른 어떤 성인 여성)를 보면서 어머니 몸속에서 자라던 작은 알맹이로서, 미약하고 눈도 뜨지 못한 살점으로서의 자신을 떠올리기 때문일까? 그가 아무것도 아니었을 때를 기억하기 때문에 자신이 더 이상 존재하지 않을 시간을 받아들여야만 하는 것일까?* 분명히 우리는 아들들이 매장용으로 여성의 몸을 상징하는 동굴, 무덤, 동굴을 모장한 미로를 선택했다는 걸 알고 있다. 또한 텅 빈 죽음의 배도 선택했는데, 영웅신화에서 이 배가 요람으로 나타나기도 한다.[10] 그는 아마 다시 의식 이전의 상태로 돌아가 여성의 몸속에서 길을 잃을까봐 두려워하거나 혹은 오히려 그러기를 바랄지도 모른다. 여성의 몸을 관통한다는 것은 근심으로 가득 찬 행동일 수도 있다. 여성의 몸속에서 그는 다른 숨 쉬는 인간을 무시하거나 거부해야 하고, 마치 여성의 몸이 영토인 것처럼 정복하고 소유해야 한다. 그런데도 그 몸은 여전히 그에게 두려움을 안겨준다.[11](지구를 떠나기 전에 우주인들은 과거의 전사들처럼 여자들과의 성교를 금지당하고 금욕생활을 한다.) 그는 관능적 여성과 '모성적' 여성을 구분해야 한다.[12] 그럼에도 불구하고 낭만적인 관능적 사랑은 여전히 죽음과 밀접한 관계를 가지고 있다.[13]

어머니에 대한 이런 근심을 부정하기 위한 여러 가지 형태가 있다. 어머니를 가정의 천사, 또는 완벽하게 사랑스러운 존재로 보는 것도 그 중 하나이다. 아이가 있는 어떤 어머니가 최근에 이혼을 했는데, 그녀가 만

---

* 딸들 또한 어머니에게 '다시 잡아먹힐까봐' 두려워 할 수 있다. 그러나 딸들은 또한 자신이 잠재적으로 어머니의 후예라는 것도 알고 있다. 딸도 자신의 몸에서 생명을 낳을 것이기 때문이다.

나던 남자가 "나는 어머니들을 보면 황홀해져요. 다른 어떤 여성보다 어머니들이 더 진짜 같아 보이거든요. 어머니는 미래와도 연결되어 있어요. 아이가 없는 여성은 이미 죽은 거나 같아요"라고 자신 있게 말하더라고 내게 이야기해주었다. 그는 그 여성을 대상화시킴으로써 그녀와 그녀의 모성 본능을 혼동하고 그럼으로써 오히려 모성본능을 매장하고, 그것에 저항하며, 또 이용해야 할 필요성들을 혼동하고 있다. (이 남자가 이 여성의 집에 들어오면 항상 제일 먼저 하는 행동은 냉장고 문을 여는 것이었다.) 그가 "어머니를 찾고 있었다"고 말하는 것은 너무 단순화시킨 것이라고 생각한다. 오히려 이미 그 자리에 있는 어머니다운 사람 앞에서 자신의 성욕을 드러내려고 한 것이 아닌가 생각된다.

그러나 좋은 나쁘든 어머니는 아이가 없는 여성 속에도 존재한다. 어머니는 다 자란 남자아이를 위해 모든 여성 내부에 존재하고 있다는 것이다. 아마도 릴케의 『두이노의 비가-3권』보다 이 점을 더 명쾌하게 보여주는 문학작품은 없을 것이다. 이 작품에서 그는 젊은 여성, 또는 사랑하는 사람이라는 뜻의 '매드헨'을 향해 그의 의식 속에서 그녀보다 앞서 일어난 모든 일, 그녀가 그에게 상징하는 모든 것을 설명하려고 한다. 이 과정에서 릴케는 남성의 심리 상태를 어머니에 대한 '선사시대'의 두려움으로 나타낸다. (여기서 어머니와 그 소녀는 거의 구분되지 않는다.)

　　그러나 그가 스스로 시작한 적이 있습니까?
　　어머니, 당신이 그를 조그맣게 만들어냈습니다. 그를 시작하게 한 것은 당신입니다.
　　그는 당신에게 새로운 존재입니다. 당신은 고개 숙여 새로운 그의 눈을 봅니다.
　　따뜻한 세상, 당신은 냉혹한 것들로부터 그를 보호해 줍니다.
　　오! 당신께서 연약한 몸매로 그와 솟아오르는 혼돈 사이에 서 계셨던 시간들은 어디로 갔나요?
　　당신은 그에게 이 많은 것을 숨겼습니다; 밤이 되면 무시무시한 방에서 그를 다치지 않게 했습니다; 당신 마음의 성전에서부터 당신은 그의 밤의 공간 속에 좀 더 인간적인 자리를 만들어 주었습니다.

당신은 밤의 등불을 켰습니다. 어둠 속에서가 아닙니다.

그러나 당신의 깊은 내면에서 그 등불은 우정으로 빛나고 있습니다.

당신께서 마치 언제 마룻바닥이 그런 소리를 낸다는 것을 오랫동안 알고 있었던 것 같았습니다.

당신이 미소 지으며 설명할 수 없는 삐걱거리는 소리는 아무 데도 없었습니다.

그는 귀 기울이고, 그리고는 조용해집니다…

새롭게, 뒤로 물러나는 그, 그 내면의 사건들이 점점 자라나는 넝쿨에 그가 어떻게 얽혀들었는가.

그 넝쿨들은 이미 형태는 찌그러졌고 성장이 멈추었으며 마치 야수 같은 큰 나무가 되어 버렸습니다. 그가 어떻게 자신이 사랑받도록 했는지, 그는 내적 자아와 내부의 거칠음을 사랑했습니다.

정글의 초록 속 조용한 함정 위에 그의 연초록색 마음이 서 있었습니다.

사랑받았던 존재, 그것을 두고 그의 뿌리는 새로운 시작을 향해 갔습니다.

하찮은 출생이 잊힌 지는 이미 오래입니다. 사랑하면서, 그는 더 오래된 피, 협곡 속으로 내려갔습니다. 그곳에는 괴물 같은 것이 드러누워 아직도 아버지들을 잡아먹고 있습니다…

그래서 젊은 여성은 마치 어머니가 아이의 어린 시절에 새로운 세계와 밤의 두려움을 완화시켜 준 것처럼 그의 '괴물 같은' 내적생활 속에서 그를 중재하려는 것이다.

… 오, 천천히, 천천히

매일 그를 위해 친절한 일을 하라, 그가 신뢰할 수 있는 일
– 그를 데려 오라
정원 가까이로, 밤의 무게를 그에게 더해주라…
그를 당신 곁에 두라…

　여성은 다시 치료사, 구원자, 부드러움과 안전을 주는 사람과 동일시되고 있다. 역할(혹은 규칙)은 분명하다. 릴케의 글 어디에도 남성이 여성을 위해 이런 일을 한다거나, 여성이 복잡한 내적 자아를 가지고 있다는 암시를 찾아볼 수 없다. 릴케는 적어도 한번쯤 역할변화의 가능성을 더듬어보았다. 『말테의 수기』에서 릴케는 여성이 수백 년간 '사랑하는' 일을 해왔기 때문에 이제 남성이 이 일을 떠맡을 때가 아닌가 묻고 있다. "모든 예술 애호가들처럼 우리는 손쉬운 오락 때문에 망가져서 거장의 향기를 가로막고 있다. 그러나 만일 우리가 우리의 성공을 경멸한다면, 우리는 항상 사랑을 받아 오기만 했었는데, 사랑하는 일을 처음부터 다시 배우기 시작한다면 어떻게 될 것인가? 많은 것이 변하고 있으니 우리도 나아가 새롭게 시작한다면 어떻게 될 것인가"[14]
　그러나 릴케의 시 어디에서도 남성을 위해 '사랑하는 일', 다시 말해 어머니의 역할이 여성에게 어떤 희생을 가져왔는지에 대해서는 조금도 인정하지 않고 있다. 격려와 보호를 받기 위해 여성들, 영혼의 반려자들, 후원자에게 계속 의존하는 남성은 본질적으로 아들로 남아 있을 수밖에 없다. 1902년 그는 조각가인 클라라 웨스토프와의 결혼에 대해 이런 글을 썼다.

　　12월 이후 우리에게 예쁜 딸 루스가 생겼다. 루스는 우리의 인생을 훨씬 풍부하게 만들어 주었다. 나는 여성에게 있어서 아이는 자아의 완성이며 모든 낯설고 불안한 것으로부터의 해방이라고 생각한다. 또한 정신적 성숙이기도 하다. 나는 아이를 가졌던 경험이 있거나 현재 아이를 가지고 그 아이를 사랑하는 여성예술가는 성인남성 못지않으며, 똑같은 조

건에서 예술가인 남성이 도달할 수 있는 모든 예술적 경지에 도달할 수 있는 능력을 가지고 있다는 확실한 신념이 생겼다…

작년에 나는 아내와 함께 (워프스위드 근처의 조그만 마을에서) 조그만 가정을 꾸몄다. 그러나 가사에 소모되는 에너지가 너무 많아서 우리는 이전처럼 제한적 의미의 독신으로서 각자 일을 위해 살기로 약속했다.[15]

그러나 물론 아이 엄마인 클라라 웨스토프로서는 다시는 '이전처럼' 될 수가 없었다. 결국 그녀는 자기 일을 계속하기 위해서 루스를 친정어머니에게 맡겨야만 했다. 예술가든 아니든 아이를 가진다는 것은 모든 여성에게 끝없는 보살핌과 사려를 요구하는 일이고 여성들이 '본능적으로' 알게 된다고 여겨지는 모든 일을 배워야 한다는 뜻이기도 했다. 하루 동안 어머니가 하는 실제적인 육체적, 정신적 노동, 밤에 일어나는 일을 남성은 아이의 관점에서만 기억한다. 여성의 삶과 작업에 단절이 생긴 것은 기억하지 못한다. 이 모든 것을 릴케는 모든 남성들이 그렇듯이, 아이처럼 당연하게 받아들인다.

우리는 릴케가 적어도 남녀관계란 문학작품이 보여주는 것보다 훨씬 복잡하고 애매모호하다는 사실을 알고 있다는 점에서, 다른 남성작가들보다 더 포괄적으로 말하고 관찰하는 것처럼 보이기 때문에 그의 작품을 읽는다. 많은 남성들이 알 수 없는 깊은 두려움이나 죄책감 때문에 여성에 대한 글을 써왔는데 이 두려움과 죄책감은 어머니라고 여겨지거나 또는 반(反)어머니라고 여겨지는 여성과의 관계의 중심에 자리 잡고 있다.

우리에게 그리고 그들끼리 다음과 같은 이야기를 들려준 것은 바로 이런 성인 남성이다. 즉 메소포타미아에서 여성은 "함정, 구멍, 시궁창"(무덤?)[16]이었다고 하며, 힌두법에서는 계급에 상관없이 여자란 본성이 유혹적이고 순수하지 못하며 남성지배하에 살기를 원한다고 했다.[17] 기독교시대에 여성은 "죄악의 우두머리, 악마의 무기, 낙원에서 추방당한 죄의 어머니"[18]였고, 영원히 여성으로 남아 이마에 '신비'라는 단어를 새기고 다녔으며 자기 희생은 여성의 특권[19]이라고 했다. 여성의 자궁은 "불쾌하고 냄새나며 탐욕스러운 기질들"의 "고삐 풀린" 유혈의 장소였으며,[20] 빅토리아시대의 의학전문가들은 여성에게 관능성이 없다고 했으면서 동시에 "육감적인 경련"이 여성을 불임으로 만들 것이고, "진정한 여성은 모든 남성을… 의붓아들로 여겨 모성적 부드러움으로 그를 감싼다"[21]고 말했다. 볼세비키혁명 후 여성은 어떤 법적, 사회적 변화로도 원상태로 바꾸어 놓을 수 없는 여성 자신의 '생물학적 비극'의 희생물이라고 했다.[22] 신프로이트학자들은 "남성의 사악한 경향인 파멸증후군은 모자관계에 뿌리를 두고 있다"[23]고 했으며, 중국에서는 여성끼리의 사랑이 부르주아적인 이상현상, 자본주의의 기능이라고 보았다.

그러나 우리는 어머니가 되기 이전에 먼저 살아 있는 육체와 살아 있는 정신을 소유한 여성이었다.

2.

어머니와 아들에 관한 얘기를 들을 때 내게 가장 먼저 떠오르는 것은 선서와 함께 아들들을 전장으로 내보낸 "용감한 스파르타의 어머니" 이야기였다. 이 이야기는 내가 6살 때쯤 들었던 것이다. 이들이 외치는 선서, "방패를 가지고, 그렇지 않으면 방패 위에서"는 젊은이들이 승리하고 돌아오지 않으면 죽어서 돌아오겠다는 뜻이다. 방패도 없이 부상당한 젊은이가 어머니 집을 돌아오는 길을 찾아 헤매는 장면이 내 머리 속을 꽉 채우기 시작했다. 어머니가 정말로 문을 열어 주지 않았을까?

군대를 위해 일하십니까, 부인?(Vous travaillez pour l'armée, madame?)

나는 아직도 어릴 때 열심히 읽었던 그 동화책을 가지고 있다. 그 속에는 다음과 같은 편지가 있다.

부인께,

저는 전투부 서류를 통해 당신이 격전지에서 영광스럽게 전사한 다섯 아들의 어머니라는 사실을 알았습니다. 당신의 엄청난 슬픔을 달래 보려는 저의 위로의 말이 참으로 미약하고 덧없음을 느낍니다. 그러나 저는 그들이 싸우다가 전사한 공화국의 감사함을 표하기 위해 당신께 위로의 말을 전하지 않을 수 없습니다. 하느님께서 아들을 잃은 당신의 고통을 어루만져 주시고, 사랑하는 그들의 소중한 기억과 자유의 제단에 그렇게 값비싼 희생물을 바친 당신의 엄숙한 자부심을 오래 남겨 주시도록 기도하겠습니다.

당신을 믿고 존경하는 에브라함 링컨으로부터[24]

어린 시절의 이런 기억에도 불구하고 처음 임신 사실을 알게 되자 나는 아들을 원했다. (어린 시절 '흉내내기' 놀이를 할 때 나는 언제나 남자 역을 더 좋아했고 여동생을 설득하거나 강요하여 여자 역을 맡겼다) 나는 아직도 여자보다는 남자친구가 더 많은 편이다. 내가 알았던 남성들은 자기 의심이나 모호함으로 움츠러드는 경우가 적고 선택의 여지가 더욱 많은 것처럼 보였다. 25세에 나는 아직 태어나지 않은 나자신을 분만하기를 원했다. 아버지 중심의 우리 가족이 내게 억지로 눌러왔던 자아, 독립적이고 적극적이며 원래 그대로의 나를 탄생시키고 싶었던 것이다. 가끔 스스로를 어린 학생이자 작가로 느꼈는데, 임신중에는 그러한 나의 모습을 없애려고 해보았다. 만일 내가 남성으로서의 나 자신을 분만하기를 원했다면, 그 이유는 남성들이 성의 권리에 의해 그런 특성을 유전 받는 것처럼 보였기 때문이다. 그 외 내가 아들을 원한 이유는 남편이 '조그만 사내아이'를 희망하는 말을 하곤 했기 때문이다. 아마 그 역시 새로운 시작을 위해 그 자신을 탄생시키고 싶어했던 것 같았다. 남성이자 유태인 가족의 장남인 그는 첫아이가 남자이기를 바랐다. 성인 남성으로서 그는 '조그만 사내아이'를 원했던 것이다.

나 역시 내 어머니가 하지 못했던 사내아이를 낳고 싶어, 그리고 딸 '만'

낳았던 친정아버지에 대한 반항으로 아들을 원했다. 첫아들은 우연히도 친정아버지의 생일에 태어났다.

　군대를 위해 일하십니까, 부인?(Vous travaillez pour l'armée, madame?) 수세대에 걸쳐 우리는 아들은 전장으로 내보냈다. 그러나 그것이 언제나 스파르타 전쟁이나 남북전쟁처럼 직접적이고 유혈이 낭자한 곳은 아니었다. 아들을 낳은 것은 여성이 세계에 '자신의' 표시를 남길 수 있는 유일한 수단이었다. 6년 후 막내아들이 태어나자 지적이고 재능이 많은 한 여자친구가 내게 이런 편지를 썼다. "이 아이는 천재가 될 거야. 여자성기가 아닌 남자성기를 가지고 태어난 걸 보면 분명히 알 수 있거든."

　그러나 세 아들이 태어난 후 나는 나 자신이 정열과 혼란의 가장 깊은 심연에서 조그만 세 육신과 함께, 곧 세 사람과 함께 살고 있다는 것을 알았다. 이들을 보살피는 일이 내 인생을 잠식시킨다고 느낄 때도 많았다. 그러나 그들의 아름다움, 웃음, 신체접촉을 통한 사랑은 나에게 큰 기쁨이었다. 나는 그들을 '아들'이나 가부장제 세습자가 아니라 귀여운 어린 아이들로 보았다. 귀여운 몸, 그것에 대한 끝없는 탐색, 순수한 집중, 물들지 않은 어린아이에게 존재하는 슬픔 또는 기쁨, 이런 것을 파헤쳐 나가면서 나는 오랫동안 잊고 있던 나의 내부의 일부분과 연결되었다. 나는 바쁘고, 인내심이 부족하고, 지쳐있는 변덕스런 엄마였다. 어머니가 되었다는 충격은 내게 현기증을 남겨 주었다. 그러나 내가 세 아들을 열렬히 사랑했다는 것을 잘 알고 있다.

　어느 여름날 버몬트 주에 있는 친구 집에 머물렀던 적이 있다. 남편이 몇 주일 해외에 출장중이어서 나는 대부분의 시간을 오직 9살, 7살, 5살 난 세 아들과 함께 보냈다. 집에 성인 남성이 없었고, 계획표, 낮잠, 규칙적인 식사시간, 이른 취침도 없었다. 그래서 친구와 나는 대화할 수 있었고, 우리는 달콤하지만 죄스러운 리듬으로 빠져 들었다. 아주 무덥고 맑은 날씨였다.

　우리는 거의 밖에서 식사를 해결했다. 손으로 집어 먹었고 반쯤 벗고 지냈으며 박쥐와 별과 개똥벌레들을 보기 위해 늦게까지 자지 않았고, 책을 읽고 이야기하느라 늦게 자기도 했다. 우리는 햇빛을 받아 따뜻해진 정원 호스에서 나오는 물로 몸을 씻었고, 익명의 섬에 추방당한 모자들처럼 살았다. 아이들은 밤에 잠꼬대 한 번 하는 일 없이 잘 잤다. 나는 학생 시절처럼 늦게까지 책을 읽고 글을 썼다. 다음과 같은 생각을 하던 기억이 난다. 아이들과 사는 생활은 다 이럴 것이다. 학교시간이나 정해진 규칙, 낮잠시간도 없고, 나의 존재는 설 자리도 없이 어머니이며 아내가 된다는 갈등이 있을 것이다. 드라이브인 극장에서 늦게까지 영화를 보고 구불구불한 버몬트 주의 길을 따라 인광과 정적을 뚫고 자정이 넘어서 집에 돌아온 적이 있었다. 뒷좌석에는 세 아이가 자고 있었다. 나는 정신이 바짝 들어 긴장했다. 우리 모두 취침시간 규칙을 어겼던 것이다. 도시에서 살 때 반드시 지키지 않으면 '나쁜 엄마'가 된다고 생각한 바로 그 규칙을 어긴 것이다. 우리는 어머니라는 기관의 법을 어긴 공모자였다. 나는 내 인생의 책임감을 무겁게 느꼈다. 물론 곧 그 기관은 폐쇄되고 '좋은 엄마'에 대한 불신이 되찾아왔다. 틀에 박힌 그런 인식에 대한 나의 분노도 함께 돌아왔다. 그러나 그때에도 나는 아이들이 나라를 위해 죽거나 죽이기를 원하지 않았던 것처럼, 아들들이 이 세상에서 나를 위해 어떻게 해주기를 바라지 않는다는 것을 알았다. 나는 내 스스로 행동하고 살아가며 각자 독립된 자아를 위해 아이들을 사랑하고 싶었다.

3.

이런 개인적 가치에 대한 의식, 자기 개성에 대한 열의(위트먼과 리차드 제프리의 작품에서처럼)는 자기 표현력이 강한 사람에게만 나타나는가? 아니면 내가 여성이고 고독하기 때문에 영원한 법에 의해 그로부터 격리되어 버릴 수도 있는 것일까? 내게는 그것이, 즉 개인적 가치에 대한 의식, 자기 개성에 대한 열의야말로 인생의 아주 귀중한 선물인 것 같다. 지구상의 모든 축복 가운데 가장 고귀한 그 선물을 소유하고 있는 사내

아이를 가질 수 있는 선택권이 내게 있다.[25]

　아버지들도 물론 아들을 원한다. 상속자로서, 들일을 도와주는 일손으로서, 부하로서, 기계를 돌보는 관리자로서, 자신의 이미지인 동시에 그 연장으로서 아들을 바란다. 여자아이를 버리는 일이 조직적으로 이루어지는 사회에서, 아홉 달 동안의 임신결과가 쓸모없는 상품으로 취급되는 사태에 직면하기보다는 아들을 원한다는 것은 이해할 만한 일이다. 그러나 남성의 조직적인 영토욕과 공격야욕이 뚜렷한 현실에서 여성이 아들을 생산하는 것은 군대에 일조는 하는 셈이다. 이런 것을 모른 척 하거나, 내 아이는 전장에서 죽음을 피할 것이라고 믿는 것이 관행적으로 행해지는 여아 살해에 직면하기보다는 훨씬 쉬웠을 것이다. 여성에 대한 제재조치가 가득찬 사회에서 어머니는 본능적으로 아들에게 더 많은 가치(희망이라고 말할 수도 있다)를 둔다. '흑인의 자존심'에 대한 자각이 일어나기 전에 미국 흑인들은 어쩔 수 없이 피부색이 덜 까맣고 코카시아 인종에 가까운 아이를 귀하게 여겼다. 위에 인용한 어린 루스 베네딕트의 글에서처럼 여성의 삶이 제대로 영위되지 못하고 성취감도 이룰 수 없다는 생각이 무의식적으로 표출될 수 있다.(루스는 나중에 결혼하여 아이를 원했지만 한번도 낳아보지 못했으며, 결국 결혼에 실패하고 유명한 인류학자이자 여권운동가가 된다.)

　"그것을 가진 남자아이를 갖는 것", 그래서 우리는 여전히 프로이트의 그늘에 가려져 있다. 지난 40년 동안 프로이트의 이론은 개정되고 일반에게도 널리 알려져서 종종 그의 이론의 일부를 다른 사람들이 이해한 것을 가지고 '프로이트주의'를 인정하거나 부인하는 일이 생겼다(영화, 연극, 농담의 힘을 과소평가해서는 안된다).

　그의 이론 중 오이디푸스 콤플렉스가 가장 큰 파문을 일으켰다. 프로이트에 대해 전혀 모르는 여성들도 아들에게 신체적 접촉을 통한 사랑을 보여주는 것이 '유혹적'이며, 여성이 싫어하는 행동을 하지 않도록 아들에게 가르치는 것이 아들들을 '거세시키는 것'이고, 그런 식으로 행동하는 어머니는 '남을 잡아먹고' '지배하는' 존재가 되어 아들이 "정신적으로 건강하게 성장하기 위해서는 반드시 그런 어머니를 거부하게 된다고 믿으며 아들을 기른다." 그리고 아들이 "쓸데없이 동성연애자"가 된다면 순전히 어머니에게 그 책임이 있다고 믿는다.[26]

어떤 면에서 프로이트가 개척자임을 부인할 수는 없다. 예를 들어 어떤 사람이 정신적 고통을 받았다고 해서 그를 도덕적 범죄자로 단정해서는 안 되며, 무의식적 충동이 평범한 인간의 행동에 영향을 미친다는 주장을 긍정적으로 받아들이게 한 점이다. 그의 꿈의 분석이 오늘날 초보적으로 보이기는 하지만 의학 '과학' 이후 수백 년 동안 그 타당성을 부인해 온 꿈이 우리가 관심을 가져야 하는 중요한 사건이라는 인식을 재정립시켰다. 그러나 프로이트 역시 그의 문화적 배경과 남성이라는 특성에 국한된 한 남성에 불과했다. 초기 프로이트 비평가 중의 한 사람인 카렌 호니는 프로이트 사상의 생물학적 조직적 기반이 너무 협소하다고 지적했다. 그는 심리적 특성을 해부학적 원인으로만 축소시켰고, 본능과 '자아', 여성과 남성, 능동과 수동 등의 이원적 사고를 마치 양극의 반대 현상인 것처럼 이해했다고 말했다. 특히 호니는 우리가 평생동안 어린 시절의 경험을 반복하거나 그 시절의 사건 속으로 되돌아간다는 프로이트의 견해에 대해 공격했다. 그녀는 이것이 인간의 조직적 성장이나 인생의 과정에서 겪게 되는 질적 변화를 부인하는 견해라고 보았다.

몇 가지 조건을 달았지만 호니는 오이디푸스 콤플렉스를 인정했다. 프로이트와는 달리 그녀는 부모를 향한 아이의 강렬한 성적 욕구가 단지 일부 아이들이 경험한 구체적인 사례일 뿐이라고 보았다.[27] 그녀의 비평은 드러나든 드러나지 않든 오이디푸스 콤플렉스가 우리 심리의 가장 중심에 위치하고 있다고 믿은 당시로서는 극히 대담하고 용감한 것이었다. 프로이트 학설에 대한 이런 이견 때문에 그녀는 2년 후 권위 있는 뉴욕 정신분석학회에서 제명당했다. 그러나 그녀의 견해는 우리에게 그렇게 큰 영향을 미치지 못했다.

프로이트는 오이디푸스 콤플렉스란 남자아이가 어머니에게 강력한 성적 욕구를 처음으로 느끼는 과정의 일부이며, 그다음 어머니로부터 떨어져 나와 자신과 어머니를 구분하고, 아버지를 경쟁자가 아닌 똑같은 남성으로 인식하는 것이라고 믿었다. 결국 아들의 성적 욕망은 어머니가 아닌 다른 여성에게로 향한다고 주장했다. 프로이트는 어머니에 대한 유아의 성적 욕구 때문에 아버지의 질투심을 유발시켜 아버지가 자신을 거세시키는 벌을 내릴 것이라는 근심을 아이에게 불러일으킨다고 생각했다. 오이디푸스 콤플렉스의 이상적인 결론은 아이가 어머니에 대한 집착을 포기하고, 자신보다 우월하다고 인정하는 아버지를 받아들여 자신과 일치시키는 것이다. 남성 생식기를 지키는 대가는 바로 아버지를 받아들이는 것, 즉 프로이트 용어로 '초자아'를 실현하는 것이다. 간단히 말해 가부장적인 법의 우월성, 본능훈련, 족외혼, 근친상간 금지 등을 인정하는 일이다.

프로이트는 이런 초기의 위기상황에서 발생할 수 있는 일을 몇 가지 예를 들어 제시했다. 남자아이가 자위를 했을 때 거세당할 수 있다는 위협을 받을 수도 있고, 질투를 느낀 아버지가 사춘기의 아들에게 포경수술(상징적 거세)을 할 수도 있다. 그러나 이런 사건들이 단지 환상 속에서만 일어날 수도 있다.[28]

여기서 기본적인 전제는 모자 두 사람의 관계는 본질상 역행적이고 순환적이며 비생산적이라는 것과, 문화는 부자관계에 더 많은 비중을 둔다는 것이다. 어머니가 아이에게 할 수 있는 것이라고는 의존심을 영속시켜 더 이상의 발전을 가로막는 것뿐이다. 오이디푸스 콤플렉스의 해결을 통해 아이는 남성의 세계, 가부장적 법과 질서의 세계로 들어간다. 물론 가부장적 문명을 의미하는 문명에서는 모자상호 관계에서 제3의 인물로 아버지가 개입될 필요가 있다.(출산 9개월 전부터 그때까지 아버지의 존재는 그다지 중요하지 않다.) 따라서 쥴리엣 미첼의 말을 빌리면 오이디푸스 콤플렉스는 "인간문화로의 진입"인 셈이다. 그러나 권위뿐 아니라 문화 그 자체를 상징하는 것은 분명히 '본능(id)'의 맹목적 침입을 통제하는 초자아인 아버지이다. 문명은 어머니가 아니라 아버지와의 일치를 의미한다.

프로이트의 주장에 의하면 어린 소녀가 자신에게 성기가 없는 것은 거세당했기 때문이라고 믿는다고 했다. 따라서 성인이 되어 임신하고 아이를 낳음으로써 잃어버린 남성기관을 대체해야 한다고 주장했다. 이 가설을 고려해 보면, 그가 모자관계를 무의식적인 '성충동(libidinal)'으로 보았다는 것은 그리 놀랄만한 일이 아니다. 아들은 아기일 뿐 아니라 어머니가 갈망하던 성기도 가지고 있는 존재이다. (그러면서도 또한 어떻게 프로이트가 모자관계에는 양면성과 '이기적 생각'이 없을 것이라고 생각했는지 이해하기 어렵다.)

시간이 갈수록 모성에 대한 이러한 견해는 여성 분석가들의 공격을 받았다. 호니 뿐 아니라 클라라 톰슨, 프리다 프롬-라이히만도 어린 소녀가 성기를 갖기를 원한다면 그것은 다만 성기를 가진 남성들에게 주어진 특권과 이점을 인식했기 때문이라고 주장했다. 그들은 성기는 하나의 은유이며, 아이를 갖고 싶다는 소망은 전혀 다른 종류의 충동으로 보았다.

그러나 우리가 프로이트 학설을 공격하고 논박한다 해도 다음과 같은 의문이 생긴다. 어떻게 사내아이가 어머니와 자신을 구분하는가? 이것은 그가 가부장적 가치를 받아들여 '입대'할 수밖에 없다는 것을 의미하는가? 가부장제 사회에서 어머니가 문화를 대표할 수 있을까? 만일 그렇다면 그 문화는 여성에게 무엇을 요구하는가? 무엇보다도 어머니로부터 분리된다는 것은 아들에게 어떤 의미를 지니는가?

물론 그것은 제일 먼저 양수 속에서의 따뜻한 무중력 상태를 떠나는 신체적 출산을 의미한다. 또한 아이가 어머니의 가슴, 얼굴, 따뜻한 체온이 다른 사람의 것이고, 자기만을 위해 존재하는 것이 아니라, 사라졌다가 되돌아 올 수 있으며, 울고 웃고 어머니를 필요로 할 때 반응을 보이지만 점점 자신이 원하는 대로 언제나 완벽하게 돌보아 주지는 않는다는 사실을 알게 되면서 거치게 되는 점진적 관정을 의미한다. 이것은 이원적 과정을 의미하는데, 이 과정에서 어머니가 잠깐이든 좀 더 오랫동안이든, 먼저 아이로부터 떠나보고, 그다음 아이가 직접 사라지는 숨바꼭질 놀이를 해본 후, 마지막으로 자신의 다리로 걸어서 어머니로부터 떨어져 짧은 거리를 돌아다닐 수 있게 된다. 이 과정은 이유(離乳)를 의미하기도 하는데, 이때 어머니 외에도 자기를 돌보아 줄 사람이 있다는 것, 어머니가 없어도 안전하다는 것을 알게 된다. 분명히 아이는 이런 과정을 거치면서 근심과 쓸쓸함을 느끼기도 하고 안전과 부드러움, 신뢰가 영원히 사라져 버렸다는 두려움을 느끼기도 한다. 이때 이런 걱정을 덜어주고 버림받은 데서 오는 슬픔을 달래주고, 자신을 사랑하고 보호해 주는 사람은 어머니만이 아니라는 점을 재차 확인시키고, 어머니와 자신과의 분리를 받아들일 수 있도록 해줄 제3자의 개입이 필요하다. 그러나 종종 이런 제3자 역시 할머니, 숙모, 큰언니, 간호원 등 여성인 경우가 많다. 사실 이 여성들이 어머니보다 더 많은 사랑과 보호를 줄 수 있고, 정신적인 어머니가 될 수도 있다. 제3자가 남성인 경우, 그들과의 신체적 접촉은 비교적 적고, 그들이 자신을 그다지 소중히 여기지 않는다고 느낄 수 있다. 항상 옆에 있지 않고 멀리 있으며 간섭도 심하고, 자신만을 위해 주위를 서성이는 여성보다 자신에 대한 관심이 적다고 생각한다. 남자아이든 여자아이든 성별의 차이가 다른 사람과의 정신적 조화를 맺는 데 큰 영향을 미친다는 사실을 일찍부터 알게 된다.

그러나 결국 아이는 이러한 남성에 의해 인수되어야 한다. 부족사회는 항상 사춘기 남자아이에게 성인집단에 속하게 되는 '제2의 탄생'을 요구한다. "성년식에서… 남성세계의 수호신이 젊은 남성을 집어삼켜, 그들은 어머니의 아들이 아닌 신의 아들로 다시 태어난다. 그들은 더 이상 땅의 아들이 아니라 하늘의 아들이다. 이 영적 재탄생은 의식과 자아, 의지력을 가진 '보다 높은 인간'의 탄생을 의미한다.… '하늘'을 나타내는 남성의 세계는 법과 전통, 남성이었던 이전의 신들을 상징한다."[29] 이 행사는 종종 동물의 거세와 제물, 상징적 상처, 시련 등을 동반한다. 또한 어머니의 거부를 의식화하기도 하는데 피지섬에서는 어머니를 때리고, 아파치와 이로쿠이스에서는 화살로 어머니에게 상처를 입히기도 한다. "어머니에 대한 이런 폭력은 '남성다움'을 표현하는 의식"이기도 한다. 성인남성이 되면서 어머니의 힘에 종속되어 있던 모든 것을 깨끗이 없애야 한다고 보는 것이다.

동아프리카 키쿠쿠족의 젊은이들은 성년식 이후 치르는 첫 성교가 치명적일 것이라는 두려움을 가지고 있다. 그래서 성년식을 치른 젊은이들이 15명, 20명씩 무리를 지어 전국을 배회하며 나이 든 여자를 찾아 강간한 다음 그녀를 돌로 쳐 죽인다. 라이크는 이 나이 든 여자가 어머니를 상징한다고 말한다.[30]

이 나이 든 여성 역시 진정한 인간이고, 남자들 마음속의 여성으로서의 상징 이상으로 자신과 딸들에게 중요한 존재이다. 그러나 어떤 의식이 치러지든, 성기를 가진 아이는 성기를 가진 다른 사람과 자신을 묶어 놓으려고 한다. 그러므로 강한 여성들로 구성된 모계가족에서 성장했다거나, 어머니가 가장인 집에서 성장한 것은 거의 문제가 되지 않는다. 이 견해에 따르면 아들은 여전히 법과 전통의 대표자, 공격자, 지배적 문화의 창조자이며 조달자로서 아버지와 화해하게 된다는 것이다.

그리고 어머니는 자신의 본능이 뭐라고 말하든 상관없이 이 현상을 더욱 촉진시켜야 하는 것으로 생각된다. 나의 할머니는 왜소하고 가냘픈 유태소년이던 아버지가 어떻게 10살쯤 군사학교에 가게 되었는지를 종종 이야기해 주었다. "군복이 그 아이에게는 너무 컸어… 지금도 나는 모인 아이들 중 제일 작은 그 아이가 두려움에 가득 찬 표정으로 역에서 기차를 기다리던 일을 잊을 수가 없어." 그러나 할머니는 '보다 나은 교육'과 남자로 만들기 위해 아버지를 보냈다. 20세기 초 앨라배마 주 버밍햄에서 할머니가 달리 어떤 선택을 할 수 있었겠는가?

소위 말하는 오이디푸스 삼각관계에서 제3의 존재는 사실 가부장의 힘이다. 오이디푸스 콤플렉스가 인간발달이론이라고 옹호하려는 모든 시도는 여기서부터 시작해야 한다. 인류학자 셰리 오트너는 프로이트가 '오이디푸스과정'이 친부모와의 사이에서 일어난다고 가정했지만, 어떤 특정 사회나 성의 역할과도 무관하게 보다 근본적인 사회화 이론이 있을 가능성도 있다고 제안했다. "그것은 강력하고… 궁극적으로 변증법적 이론이다. 인간은 사랑, 욕망, 권위를 나타내는 상징적 존재와의 투쟁 및 통합과정을 통해 발전한다." 오트너는 아이가 양육과 권위를 공유하는 두 명의 부모 또는 그 이상의 부모, 남성과 여성 둘 다, 혹은 어느 한쪽에 의해서만 양육되었더라도 이 구조는 존재할 수 있다고 주장했다. 그녀는 "그런데도 키부츠처럼 핵가족이 붕괴된 곳에서도 아이를 돌보는 사람은 언제나 거의 대부분 여성이었다"는 점을 지적한다.[31]*

프로이트 이론과 몇몇 프로이트 학자(특히 마르크스주의자나 여권운동가라기보다는 프로이트파에 더 가까운 쥴리엣 미첼)들의 글을 다시 읽으면서 성기에 대한 질투, 거세, 성기 대체물로서의 아이(특히 아들) 등과 같은 개념을 살펴볼 때, 결국 가장 강한 인상을 남기는 것은 언어에서의 음치현상이다. 이것은 기억, 꿈, 환상을 '과학적' 차원에서 다루고 싶어하는 심리분석학자들의 욕망 때문일 것이다. 이것은 마치 과학은 시와 반대라는 잘못된 의식과도 같다.** (눈, 귀, 폐, 성기를 비롯하여 지적, 육감적 기능을 가지고 있는 다른 모든 신체부위와 마찬가지로) 성기나 젖가슴도 생물학적 존재가치 이상의 상상적 의미를 가진 것은 분명하다. 그러나 이런 의미는 아직 연구되지 않고 있다. 육체적 이미지의 밀도나 연상은 전문용어의 추상적 단순화 때문에 잊혀지게 되었다. 프로이트 이론에서 많은 논란이 된 성기조차도 초라한 물건이 되어, 가부장 이전 사회의 숭배에서 위대한 어머니의 종속물의 상징으로서의 성기가 내포하던 '차원성(dimensionality)'은 상실했다. 카렌 호니는 지나치게 생물학적이고 이원적인 프로이트의 접근방식 때문에 이런 한계가 생긴 것이라고 주장한다. 특히 어머니(따라서 여성)의 존재가 개입되는 남성의 꿈과 환상 속에서 이런 한계가 더욱 뚜렷이 나타난다.

쥴리엣 미첼은 프로이트가 고려하지 않았던 이론에 대해서 그를 비난해서는 안 된다고 강조했다. 프로이트 자신도 인정했듯이 사회적 상황의 분석이 여성 심리에 많은 영향을 미쳤던 것은 사실이다.[32] 정신과 의사인

---

* 그리고 예를 들어 이스라엘, 소련, 쿠바, 중공 등에서 정부 당국자는 전적으로 또 압도적으로 남성들이다. 골다 메어어나 인디라 간디가 여성이라는 사실은 권위의 남성성, 즉 결국 권위란 남성의 제도로부터 나오는 것이고 그 제도를 통해서 나오는 것임을 변화시키지 못한다.

** 나는 과학과 시가 같다는 말을 하는 것이 아니다. 단지 그 두 가지가 결코 상반될 필요는 없다는 뜻이다.

로버트 J. 리프톤은 "아무리 위대한 사상가라도 적어도 한 가지 맹점은 갖고 있다. 프로이트의 결점은 여성이었다"[33]고 말한 것으로 전해진다. 그러나 사실상 지적인 '맹점' 주변에 날카로운 명증성이 생길 수는 없다. 특히 그것이 우리 자신을 위해서 그리고 남성의 마음속에 존재하는 여성의 넓고 복잡한 세계에 관한 것일 때는 더욱 그렇다. 프로이트가 가부장적 사고에서 여성, 특히 어머니로서의 여성에 대한 저항과 비난의 깊은 인식을 갖기 위해 여성운동가가 될 필요는 없었다. 그러나 프로이트는 그 자신이 주장한 방법과 목적에서도 자신을 잃었고 여성이 관련된 곳에서는 후퇴했다. 이것은 단지 그의 여성에 대한 태도에만 영향을 미친 것이 아니라 남성에 대한, 그리고 남녀 성기의 중요성에 대한 추측과 관찰에까지 영향을 주었다. 아들에 대한 프로이트의 견해는 어머니에 대한 적대감 – 그리고 감상 – 으로 가득 차 있다.

물론 '일상생활'에서 어느 정도 이중의미를 갖는 말, 기억상실, 잘못 발설한 말 등은 우리가 의식적으로는 책임지지 않는 것을 표현한다고 강조한 사람은 바로 프로이트 자신이다. 엘리자베스 제인웨이는 프로이트가 어린 소녀를 지칭하면서 "거세의 실체(實體)"라는 구절을 자주 반복 사용했다는 데 주의를 상기시킨다. "우리는 이 말의 의미를 생각해야 한다. 사실 나는 이것이야말로 여성에 대한 프로이트의 잘못의 핵심을 파헤칠 수 있는 열쇠라고 믿는다."[34] 제인웨이는 "어린 소녀가 실제로 거세되지 않았을지라도 여성이 사회적 존재로서의 권리를 박탈당하여 고통받았다"는 사실을 프로이트가 잘 알고 있었다고 주장한다. 간단히 말하면 프로이트는 여성의 거세를 비유적으로 사용한 것이다. 그러나 이런 여성의 사회적 결단의 심리적 의미를 제대로 파악하지 않기 때문에(이 연구를 했더라면 프로이트는 남성심리를 보다 깊이 연구하게 되었을 것이다) 남녀에 관한 프로이트의 이론에는 일종의 정치적 진실이 결여되어 있으며, 나는 이것이 시적, 과학적 진실의 결여이기도 하다고 말하고 싶다.

4.

문화마다 독특한 모자관계를 형성하고 있다. 소설, 연극, 영화, 일화를 통해 나타나는 유태계 미국인 어머니들이 아들에게서 받는 조롱(그리고 그 이면의 감상주의)은 전통 유대교의 여성혐오 전통과 유태 남녀들이 미국사회에 동화하는 상황에 근원을 두고 있다. '미국인'이 되는 과정에서 유태 여성들은 극단적인 존재축소의 고통을 받았다. '미국적' 남편에게 어울리는 '미국적' 아내가 되기 위해 그들은 외부세계와의 중재자로서, 사업가로서, 기록과 재산의 관리자로서, 생존전략가로서의 역할을 상실했다. 남편의 권위는 탈무드 학생으로서가 아니라 가족의 생계를 유지하기 위해 돈을 벌고 성공하는 것에 달려 있었기 때문에 남성다움을 주장하기 위해 그들은 여성의 존재를 가정에 갇힌 어머니의 역할로만 국한시켜 버렸다.[35]

필립 로스의 『포트노이의 불평』 같은 소설이나 댄 그리버그의 『유태인 엄마』와 같은 인기 있는 비소설류에 나타난 어머니에 대한 분노나 경멸을 마치 전원시 같은 프로이트의 '완벽'하고 '명확'한 모자관계와 비교해 보는 것은 흥미있는 일이 아닐 수 없다. 그러나 시와 실제는 유태계 미국인 문화에 이원적으로 나타나 있다. 어머니는 감상적으로 표현되지 않으면 냉혹하게 희화화된다. 시끄럽고, 강압적이며, 원기(성욕?)가 넘치며, 강압적일 정도로 성에 무감각한 것으로 묘사되고 있다. 프로이트의 말을 빌리자면 유태계 미국여성은 '주부 정신병'을 앓고 있다. 죄책감과 원치 않는 음식으로 아이들을 위협하고, 가끔 안식일에 촛불을 켜거나 애도하는 일로 존중받는 것이 고작이다.

폴린 바트는 중년여성의 우울증 연구에서 이런 여성들이 겪게 되는 피해사례를 몇 가지 설명했다.[36] 우울증은 앙칼진 목소리와 자기 비하의 신경질적인 웃음부터 해가 갈수록 수면제나 진정제에 더 많이 의지하는 것까지 다양한 형태로 나타나고 있다. 그러나 여성의 관점에서 볼 때 길들여진 유태 여성에게도 존경스러울 정도로 분출하는 에너지와 탄력성이 있다. 그러나 그것은 미국사회 속의 유태인 사회라는 특성에 의해 여지없이 비난과 조롱의 대상이 되어 버린다.* 그녀는 살아남은 여성이고, 이빨과 발톱과 신경조직을 가진 투사이며, 흑인여성들처럼 태어날 때부터 한 민족의 무게를 지고 있다. 그래도 이들은 한편으로는 자기를 향한 아들의 의존과 모욕 사이에서, 또 한편으로는 자기 자신의 죄의식과 억눌린 분노 사이에서 살아왔다.

흑인 어머니들은 생계책임자, 의사결정자, 자녀부양자로서 가족을 지배함으로써 아들을 '거세' 시켰다는 비난을 흑·백 남성 모두에게서 받아왔다. 말할 필요도 없이 오늘날 그녀의 '모가장' 으로서의 '힘' 은 인종차별, 남녀차별, 가난에 의해 크게 제한되어 있다. 여기서 권력이라고 잘못 이해하고 있는 것은 사실상 생존의 힘과 용기이며, 성공시킬 수 있다면 아이들을 몰아쳐서라도 혹은 그들을 먹이고 입히기 위해 자신의 자존심을 희생하게 된다 하더라도 그렇게 하겠다는 결심이다. 상징적인 아들의 거세를 흑인 어머니의 탓으로 돌린다면 실제로 수천 명의 흑인 남성을 거세시킨 백인남성의 인종차별이 남녀차별과 불가분의 관계에 있다는 것을 다시 한 번 드러내 보이는 셈이다.

5.

"만일 여성에 대해 더 알고 싶다면 당신 자신의 경험에 비추어 보든지 시인에게 물어보라. 그렇지 않으면 보다 깊고 집약적인 과학정보가 나올 때까지 기다리라." 신랄하지만 솔직히 자신의 한계를 인정한 프로이트는

---

* "유태 여성들이 슈테틀에서 가족을 이룰 수 있고 신세계로 이주를 용이하게 만들 수 있었던 특질들이야말로 바로 미국 동화과정 동안… 없애버리려고 했던 것들이다… 유태 어머니들의 닭고기 스프는 독약을 감춘 약으로 상징되었다." (샬롯트 바움, 파울라 하이먼, 소니아 마이클, 『미국의 유태 어머니』([뉴욕: 다이알 프레스, 1975], 244-51쪽)

「여성성에 관하여」라는 수필에서 이렇게 끝맺고 있다.

이 글을 쓴 후 40년 동안 많은 일이 일어났다. 우리는 메리 제인, 제인 셔피, 마스터즈와 존슨, 나일즈 뉴턴, 알리스 롯시 같은 과학자들을 통해 여성 생물학과 성, 심리학과의 관계[37] 등에 관한 새로운 정보를 축적하기 시작했다. 여성운동은 여성에 의한 여성경험의 새로운 설명을 찾아내고 또 이를 촉진시켰다. 그래서 여성시인들의 입을 열기 시작한 것이다.

비록 느리기는 하지만 변하고 있는 여성경험 중의 하나는 아들을 원하는 욕구이다. 이제까지의 모든 이유에도 불구하고 여전히 아들을 선호하는 여성이 있고 또 앞으로도 계속 있을 것이다. 그리고 아들 선호경향도 훨씬 높다. 그러나 자기 자신의 삶을 개척해 나가는 여성이 많아짐에 따라 아들을 남성으로써 과대평가하는 경향도 조금씩 변해가는 조짐이 보인다.

많은 여성들이 현 시점의 인류학사에서는 여성의 편이 훨씬 더 낫다고 말하고 있다. 여성 스스로 결정하고자 하는 욕구가 더 넓고 깊어짐으로써 가능성은 더욱 커졌다. 독창적 사고와 활동영역이 생기고 무엇보다 여성들 사이에서 같은 목적을 가지고 이를 공유하자는 새로운 의식이 나타났다. 우리가 주체인 커다란 변화의 가장자리에 우리가 서 있다는 인식도 생겼다. 더구나 많은 여성들이 여권운동을 하면서 경험한 분노를 최초로 표출하고, 수년간 닫혀있던 수문을 개방하면서 남성계급의 일부인 아들과의 충돌을 가져왔다고 느꼈다. "당신은 아들이 속한 문화에서 그를 격리시킬 수 없다. 내 아들에게 내가 가장 싫어하는 특징들이 생겨나고 있다. 아들은 여성을 경멸하고… 나는 아들을 사랑한다. 아들을 적으로 여길 수는 없다."[38] 이 여성이 겪고 있는 혼란이 무엇이든 그녀는 일반적인 갈등을 표현하고 있다.

아들을 '그의' 문화와 격리시킨다는 두려움은 일상생활에서 그들 스스로 그러한 문화를 거부하는 여성들 사이에서도 상당히 깊이 자리잡고 있다. 60년대 초에 나는 이와 비슷한 불안감을 본 적이 있다. 평화주의자를 자칭하는 몇몇 어머니들이 아들에게 장난감 기관총과 수류탄을 못가지고 놀게 하면 친구들에게서 '소외' 당하지 않을까, 심지어 '나약하게' 만들지나 않을까하고 걱정하는 모습을 보았다. (아마 그 어머니들 역시 본능적으로 권총은 남근을 상징하며, 단순한 살상무기 이상의 상징을 가지고 있다는 것을 알았을 것이다. 아니면 어머니들이 종종 아이를 거세시킨다는 비난을 받듯이 그런 비난을 받을까 두려워했는지도 모른다.) 그러나 자기 아들을 '그의' 문화와 격리시키는 데 대해 여권운동가 어머니들이 가지고 있는 두려움은 이보다 훨씬 더 깊다.

우리는 무엇을 두려워하는가? 아들로부터 자신을 주위환경과 어울리지 않게 만들고 국외자로 만들었다고 비난받을까 두려워하는가? 가부장제에서 우리가 겪고 있는 고통을 그들도 겪게 될까 두려워하는가? 우리가 남성의 지위와 특권에서 오는 불평등을 폐지하려 하면서도 내 아들이 그 특권을 잃을까봐 두려운 건 아닐까? 아들에게 '사나이다움'을 모방할 필요가 없다는 점을 가르치기 위해 아들을 '적'으로 보아야 하는가? 여성을 경멸하는 아들을 진정으로 사랑하는 어머니가 있다면 어쩔 것인가? 혹 이것이 남녀 사이에 종종 존재하는 속박, 잘못된 사랑은 아닌가? 여성의 전형을 깨뜨리기 시작한 어머니가 아들이 TV폭력물이나 미식축구에 빠져 있는 것을 본다는 것은 정말 고통스러운 모순이 아닐 수 없다. 로버트 라이트는 TV폭력물과 축구를 "수컷의 태도를 가진 한 남성이 지배적 인물로 부상할 수 있는 세계"라고 설명했다.[39] 자기존재를 확대하고 심화해 가려고 하는 여성이 자신의 이런 행동이 아이에게 해가 될 수도 있다는 이유 때문에 무의식중에 아주 쉽사리 죄의식을 받아들인다는 것은 너무나 안이한 태도이다. 이런 죄책감이야말로 여성에 대한 가장 강력한 형태의 사회적 통제이다. 이 통제에서 완전히 벗어날 수 있는 여성은 아무도 없을 것이다.

분노를 아직 표출하지 않은 여성은 아들에게 남성적인 공격심을 심어줄 수 있다. 그 외 달리 표현할 방법을 모르기 때문이다. 아이의 미약한 남성다움을 부추겨 자신을 성인남자로 착각하게 만들어서 어머니를 때리고, 지배하도록 내버려 둘 것이다. 이 어린 남자아이는 수컷의 태도를 가지고 여성을 희생시킨 남성의 모든 영역을 가지고 있다. 동시에 그는 저지당하지 않고 자신을 표현할 수 있는 어머니의 일부이기도 한다. 그렇기 때문에 그는 자신의 '캄스트보(Khamstvo)'를 용서받는다.(캄스트보라는 말은 '조잡함, 공격성, 동물적 욕망, 야만성' 등의 의미가 복합된 러시아어로 소련여성이 남성에게 사용하는 말이다.)[40]

19세기 미국 여성참정권 운동의 선구자이자 다섯 명의 아들을* 둔 엘리자베스 캐디 스탠톤은 아이를 돌보아야 하는 어머니의 부담과 그 아이러니를 인정했다.

> 내 손으로 이 아이들을 열심히 돌보았다…
> 가사일과 아이로부터 자유로와지길 얼마나 갈망했던가…
> … 그러나 여성의 운명의 시련을 이해하는 편이 내게 더 좋을거야.
> 때가 되면 보다 설득력 있게 주장할 수 있겠지…
>
> … 해는 내일 또 다시 빛날 것이고 내 귀여운 아이들은 또 예쁜 파란 눈을 반짝이며 기어 다니고, 사랑스럽게 나를 바라보겠지.
> 나는 또 다시 즐겁게 살아가리라…
>
> 여성 위에 쌓여 온 모든 잘못을 생각하면 나는 내가 영원히 만성적인 분노를 가지고 있지 못한 것이 부끄럽다. 완전히 미쳐서, 바짝 마르고 샘물처럼 눈물을 흘리며 저주의 말을 쏟아내고, 손으로 모든 남성과 형제들을 때리는 그런 상황에 있지 못하다니! 오, 내가 씻겨준 남자들의 얼굴, 내가 뜨개질해준 털장갑, 내가 손질해준 바지, 내가 붕대를 감아준 상처 난 손가락과 발가락들이 원망스럽구나![41]

그러나 여권운동의 길로 들어선 모든 여성들이 감정적, 그 외 어떤 이유로나 아들을 버리고 싶어 한다고 생각하면 그것은 어리석은 일이다. 오

---

* 스탠톤의 아들 중 하나인 디오도르는 누이와 함께 스탠톤의 글을 모아 2권으로 편집했다. 그는 또한 자기 자신도 유럽의 여성 문제에 대해 썼다.

히려 다른 관계와 마찬가지로 모자관계도 남성 이데올로기에 대한 어머니의 관계가 변한다는 점에서, 그리고 아들에 대한 어머니의 희망과 두려움이라는 측면에서 새롭게 조명되고 있다. 만일 우리의 아들 – 딸들과 마찬가지로 – 이 성별 역할에 구애받지 않고 모든 형태의 여성혐오증에 대해 날카롭게 반발하며 성장하기를 바란다면, 역사의 현 단계에서 그는 남성의 세계에서 깊은 소외감을 느낄 것이고, 다른 남자들과 (남성의 특권을 방어하기 위한 남성 간의 '유대'와는 구분되는 의미에서) 친밀한 관계를 거의 가지지 못한다는 사실도 직시해야 한다. 어머니 자신이 외부세계로 뻗어 나가기 때문에, 더 이상 어머니가 세상과 연결되는 고리 역할을 하지 않아도 되면서부터 아들은 더 이상 어머니의 유용한 도구가 아니라 하나의 인간이 될 기회를 가진다.

나는 때로는 순수한 호기심에서, 때로는 적의를 감춘 질문을 받은 적이 있다. "당신의 아들들은 이 모든 것을 어떻게 생각하나요?"('이 모든 것'은 일반적으로 여권운동을 의미하며 구체적으로는 내가 여성들에게 하는 약속이다) 적의를 품은 질문이 암시하는 바는 여권운동가는 남자를 미워하고 거세시킨다는 것이다. 그리고 '이 모든 것'은 물론 내 아이들에게도 해가 된다는 의미이며 결국 죄책감을 불러일으키기 위한 질문이다. (나의 유일한 답변은 분명히 "당신이 직접 물어 보세요"이다.) 그러나 우리의 아들들을 우리의 도구로 만들고, 우리를 무력한 상태로 유지시키려고 하는 제도 안에서, 아들을 우리의 대리인으로 만드는 데 사용되는 에너지와 힘이 적으면 적을수록 아들들이 어머니가 살지 않았던 삶의 무게를 지고 살 필요성도 더욱 적어진다.

수우 실버매리라는 시인은 자기 아들에 대한 글을 썼다. 그녀는 아들을 남성의 힘과 특권에 대한 보상으로서가 아니라 그녀가 "어머니 유대감(motherhood)"이라고 부른 예기치 못한 깊은 계시의 원천으로 보고 있다.

나의 여성 선호경향이 남자아이를 키우는 어머니 역할과 상충되는 것처럼 보이게 만들었다. 그러나 그 선호현상 때문에 이제는 모성의 유대감에 대한 통찰력을 키우고 있다. 이 유대감은 일상에서 맡은 역할들 때문에 쉽게 희미해져 버린다.… 분명한 것은 열정이다. … 아이를 가졌을 동안 내가 쏟아낸 연작 사랑시… 그 아이를 사생아라고 불렀던 모든 사람들을 거부할 수 있게 만든 힘… 병원에서 아이를 안고 침대 끝에 앉아 눈물을 흘리던 친정어머니를 올려다보던 순간… 내가 그 아이와 함께 있을 때 내 인생은 투명했으나 우리 관계가 손상되자 내 생활에 먹구름이 뒤덮였던 느낌. 아들이라는 사실이 별로 중요하지 않게 된 것은 바로 내가 이런 생각을 가졌을 때이다… 분노가 사라지자 나는 그를 자유로이 사랑할 수 있었다. 누구보다도 나는 나 자신에게 중요한 존재이다. 나는 나의 실체를 희생할 필요가 없고 내 아들의 실체도 희생해서는 안 된다. 어머니의 유대감이라는 열정은 한 사람의 전 인격을 요구한다.

그러나 「아들에게」라는 시에서 이 어머니 역시 혼란과 결별의 시간이 올 가능성을 인정하고 있다.

> 너의 유혹을 보니 떨리는구나.
> 너를 잃는다는 것이 무엇을 의미하는지 내게는 너무나 분명하구나.
> 얼마나 혼란스러울까.
> 권력이라는 것에 유혹을 받다니
> 이미 작은 남자가 되어,
> 너의 총으로 내가 뭘 하겠니?
> 너는 무법자 행세를 하고
> 법을 어긴 것이 나라고 생각하겠지.
> 법의 울타리 안에 있는 것은 바로 너야
> 인정받고,
> 법정에서 점점 장님이 되어가면서…[42]

분명히 여기서 '성기'는 어머니가 성취할 수 있는 곳의 반대편에 있다.

조그만 인간으로서 아이를 열렬히 사랑하는 그녀가 단지 그 아이가 남성이라는 사실 때문에 이득을 본 것은 아무것도 없다. 그녀는 성기의 대가, 즉 아이가 가부장적 법을 받아들이는 것을 두려워한다. 그러나 아들이 딸이었으면 하고 바라지는 않는다. 그녀는 남녀의 성의 세계의 복잡함과 고통을 인정한다.

다른 맥락에서 로빈 모간은 아들에게 이렇게 말한다.

> 아가야, 어린 아가야,
> 나선형의 오리나무 싹처럼 너는 노래를 불러 주었지.
> 이 어머니를 탄생시킨 것은 바로 너였구나.
> 얼마나 오랫동안 나의 비밀을 이해했을까?
> 내 세포의 화신, 아들아,
> 놀이에서 내가 죽은 시늉을 했을 때
> 나를 깨울 수 있는 말을 아는 사람은 너뿐이야.
> 넌 혼자 가는 머릿결을 흔들었지.
> 그 사이로 나는 너를 보았다.
> 너는 이해할 거야…
>
> 그렇지만 나는 그 시간을 보내면서
> 내 비애를 예감했지, 나쁜 신들의 유혹으로
> 네가 자라서 어떻게 성인남자가 될 것인지를
> 너는 마치 거미처럼 내게 매달렸지.
> 늑대 거미 엄마, 리코사 렌타의 등에
> 나는 네가 떨어질 곳이면 어디에서든
> 앞으로 나아가기 전에 네가 기어오르기를 기다리며
>
> 그러나 넌 5살이 되어
> 이제 나는 알게 되었구나, 어떤 것도

네가 태어난 땅에서 너를 유괴해 갈 수 없다는 것을…

… 이것을 지울 수는 없어.
우리가 서로에게 어떤 존재라는 가장 중요한 기억,
의식의 숲, 나는 나의 자취를 네게 남겼다.
네게 분명히 약속했다.

나는 말한다.
너는 어머니의 아이가 될 것이라고, 예전처럼
그리고 네 얼굴을 나에게서 돌리지 않을 것이라고…[43]

　이 어머니들 역시 아들을 반남성적 가치 속에서 키운다는 의미에서 아들을 수단으로 삼고 싶어 한다고 반박당할 수 있다. 그러나 분출하는 에너지를 아들에게만 쏟아 붓는 것과 딸에게도 가능성을 타진해 볼 것을 요구하는 것 사이에는 뚜렷한 차이가 있다. 나는 모간의 시에서 희망, 갈망이라는 표현을 보았다. 아마 더 희망적으로 말한다면 신념일 것이다. 실버매리의 시에서는 그 결과에 대해서 더 자신이 없지만 두 사람 다 아들이 '남성집단'과 자기 자신의 인간성 사이에서 선택해야 할 것이라는 점을 인정하고 있다.
　다시 결별의 문제로 돌아가보자. 모간에 따르면 아들이 '어머니의 아이'로 남아있다는 것은 유치하고, 의타적이고, 받아들이기만 하는 것이 아니라 영양분을 주는 사람, 영원한 소년으로 남아 있어야 한다고 했다. 역설적으로 보이지만 모든 곳에서 계속 아이처럼 응석부릴 여성을 찾고 원시적인 아이처럼 요구만 해대고, 아내를 향해 소리 지르는 『욕망이라는 이름의 전차』의 스탠리 코왈스키야말로 바로 '아버지의 아들'들이다. 남성집단인 아버지들의 세계는 공격과 방어에 너무 집착하여 두려움, 의문, 허약함, 눈물을 없애주고 다독거려 주기에는 미흡한 감이 있다. 아버지의 아들은 고통스러운 상태로 자신을 경멸하는 것을 배운다. 여성에게만 자신을 드러내지만 그 여성도 곧 경멸한다. 혹은 자신의 약함을 여성들이 안다는 사실에 분개한다. '(처음으로 자신을 사랑한) 어머니의 아들'은 힘과 취약함, 강인함과 풍부함, 양육과 권위가 상반되는 것이 아니고, 남성 또는 여성 한쪽에만 유전되는 것도 아니라는 사실을 깨달을 기회가 더 많다. 그러나 이 또한 모자 간의 사랑에 대한 새로운 이해가 필요하다는 것을 암시한다.

통속적인 심리분석에 의하면 '어머니의 아들'은 여성의 힘으로부터 도망가거나, 전통적인 남성 역할에 반대하여 동성연애자가 된다고 주장한다. 사실 우리는 동성연애자가 되도록 영향을 미치는 것이 무엇인지, 어떤 사건과 관련이 있는지에 대해서는 전혀 아는 것이 없다. 그리고 이성애에 관해서는 다만 그것이 생물적으로 기능성을 가졌다는 것이며 이성애를 유지하기 위해 상당한 사회적 압력이 필요하다는 것, 즉 종의 생물적 욕구를 넘어 제도화된 강요가 있어야 한다는 것을 알고 있을 뿐이다. 왜 남성이 성욕 충족과 인생의 동반자로서 여성 대신 남성을 선택하는가에 관해 5세기의 아테네식으로는 간단히 답할 수 없는 질문이다. 또 아들을 계속 '품에 안고' 있기를 원하는 어머니들이 아들을 '나약하게' 만든다는 말로 답할 수도 없다. (괴테와 프로이트는 동성연애자는 아니지만 둘 다 어머니의 특별한 사랑과 보호를 받은 아들이었다.) 남성은 아버지의 캄스트보, 즉 성적 대상물로서 여성을 학대하는 데 대한 반항으로 다른 남성의 사랑을 구할 수도 있다. 혹은 같이 보내는 시간이 거의 없는 아버지의 대용물로 생각할 수도 있다. 남성의 동성애는 진정으로 여성을 좋아하고 사랑하는 동성연애자로부터 여장 호모들의 여성 억압에 대한 경멸적인 흉내에 이르기까지 다양하다. 그러나 남성 동성애에 대해서 아직까지는 피상적으로만 알려져 있는 상태이다. 나는 모든 남성들이 어느 정도는 강한 여성을 두려워한다고 믿고 있으나 그런 두려움이 스스로 '정상적'이라고 하는 남성보다 동성애 남성들에게 더 많이 나타난다고 주장할만한 경험은 없다. 남성들이 만들어 낸 제도는 동질화된 제도여서 여성을 배제하고 비하하거나 여성의 존재를 부인하는 제도이다. 이 제도에서 여성 배제를 합리화하는 데 가장 많이 동원되는 변명은 여성이 어머니이거나 어머니가 되어야 한다는 것이다. 정상적인 남성이나 동성연애 남성 모두 이 제도 속에 안주하고 있다. 그러나 우리의 힘과 영향력이 "아들을 동성연애자로 만들 것"이라는 두려움은 여전히 동성연애를 비난하지 않는 여성에게도 아직 남아있다. 아마도 보이지 않는 가부장적 이데올로기의 힘에 의해 모두들 아이가 자라서 '진짜 남자'가 되는 것이 더 나은 운명이라고 믿기 때문일 것이다.

6.

우리는 아들을 위해 무엇을 원하는가? 가부장제의 가치에 도전하기 시작한 여성들은 이런 질문을 자주 하게 된다. 우리 내면의 가장 깊은 곳에서 우리는 아들들이 어머니의 아들로 남기를 원하지만, 동시에 우리가 여성이 되는 새로운 길을 발견하고 있듯이 그들도 성장하여 남성이 되는 새로운 길을 찾기를 바란다. 아들이 여성을 양육과 부양의 유일한 원천으로만 보지 않는 남성이 될 수 있도록 도와줄 만한 감수성과 굳은 의지를 가진 아버지들이 많아지기를 바란다. 그러나 이런 아버지들이 아직까지는 거의 눈에 띄지 않는다. 가끔 예외적으로 한사람씩 보이는 것이 희망적이기는 하나 여전히 개인적 차원에 머무를 뿐이다.

제인 라자르는 이런 개인적 경우도 다만 겉보기에만 '관심있는' 아버지에 불과하다고 했다. 남성들이 사회의 가장 중요한 일로서 자녀양육의 책임을 공유할 준비가 되어 있다고 해도, 그들의 아들들과 우리의 아들들이 비가부장적 남성상이 어떤 것인지 똑같은 생각을 하지는 않을 것이다.[44] 우리의 아들들이 겪는 고통, 좌절, 애매모호함이 강하고 비전통적인 어머니의 문전에만 놓여 있는 것이 아니다. 똑같은 지붕 밑에 살면서도 매시간, 매일 아이들을 버린 것은 바로 전통적인 아버지이다. 우리는 과거 수세기 동안과 마찬가지로 현재의 역사에서도 대부분의 아들들이-가장 진지한 의미에서 – 실제로는 아버지가 없다는 사실을 인정해야만 한다.

피임을 전혀 실패하지 않는 완벽한 단계에까지 도달하여 다시는 여성이 원치 않는 아이를 가질 필요가 없어지고 법과 관습이 변한다 하더라도, 여성만이 유일한 자녀양육 역할을 맡고 있는 한 아들들은 계속해서 여성을 연민의 눈으로 보게 될 것이며, 여성의 힘이 그들을 '통제한다' 고 분노하고, 우리가 새롭게 관계를 맺으려고 하면 여성에게 매달릴 것이다. 사회 자체가 가부장적인 한, 즉 반모성적인 한, 사적인 '여성적' 애정의 세계와 분리된 공적인 '남성' 세계에서, 아버지의 규칙에 따라 성장해야 하는 아들에게 만족스러운 어머니 역할이란 있을 수 없다.

우리는 아들을 가부장제로 넘겨주는 것, 표면상 '군대를 위해 일하는 것', 혹은 실제로는 남성다움의 표시로서 그들이 여성을 희생하도록 허용하는 것과, 우리와 분리하여 그들 자신이 되도록 도와주는 것 사이에 차이가 있다는 것을 이해할 필요가 있다. 에스터 하딩은 자주 등장하는 "아들의 희생"에 관한 신화를 인용한다. 아티스, 아도니스, 호러스, 오씨리스 등의 신화에서 아들이 되는 남성은 "어머니의 명령과 합의"에 의해 희생된다. 하딩은 "그의 유아성과 의타심을 희생해야 할… 필요성"이라는 표현에서 알 수 있듯이 이 신화는 항상 아들의 관점에서 다루어져 왔다는 것을 발견했다. 그녀는 이것을 어머니의 관점에서 조사했다. "어머니는 아들을 사랑하지만 신화에서 그녀는 항상 아들을 희생시켜야 한다." 관대, 보호, 순종, 순수한 어머니다움 등 이전에 항상 'yes' 였는데 확고한 'no' 를 말해야만 했다.

아들뿐만 아니라 어머니에게도 평생 동안의 어머니 역할은 자신의 실체를 부인하는 일이다. 하딩은 계속적인 어머니의 보호는 아들에게도 어머니에게도 인생의 고난에 직면할 수 없게 만든다고 주장했다. 그녀는 '아들의 희생' 이 더 확장되어 남녀관계 전반에서도 일어날 필요가 있는 것으로 보았다.

희생이 거세로 상징된다는 것은 우연이 아니다. 남성이 여성에게 요구하는 가장 근본적인 만족이 바로 성적 만족이기 때문이다. 남성이 자신의 욕구에 가장 대처하기 힘들다고 느끼는 것도 바로 성욕이라는 부분이어서, 여성에게 자신을 위해 봉사하라고 요구할 수밖에 없다. 남성 편에서 생기는 이런 유아적 요구와 여성 편에서 생기는 똑같이 베풀고자 하는 미숙한 모성 욕구가…저차원에서 남녀 사이의 동맹을 낳기 위해 작용하고 이 동맹이 흔히 남녀관계라고 통한다. 그러나 그들 사이에 좀 더 성숙한 어떤 것에 대한 필요성이 생기면… 남성은 여성이 그의 욕구 상대이상이라는 것을 인정하지 않을 수 없을 것이다… 여성이 더 이상 남성을 어머니처럼 보살펴 주기를 거부하면, 더 이상 남성의 욕구 충족을 위해 자신의 욕구를 억누르기를 거부하면, 남성은 현실을 직시해야 할 필요성을 느끼게 될 것이다. … 남근의 상실은 마치 그가 어머니에게 하듯이 그 여성에게 성적, 정신적 욕구를 충족시켜 달라는 요구를 더 이상 할 수 없다는 것을 의미한다.[45]

하딩은 모성적 감정은 아들을 꼼짝 못하게 붙잡는 것만큼이나 어머니도 꼼짝 못하게 만들 수 있다고 말한다. 그러나 모성적 박애정신은 보편적으로 인정받고 지원받는 여성의 특성 중의 하나다. 아들은 성년식을 통해 성인 남성이 된다. 나중에 잘못이 생기면 어머니의 지나친 사랑과 보호 때문이라고 비난할 수도 있다. 그러나 여성은 아들과 결별하기 위해 치러야 하는 자신의 노력에 아무런 격려도 받지 못한다.

다른 융학파들과 마찬가지로 하딩도 모든 여성에게 – 어머니만이 아니라 – '베풀고', 양보하고, 남성과의 모성적 관계를 계속 유지하도록 강요하는 압력에 대해 충분히 비중있게 다루지 못했다. 이를 거부하면 평범한 관계나 대화에서조차 '악의적' 이라든지, '남성파괴자', '남자 죽이는 화냥년' 등으로 불리는 경우가 종종 있다. 여성이 분명하게 말하는 평범한 사실도 종종 남성 성기를 겨냥한 칼날로 인식되곤 한다.

그리고 여성들도 서로들 남성에게 '어머니 역할'을 하라고 강조한다. 남성과의 관계에 대해 여성이 다른 친구에게 하는 충고는 아이를 다루는 말로 이루어져 있다. "(우리의) 태도가 남성의 자기 인식에 영향을 미칠 수 있고, 남자들은 그 인식에 따라 행동한다. 다시 말해 아이들을 다룰 때처럼 '넌 비열해'라고 말하면 그 말에 동의하여 당신의 판단을 받아들이고 정말 비열해진다는 것이다!" 이는 섬세하고 교양 있는 한 여성이 내게 보낸 글이다. 사실 남녀관계에서 가장 은밀한 형태가 여성들이 남성을 아이처럼 취급하는 것이다. 이런 형태는 남성을 어린아이로 만들고, 여성의 엄청난 에너지를 가두어 버린다고 볼 수 있다.

메리 델리는 남성들이 새로운 여성의 존재를 부재(不在)로 인식한다는 점에 주목했다.[46] 새로운 여성의 존재는 바로 그들이 두려워하는 실질적인 결별을 의미한다. 즉 남성들이 남성집단, 계급사회, 남근숭배세계로부터 돌아왔을 때 더 이상 여자들이 그들을 기다리지 않으리라는 것이다. 여성에 대한 이러한 두려움이 조롱이나 경멸로 표현되기도 하고, 혹은 다른 여성들과의 정신적 정치적 공동체를 발견한 여성에게 "나를 떠나지 마!"라는 분명한 말로 애원하기도 한다. "새로운 방법, 새로운 사회에 대한 진정한 창조적 비전은 남성을 포함해야 하고 또 그렇게 될 것이다"라고 난처해진 내 남자친구가 편지를 보냈다. 그 편지지는 미국에서 가장 남녀차별이 심한 기관 중의 하나에서 사용되는 것이었다. 그는 여성이 여성에게 말하고 여성의 소리에 귀 기울이면 '인간성'이 상실되지 않을까 하고 두려워했다. 나는 그가 정말로 두려워하는 것은 남성들 사이에서의 '인간성' 결여, 남성집단의 지성 저하, 남성끼리의 미숙한 사랑, 냉혹한 목표추구, 피상적인 남성끼리의 방어적 유대관계 등이 아닐까 하고 생각해 본다. 나는 그 두려움 아래에서 새어 나오는 다 큰 아이의 "엄마, 나를 버려두고 떠나지 말아요!"라는 외침을 듣는다.

그리고 남성은 특권상실도 두려워한다. 대부분의 '사려 깊은', '친여권운동'적인 남성들 대다수가 '여성해방'이 그들에게 한편으로는 남성들이 과거에 누리던 특권을 계속 행사하면서도 또 한편으로는 눈물을 흘릴 권리도 줄 것이라고 은밀히 바라고 있음이 분명하다. 프란쯔 파농은 알제리 혁명가들의 고문에 관여한 한 유럽 경찰 조사가의 경우를 예로 들었다.

그는 심한 정신분열과 고통으로 가족생활도 엉망이 되었고 결국 정신치료를 받아야 했다고 말했다.

> 그는 자신의 분열증세가 고문이 실시된 방안에서 일어난 행동유형 때문이라는 것을 너무나 잘 알고 있었다… 사람들에게 고문을 중지시킬 방법을 찾지 못하던 그는(고문을 중지시키려면 사임을 할 수밖에 없었으므로 어쩔 수 없었다) 내게 때리지 않고, 양심을 자극하지 않고, 어떤 문제행동도 일으키지 않고, 침착하게 알제리 애국자들을 계속 고문할 수 있는 방법이 없냐고 물었다.[47]

남자들은 이들의 정신분열이 가부장제와 관련돼 있을지도 모른다는 사실을 차츰 알게 되었다. 그러나 가부장제에서 시작하려고 하는 사람은 거의 없었다. 아직도 여성운동을 모자관계 측면에서 보는 사람이 많다. 즉 여성운동을 과거의 나쁜 행동 때문에 남성들을 벌하거나 남성을 버리는 것으로 본다든지, 혹은 여성들이 남성의 고통을 치유할 수 있다든가, 새로운 비전을 가진 여성들이 점차 남성을 편안하게 하여 보다 인간적이고 감각적 생활이 되게 할 것이라는 새로운 형태의 모성주의로 받아들인다. 한마디로 남성이 남성 서로에게 또는 그들 스스로 할 수 없고 하지도 않을 일을 여성이 남성을 위해 계속 해 나갈 것이라는 인식이다.

"아들들을 위해 우리는 무엇을 원하는가?"라는 질문은 결국 남성을 위해 우리가 무엇을 원하며 그들에게서 무엇을 요구할 것인가라는 질문이다. (내가 이 글을 쓰는 동안에도 세상의 많은 여성들은 가부장제가 그들의 삶에 당장 미치는 영향, 즉 대가족, 부당한 자녀 양육 책임, 영양불량, 강제칩거, 교육기회 박탈, 성차별에 의한 부당한 임금 등에 사로잡혀 어떤 것을 요구하거나 이런 질문조차 할 수 없다. 그렇다고 해서 이 질문이 반동적이라든가 하찮은 것으로 여겨질 수는 없다.) 가장 중요한 질문은 물론 우리가 자신을 위해 무엇을 원하는가이다. 아이가 있든 없든, 결혼을 했든 이혼했든, 동성연애자이든, 유명인사이든, 뛰어난 여성이든, 여권운동가이든, 분리주의자이든 상관없이 그 질문은 여전히 우리에게 남아 있다.

만일 내가 아들들에 대한 한 가지 소망을 가질 수 있다면 여성의 용기를 가져 달라는 것이다. 이 말은 상당히 구체적이고 정확한 의미를 가진다. 즉 공적·사적 생활에서, 그리고 그들이 꿈꾸고 생각하고 창조하는 내면세계와 가부장제라는 외부세계 둘 다에서 새로운 비전을 전개시켜 나갈 때, 점점 더 많은 심리적·육체적 위험을 감수하는 여성들에게서 보았던 용기를 뜻하는 것이다. 때때로 이런 커다란 용기가 조그만 행동으로 나타날 수도 있고, 여성의 직업이나 생명을 앗아갈 수도 있는 공적인 행동으로 나타날 수도 있다. 종종 혐오스러운 생각을 하거나 모략을 받고, 미칠 것 같은 느낌을 받는 순간이 있다. 때로는 그 순간이 더 길어지기도 하고 전통적인 안전과 보호도 거의 사라져 버린다. 자기 인생을 스스로 개척해가는 여성들은 이를 너무나 잘 알고 있기 때문에 엄청난 내적·외적 고통을 예상해야만 한다. 나는 내 아들이 이런 고통에 위축되지 않기를, 남성의 낡은 방어벽 속에 안주하지 않기를 바란다. 물론 치명적인 자기혐오증을 보여서도 안 될 것이다. 또한 나는 그들이 나를 위해서나, 다른 여성들을 위해서가 아니라 그들 자신을 위해, 이 지상에서의 삶을 위해 이런 일을 하기 바란다.

1890년 올리버 슈라이너는 한 가지 일화를 들려주었는데, 어떤 여성이 걸어 건널 수 없는 깊은 강을 가로 질러 자유의 땅으로 가려고 한다는 이야기였다. 그녀는 젖을 빠는 아들과 함께 건너려고 했으나, 아들을 구하려다가 자신의 생명을 잃을 것이라는 이유로 거절당했다. 아들은 성인으로 자라나 스스로 강을 건너라는 것이었다. 아들이 자라면 그때 건너편에서 그를 만나라는 것이다.[48] 남자를 아이 취급할 때, 남자들에게 편하고 위협적이지 않도록 상황을 유도하려고 할 때 우리는 자신을 기만한다. 우리는 품에 안고 왔던 성인 남자아이를 내려놓고 계속 가야 한다. 우리 자신을 믿고 아이도 그렇게 하리라는 것을 믿어야 한다. 그리고 마땅히 우리는 그들의 분노, "날 버리지 마세요!"라는 외침, 비난을 예상해야 할 것이다.

이 책은 내가 많은 남성들을 동화시켜 자녀양육의 종합시스템에 가담할 수 있는 청사진을 제시하는 공간도 아니고 내 자신 그런 사람도 물론 아니다. 그러나 나는 남성집단이 자체적으로 정할 수 있는 가장 혁신적인 변화의 리스트에 제일 먼저 이러한 자녀 양육이 자리 잡아야 하리라고 생각한다. 이것은 아이들과 남성이 남녀에게 가지는 기대를 바꿀 뿐만 아니라 고정된 성의 역할을 없애고, 남녀의 노동 형태를 다양화시킬 것이다. 또한 사회 전체와 아이들의 관계도 변할 것이다. 아이를 돌보는 법을 배우면서 남성들은 더 이상 아이가 되지 않을 것이고, 자녀양육의 모든 경험을 똑같이 나누지 않고서는 지금처럼 부성의 특권을 즐거이 누려서는 안 될 것이다. 나는 남성을 자녀양육의 전과정에 참여시키는 데 상당한 어려움과 위험이 있다는 것을 안다. 무엇보다도 자녀양육이 여성의 일이었기 때문에 수동적이고, 저급하고, 일 같지도 않은 일이라는 인식, 혹은 단지 '재미'에 불과하다는 과거의 인식이 문제이다. 이런 인식 뒤에는 개인적인 감정을 알지 못하는 남성들의 미숙함이 도사리고 있다. 나 역시 종합적인 양육제도가 마련되어도 여러 가지 이유로(그 이유가 모두 근시안적이거나 전통적인 것은 아니지만) 대다수 여성들이 자녀양육의 주역할은 여성이 맡아야 한다는 생각을 선호한다고 믿고 있다. 어떤 일이든 심각한 구조적, 인간적 변화를 요구하고 계획하고 실시하는 일에는 여성들이 주도권을 가져야 하고 또 가질 것이다. 그러기 위해서 우리는 실제로 아이를 낳은 어머니든 아니든, 어머니로서의 무의식적이고 말로 표현되지 않은 우리 나름대로의 지식영역을 더욱 의식적으로 소유하고 있어야 한다. 아마도 앞으로 오랫동안 남성들은 남성 위주의 교육에서 미처 경험하지 못했던 것들을 배우는 보충교육이 필요할 것이다.

한편 개인적인 관계에서도 남성이 '사랑의 일'을 공유하기 시작한다면 우리도 그들을 사랑하는 방식을 바꾸어야 할 것이다. 이 말은 무엇보다도 아버지가 자녀양육과 보육의 일부를 공유한다고 해서 그를 칭송하고 감사히 여기는 일이 더 이상 없어야 한다는 의미이다. (여성이 부모 역할을 수행하기 때문에 '특별'하다고 간주된 적은 없다. 오히려 여성이 부모 역할을 하지 않으면 사회범죄로 취급되어 왔다.) 이 말은 또한 남성의 자아가 계란껍질인 것처럼, 혹은 동등한 관계를 희생해서라도 남성의 자아를 보전하는 일이 바람직한 것처럼 남성을 대하는 일도 그만두어야 함을 의미한다. 그리고 여성들처럼 남성들도 칭찬받지 않고도, '예외적'이라고 특별대접을 받지 않고도 우리와 같이 행동할 수 있기를 기대한다는 의미이기도 한다. 또한 전통적으로 '사랑'과 '일'을 분리하는 것도 거부함을 의미한다.

남성들은 오랫동안 이러한 것을 새로운 형태의 사랑으로 보지 않을 것이다. 또 우리가 증오심으로 행동하고 말하며 우리도 '그들처럼' 되어가고 있다고 말할 것이다. 우리의 지속적인 보호와 관심이 없으면 정신적으로 황폐해질 것이라고도 말할 것이다. 그러나 남성들에게 정신적인 젖을 준 수백 년 동안 우리는 오염되고, 탐욕적이고, 지배적이며, 자학적이고, 못생기고, 음탕하며, 동성연애자이고, 매춘부라는 소리를 계속 들어왔다.

우리는 이제 서서히 "다른 어떤 여성보다 어머니들이 더 진짜 같아 보인다"는 말로 시작되는 이야기를 불신하는 법을 배워가고 있다.

IX

어머니와 딸

> **"**
> 어머니
> 나는 집으로 편지를 씁니다
> 나는 외롭습니다
> 내게 나의 육체를 돌려 주십시오
> – 수전 그리핀
> **"**

    내가 글쓰기를 시작할 때는, 내 옆에 서류철이 펼쳐져 있다. 여기에는 참고 자료와 인용자료가 실려 있다. 아마 모든 것이 연관성이 있겠지만, 이들 중 어떤 것도 내가 이 글을 쓰기 시작하는 데 도움을 줄 수 없다. 이 부분은 내 책의 가장 중심적인 부분이다. 그리고 나는 어머니 다리 사이에서 태어나 계속해서, 여러 가지 방법으로 어머니에게 되돌아가고, 어머니를 다시 소유하고, 어머니에게 다시 소유되는 여성으로서 이 부분을 시작한다. 또 딸들과 어머니들이 똑같이 갈망하면서도 동시에 도망치려고 하고, 서로에게 가능한 것으로 만들기도 하고 동시에 불가능한 것으로 만들기도 하는, 다른 여성으로부터의 상호 확신, 그리고 다른 여성과의 상호 확신을 찾고자 노력하는 한 여성으로서 이 부분을 시작한다.

    여성은 따뜻함, 영양, 부드러움, 평온함, 성적 관심, 교감에 대한 지식을 어머니로부터 처음 얻게 된다. 이와 같이 처음에 한 여성의 몸을 다른 여성의 몸이 감싸는 것은 조만간 부정되거나 거부되고, 함정이나 금기로 여겨지거나, 혹은 질식시키는 소유 관계라고 여겨진다. 그러나 그것은 처음에는 완전한 세계였다. 물론 남자아이 또한 부드러움과 영양, 교감을 처음으로 여성의 몸으로부터 알게 된다. 그러나 제도화된 이성애와 제도화된 모성하에서 여자아이는 소위 말하는 '정상적인' 여성이 되기 위하여―즉, 가장 강렬한 정신적, 육체적 에너지를 남성에게 향하게 하는 여성이 되기 위하여, 그녀가 경험한 첫 번째 여성으로부터 얻은 최초의 의존성, 에로티시즘, 교감의 느낌을 남성에게 옮겨야 한다.*

　나는 월경을 시작하기 전, 어머니가 월경을 하시는 것을 보았다. 어머니의 몸은 내가 처음 본 여성의 육체였으며, 여성이란 무엇인가, 그리고 내가 어떻게 될 것인가를 그녀로부터 알게 되었다. 어렸을 때, 더운 여름날 어머니와 함께 목욕을 하며 물장난을 치던 기억이 난다. 어린 눈에 나는 어머니가 무척 아름답다고 생각했다. 벽에 걸린 보티첼리의 그림에서 반쯤 웃고 있고 흐르는 듯한 머릿결을 가진 비너스를 보면, 나는 어머니를 연상하곤 했다. 사춘기가 되면서, 나는 그때까지도 어머니의 몸을 힐끗힐끗 보면서, 그러한 것이 나에게 어떤 의미가 있건 그리고 그러한 생각에 대한 모든 이중적인 의식과 함께, 나도 어머니처럼 가슴이 나오고, 엉덩이가 커지고, 다리 사이에 털이 나리라는 상상을 하였다. 다른 상상을 하기도 했다. 나도 결혼을 해서 아이를 갖게 되리라는 생각, 그렇지만 어머니처럼은 아니라는 생각을 하기도 하였다. 그 모든 것을 나는 다르게 해내는 방법을 찾으리라 생각했다.

　아버지의 팽팽하고 가는 몸은 비록 권위와 통제력이 그의 몸을 전깃줄처럼 관통하고 있었지만, 나의 상상력을 붙잡지 못하였다. 나는 느슨하게 입은 목욕 가운 아래 달려있는 아버지의 음경을 힐끗 바라보곤 했다. 그러나 나는 아주 일찍부터 아버지와 어머니가 다르다는 것을 이해하고 있었다. 집안을 가득 채우고 있는 것은 아버지의 목소리, 아버지의 존재 그

---

　* 반복하는 것처럼 보일 수도 있지만, 다시 한 번 사회적 보상과 처벌, 역할 활동, '이탈'에 대한 제재 등을 내용으로 하는 이성애 제도가 자유롭게 선택하고 유지되는 인간 경험은 아니라는 말을 해야겠다.

리고 아버지의 방식이었다. 언제부터 내가 어머니의 여성적인 감각, 어머니의 몸이라는 실체보다 아버지의 확고한 정신과 기질의 카리스마로 관심을 바꾸기 시작했는지 기억이 나지 않는다. 아마도 여동생이 막 태어나고, 아버지가 내게 읽기를 가르쳐 주시기 시작하면서부터일 것이다.

어머니의 이름은 어린아이인 나에게 일종의 주술 같은 것이었다. 나는 어머니의 이름이 지금도 가장 아름다운 이름 중의 하나라고 생각한다. 아주 어렸을 때 그리스 신화를 읽으면서, 나는 헬렌인 어머니와 트로이의 헬렌을 어느 정도 동일시하였다. 아니면 아버지가 즐겨 인용하셨던 포우의 '헬렌' 과 더욱 동일시했는지 모른다.

> 헬렌, 그대의 아름다움은 내게
> 향기로운 바다 위를 살며시 스쳐가는
> 먼 옛날 니케아의 범선과 같소,
> 피곤하고, 여행에 지친 방랑자를
> 고향의 바닷가로 데려다 주는…

물론 나의 어머니 헬렌은 내 고향의 바닷가였다. 나는 그 시에서 내 자신의 욕구, 여자아이의 욕구가 남자 시인에 의해 표현되고, 남성인 아버지의 목소리로 읽혀지는 것을 들었다.

아버지는 아름다움과 완전함의 필요성에 대하여 말씀을 많이 하셨다. 아버지는 여자의 육체가 순수하지 않다고 생각하셨다. 여자의 몸에서 나는 자연 상태의 냄새를 좋아하지 않으셨다. 아버지의 비물질성은, 여성들이 땀을 흘리고, 배설하고, 매달 월경을 하고 임신을 하는 저 낮은 영역으로부터 자신을 분리시키려는 한 방법이었다(어머니는 임신 후기가 되면 아버지가 어머니 몸에 항상 눈길을 주지 않는다는 사실을 알게 되었다). 그는 아마도 이 점에서는 유태인적인 기질이 강했지만 동시에 그는 남부인이기도 했다. '순수하고' 그렇기 때문에 창백한 백인 여성은 일종의 치자 꽃 같아서, 달빛을 받으면 희어지고, 건드리면 가장자리로 반점이 생긴다고 생각했다.

그러나 내가 어머니의 몸에서 발견했던 어린 시절의 즐거움과 안도감은 결코 완전히 사라지지 않는 것이어서, 아버지의 딸로서, 남성의 눈으로 자신을 바라보는 여성들에게 전형적으로 나타나는 자기 육체에 대한 막연한 혐오감을 느끼고 있던 때조차도 그 안도감이 남아 있었다. 자위라는 단어를 결코 입 밖에 낼 수 없던 때조차도 나는 내 자신의 몸으로부터 즐거움을 얻을 수 있다고 믿었다. 어머니가 그런 것에 대하여 알고 계셨다면, 적극적으로 만류하셨을 것이다. 그렇지만 나는 처음으로 어머니의 몸을 사랑함으로써 결국 나의 육체를 사랑하게 되었으며, 이것은 어머니로부터의 근본적인 유산이라고 생각하지 않을 수 없다. 나는 비물질적인 지성인이 아님을 알고 있었다. 내 정신과 육체는, 어머니와 아버지 사이처럼 둘로 나눠질 수 있을지 몰라도 나는 이 둘을 모두 갖고 있다.

어머니와 딸은, 여성이 살아나가는 데 필요한 지식을 입으로 전승하는 것을 넘어서서, 잠재적이고 파괴적이고 언어 이전의 지식을 항상 서로 교환하였다. 그리고 이 지식은 비슷하게 생긴 두 육체, 그리고 그 중의 하나는 다른 몸 안에서 아홉 달을 보내고 나온, 두 육체 사이에서 흘러나오는 지식이다. 아이를 낳은 경험을 하면서 딸은 어머니의 깊은 반향을 느낀다. 알리스 롯시는 여성이 자신의 아이에게 처음으로 젖을 먹이면서 아마도 어머니의 젖 냄새를 기억하고 감동을 받을 수 있으리라고 주장한다. 월경을 하면서, 일반적으로 고통스럽고 갈등이 있는 모녀관계에서조차 어떤 딸들은 어머니에 대하여 여성적인 친밀감을 느낀다.[1]

2.

나의 어머니에 대하여 쓰기는 어렵다. 내가 무엇을 쓰든지, 그것은 내가 말하는 나의 이야기, 과거에 대한 나의 설명이다. 만일 어머니 자신이 이야기를 한다면, 다른 배경이 드러날 수도 있을 것이다. 그러나 내가 말하든 어머니가 말하든, 가슴 깊이 타오르는 오래 되고 쌓인 분노의 조각이 나타날 것이다. 결혼 전 어머니는 피아니스트와 작곡가가 되기 위하여 오랫동안 훈련을 받았다. 남부에서 태어나 강하고 욕구 불만이 많은 어머니로부터 교육을 받았고, 볼티모어에 있는 피바디 음악학교에서 지휘자와 함께 공부할 수 있는 장학금을 받았으며, 여학교에서 가르치면서 뉴욕, 파리, 비엔나에서 공부를 계속할 수 있었다. 16살 때부터 조숙한 미인이었던 그녀는 마음만 내키면 언제든지 결혼할 수 있었다. 그렇지만 동시에 그녀는 비범한 재능과 결의를 가지고 있었다. 어머니가 살았던 시대와 장소를 고려해 보면, 남다른 독립심의 소유자이기도 하였다. 그녀는 폭넓게 독서를 했고 – 지금도 하고 있고 – 어린 시절 나의 일기와 요즘의 편지에서 알 수 있듯이 – 품위 있고, 날카롭게 글을 썼다.

　어머니는 아버지와 약혼하고 나서 10년 후에 결혼했다. 그 10년 동안 아버지는 의과 과정을 마치고 의학 분야에서 지위를 쌓기 시작했다. 일단 결혼하자 어머니는 연주회 피아니스트가 된다는 가능성을 포기하였다. 물론, 그 후로도 몇 년 동안 작곡을 계속하고, 지금도 훌륭히 그리고 열심히 피아노를 치시지만 말이다. 똑똑하고, 야심차며, 추진력 있는 아버지는 자신의 인생을 위해서 아내가 헌신할 것이라고 생각했다. 비록 쪼들리기는 했지만 어머니는 의학교수의 아내답게 격식을 차리고 품위 있게 가계를 꾸려나갈 것이며, 그녀의 작곡활동과 연습 때문에 아내와 어머니로서의 역할에 차질이 생겨서는 안 되겠지만, 음악을 '계속 이어나갈 것'이라고 생각했다. 그녀는 그에게 아이를 둘 낳아 주어야 했다. 하나는 남자아이, 또 하나는 여자아이를 낳아야 했다. 그리고 마지막 동전 한 닢까지 꼼꼼히 가계부를 써야 했다. 나는 아직도 어머니의 분명하고 강한 필체로 새겨진 커다란 청회색 가계부를 볼 수 있다. 장을 보러 갈 때는 전차를 타고, 나중에 차를 살 여유가 생겼을 때, 어머니는 아버지를 연구실이나 강의실까지 데려다주고 왔다. 그리고 여러 시간 동안 아버지를 기다리는 경우도 많았다. 어머니는 두 명의 아이를 길렀고, 음악을 포함하여 모든 교육을 시켰다(우리는 둘 다 4학년이 되기 전까지 학교에 가지 않았다). 분명히 어머니는 우리가 가진 모든 불완전한 부분에 대하여 책임을 느껴야 했다.

선험론자인 브론슨 알코트처럼, 아버지는 그가(아니 차라리 어머니가) 자신의 독특한 도덕적, 지적 계획에 따라 아이를 기를 수 있으며, 그렇게 함으로써 개화되고 비정통적인 양육 방식의 가치를 세상에 입증할 수 있다고 생각했다. 그리고 어머니도 아비개일 알코트처럼, 처음에는 진정으로 열성적으로 이 실험을 받아들였지만, 나중에 가서야 아버지의 가혹하고 완벽주의적인 계획에 맞춰가는 것이, 어머니로서의 깊은 본능과 갈등을 일으킨다고 깨달은 것 같다. 또한 어머니는 아비개일 알코트처럼, 아이디어를 제시하는 사람은 남편이지만 그것을 매일 매시간 실행해야 하는 사람은 자신임을 깨달았을 것이다. ('A(알코트)씨가 일반적인 원칙에 대하여 도움을 주지만, 세부적인 사항에 대하여는 아무도 도움을 줄 수 없다'고 아비개일 알코트는 탄식한다… 더군다나 남편의 견해를 들어보면, 계속해서 자신이 제대로 하고 있는지 의구심을 갖게 된다. '내가 옳은 일을 하고 있는 것일까? 내가 충분히 하고 있는 것인가? 지나친 것은 아닌가?' 알코트는 둘째 딸인 루이자에게서 나타나는 '성미'와 '의지'가 그 어머니에게서 물려받은 것이라고 비난했다.)[20] 모성의 제도하에서 이론이 현실에서 비실제적이라고 판명되거나 무엇이든 잘못되는 경우, 제일 먼저 비난을 받는 사람은 어머니이다. 그러나 그에 앞서서, 어머니는 이미 계획의 한 부분을 실패하고 있었다. 바로 아들을 낳지 못한 것이다.

여러 해 동안, 나는 어머니가 나보다 아버지를 선택하고 아버지의 욕구와 이론을 위해서 나를 희생하고 있다고 생각했다. 내가 첫 번째 아이를 낳았을 때, 나는 거의 부모님과 왕래를 하고 있지 않았다. 어떤 정서적인 생활을 할 권리와, 아버지의 욕구와 이론을 넘어서 자아를 가질 나의 권리를 위하여 나는 아버지와 싸우고 있었다. 우리 모두는 팽팽하게 맞서고 있었다. 첫 번째 출산에 따른 고통과 피곤, 소외감에서 벗어나면서, 내가 어머니를 얼마나 원하고 있는지 말하는 것은 고사하고, 그러한 사실을 스스로도 인정할 수 없었다. 어머니가 병원으로 찾아오셨을 때, 둘 중 어느 누구도 병실을 어둡게 만드는 희미한 감정의 타래, 어머니가 사흘 동안 나를 낳기 위해서 산고를 치르고 결국 내가 사내아이가 아니었던 그때로 거슬러 올라가는 엉킨 실타래를 풀 수가 없었다. 이제 26년이 지나, 나는 알레르기로 고생을 하고 피부는 알 수 없는 발진으로 뒤덮여, 입술과 눈꺼풀이 부어올라 있으며, 몸은 멍들고 봉합되어 있는 상태로, 오히려 병을 옮길 것 같은 병원에 누워 있었다. 그리고 내 옆의 작은 침대에는 내가 낳은 완벽하고 아름다운 사내아이가 잠을 자고 있었다. 내 자신의 감정도 이해할 수 없는데, 어떻게 내가 어머니의 감정을 이해할 수 있었겠는가? 내 몸은 감정을 아주 잘 표현할 수 있었지만 그것은 의학적으로 육체일 뿐이었다. 나는 어머니가 다시 한 번 내 어머니가 되어 주고, 나에게 그랬던 것처럼 내 아이를 팔에 안아 주기를 바랬다. 그렇지만, 그 아이는 동시에 어머니에 대한 도전장, 내 아들이기도 하였다. 내 자신의 일부는 어머니의 축복을 받기 위하여 어머니에게 아이를 드리기를 원하고 있었다. 또 한편으로는 여성으로서의 우리의 비극적이고 불필요한 경쟁관계에서 승리의 징표로 아이를 높이 쳐들고 싶은 욕구도 있었다.

그렇지만 그것은 나에게 단지 시작에 불과했다. 그때는 결코 알 수 없었지만, 우리 사이의 얽힌 감정의 타래 가운데 그리고 중요하지만 실감나지 않는 만남 중에 어머니의 죄의식이 있었다는 사실을 이제 알고 있다. 매일, 매일 저녁, 매 시간, '내가 옳은 일을 하고 있는가? 내가 충분히 하고 있는 것인가? 지나친 것은 아닌가?' 라는 어머니로서의 죄의식의 완전한 무게와 부담을 곧 이해하기 시작했다. 모성의 제도하에서, 모든 어머니들은 정도의 차이는 있겠지만 자신이 아이에게 잘못하고 있다는 죄의식을 느낀다. 그리고 나의 어머니는 특히, 아버지의 계획대로 완벽한 딸을 만들도록 되어 있었다. 이 '완벽한' 딸은 만족스럽게도 조숙했지만, 일찍부터 틱 증세와 발끈한 성미를 보였고, 22살에 관절염을 앓아 영원히 다리를 절게 되었다. 그녀는 마침내 아버지의 빅토리아 시대적인 가족주의와 매력, 잔인한 통제력에 저항하고, 이혼한 대학원생과 결혼하고, 테니슨의 유창한 부드러움이 결핍되어 있는 '현대적'이고 '애매'하고 '비관적인' 시를 쓰는가하면, 심지어 무모하게도 임신을 하여 살아 있는 아이를 세상으로 데려왔다. 그녀는 더 이상 착실하고 조숙한 아이도 아니고, 시적이고 매혹당하기 쉬운 소녀도 아니었다. 아버지의 생각으로는 무언가 끔찍하게 잘못되었던 것이다. 어머니가 어떤 다른 생각을 하셨든 간에 (그리고 나는 어머니가 부분적으로는 암묵적으로 내 편임을 알고 있다), 어머니는 또한 죄책감을 느꼈을 것이다. 어머니가 그 당시에 경험하셨다고 후에 내게 말씀하셨던 '무감각한 상태' 밑에 깔려 있는, 모든 어머니들이 느끼는 죄의식을 상상할 수 있다. 왜냐하면 내 자신이 그것을 알고 있기 때문이다.

그렇지만 그때는 그것을 알지 못했었다. 그리고 지금에 와서는 너무나 잘 알기 때문에 어머니에 대해 쓰기가 어렵다. 어머니의 딸이라는 것이 어떤 느낌을 주는지 묘사하려고 노력하지만, 내 자신이 분열되고, 어머니의 피부 아래로 미끄러져 들어가는 것처럼 느낀다. 나의 일부는 어머니와 너무나 닮았다. 아직도 어머니에 대해서 깊이 쌓인 분노가 존재하고 있다는 것을 알고 있다. 아이들이 흔히 저지를 만한 잘못 때문에 벽장에 갇힌 4살짜리 아이의 분노(아버지가 명령한 것이지만 행동으로 옮긴 사람은 어머니였다), 안면의 틱 증세가 생길 때까지 너무 오래 피아노 연습을 해야 했던 6살짜리 아이의 분노(마찬가지로 아버지가 우겨서 했지만, 레슨을 시킨 사람은 어머니였다). 내 자신이 어머니로서, 나는 아이의 얼굴에 나타나는 틱 증세가 무엇인지 알고 있다─그것은 자신의 몸을 뚫고 지나가는 예리한 죄의식과 고통의 칼날이다. 그리고 나는 아직도 임신하고 어머니를 절실하게 원하고, 어머니가 적에게 가버렸다고 느끼는 딸의 분노를 느낀다.

또한 나는 어머니 안에도 분노가 깊게 쌓여 있음을 안다. 모든 어머니들은 자녀에 대해 걷잡을 수 없고 용납될 수 없는 분노를 갖고 있다. 나의 어머니가 어머니가 되었을 당시의 조건, 불가능한 기대, 임신한 여성에 대한 아버지의 혐오, 아버지가 통제할 수 없는 모든 것에 대한 아버지의 혐오감을 생각해 보면, 어머니에 대한 나의 분노는 비애로 바뀌고 그녀를 위한 분노로 바뀌며, 다시 어머니에 대한 분노, 오래되고 정화되지 않은 아이의 분노로 바뀐다.

현재 나의 어머니는 항상 어머니가 원하던 대로 독립적인 여성으로 살고 계신다. 어머니는 사랑받고 존경받는 할머니이며, 새로운 영역을 탐구하며 산다. 어머니는 과거가 아니라 현재와 미래에 살고 있다. 나는 끊임없는 치유를 위해 어머니와 대화를 갖는다는 환상, 치유 받지 못한 아이의 환상을 더 이상 갖고 있지 않다. 우리가 모든 상처를 내보이고 어머니와 딸로서 함께 겪어 온 고통을 넘어서 마침내 모든 것을 다 말할 수 있는 대화를 나눌 수는 없다. 그러나 이 글을 쓰면서, 최소한 나는 어머니의 존재가 현재 얼마나 중요한지, 그동안 얼마나 중요했는지를 인정하고 있다.

왜냐하면, 20세기의 새로운 여성운동의 초기에 우리는 우리의 어머니들이 당한 억압을 분석하고, 왜 우리의 어머니들이 우리가 아마존이 되도록 교육시키지 않았는지, 왜 우리의 발을 묶어 놓고 그대로 내버려 두었는지를 '합리적으로' 정확하게 이해하기는 너무나 쉬운 일이었기 때문이다. 그러한 분석은 정확했고 철저했다. 그렇지만 좁은 의미의 모든 정치학과 마찬가지로 이러한 분석은, 의식이 모든 것을 알고 있다는 가정에서 출발한 것이다. 우리 대부분의 내부에는 여성의 보살핌과 부드러움, 그리고 승인, 우리를 지키기 위하여 행사되는 여성의 힘, 여성의 향기, 감촉, 목소리, 우리가 두려움과 고통을 느낄 때, 우리를 감싸는 강인한 팔을 여전히 갈망하고 있는 어린 소녀가 자리잡고 있다. 우리들 누구라도 크리스타벨 팬크허스트의 말대로, "여성 참정권 운동의 대가를 미리 지불하기로 마음먹은 어머니, 여성을 위하여 대가를 지불할 자세가 되어 있는 어머니"[3]를 갈망했을 것이다. 우리의 어머니를 이해하는 것만으로는 충분하지 않다. 그 어느 때보다도 여성으로서 우리 자신의 힘을 느끼려 노력할 때, 우리는 어머니를 필요로 했다. 우리 안에 있는 어린 소녀의 외침을 수치스러워 할 필요도 없고 퇴보라고 느낄 필요도 없다. 그 욕구야말로 강한 어머니와 강한 딸을 당연하게 받아들이는 세상을 창조하고자 하는 우리 욕구의 시작이다.

우리는 이러한 이중적인 시각을 이해해야 한다. 그렇지 않으면, 결코 우리 자신을 이해할 수 없다. 우리들 중 많은 사람은 자신들이 인식하지도 못하는 방식으로 어머니에 의해 키워졌다. 우리는 단지, 어머니가 계산할 수 없는 방식으로 우리의 편에 있었다는 것만을 알고 있다. 그러나 만일 어머니가 죽었기 때문에, 혹은 우리를 입양시키기로 작정함으로써, 아니면 생활고 때문에 알코올과 마약에 중독되거나, 우울증에 빠지거나 미쳐서 우리를 버렸다면, 제도화된 모성하에서 일하는 어머니를 위한 여건이 제공되지 않기 때문에, 생계 때문에 어쩔 수 없이 무관심하고 애정이 없는 낯선 사람에게 우리를 맡길 수밖에 없었다면, 제도가 요구하는 대로 '훌륭한 어머니'가 되도록 노력하고, 그 때문에 우리의 처녀성을 지키기 위해 불안해하고, 걱정하고, 청교도적인 어머니가 되었다면, 혹은 아이 없이 살 필요가 있어서 그냥 우리를 떠났다면, 우리가 이성적으로 아무리 용서하고 어머니 개인의 사랑과 힘이 아무리 강해도, 우리 안에 있는 아니, 남성이 통제하는 세상에서 자란 여자아이는 여전히 순간순간 어머니의 보살핌을 받지 못했다는 느낌을 강하게 받는다. 이러한 역설과 모순에 맞서 이를 해결할 수 있다면, 잃어버린 어린 소녀의 탐구열을 우리 내부에서 끝까지 지킬 수 있다면, 우리는 그 느낌을 바꾸기 시작할 수 있을 것이다. 그리고 함께 운동을 해나가는 여성들 가운데서 반복적으로 분출되는 맹목적인 분노와 고통도 변화시킬 수 있을 것이다. 여성 간의 자매 관계 이전에, 어머니와 딸이라는 − 과도적이고 단편적이지만 아마도 근본적이고 중요한 − 지식이 있었다.

3.

어머니와 딸 사이의 이와 같은 − 근본적이고, 왜곡되고, 남용된 − 정신 집중에 대해서는 아직 잘 알려져 있지 않지만, 이는 중요한 이야기이다. 생물학적으로 닮은 두 몸, 그 중 하나는 다른 하나의 양수라는 축복 속에 놓여 있었고, 다른 하나는 생명을 탄생시키기 위하여 산고를 치렀던 이 두 몸 사이에 흐르는 에너지보다 더 큰 감정 감정의 흐름은 인간 본성상 아마 달리 없을 것이다. 가장 깊은 교감과 가장 고통스러운 불화를 위한 재료가 바로 여기에 있다. 마가렛 미드는, "우리가 현재는 아무것도 알고 있지 못하지만, 어머니와 딸 사이에 깊은 생화학적 친화성이, 그리고 어머니와 아들 사이에 대조적인 것이 있을 가능성"[4]을 이야기한다. 그러나 이러한 관계는 가부장제의 연보에서 최소화되고 사소한 일로 치부되어 왔다. 신학적 교리, 예술, 사회학 혹은 심리분석 이론에서, 어머니와 아들은 영원하며 결정적인 한 쌍으로 나타난다. 신학, 예술, 사회이론이 아들들에 의해 이뤄진 것이라는 점을 생각해 볼 때, 전혀 놀라운 일이 아니다. 보통의 여성들 사이의 친밀한 관계와 마찬가지로, 어머니와 딸 사이의 관계 또한 남성들에게 근본적으로 위협적이었다.

고대의 문헌을 살펴보면, 딸은 거의 존재하지 않았음을 알게 될 것이다. 아들이 아버지에게 주는 의미는 충분히 표현되어 있다. 우파니샤드에는 다음과 같이 씌여 있다.

> (여성은) 자기 안에 남편의 자아, 아들에게 영양을 공급한다… 아버지는 어머니에게 영양을 공급하고 의식을 행함으로써, 아이가 태어나기 전부터 그리고 태어나자마자 바로 아이를 높인다. 그가 그처럼 아이를 높일 때… 실은 이 세상의 연속성을 위하여 자신의 제2의 자아를 들어 올리는 것이다… 이것은 그의 두 번째 탄생이다.

이집트 인의 찬송에서 아텐 혹은 아툼은 이렇게 찬양받는다.

> 여인 안에 있는 씨앗의 창조자여,
> 남자의 몸 안으로 액을 만들어 들여보내시는 그대,
> 어머니의 자궁에 아들을 기르는 그대여…

그리고 유태인의 전승에 따르면, 여성의 영혼이 남성의 정자와 합해져 당연히 '남자아이'가 생겨난다.[5]

딸들은 과학에 의해서 무(無)로 취급받았고, 그리고 모든 곳에서 딸이 주 희생자가 되는 영아 살해에 의해 무(無)로 돌아갔다. "심지어 부자도 딸을 버린다." 로이드 드마우스는 고대에서 중세에 이르는 남녀 성비의 불균형은 여자아이를 관습적으로 살해하는 관행의 결과라고 주장한다. 딸들은 아버지에 의해서 뿐만 아니라 어머니에 의해서도 죽임을 당했다. 기원 전 1세기의 한 남편은 아내에게 당연하게 말한다: "만일 그럴 가능성이 있지만 아이를 낳아서 남자아이면 살려 두고, 여자아이면 갖다 버리시오."[6]* 이와 같은 관행이 오랫동안 유지되었다는 점을 고려할 때, 어머니들이 자신과 같은 여자아이를 낳은 것을 두려워했다는 것은 놀랄 일이 아니다. 아버지는 자신의 아들을 통하여 자신이 '두 번 태어나는' 경험을 할 수 있을지 모르지만, 딸의 어머니에게는 그러한 '두 번째 탄생'이 인정되지 않았다.

『등대로』에서 버지니아 울프는, 현대 문학에서 모녀간의 분열에 대해 여전히 가장 복잡하고 감정적인 시각이라고 여겨지는 것을 그려냈다. 이 작품은 여자주인공이 자신의 어머니를 중심인물로 묘사한, 아주 드문 문학 작품 중의 하나라는 점에서 의미가 있다. 램지 부인은 만화경 같은 인물이다. 이 소설을 읽을 때마다 그녀는 변화한다. 이것은 우리 자신이 변함에 따라, 보는 관점에 따라 우리 자신의 어머니가 달리 보이는 것과 거의 같다. 여성주의 학자인 제인 릴리엔펠드는 버지니아의 유년 시절에 그녀의 어머니, 줄리아 스티븐이 어머니로서의 에너지를 모두 남편과, 남편의 일생의 작업, 인명사전에 쏟아 부었다는 점을 지적한다. 자매지간인 버지니아와 바넷사는 나중에 서로에게서 어머니의 역할을 기대했고, 릴리엔펜드의 주장에 따르면, 레오나드 울프가 그러한 보살핌과 관심을 버지니아에게 주었다.[7] 어쨌든, "이상할 정도의 엄격함, 극도의 예의," 다른 사람들의 필요(주로 남성의 필요)에 대한 배려, 아이를 여덟이나 낳은 50살

---

* 일반적으로 영아 살해가 인구 통제 형태나 심지어 일종의 우생학으로 여겨졌던 것과 똑같이(쌍둥이, 작거나 기형이고 비정상적인 아기들은 성별에 관계없이 죽임을 당했다), 여아 살해는 출산을 통제하는 한 방법이었다고 말할 수 있다. 왜냐하면 여성들은 일차적으로 아이 낳는 사람으로 여겨졌기 때문이다. 그럼에도 불구하고 여기에 여성에 대한 은밀한 평가절하가 개입되어 있다는 것을 놓칠 수 있다.

의 여성으로서 보기 드문 카리스마적인 매력을 지닌 램지 부인은 결코 단순하게 이상화한 것이 아니다. 그녀는 "유쾌한 다산성이며… 남성의 숙명적인 불임이 뛰어드는 생명의 샘이고 물안개이다." 동시에 "그녀는 자신이 생활이라고 부르는 이것이 끔찍하고, 적대적이며, 기회만 있으면 바로 자신에게 달려든다고 느꼈다."

그녀는 '남성의 불임을 적대감 없이' 받아들였다. 그렇지만 릴리엔펠드가 지적하듯이, 그녀는 여성을 그다지 좋아하지 않는다. 그녀는 일생을 남성의 욕구에 조율된 채 보냈다. 젊은 화가인 릴리 브리스코는 램지 부인의 다리를 팔로 감싸고 머리를 무릎에 기대고 앉아, 그녀와 하나가 되기를 원한다. "육체적으로 그녀를 토닥거리고 있었던 여성의 정신과 마음속에서, 하나가 되기를 원한다… 사람들이 흔히 말하듯, 사랑을 하면 그녀와 램지 부인이 하나가 될 수 있을까? 왜냐하면 그녀가 원하는 것은 앎이 아니라 일치이며, 석판에 새긴 글, 인간이 알고 있는 언어로 써질 수 있는 것이 아니라, 일치이며, 석판에 새긴 글, 인간이 알고 있는 언어로 써질 수 있는 것이 아니라, 친밀한 그 자체를 원하는 것이다."

그러나 아무 일도 일어나지 않는다. 램지 부인은 그녀에게 관심을 가지지 않는다. 그리고 릴리 브리스코는 곧 울프 자신이므로 이 장면은 두 가지 의미를 지닌다. 자기 어머니와의 친밀성을 원하는 딸, 또는 자신의 어머니가 아니라 그와 같은 열정적인 갈망을 표출하는 대상으로서의 다른 여성과의 친밀성을 원하는 여성이라는 이중적인 의미를 갖는다. 한참 후에 그녀는, "램지 부인과 그녀의 비범함에 맞서는 것"은 그녀의 작품을 통해서만 가능하다는 것을 이해한다. 작품에서 그녀는 램지 부인과 제임스, '어머니와 아들'을 하나의 그림의 주제로 묶는 것을 거부할 수 있다. 자신의 작품을 통하여 릴리는 램지 부인과 달리, 남성으로부터 독립된다. 가장 날카로우면서도 평온한 방법으로, 울프는 램지 부인의 인성의 희미한 빛을 꿰뚫는다. 그녀는 남성들이 그녀를 필요로 하는 만큼 그들을 필요로 한다. 그녀의 힘과 강함은 의존성, 타인들의 '불모성'에 기초를 두고 있다.

버지니아는 『등대로』에서 어머니를 묘사하기 전에 여러 해 동안 어머니인 줄리아에 대하여 연구했다. 다시 한 번, 그와 같이 매혹되어 관심을 갖는 것이 릴리 브리스코를 통하여 표현된다.

> 저 한 여인을 자세히 아는 데는 50쌍의 눈으로도 충분하지 않다고 그녀는 생각했다. 그러한 눈들 중에서 그녀의 아름다움에 돌처럼 무관심한 눈이 하나는 있을 것이다. 그에게는 공기처럼 섬세한 가장 비밀스런 어떤 감각이 부족해서, 그녀가 앉아 뜨개질하고, 이야기하고, 창문가에 혼자 조용히 앉아 있을 때, 열쇠 구멍으로 들어가 그녀를 감쌀 수 없다. 그것은 증기 기관의 연기를 붙들어 두는 공기처럼, 그녀의 생각과 상상, 욕망을 자신의 것으로 받아들이고, 소중히 간직하는 것이다. 그 울타리는 그녀에게 어떤 의미가 있는가, 그 정원은 그녀에게 어떤 의미가 있는가, 파도가 부서지는 것은 그녀에게 어떤 의미가 있는가?[8]

그리고 이것이야말로 정확하게 예술가인 버지니아가 성취한 것이다. 그러나 그러한 성취는 단지 그녀의 예술의 힘뿐만 아니라, 어머니를 향한 딸의 열정, 무엇보다도 그처럼 흠모했지만 그녀가 차지할 수 없었던 이 여성을 이해하고, 아무리 복잡해도 어머니와 자신을 갈라놓은 차이점이 무엇인지를 그녀가 이해할 필요가 있었다는 것을 증명해 주고 있다.

가족 중심적인 어머니에게서 태어난 이 여성운동가 혹은 예술가는 어쨌든, 그녀가 인생에서 필수적이라고 생각하는 것을 어머니가 이해하거나 그에 동조할 수 없고 아니면, 어머니가 보다 전통적인 모습의 딸이나 아들을 선호하고 높이 평가한다고 느꼈을 수도 있다. 플로렌스 나이팅게일은 간호학을 공부하기 위해 그녀의 어머니를 통해서 나타난 빅토리아 시대 상류 사회의 인습과 싸워야 했다. 상류 사회의 여성들은 거실과 시골 저택에서 생활하면서 "무엇인가를 갈망하며"[9] 미쳐가는 운명과 싸워야만 했다. 화가인 파울라 모더존-베커는 어머니가 자신의 생활 방식을 인정하지 않을까 평생동안 걱정하고 두려워하였다. 작품과 씨름하는 것에 대하여 1899년 글을 쓰면서 그녀는 말한다: "나는 이 글을 특히 나의 어머니를 위하여 쓴다. 어머니는 내 인생이 하나의 길고 연속적인 이기심과 몽롱한 쾌락이라고 느끼고 있을 것이다." 남편을 떠나는 것에 대하여 그녀는 이렇게 쓴다: "당신(어머니)께서 화를 내시지 않았나 두려웠습니다… 이제 이렇게 제게 잘해 주시는군요… 어머니, 제 옆에서 제 인생을 축복해 주세요." 그리고 아이를 낳다가 죽기 일 년 전에 그녀는 말한다.

> … 나는 항상 계속되는 소란 속에 있습니다… 간혹 휴식을 취할 뿐 그리고 다시 목표를 향하여 움직입니다… 때때로 내가 사랑이 없는 것처럼 보일 때, 이 점을 기억해 주기를 당신께 간청합니다. 그것은 내 모든 힘이 오로지 한 가지에만 집중되어 있다는 것을 의미합니다. 이것을 자기중심주의라고 하는지는 모르겠습니다. 만일 그렇다면, 자기중심주의야말로 가장 숭고한 것입니다.

> 나는 내가 태어난 바로 그 무릎에 내 머리를 누입니다. 그리고 어머니 당신께 생명을 주신 것에 대하여 감사드립니다.[10]

"나에게는 결코 어머니가 없었다"는 에밀리 디킨슨의 유명한 말은 여러 가지로 해석되어 왔다. 그렇지만 분명히 그녀는 자신이 어머니가 살았던 인생과는 다르게 동떨어져 있다는 것, 그녀에게 가장 중요한 것을 어머니는 이해할 수가 없었다는 것을 부분적으로 의미했다. 그러나 그녀의 어머니가 1875년 뇌일혈로 쓰러졌을 때, 디킨슨 자매는 둘 다 1882년 어머니가 돌아가실 때까지 극진히 어머니를 간호하였다. 그리고 그 해에 쓴 편지에서 에밀리 디킨슨은 이렇게 말한다.

> … 어머니가 돌아가셨다는 것은 너무나도 암울한 충격이어서, 우리 둘 다 멍해졌습니다… 돌아가시기 바로 전날에야 어머니는 기분이 좋아지고 시장기를 느껴, 제가 열심히 준비해 드린 저녁을 조금 드셨습니다. 저는 너무나 기뻐서 크게 웃었습니다.

슬퍼하면서 우리가 우리의 길 잃은 이웃(여기에서는 그녀의 편지를 받는 사람)에게 얼마나 폐를 끼치게 될까를 걱정하시면서, 우리의 최초의 이웃, 어머니께서는 조용히 가셨습니다.

사랑스런 어머니의 얼굴을 빼앗긴 우리는 거의 서로를 알아 보지 못하고, 마치 꿈과 씨름을 하고 있는 것처럼 느껴졌습니다. 잠이 깨면 사라질 것 같은…

그리고 딸의 편지는 시인의 절규, "오 언어의 통찰력이여!"로 끝을 맺는다.[11]

"실비아와 나 사이에는 어머니와 나와의 사이처럼 일종의 정신적 삼투압이 존재했다. 그것은 어느 때는 경이롭고 마음을 편안하게 한다. 그리고 어느 때는 원하지 않는 사생활 침해가 된다." 이 말은 아우렐리아 플라스가 자신과 딸인 실비아 사이의 관계를 어머니의 입장에서 묘사한 것이다. 그러한 관계의 강렬함 때문에 플라스의 『집으로 보내는 편지』를 읽어 본 독자들은 혼란스러웠을 것이다. 이 글은 주로 매주 혹은 그보다 자주, 처음에는 대학에서, 그리고 나중에는 영국에서 주로 어머니에게 감정을 쏟아낸 글이다. 이러한 모녀 관계를 실비아의 자살 충동, 그녀의 철저한 완벽주의, '위대성'에의 집착의 원인으로 보는 경향도 있다. 그러나 『집으로 보내는 편지』의 서문에서 우리는 놀라운 여성, 생명력을 지닌 진정한 승리자를 보게 된다. 자기 파괴성의 본보기를 보여 준 사람은 바로 플라스의 아버지였다. 이 편지들은 결코 완전한 것이 아니며,* 더 많은 자료들이 나오기 전까지 플라스의 전기와 그녀에 대한 비평을 쓰려는 시도는 아무리 훌륭해도 의문의 여지가 있을 것이다. 그러나 어머니의 무릎 위에 시와 상, 책과 아이를 놓고자 하는 그녀의 욕구, 아이를 낳으려 할 때 그녀가 느낀 어머니에 대한 갈망, 딸을 키우며 겪었던 어려움과 희생이 보상받았음을 플라스가 알게 하려는 노력이 모든 곳에서 드러난다. 마지막 편

---

* 실비아의 남편인 테드 휴가 출판을 허락해야 하기 때문이 생략이나 탈락이 많

지에서, 실비아는 그녀 자신과, 바다 건너편에 있는 어머니를 '정신적 삼투압'의 고통으로부터 보호하려고 노력하고 있었던 것 같다. "얼마 동안 어머니를 뵐 용기가 없습니다"고 표현하면서 왜 그녀가 이혼 후 미국으로 돌아가지 않을 것인지를 설명하고 있다. "어머니가 지난여름 보신 것, 그리고 어머니가 보시는 것을 제가 본 것에 대한 두려움이 우리 사이에 있습니다. 그리고 제가 새로운 생활을 시작하기 전까지는 어머니를 다시 뵐 수 없습니다…"(1962년 10월 9일). 그리고 사흘 후에 "지난번 편지는 부디 찢어버리세요… 믿기지 않을 만큼 자세를 바꿨어요… 매일 아침, 수면제의 약효가 떨어질 때쯤, 아침 5시면 일어나 서재에서 커피를 마시며, 미친 듯이 글을 써요. 아침을 먹기 전에 매일 한 편의 시를 쓴답니다… 정말 멋진 일이죠. 마치 가정생활이 나를 숨 막히게 하듯이… 닉(그녀의 아들)은 이가 두 개 나고, 일어서고, 천사예요…"(1962년 10월 12일).[12]

정신적 삼투압. 절망적인 방어. 의식세계를 부수고, 때때로 딸을 "저 비밀스러운 방으로 되돌려 보내 항아리에 부은 물처럼, 자신이 숭배하는 대상과 끊을 수 없을 정도로 같은 것이 되도록 하겠다"고 위협하기 때문에 부인하게 되는 유대감의 힘, 아니면 우리의 어머니가 보여주는 것보다 참기 힘든 무관심과 잔인함은 없기 때문에 종종 부인하게 되는 유대감의 힘.[13]

지금은 여성동성애에 대해 병적인 정도로 비극적인 시각을 표현했기 때문에 좋은 평판을 받지 못하고 그러면서도 통속적으로는 여전히 그 주제에 대한 대표적 소설이라고 여겨지는 『고독의 샘』에서 래드클리프 홀은, 안나 고든과 그녀의 동성연애자인 스티븐 사이에 대해 거의 신비할 정도의 반감을 암시하고 있다. 크라프트-에빙을 읽었기 때문에 딸을 '이해하면서', 아들이 비극적 불구가 되었더라면 대했을 방식으로 딸을 대하는 것은 바로 스티븐의 아버지이다.

그녀의 어머니는 처음부터 그녀를 이방인, 주제넘은 사람, 낯선 존재로 보았다. 래드클리프 홀의 소설은 작가의 자기 부정을 드러내고, 자신의 본능과는 반대되는 의견을 받아들여 내재화시켰다는 점에서 고통스러운 것이다. 그녀의 자기혐오가 절정에 달하는 것은, 어머니인 안나와 딸 스티븐 사이에 어떤 관계도 가능하지 않다고 상상하는 것이다. 그러나 어머니와 딸 사이의 연결, 신체적 감각에 토대를 둔 관계의 가능성에 대한 열망이 암시된 부분이 하나 있다.

초원의 향기는 그 둘을 이상하게 감동시키곤 했다… 때때로 스티븐은 어머니의 옷소매를 별안간 잡아당긴다 ─ 그 진한 향기를 혼자서 감당할 수 없기 때문이다!

어느 날인가 그녀가 말했다: "가만히 계세요, 그렇지 않으면 그것에 상처를 주게 돼요 ─ 그것은 온통 우리를 둘러싸고 있어요. ─ 하얀 냄새, 엄마가 생각나네요" 그리고 나서 그녀는 얼굴을 붉히고 재빨리 살짝 올려다 본다. 안나가 웃는 모습을 볼까 두려워하며.

그러나 그녀의 어머니는 모순투성이인 이 존재에 대하여 당혹스러워하며 이상한 듯, 심각하게 그녀를 바라보았다… 안나도 그녀의 아이가 그런 것처럼 울타리 아래 피리풀의 숨소리에 감동을 받았다. 왜냐하면, 이렇게 그들, 어머니와 딸은 하나였기 때문이다… 그들이 이것을 미리 내다 볼 수만 있었어도, 그렇게 간단한 것이 둘 사이를 연결시키리라는 것을…

그들은 마치 무엇인가를 묻는 것처럼 서로를 바라보았다… 한 사람이 상대방으로부터; 그리고 그 순간은 지나갔다. ─ 그들은 아무 말 없이 계속 걸었다, 이전보다 영혼이 전혀 가까워지지 않은 채.[14]

어머니와 자신 사이에 건널 수 없는 심연을 느끼는 여성은, 자신의 어머니가 ─ 스티븐의 어머니처럼 ─ 그녀의 성욕을 결코 이해할 수 없으리라고 생각할 수밖에 없을 것이다. 그러나, 여성 동성연애자에 대한 일반인들의 무지와 편협성이라는 현실에도 불구하고, 그리고 사회의 눈으로 볼 때 자신이 어느 정도 딸을 '못 쓰게 만들었다'는 두려움에도 불구하고, 어머니는 어느 단계에서 – 침묵을 통하여, 간접적으로, 완곡하게 – 동성을 사랑하는 딸을 인정하고 싶어 할 수도 있다. 완전히 전통적인 이성애의 생활을 살아온 어머니들은 그러한 관계의 본질을 종종 부정하지만, 그러한 요청을 받는다면 딸의 동성 연인을 환영하고 그들의 가정생활 방식을 후원했다. 완전히 그리고 기꺼이 다른 여성에 대한 자신의 사랑을 인정하는 여성은, 어머니가 자신을 거부할 수 없는 분위기를 만들어 낼 가능성이 크다. 그러나 그러한 인정은 우선 자신 안에서 발견되어야 하는 것이지, 의지 행위로 오는 것이 아니다.

이미 자녀가 있으면서, 나중에 가서야 다른 여성에 대한 우리의 감정의 폭과 깊이를 인정하고 그에 따라 행동하는 사람은 어머니와 복잡하고 새로운 관계를 형성할 수 있다. 시인인 수우 실버매리는 이렇게 쓴다.

이제 여성 동성애자와 어머니 사이에는 모순 대신, 서로 일치하는 것이 있다는 걸 알았다. 내 연인과 나, 나의 어머니와 나, 그리고 내 아들과 나 사이의 공통점은, 원시적이면서 모든 것을 포용하고 가장 중요한 어머니 유대감이 있다는 것이다.

다른 여성을 사랑하면서, 나는 내 연인의 어머니가 되고, 그 연인에게서 어머니를 발견하려는 깊은 욕구를 깨달았다. 처음에 나는 그러한 발견을 두려워했다. 나를 둘러싸고 있는 모든 것들이 그것은 악이라고 말하였다. 통속적인 프로이트주의는 그것을 고착, 성숙되지 못한 표시라고 비난하였다. 그렇지만, 나는 점차적으로 내 자신의 욕구와 욕망에 대한 믿음을 갖게 되었다… 이제 나는 사랑하는 두 여성 간의 드라마, 그 안에서 각각 어머니가 되기도 하고 아이가 되기도 하는 드라마를 소중하게 여기고, 그것에 대한 믿음을 갖고 있다.

성행위를 하는 동안 이것은 가장 분명해지고, 그때는 일상생활의 이별이 잠시 사라진다. 연인과 키스하고, 애무하고 그 안으로 들어갈 때, 나는 어머니 안으로 다시 들어가는 아이이기도 하다. 나는 조화로운 자궁의 상태, 먼 옛날의 세상으로 돌아가기를 원한다. 내가 연인에게로 들어가지만, 돌아가는 것은 오르가즘을 느끼는 그녀다. 나는 오랫동안 그녀의 얼굴에서, 감긴 눈 뒤에 그 기억을 간직하고 있는 무의식적인 환희를 본다. 그리고 나서, 그녀가 내게 애정행위를 할 때… 그 강렬함은 또한 밀어 내보냄, 태어남이다! 그녀는 들어와서 탄생하는 환희와 하나가 된다… 그래서 나는 또한 어머니의 신비, 그리고 어머니 유대감이 고양되었을 때 그랬음에 틀림없었을 세상의 신비로 돌아간다.

이제 나는 돌아가, 그 몸으로 실제로 나를 낳은 사람을 이해할 자세가 되어 있다. 이제 나는 그녀에 대하여 알기 시작하고, 내가 느꼈던 거부감 때문에 그녀를 용서하고, 그녀를 갈망하고, 그녀 때문에 아파할 수 있다. 나는 어머니가 나를 원할 때까지는 결코 어머니를 원할 수 없었다. 여성에 의해서, 이제 나는 새로 태어난 아이로 드러나 있는 느낌, 내 자신의 순수가 드러날 때까지 껍질이 벗겨지는 것이 어떤 것인지를 안다. 한 여성과 함께 누워, 나의 완전한 연약함의 힘을 그녀에게 주는 것을. 그 힘이 소중하게 다뤄지는 것을, 이제 내가 알고 있기 때문에, 나는 내가 필요한 만큼 나를 소중히 할 수 없었던 그녀에게 돌아갈 수 있다. 나는 책임을 물으며 돌아가지 않는다. 그리고 어머니가 나에 대한 준비가 되어 있기를 희망할 수 있다.[15]

1760년대에서 1880년대까지 미국의 서른다섯 가정의 여성들의 일기와 편지를 연구하면서 역사학자 캐롤 스미스-로젠버그는, 그 시대의 특징인 친밀하고 때로는 노골적으로 관능적이며, 지속적으로 여성적인 우정의 한 패턴-실은 네트워크-를 발견하였다. 부드럽고 헌신적인 이 관계는 한 여성 혹은 두 여성 모두가 결혼에 의해 떨어지게 되더라도 지속되었다. 이것은 남성이 관심을 두는 더 넓은 세계와 분리된 '여성의 세계'에서 이뤄졌으며, 이 세계에서 여성은 서로의 생활에 있어서 가장 중요한 위치를 차지했다.

스미스-로젠버그는 말한다.

… 이러한 여성의 세계의 중심에는… 친밀한 어머니와 딸의 관계가 있으며… 이러한 관계에 중심적인 것은 아마도 도제 제도라고 불릴 수 있는 것이다… 어머니와 다른 나이든 여성들은 딸들에게 주부와 어머니 역할을 담당하는 기술을 세심하게 훈련했다… 젊은 처녀들이 일시적으로 가사일을 떠맡아… 출산, 간호, 이유 과정에 도움을 주었다…

딸들은 여성의 세계에 태어났다… 가정에서 어머니의 역할이 안정되고, 그 역할과 경쟁할만한 대안이 거의 없는 한, 딸들은 어머니의 세계를 받아들이고, 자동적으로 다른 여성에게 도움과 친밀감을 찾았다…

오늘날 청소년들이 자율성을 얻기 위한 갈등에서 불가피한 요소로 여겨지는 모녀간의 적대감이 어째서 존재하지 않았을까 오랫동안 생각해 볼 수 있을 것이다… 여성들의 호전성을 금기시하는 태도가 어머니와 청소년기의 딸들 간의 적대감조차 억누를 정도로 강했을 가능성이 있다. 그러나 이 편지들은 매우 활기가 넘치고, 어머니의 문제에 대한 딸들의 관심이 대단하고 진실해서, 그 친밀함을 단지 억압과 부정으로만 해석하기는 어렵다.[16]

새롭게 개척되는 서부 변경에서 그와 같은 여성적 세계가 없었다는 것이 어떤 의미를 가졌는가는 친구, 어머니, 자매들을 멀리에 두고, 유럽에서 이민 온 여성들이 표현한 외로움과 향수를 통하여 이해할 수 있다. 이러한 여성들 중 많은 수는 일년 내내 개척 농장에서 살면서, 고향으로부터 오는 편지를 손꼽아 기다리고, 특별히 외로움과 여성적인 싸움을 벌이고 있었다. "좋은 친구 몇 명만이라도 있다면, 완전히 만족할 것이다. 내게는 그런 사람이 필요하다"라고 1846년에 위스콘신의 한 여성은 말하였다. 어머니와 다른 여자 친척 근처에서 아이를 낳고 기르는 대신에 서부 개척 시대의 여성들은, 여성이 겪는 일들을 함께 나눌 사람이 가까이에 아무도 없었다. 콜레라와 디프테리아로 아이를 하나 혹은 여럿 잃게 되어도, 죽음과 애도의 의식을 혼자서 감당해야 했다. 고독, 나눌 수 없는 슬픔, 그리고 죄의식 때문에 이들은 오랫동안 우울증에 시달리거나 정신이 이상해졌다.[17] 서부 개척지에서 일부 여성들은 평등과 독립을 보다 많이 누리고, 전통적인 역할에서 벗어날 수 있는 기회를 가질 수 있었지만, 또한 아이러니컬하게도 많은 여성들이 여성 공동체에서 얻을 수 있는 감정적인 의지와 친밀감을 잃게 되었다.

또한 아이러니컬한 것은 19세기 여권운동의 발전, 20세기의 잘못된 '해방운동'(담배를 피우고 아무하고나 성관계를 갖는 것), 피임이 사회적으로 인정되고 널리 사용됨에 따라 여성들에게 새로 주어진 선택 때문에 어머니와 딸 사이의 옛 관계(그와 아울러, 공통의 생활양식과 공통의 기대를 토대로 한 여성들의 긴밀한 우정의 네트워크)를 약화시키는 결과를 가져왔다는 것이다. 1920년대에 프로이트의 사상이 점점 확산됨에 따라, 여성들의 긴밀한 관계는 여학생들의 경우 '한패'를 만드는 것으로 용인이 되었지만, 이러한 관계가 계속 유지될 경우, 그것은 퇴행적이고 정신적으로 문제가 있는 행위로 여겨졌다.*

---

* 어머니 세대의 어떤 여성은 다른 여성과 친밀하게 가까워지면 남편이 그녀를 레즈비언 취급해서 자신의 기를 꺾었다고 내게 말했다. 백년 전에는 여성끼리의 우정은 당연하게 받아들여져서 아내의 친구가 오면 남편은 두 여성이 낮이든 밤이든 가능한 한 오랜 시간 함께 지낼 수 있도록 부부 침실을 내주기도 했다. (캐롤 스미스-로젠버그, 「사랑과 제식의 여성 세계: 19세기 미국의 여성 관계」, 『사인스』. 1권 1호 10, 26쪽)

4.

시인 린 수케니크가 이름 붙인[18] '모성공포증(Matrophobia)'은 자신의 어머니 혹은 모성에 대한 두려움이 아니라, 누군가의 어머니가 되는 것을 두려워하는 것이다. 수많은 딸들이 타협과 자기혐오에서 벗어나려고 투쟁하고 있으면 그러한 타협과 자기혐오를 가르친 사람이 바로 자신의 어머니라는 것을 알고 있다. 이렇게 해서 여성 존재에 대한 제약과 비하는 필연적으로 전수된다. 어머니를 그대로 미워하고 거부하는 것이, 그녀를 넘어서 그녀에게 작용하고 있는 세력을 보는 것보다 훨씬 쉽다. 모성 공포증을 가질 정도로 어머니를 혐오한다면 아마도 어머니에게 깊이 끌리는 힘이 있을 것이다. 방심하면, 완전히 어머니와 똑같아지는 것이다. 다 큰 딸은 어머니와 전쟁을 벌이고 있지만, 어머니에게서 옷과 향수를 빌린다. 집에서 독립했을 때, 가사일을 하는 방식은 어머니와 정반대가 될 수 있다. 침대 정리도 하지 않고, 설거지도 안한 채 그대로 놔둔다. 이것은 자신이 벗어나고자 하는 영역의 중심인 여성의 방식을 반대하는 무의식적인 행동이라 할 수 있다.

그레이스 팔리의 말대로, 자신이 낳은 "의사 아들과 소설가 아들"은 "유태인 어머니"를 탓하고 조롱하지만, 유태인 딸들에게는 자기를 낳았고, 앞으로 자기가 닮을 수 있는 여성의 공포, 죄의식, 이중 의식, 그리고 자기혐오 모두 그대로 남아 있다. '모성 공포증'은 유태인 딸의 인생에서 나중에 찾아온 경향이었다. 슈테틀과 게토에 살거나 미국의 초기 이민 시대의 유태인 여성들은 탈무드를 연구하는 남성들을 부양하고, 아이를 키우고, 가족의 사업을 경영하고, 적대적인 이교도 세계와 거래하고, 그리고 모든 실제적인 일에서 활동적으로, 유태인의 경제적이고 문화적인 생존을 가능하게 하는 역할을 했다. 이민 시대 후반에 가서야 비로소 이민 동화 정책이 강화되고, 남성들이 경제적인 영역을 담당해야 한다는 압력이 커짐에 따라, 이교도 중산층에 의해 이미 만들어진 전업 주부-어머니 역할을 완벽히 수행하는 데만 전념하라는 요구를 받았다.

"제가 결혼하지 않으면 어머니가 저를 죽일 거예요." "내가 결혼하지 않으면 어머니가 돌아가실 거예요." 자신의 에너지를 가치 있게 사용할 수 있는 다른 대안이 없는 상태에서 전업 '주부' 들은 '유태인 엄마' 라는 말이 풍자하듯이, 자녀에 대한 지나친 간섭, 헌신, 소유욕, 병적인 걱정에 종종 빠지게 된다. 그러나 "유태인 엄마"는 19세기와 20세기 여성을 한 가지 역할 이외의 모든 역할을 강제로 배제한 결과로 나타나는 한 모습에 불과하다.

모성 공포증은 어머니의 속박에서 완전히 벗어나서, 개체가 되고 자유로와지고 싶은 욕망에서 생겨나는 여성의 자아 분열로 이해될 수 있다. 우리들에게 어머니는 희생자, 자유롭지 못한 여성, 순교자를 상징한다. 개인으로서의 우리의 특성은 우리 어머니의 특성과 위험스러울 정도로 닮아서 구별이 모호하고 중복된다. 그리고 어머니가 끝나고 딸이 시작되는 지점을 알려고 절박하게 노력하는 과정에서 우리는 철저한 수술을 단행한다.

> 어머니가 간 뒤, 마사는 손을 컵처럼 오므려 자신의 배 위에 보호하듯이 올려놓고, 그 안에 있는 존재에게 아무것도 그것을 손상시키지 않을 것이며, 자유가 그 선물이라고 속삭였다. 자유로운 정신인 마사는 모성적인 세력인 마사로부터 그 존재를 보호할 것이다. 어머니 마사는 적이므로 그 그림에 들어오도록 내버려두지 않을 것이다.[19]

따라서 자신의 어머니에게 압도당했다고 느끼는 도리스 레싱의 여주인공은 자신도 어머니가 될 것이라는 사실을 깨달았을 때, 자신을 분열시킨다. ─혹은 분열시키려 노력한다.

그러나 심지어 아이를 가진 여성도, 케이트 쇼핀이 『각성』(1899)에서 묘사한 것처럼 불안한 경계 상태에서 살아갈 수 있다.

> … 폰틀리에 부인은 모성적인 여성이 아니었다. 그해 여름 그랜드 섬

에는 모성적인 여성이 대부분이었다. 그들을 식별하기는 쉬웠다. 소중한 새끼들을 위협하는 실제적 혹은 가상의 위험이 있을 때, 보호의 날개를 펴고 푸드덕거리며 여기저기 왔다 갔다 하는 사람들을 식별하기는 쉬웠다. 그들은 자기 아이들을 우상처럼 떠받들고, 남편을 숭배하며, 개인으로서의 자신을 포기하고 구원의 천사처럼 날개를 다는 것이 신성한 특권인 양 대단하게 생각하는 여성이었다.[20]

자신의 쾌락과 자아실현을 추구하는 (비록 전적으로 남성을 통해서긴 하지만) 에드나 폰틀리에는 그녀의 아이들이 대부분의 아이보다 단지 더 독립적일 뿐인데도, 어머니로서 '부적합하다'고 여겨진다. 코라 샌델은 여주인공 알베르타를 모성적인 여성의 전형인 잔느와 대비시킨다. 알베르타는 작가로서, "최근 몇 년간 자신이 충분히 모성적이고 가정적으로 보이지 않는다는 '두려움에' 시달리고 있다." 그녀는 모든 사람에게 세심한 주의를 기울이는 유능하고 활기찬 잔느에게 비난당하고, 그녀 때문에 지치고 있다고 느낀다.

> 원기 회복약 잊지 마세요, 삐에르. 그리고 나서 잠깐 누워 계세요. 그러면 훨씬 일이 잘될 거예요. 마스, 할퀴었구나. 소독약을 발라주기 전까지 아무것도 건드려서는 안 돼. 알베르타, 샌들을 다 팔기 전에 뿔랭 부인한테 들러요. 토가, 그렇게 오랫동안 햇빛에 있으면 안 되잖아요, 알베르타…[21]

따라서 기본적으로 자신을 어머니라고 인정하는 여성은, 그렇지 않은 여성 혹은 쇼팬이 정의한 어머니의 역할을 감당할 수 없다고 느끼는 여성에게는 위협적이면서 동시에 혐오스러운 존재이다. 릴리 브리스코 또한 이러한 역할을 거부한다. 그녀는 램지 부인이 되기를 원하지 않는다. 이러한 사실을 발견한 것은 그녀에게 매우 중요하다.

5.

어머니가 딸을 잃는 것, 딸이 어머니를 잃는 것은 여성에게 가장 커다란 비극이다. 우리는 리어왕(아버지와 딸), 햄릿(아들과 어머니), 오이디푸스(아들과 어머니)를 인간의 비극을 구체화한 위대한 작품으로 인정한다. 그러나 어머니와 딸 사이의 열정과 환희를 나타낸 것으로 오늘날까지 남아있는 것은 없다.

그렇게 나타낸 것이 있었지만, 우리는 그것을 잃었다. 그것은 이천 년 동안 그리스인의 생활에서 정신적 토대였던 엘리우시스의 종교적 신비로 표현되었다. 데미테르와 코레의 모녀 신화를 토대로 하는 이 의식은 결코 무대에 올려진 적이 없고, 사전에 오랜 정화과정을 거친 입문자에게만 공개된 것으로, 고전 문명의 가장 엄격한 금단의 비밀이었다. 기원전 7세기 호머가 데미테르에게 바친 찬가에 따르면 그러한 신비는 딸 코레, 혹은 페르세포네를 다시 만났을 때 여신 자신이 만든 것으로, 그 딸은 초기 신화에서는 바다의 신인 포세이돈, 나중의 신화에서는 명부의 신인 하데스 혹은 플루토에 의해 강간당하고 납치되었다. 데미테르는 곡식(자신이 관장하는 영역)들이 자라지 못하게 함으로써 딸을 잃은 복수를 한다.

다시 딸이 그녀에게 돌아와 있을 동안-일 년 중의 아홉 달 동안-은 땅에 풍요와 생명을 돌려준다. 그러나 호머의 시에 따르면 코레가 돌아온 것을 기뻐하여 그녀가 인간에게 선사한 최고의 선물은 식물이 다시 성장할 수 있게 된 것이 아니라, 엘리우시스의 신성한 의례를 시작하게 한 것이다.

기원전 1400년에서 1100년 사이에 시작된 엘리우시스 제전의 신비는 인간의 정신적 생존의 중심으로 여겨졌다. 호머의 찬가는 이렇게 말한다.

> 땅 위의 사람 중에서 이것을 지켜본 이는 축복 있으라. 제전에 참여하지 못한 사람은 결코 그러한 것을 함께 나눌 수 없으니. 그는 죽은 자로서 뜨거운 어둠 속에 있도다.*

핀다르와 소포클레스도 입문을 한 사람과 '나머지 모든 사람', 아름답게 되지 못한 사람을 구별한다. 그리고 로마 시대의 키케로는 그러한 제전에 대하여 이렇게 말했다고 전해진다. "우리는 기쁘게 살아갈 뿐만 아니라 더 나은 희망을 갖고 죽을 수 있는 이유를 부여 받았다." 고대인의 정신세계에서 엘리우시스 제전의 구실은 그리스도의 수난과 부활에 비유되었다. 그러나 그러한 신비가 기념하는 부활에서 분노를 통해 기적을 이루는 사람은 어머니이며, 죽음으로부터 되살아나는 이는 바로 딸이다.

엘리우시스의 제식은 고대 세계의 많은 지역에서 모방되고 다양하게 해석되었다. 그러나 독특하고 신성한 장소, 진정한 통찰력을 경험할 수 있는 유일한 성소는 엘리우시스에 있는 사원뿐이었다. 그곳은 데미테르가 앉아 코레를 잃고서 슬퍼했다고 전해지는 "처녀의 우물" 혹은 샘이 있는 장소이고, 그곳으로 데미테르가 돌아와 의례를 시작했다. 이 성소는 이천 년 후 396년에, 고트족이 그리스를 침략했을 때 파괴되었다.

그러나 이천 년 동안 매년 9월에 한 번씩, 입문한 사람들인 미스타이들은 바다에서 몸을 씻어 정화를 하고, 횃불과 도금양 다발을 들고 엘리우시스로 행진을 했다. 그리고 그곳에서 마침내 "비전(vision)"－"신비를 눈으로 직접 본 상태"를 얻게 되었다. 돼지(위대한 어머니(大母)에게 바치는 신성한 동물)를 죽여 데미테르에게 제물로 바치고, 통과 의례의 첫 단계에서 그녀를 기념하면서 먹는다. 입문을 하는 사람과 최고의 사제만이 사원의 가장 안쪽에 들어갈 수 있으며, 그곳에서 우레와 같은 징 소리를 듣고 코레가 나타난다. 그곳에서, 눈부신 빛 속에서 죽은 이들의 여왕인 페르세포네가 "여신에 대한 신앙이 있으면… 죽음 가운데서도 탄생이 가능하다"는 것을 보여주는 징표로서 그녀의 어린 아들과 함께 나타났다. 이러한 신비의 진정한 의미는, 가부장제도의 분열책이 이들을 완전히 갈라놓은 것처럼 보였을 때에도, 죽음과 탄생을 이처럼 다시 통합시켰다는 것이다.

---

* 윗글은 C. 케레나이의 책 『엘리우시스』에서 인용한 것이다. 데미테르에게 바치는 찬양문 전체를 운문으로 번역한 것을 보려면 셀마 사전트의 『호머의 찬양문』(뉴욕: 노튼, 1973), 2–14쪽을 보라.

위에 언급한 대부분의 내용은 C. 케레냐이의 엘리우시스 연구에서 인용한 것으로, 그에 따르면 이 의식의 마지막에 최고 사제가 입문자에게 돌아서서 그들에게 잘라진 곡식 이삭을 보여주었다:

> '신비를 눈으로 직접 보게 된' 모든 사람들은 돌아섰다. 마치 내세에서 현세로 돌아서듯이, 곡식을 포함하는 구체적인 사물의 세계로 돌아오듯이 돌아서 이 '구체적인 사물'을 바라보았다. 그 이삭은 이삭일 뿐, 그 이상의 무엇이 아니다. 그러나 그것은 '입문을 한 사람들'에겐 데미테르와 페르세포네가 인류에게 준 모든 것을 나타낼 수도 있다. 데미테르는 음식과 부를, 페르세포네는 땅 밑에서의 탄생을 주었다. 엘리우시스에서 코레를 본 사람들에게, 이것은 단순한 은유가 아니었다.[22]

엘리우시스에서 발견된 기원 전 5세기의 대리석 양각에는 데미테르와 코레 여신이 새겨져 있고 그 사이에 소년, 트립톨레무스의 모습이 새겨져 있다. 트립톨레무스는 곡식이라는 선물을 받기 위하여 데미테르에게 와야 했던 '원시인'이다. 한 신화에 따르면 그는 엘리우시스에서의 통과 의례를 통하여 폭력적이고 호전적인 생활 방식을 평화적인 경작 생활로 바꿨다. 그는 세 가지 계율, "부모를 공경하라", "과실을 가지고 신에게 공경을 바치라", 그리고 "동물을 아끼라"는 계율을 전파하도록 되어 있다. 그러나 케레냐이는 분명히 트립톨레무스가 엘리우시스에서 중심적인 요소는 아니라고 주장한다.[23] "평온하게 신의 자리에 앉아 있는" 곡식의 신인 데미테르는 인간에게 과실을 주는 신으로서 고대 시대에 존재하였다. 그러나 제전의 여신으로서, 그녀는 그 이상이 되었다: "그녀 자신이 슬픔과 탄식에 싸여 통과 의례의 길을 시작하고, **제전의 핵심, 즉, 그녀의 딸의 어머니라는 그녀의 특질을 수용한다.**[24](저자 강조)

데미테르와 코레의 이별은 자신들이 원한 것이 아니다. 그것은 딸이 어머니에게 반항한다는 문제도, 어머니가 딸을 거부한다는 문제도 아니다. 엘리우시스는 고전적인 가부장제 세계에서 위대한 여신의 여러 측면이 마침내 부활하는 것이다. 데미테르의 어머니인 레아 또한 일부 신화에서 등장한다. 그렇지만 코레 자신도 명부 세계에서 어머니가 된다.[25] 제인 해리슨은 그러한 신비가 남성들이 배제되었던, 보다 앞선 시기의 여성들의 의식을 기반으로 하고 있다고 생각했다. 그것은 어머니와 딸의 친밀한 관계가 심지어 선사시대에도 얼마나 위험에 처해 있었고 복잡했는지를 보여주는 것으로 있을 법한 일이라고 생각한다. 모든 딸들은 그리스도가 오기 천 년 전에도, 사랑의 힘이 너무 위대해서 강간조차도 없었던 일로 만들고 자신을 죽음으로부터 다시 살릴 수 있을 정도인 어머니를 분명히 갈망하였을 것이다. 그리고 모든 어머니들은 데미테르의 권력과 그녀의 분노가 가졌던 효력, 자신의 잃어버린 자아와의 타협을 갈망하였을 것이다.

6.

데미테르와 코레의 신화를 낯설고 복잡하게 현대적인 것으로 바꾼 것이 마가렛 애트우드의 소설, 『진실을 찾아서(Surfacing)』이다. 이 소설의 화자는 이름 없는 여성으로, 그녀는 자신에 대해 "사랑을 할 수도 없고" "느낄 수도 없다"고 한다. 그녀는 제2차세계대전 중 자신과 가족이 살았던 캐나다의 한 섬으로 돌아온다. 그녀는 그곳에서 혼자 살다가 이유 없이 사라진 아버지를 찾고 있다. 어머니는 돌아가셨다. 양키의 모든 것을 혐오한다고 말하지만 미국식 히피족인 연인과 다른 한 커플인 데이비드와 안나와 함께, 그녀가 어린 시절을 보낸 곳으로 돌아온다. 그녀는 주위의 숲과 버려진 오두막에서 아버지의 행방을 밝혀줄 단서를 찾는다. 그녀는 어머니가 간직해둔 오래된 사진첩과 스크랩북을 발견한다. 어머니의 낡은 가죽 윗도리가 아직도 옷걸이에 걸려 있다. 또한 그녀는 아버지가 만들어 놓은 인디언 그림 문자 스케치를 발견한다. 그녀의 히피족 친구들은 끊임없이 미국적인 기술 제국주의에 대한 혐오감을 이야기하면서도 그 섬의 원시적인 분위기 때문에 불안해하고 따분해 한다. 그러나 자연을 파괴하고, 살생을 하고, 나무를 잘라내는 것은 소설 속의 미국인은 물론이고 캐나다인 남성들이다. 데이비드는 안나를 야만적으로 지배하며 성을 착취한다. 마침내 이야기를 전해주는 나는 자신의 아버지가 인디언 벽화의 사진을 찍으려다 물에 빠져서, 시체가 호수에서 발견되었다는 것을 알게 된다. 다른 일행은 배를 타고 문명 세계로 돌아가고, 그녀는 그 장소가 갖는 신비한 힘과 관계를 회복하려는 결심을 하며 그곳에 남는다. 그녀는 벌거벗고 숲 속을 기어다니며, 열매와 뿌리를 먹으며 비전을 찾는다. 마침내 그녀는 오두막과 잡초가 무성하고, 거의 야생 상태로 돌아간 오두막 정원으로 돌아온다. 그리고 그곳에서,

… 나는 그녀를 본다. 그녀는 오두막 앞에 팔을 벌리고 회색 가죽 재킷을 입고 서 있다. 그녀의 머리는 길고, 어깨 아래로 내려져 있으며 내가 태어나기 30년 전의 모양을 하고 있다. 그녀는 나로부터 반 정도 돌아서 있다. 그녀의 옆얼굴밖에 보이질 않는다. 그녀는 움직이지 않는다. 그들에게 먹이를 주고 있다. 하나는 손목에 앉아 있고, 또 한 마리는 어깨에 앉아 있다.

나는 걸음을 멈췄다. 처음에는 놀라움을 느끼지 않는다는 것 말고 아무것도 느껴지지 않는다. 그곳이 바로 그녀가 있을 곳, 이제까지 계속해서 그녀가 서 있었던 곳이다. 그리고 계속 지켜 보면서 그것이 그대로 있자, 나는 두려웠다. 나는 두려움으로 한기를 느꼈다. 나는 그것이 사실이 아닐까봐, 내 눈에 의해 만들어진 종이인형이 아닐까, 불에 태운 그림이 아닐까, 내가 눈을 깜박이면 사라지지 않을까 두려웠다.

그녀가 그것을, 내 두려움을 느꼈음에 틀림없다. 그녀는 조용히 머리를 돌려 나를 보았다. 나를 통과하여 보고 있다. 마치 거기에 무엇이 있지만 자신이 확실히 볼 수 없는 것이 있다는 걸 아는 듯이…

나는 그녀가 있었던 곳으로 올라갔다. 그곳 나무 사이에는 어치들이 있었다. 그것들은 나를 보고 까악까악 울어댔다. 먹이통에는 아직도 부스러기가 몇 개 남아 있었고, 어치들이 몇 개를 땅으로 떨어뜨렸다. 나는 그녀를 보기 위하여, 그 새들 중에서 어떤 것이 그녀인지 보기 위해서, 눈을 가늘게 뜨고 그 새들을 올려다보았다.

나중에 같은 장소에서 그녀는 아버지의 환영을 본다:

그는 자신이 침입자였다는 사실을 깨달았다. 오두막, 울타리, 불과 길이 모두 훼손되었다. 논리가 사랑을 배제하듯이, 이제 자신의 울타리가 그를 배제하고 있다. 그는 그것이 끝나기를, 경계가 제거되기를 원한다. 그는 자신의 지성이 치워놓은 곳으로 숲이 다시 흘러 들어오기를 원한다. 다시 회복되기를 원한다…

그는 내게 돌아선다. 그것은 나의 아버지가 아니다. 그것은 나의 아버지가 보았던 것이다. 여기에 너무 오랫동안 혼자 머무르면 만나게 되는 것이다…

이제 나는 그것이 비록 나의 아버지가 아니지만, 그것이 그동안 나의 아버지가 된 것이라는 것을 본다. 나는 아버지가 죽지 않았다는 것을 알고 있었다.

애트우드의 마지막 장은 이렇게 시작한다:

무엇보다도 이것, 희생자가 되기를 거부하는 것, 그렇게 할 수 없다면 나는 아무것도 할 수 없다. 나는 내가 무력하고, 그 때문에 내가 할 수 있는 어떤 것이 결코 누구에게도 상처를 주지 않을 것이라는 오래된 신념을 철회하고 포기해야 한다. … 말장난, 이기고 지는 게임은 다른 것들이

없고 그들이 새로 만들어져야 하는 순간에 모두 끝이 난다…[26]

　그녀는 결코 '자유로운 여성', 여성해방론자가 아니었다. 남성의 정체를 다루는 그녀의 방식, 남성 문화와의 투쟁은 자신을 무디게 하고 자신이 '사랑을 할 수 없다'고 믿게 만든다. 그러나 『진실을 찾아서』는 목적소설이 아니다. 그것은 정령 숭배적인, 초자연적인 것으로 충만한 시인의 작품이다. 아버지를 찾으려는 노력은 야생에서 편안함을 느끼는 동물들의 여왕인 어머니와의 재회를 기능하게 한다. 분명치 않게 잠재의식에서, 애트우드의 화자가 비전을 보는 순간, 어머니가 찾아왔던 짧지만 놀라운 순간을 통하여 자신의 힘을 발견하고 이것을 인정한다. 그녀는 단식과 희생(물)을 통해 가부장제를 넘어서 과거로 돌아간다. 그렇지만 거기서 머무를 수 없다. 원시적인 것(아버지의 해결책, 남성적인-궁극적으로 파시스트적인-해결책)은 대답이 아니다. 그녀는 이 시대로 돌아와 그녀의 존재를 살아야 한다. 그러나 그녀는 이제 그녀의 빛을 갖고 있다. 그녀는 자신의 어머니를 본 것이다.

7.

　어머니로부터 "보살핌을 받지 못했다"고 느끼는 여성은 일생동안 어머니를 찾을 것이다-아마도 남성에게서조차 어머니를 찾을 수도 있다. 최근에 한 여성 단체에서 누군가는, "나는 어머니를 찾기 위해 결혼했다"고 말한 적이 있다. 그리고 많은 여성들이 그녀의 말에 동의했다. 내 자신도 언젠가 남편 옆에 누워 있으면서, 내 옆에 있는 사람의 몸이 어머니의 몸이라고 반은 꿈을 꾸면서 생각을 한 기억이 난다.* 아마도 모든 성적 접촉

---

* 시몬느 드 보부아르는 그녀의 어머니에 대해 다음과 같이 쓰고 있다. "일반적으로 말해서, 나는 어머니에 대해 별로 특별한 느낌이 없다고 생각했다. 그런데도 불구하고 내가 꿈을 꿀 때(비록 아버지가 아주 드물고 별 의미 없이 나타나긴 하

이나 친밀한 육체적인 접촉은 그 첫 번째 몸을 생각나게 하는 것 같다. 그러나 '어머니가 없는' 여성은 자신의 연약함을 부정함으로써 반응하고, 상실감이나 어머니의 보살핌을 받지 못했다고 느끼는 것을 부정함으로써 반응할 수도 있다. 그녀는 램지 부인처럼 다른 사람에게 '모성을 베풂으로써', 자신이 강하다고 느낄 만큼 연약한 남성을 보살핌으로써, 혹은 교사로, 의사로, 정치활동가로, 심리치료가로서 어머니의 역할을 함으로써, 자신의 강인함을 입증하는 데 일생을 보낼 수도 있다. 어떤 의미에서 그녀는 자신이 부족한 것을 남에게 베풀고 있는 것이다. 그러나 그런 여성이 계속 강하다고 느끼기 위해서는 다른 사람이 부족하다고 느끼는 것이 필요하다. 그녀는 자기와 동등한 사람, 특히 여성에 대해서는 어색해 할 것이다.

가부장제 사회에서 성장한 여성 중에서 어머니의 보살핌이 충분했다고 느끼는 여성은 거의 없다. 아무리 우리에 대한 어머니의 사랑이 깊고 우리를 위하여 어떤 투쟁을 벌이든, 어머니의 힘은 너무 제한되어 있다. 그리고 가부장제는 어머니를 통해서 일찍이 소녀들에게 무엇을 기대하는지 가르치는 구실을 한다. 한 여성이 다른 여성에게 자신을 비하시키고 사기를 꺾는 역할에 순응하도록 압력을 가하는 것을, 비록 그렇게 하는 것이 자신의 딸이 살아남는 데 도움이 된다고 믿었다고 해도 "어머니의 보살핌(mothering)"이라고 부르기는 어렵다.

많은 딸들이 너무 쉽게 그리고 수동적으로 '무엇이든 다가오는 것'을 받아들였다고 해서 어머니에 대하여 분노를 느끼며 살아간다. 어머니를 희생시키는 것은 그녀에게 굴욕적일 뿐만 아니라, 여성이라는 것이 무슨 의미를 갖는가를 찾기 위해 어머니를 지켜보고 있는 딸을 망쳐놓는다. 전

만) 종종 어머니가 중요한 역할을 했다. 어머니는 사르트르와 섞여 있고 우리는 함께 즐거워했기 때문이다. 그리고나면 꿈이 악몽으로 바뀌곤 했다. 왜 내가 다시 어머니와 함께 살고 있지? 어떻게 내가 다시 어머니의 힘 안에 들어가게 되었지? 그러므로 내 안에서 예전의 어머니와 나의 관계는 이중 양상으로 살아 있었다.—어머니는 내가 종속되고 싶어하는 대상이었고 또한 종속되기 싫어하는 대상이었다." (『아주 쉬운 죽음』[뉴욕: 워너 페이퍼백, 1973], 119-20쪽)

족을 한 전통적인 중국 여성들처럼, 어머니는 자신의 고통을 계속 물려준다. 어머니의 자기혐오와 자기비하는 딸의 영혼을 묶는 속박의 띠이다. 한 심리학자는 말한다.

> 어린 여자아이가 이 무릎에서 저 무릎으로 옮겨 다니며, 방 안에 있는 모든 남성(아버지, 오빠, 친지)이 성적 자극을 얻을 수 있을 때, 그 여자아이가 수치심과 죄의식을 느끼게 되는 것을 무력한 어머니는 거기에 그냥 서서 바라보기만 한다. 최근 뉴욕에서 개최된 강간에 관한 회의에서 한 여성은 어렸을 때, 아버지가 여러 개의 수박 껍질을 자신의 질에 집어넣고, 그것을 빼려하면 때렸던 경험을 증언하였다. 그렇지만 현재 그녀가 증오를 느끼는 것은 어머니가 "다른 사람에게는 아무 말도 하지 말아라"고 했다는 사실이다.

> 또 다른 한 소녀는 고등학교 1학년 때 윤간을 당하였다. 그러자 어머니는 그녀에게, "너는 우리 집안을 욕되게 했다. 너는 이제 더 이상 쓸모가 없어"라고 말하였다. … 이 일에 대하여 이야기할 때면 항상 너무 고통스러운 나머지, 바로 어제 일인 것 같았다.[27]

그러한 어머니들이 책임감과 무력감 때문에 그런 것만은 아니다. 그것은 어머니들이 자신의 죄의식과 자기혐오를 딸들의 경험에까지 투영하기 때문이다. 어머니는 자신이 강간을 당했다면, 죄의식을 느낄 것을 알고 있다. 그렇기 때문에, 그녀는 딸이 잘못되었다고 말하는 것이다. 그녀는 자신과 딸을 극도로 동일시한다. 그것도 강한 면이 아니라 약한 면을 통하여 동일시한다. 프로이트적인 정신분석에서는 딸들이 어머니에 대하여 분노를 느끼는 것은 자신에게 남근을 주지 않아서 원망하는 것으로 여긴다. 그러나 클라라 톰슨은 '남근 선망'에 대한 놀라울 정도의 정치적 견해를 보여주는데, "남근은 우리의 문화에서 하나의 특정한 경쟁 상황, 즉 남성과 여성 간의 경쟁에서 권력을 잡고 있는 사람의 상징이며 … 그렇기 때문에, 남근에 대한 선망이라 불리는 태도는 아무런 특권도 없는 집단이 권력집단에 대하여 갖는 태도이다"[28]라고 말하였다. 현대의 한 정신분석 학자는 어머니에 대한 딸의 분노는, 어머니 자신을 하급의 신분으로 비하시키고, 아들(혹은 아버지)이 자신의 좌절된 욕구를 성취해 주기를 기대하는 어머니 때문에 생겨날 가능성이 크다고 지적한다.[29] 그러나 어머니가 애착을 느끼는 남자 형제나 아버지가 없는 경우조차도 딸은 어머니와의 강력한 동일시 때문에, 그리고 자신을 위해 싸우기 위해서는 우선 자신을 사랑하고 자신을 위해 싸워주는 사람이 있어야 했기 때문에, 어머니의 무력함에 대해서, 혹은 어머니의 투쟁정신 부족에 대하여 분노를 느낀다.*

가부장제 하에서 딸을 기르기 위해서는 어머니의 내면에 강한 자기 성장 의식이 있어야 한다. 어머니와 딸 간의 심리적인 상호작용은 파괴적일 수 있다. 그러나 반드시 그래야 할 이유는 없다. 자신의 몸을 존중하고 사랑하는 여성, 자신의 몸을 불결하다거나 성적 대상으로 보지 않는 여성은 말할 필요도 없이, 여성의 육체는 훌륭하고 건강한 삶의 장소라고 딸에게 전수할 것이다. 여성이라는 사실에 긍지를 느끼는 여성은 딸에게 자기 비하라는 고통을 주지 않을 것이다. 자신의 분노를 창조적으로 사용하는 여성은 자신의 딸 안에 있는 분노를, 그것이 단지 자살 충동으로 이어질지도 모른다는 두려움 때문에 억누르려 하지 않을 것이다.

끈질기게 여성의 몸과 자아를 빼앗아가는 체제 안에서는 이러한 모든 일이 극도로 어렵다. 그리고 우리는 단지 자신의 자아를 빼앗겼을 뿐만

---

* 낸시 초도로우는 아들이 더 바람직하게 여겨지기는 하지만 어머니들이 딸들에게 특별한 애착을 보이는 마을이 있다는 예를 들었는데, 그중에는 인도의 라지푸트와 브라만이 속한다. 초도로우는 "이 두 사회에서 딸들이 나중에 자기 집을 떠나 낯설고 보통은 억압적인 시댁에서 겪게 될 곤경을 동정하기 때문에 딸들에 대해 특별한 애착을 가지게 된다"고 평했다. (M. Z. 로잘도와 L. 랑페르가 편집한 『여성, 문화, 사회』[스탠포드, 캘리포니아: 스탠포드 대학 출판부, 1974]에 실린, 『가족 구조와 여성의 인격』, 47쪽) 그러나 이러한 종류의 여성 유대감이 부정이나 무관심보다는 훨씬 낫지만 어머니들이 딸이 미래에 겪게 될 비참한 상황과 자신을 동일시하는 데에서 생긴 것이다. 어머니 편에서 딸들의 인생에 반복적으로 얽혀있는 고리를 변화시키려는 노력이 전혀 없다.

아니라 딸들에게 어머니 역할을 하지 못하는-알코올, 마약중독자, 자살하려는-어머니에 대하여 무엇이라 말할 수 있겠는가? 생계를 위해 하루 종일 일하고, 일이 끝난 후 무감각하게 지쳐서 아이를 찾아가면서, 저녁이 되어 더 이상 어머니로서의 에너지가 남아있지 않은 여성에 대하여는 어떻게 말할 수 있겠는가? 아이는 사회 제도, 모성이라는 제도를 이해하지 못한다. 단지 날카로운 목소리, 생기 없는 눈, 자신을 안아주지 않는 어머니, 자기를 훌륭한 아이라고 말해주지 않는 어머니를 볼 뿐이다. 그리고 딸이 자기 자신이 될 수 있도록 애정을 주고 지원을 해 준 사람이 어머니가 아니라 아버지였다고 느끼는 가정에 대하여 뭐라고 말할 수 있을까? 어머니를 보완하는 것이 아니라 어머니를 대신하는 자상한 아버지는, 어머니가 없어지게 된 이유가 무엇이든, 어머니를 희생한 대가로 사랑받는다는 것은 고통스러운 사실이다. 아버지는 남성이 줄 수 있는 모든 것을 주면서, 최선을 다하고 있을 것이다. 그러나 아버지에 대한 사랑이 어머니에 대한 사랑을 대신한다면, 그것은 어머니를 두 번 잃는 것이다.

"나는 항상 여성보다는 남성으로부터 더 많은 도움을 받는다." 사회적으로 성공하여 겉보기에는 여성의 지위가 향상된 것처럼 보이게 하는 여성들이 흔히 쓰는 표현이면서, 동시에 이해할 수 있는 말이다. 왜냐하면, 우리는 자신을 강하게 만들어 준 사람에 대하여 감사를 느끼기 때문이다. 그렇지만, 우리를 강하게 만들 수 있는 입장에 있는 사람이 누구인가? 종종 남성은 자신의 아내에게는 주지 않는 도움을 자신의 딸이 자아를 찾는 데 제공한다. 아마도 그는 딸을 아내를 잡기 위한 구실로 이용하는지도 모른다. 단순히, 특히 딸이 자신을 숭배할 때, 딸이 가진 힘에는 위협을 느끼지 않기 때문일지도 모른다. 또한 아내와 딸을 억압하는 남자 교사가 여학생에 대하여는 긍정적인 태도를 취할 수도 있다. 남성들은 그들이 원할 경우에 개인으로서, 우리에게 힘과 지원, 특정한 형태의 보살핌을 제공할 수 있었다. 그러나 그 힘은 언제나 빼앗은 힘, 가부장제 하에서 여성 전체로부터 빼앗은 힘이다. 그리고 마지막으로 나는 여기서, 다른 여성에 대한 한 여성의 선물일 수밖에 없는 그런 종류의 힘, 우리에게 유전되는 피의 흐름에 대하여 이야기하고 있는 것이다. 강한 애정, 확인, 본보기가 어머니에게서 딸에게, 여러 세대를 걸쳐 여성으로부터 여성에게로 계속 이어지기 전까지, 여성은 여전히 황야를 헤매고 있을 것이다.

8.

딸을 키운다는 것은 무슨 의미인가? 딸로서 우리가 가지기를 혹은 가질 수 있기를 바라는 것은 무엇일까? 어머니로서 우리는 무엇을 줄 수 있을까? 깊이 본질적으로 우리는 신뢰와 다정함을 필요로 한다. 이것은 모든 사람에 대해 항상 적용된다. 그러나 우리에게 적대적인 세상에서 성장하는 여성은 자신을 사랑하는 방법을 배우기 위해 매우 심오한 사랑을 필요로 한다. 그러나 이 사랑은 단지 남성들이 요구하는, 오래되고 제도화된, 희생적인 '어머니의 사랑'이 아니다. 우리에게는 용기 있는 어머니의 보살핌이 필요하다. 문화가 여성에게 각인시켜놓은 가장 주목할 만한 사실은 우리가 가진 한계에 대한 인식이다. 한 여성이 다른 여성에게 해 줄 수 있는 가장 중요한 일은 실제적인 가능성에 대한 인식을 분명하게 하고 확장시켜주는 일이다. 어머니에게 있어서 이 일은 어린아이의 동화, 영화, TV, 그리고 학교에서 보여주는, 여성을 위축시키는 이미지와 싸우는 것 이상을 의미한다. 이것은 어머니가 자기 삶의 한계를 확대시키려 노력한다는 것을 의미한다. 희생자가 되기를 거부하는 것, 그리고 거기서 출발해서 나아가는 것을 의미한다.

우리가 우리 자신을 위하여 창의적으로 그리고 용기 있게 희망을 가질 때, 우리는 비로소 속박에서 벗어나 우리 딸들에 대한 희망을 가질 수 있다. 그러나 최종적으로 아이는 희망도 아니고 희망의 산물도 아니다. 여성의 생활은-사회의 모든 단계에서-너무나 오랫동안 억압과 환상 속에서 이루어졌다. 그리고 우리의 활동적인 에너지는 다른 사람을 보살피도록 훈련되고 적응되어 왔다. 이제는 이러한 고리를 끊는 것이 필요하다.

산부인과 대기실에 있는 잡지를 읽어본 사람이라면 책 어디선가 '우울증에 걸릴 수 있다' 고 지적하면서, "남편에게 부탁하여 프랑스 레스토랑에서 저녁 식사를 하거나 새 옷을 사러 쇼핑하러 가라"고 제안하는 내용을 봤을 것이다(대부분의 여성에게는 남편과 돈이 있다는 거짓말이 항상 우리 곁에 떠돌아다닌다). 그러나 가끔씩 우울증에 걸려서 이런 식으로 자신에게 '휴가' 나 '보상' 을 주는 어머니는 딸들에게 여성이 처한 조건이란 우울증을 일으키며, 진정한 의미의 출구가 없다는 것을 보여주고 있을 뿐이다.

딸로서, 우리는 어머니 자신의 자유와 우리의 자유를 원하는 어머니가 필요하다. 우리는 다른 여성의 자기 부정과 좌절을 담는 그릇일 필요가 없다. 어머니의 인생이야말로 – 아무리 곤경에 처하고 보호받지 못한다 할지라도 – 딸에게 물려주는 가장 중요한 유산이다. 왜냐하면, 자신에 대한 믿음을 간직한 어머니, 투쟁을 하는 어머니, 그리고 계속해서 그녀 주위에 살만한 공간을 만들기 위해 노력하는 어머니는 딸에게 이러한 가능성이 존재한다는 것을 보여주고 있는 것이다. 가난한 많은 여성들은 순전히 물리적인 생존을 위해서라도 투쟁 정신을 가져야 하기 때문에, 때때로 전적으로 어머니 역할만을 하는 여성보다 훨씬 높이 평가될 수 있는 무엇인가를 딸들에게 남겨줄 수 있었다. 그러나 역경의 무게가 워낙 커서 희생이 따를 수밖에 없다. 아이러니컬한 것은 틸리 올슨의 소설 『나는 여기에서 옷을 다리고 있다』에서처럼 아이의 물리적 생존을 위해 싸우느라, 어머니가 거의 항상 아이와 떨어져 있어야 한다는 것이다.[30] 그 어머니가 고통스럽게 알고 있듯이, 그녀를 '기적' 처럼 여기는 누군가가 아이를 보살펴주는 일이 필요하기 때문이다.

많은 여성들은 두 어머니 사이에 끼어 있어서, 자신들을 분열시켜왔다: 하나는 가정화, 남성 중심주의와 여성에 대한 전통적인 기대를 가진 문화를 대표하는 보통 생물학적인 어머니고, 다른 하나는 그것을 상쇄하는 역할을 하는 인물로서 아마도 여성 예술가나 교사일 것이다. 종종 이 '반(反)어머니' 는 자신의 몸의 힘과 자신감, 세상에 존재하는 보다 자유로운 방식을 보여주는 체육 교사일 수도 있다. 혹은 활기찬 직장생활, '혼자 살고 즐기는 생활'을 선택한, 관념으로 가득 찬 미혼의 여자 교수일 수도 있다. 이러한 분열 때문에 젊은 여성은 이 '어머니'로 살다가 또 다른 '어머니'로서 번갈아가며 살아가는 환상을 해볼 수 있다. 두 개의 서로 다른 정체성을 시험해 볼 수 있는 것이다. 그러나 이럴 경우, 의식으로는 결코 선택을 내릴 수 없는 생활로 이끌고 갈 수도 있다. 이렇게 되면, 자신의 어머니처럼 안주인 노릇을 하며 남편을 만족시키는 것과, 소설과 박사 논문을 쓰는 것을 번갈아가며 하려는 생활이 생겨날 수도 있다. 그녀는 기존의 본보기를 깨뜨리려고 노력했지만, 어느 정도까지 해야 하는지 말해주는 사람이 아무도 없었기 때문에 충분히 그렇게 하지 못한다.

그러한 이중적인 메시지는 분리되어야 한다. "너는 네가 진정으로 원하는 것이면 무엇이라도 될 수 있다"는 말은 여성이 속한 계층 혹은 경제적인 상황이 어떠하든 상관없이 절반만 진실이다. '너무 지나치게 가지마라'고 잠재의식에 깔린 메시지를 소곤거리는 대신 보이지 않는 부분에 대하여 분명히 해 둘 필요가 있다. 여자아이는 아주 일찍부터 '원하는 것'을 상상하려 할 때조차도 그들이 직면해야 할 실제적인 어려움에 대하여 알아야 한다. 성에 관하여 딸들과 자유롭게 말할 수 있고, 심지어 청소년기에 있는 딸들에게 피임하는 법을 가르쳐 줄 수 있는 어머니들조차 딸들이 세상에 나갔을 때 직면하게 되는 기대와 전형, 거짓 약속, 잘못된 신념에 대하여는 딸들을 암흑 상태 그대로 둔다. "너는 네가 진정으로 원하는 것이면 무엇이든 될 수 있다" – 단, 네가 싸울 자세가 되어 있다면, 문화적인 기대에 맞서 스스로 우선순위를 세울 자세가 되어 있다면, 그리고 여성혐오적인 적대감에 맞서서 계속할 자세가 되어 있다면, 어린 소녀나 젊은 여성에게 그녀가 여성이기 때문에 직면하게 될 대접을 설명하는 것은 백인이 아닌 아이에게 피부 색깔 때문에 생기는 반응에 대해 설명하는 것만큼 필요하다.*

---

* 어떤 여성이 최근에 내 모임에서 친구의 딸이 건축학 공부를 하고 있는데 그 학교에서 여성이라는 이유로 겪는 어려움이 너무 심해서 학교를 중퇴하려고 했다는 말을 전해주었다. 학교에 남아서 성차별주의에 대항하는 정치적인 싸움을 전개

딸에게 빅토리아 시대 방식에 따라, 자신의 운명은 '고통 받고 침묵하는 것'이며, 여성의 운명은 이미 결정되어 있다고 서약하도록 만드는 것과, 가부장제 하에서 여성들이 처하게 될 위험을 솔직하게 알려주는 것은 전혀 무관한 문제이다. 즉, 어머니가 자기편임을 말과 행동으로 알게 해주는 것, 그리고 움직이고, 말하고 행동하는 것이 위험할 수 있지만, 딸이 육체적·정신적으로 침묵 속에서 강간 때문에 괴로워할 때마다, 어머니도 자신의 수의에 한 땀을 더 놓고 있다는 것을 말과 행동으로 알게 해주는 것은 이전의 어머니의 태도와는 전혀 다른 문제이다.

9.

나는 우리 세대의 현명하고 급진적인 사상가인 여성 학자와 이야기하고 있다. 그녀는 과거에 회의나 파티에 참가하여 교수 부인 틈에 끼어 있으면, 그 부인들은 아이가 있거나 갖게 될 사람들이었고, 그 방 안에 있는 사람 중에서 결혼하지 않은 사람은 자기 혼자뿐이었을 때 느꼈던 감정을 설명한다. 그 당시 그녀는 심혈을 기울인 연구, 자신의 업적에 대한 인정을 받았음에도 불구하고 어머니인 여자들 틈에 끼어 '척박한' 여인, 실패한 여인으로 남아있었다.

나는 그녀에게 물었다. "그렇지만, 그들 중에서 일부는 당신의 자유, 일하고 생각하고 여행하고, 방안을 들어설 때, 누구의 어머니 혹은 누구의 아내가 아니라 자기 자신일 수 있는 자유를 얼마나 갈망하는지 상상할 수 있습니까?" 하지만 그렇게 말하면서도 나는 알고 있었다. 아이를 낳는 것과 아이가 없는 것이 둘 다, 어떻게 여성을 부정적인 부류, 악의 사자로 만들도록 조작되어 왔는가를 이해하게 될 때에만 비로소 '어머니'와 '어머니가 아닌 사람'(이 용어 자체가 '~없는(without)'을 뜻하는 '과부(widow)'처럼 부

하고 그녀가 원하는 수업을 받도록 강력하게 권유했던 사람은 바로 그녀의 어머니였다.

정의 의미를 갖고 있다)의 심연은 좁혀질 것이다.

언어의 깨어진 틈에 문화의 강력한 비밀이 있다. 이 책을 쓰면서 계속해서 나는 '아이에게 무관심한(unchilded)' '아이 없는(childless)' 혹은 '아이와는 별개의(child-free)' 등의 용어 때문에 고심했다. 우리에게는 남성과 무관하게 선택에 의해 자기 자신을 규정하는 여성, 스스로에 의해 정체성이 정해진 여성, 자기 자신을 선택한 여성을 부를만한 익숙한 이름이 없다. 'Unchilded', 'childless'라는 용어는 단순히 무엇인가 부족하다는 의미로 여성을 정의한다. 'Child-free'라는 표현조차도 모성을 거부했다는 것을 암시할 뿐, 그녀 자체로서 어떠한지를 나타내는 것이 아니다. '자유로운 여성'이란 개념은 성적으로 자유분방한, '자유연애', 남성의 소유로부터 '자유롭다'는 의미가 강하게 포함되어 있다. 그것은 여전히 여성을 남성과의 관계에서 정의하는 것이다. '처녀(virgin)'라는 단어의 고대적인 의미(자신에게 속한 여자, she-who-is-unto-herself)는 '처녀성을 빼앗기지 않은' 혹은 손상되지 않은 처녀막, 혹은 전적으로 아들이신 하느님과의 관계에 의해 정의되는 로마 가톨릭의 성모 마리아(Virgin Mother)라는 함축적인 의미 때문에 흐려졌다. '아마존(Amazon)'이란 용어는 극히 좁은 의미의 해석으로, 생식을 제외하고는 남성과의 모든 관계를 부정하는 여전사라는 의미를 갖는다. 이 또한 관계를 통한 정의이다. '레즈비언' 역시 만족스러운 표현이 아니다. 스스로 정체성을 정하는 모든 여성들이 자신을 레즈비언이라고 부르지 않을 것이며, 수많은 레즈비언들이 아이를 가진 어머니이다.

"어머니냐 아니면 아마존이냐", "모가장제적 체제집단이냐 아니면 비정규적인 게릴라냐"라는 말처럼 양극화 방법을 택하는 것은 지나치게 단순한 방법이다. 우선, 원래의 모가장제 집단에서 여성은 나이를 불문하고 모두, 심지어 어린 소녀들조차도 '어머니'라고 불렸다. 어머니의 역할은 육체적인 기능이라기보다는 사회적인 기능이었다. "누가 어떤 아이를 낳았건 상관없이 한 공동체에 있는 여성은 서로에 대하여 자매이고 모든 아이들의 어머니였다. … 원주민들은 자신들을 … 남성의 관점에서 '형제들'로, 여성의 관점에서는 '어머니들'로 설명한다."[31] 그리고 모든 곳에서, 나이가 여섯 살밖에 안된 여자아이들도 어린 동생들을 돌본다.

'아이가 없는 여성'과 '어머니'는 잘못된 양극화로서, 그것은 모성과 이성애라는 양 제도를 지탱해 준다. 그렇게 단순한 범주는 없다. 루스 베네딕트처럼 아이를 갖기 위해 노력했으나 가질 수 없었던 여성이 있다. 인정하지 않는 남편의 불임에서부터 여성의 대뇌 피질로부터 나오는 거부 신호까지 불임 이유는 다양할 수 있다. 아니면 아이가 있는 다른 여성들의 생활을 보고서, 어머니가 되는 상황을 고려해 보고 다른 희망이나 목표를 위해 아이를 갖지 않겠다고 생각했을 수도 있다.* 19세기의 여성 운동가 마가렛 풀러가 날짜가 명시되지 않은 글에서 말하듯이,

> 나에게는 아이가 없다. 그리고 내 안에 있는 여성은 이 경험을 갈망하고 있어, 그 결핍이 나를 마비시키는 듯하다. 그러나 이제 인간에게 태어난 이 사랑스러운 아이들을 지켜보면서, 어머니들이 이 아이들 때문에 얼마나 많이 무미건조한 번거로움을 겪어야 하는지, 그러면서도 그 번거로움이 나중에는 아무것도 아닌 일이 되어버리는지 느끼게 된다. 뮤즈 신의 아이들은 더 빨리 오고, 고통과 싫증을 적게 가져 오며, 가슴에 훨씬 가볍게 안긴다.**

어머니가 아이들 때문에 지쳐 살아가는 모습을 보면서 두려워하며 자기는 절대 그렇게 살지 않겠다고 결심하는 소녀가 있을 수 있다. 어떤 레즈비언은 과거 남자들과의 관계로 인하여 낙태를 경험했었고, 아이를 사

---

* 이제 아이를 입양하는 독신여성의 수가 많아지고 많은 미혼모들이 아이를 키우고 있는 것을 보면, 만약 어머니 역할을 하는 것이 그렇게 심하게 억압과 얽혀있지만 않다면 '아이 없는' 여성들도 그들의 아이를 가지려고 선택할 수도 있을 것이다.

** 마가렛 풀러는 나중에 이태리에서 자신보다 10세 연하인 남성과의 사이에 아이를 낳았다. 풀러는 이 아이와 아이의 아버지와 함께 미국으로 돌아오던 중, 타고 있던 배가 난파하면서 세 식구가 모두 사망했다.

랑하지만 입양을 위한 번거로움이나 인공수정 임신의 책임을 떠맡기에는 자신의 생활이 너무 불안정하다고 느낄 수 있다. 독신을 선택한 여성은 자신의 결정 때문에 아이 없이 생활해야 한다고 생각할 수도 있다. 아이러니컬하게도 피임의 시대에 여성이 어머니가 되지 않도록 영향을 주고 있는 것은 바로 모성이라는 제도이다. 그것은 단적으로 너무 위선적이고, 어머니와 아이들을 착취하며 지나치게 억압적이다.

그러나 자신이 키울 수 없는 아이를 낳은 여성은 "아이 없는(childless)" 여성인가? 아직도 유모차를 밀고 아이에게 밥을 주기 위하여 서둘러 집으로 돌아가고 한밤중에 아이 울음소리에 깨어나야 하는 젊은 여성과 비교해보면, 아이들이 다 자라서 이제 내 마음대로 왔다갔다 할 수 있는 나는 "아이에게 무관심한(unchilded)" 것인가? 무엇이 우리를 어머니로 만드는가? 어린아이를 돌보기 때문에? 임신과 출산이라는 신체적인 변화 때문에? 육아를 위한 세월 때문에? 한번도 임신한 적이 없으면서 어린아이를 입양하자 젖을 분비하기 시작한 여성에 대하여 뭐라고 말할 수 있을까? 갓 태어난 자신의 아이를 버스 역 라커에 쑤셔넣고 아무 일 없듯 "아이와는 별개의(chile-free)" 생활로 돌아간 여성은 어떠한가? 대가족의 맏딸로서 실제적으로 어린 여동생들과 남동생들을 키우고 나서 수녀원에 들어간 여성은 어떠한가?

변변찮은 보육시설과 교육시설이 없는 상태에서 여러 명의 아이들과 일자리를 놓고 씨름하는 여성은 나처럼 "아이와는 별개의(child-free)" 생활을 하는 여성이 갖는 외형적인 자유와 이동성을 보고서 부러움 (그리고 분노)를 느낄 것이다. 자기 아이가 없는 여성은 마가렛 풀러처럼, 가부장제의 속박에서 살아가는 모성의 '무미건조한 번거로움'을 보면서 '자유롭게' 남아 있으며, '어머니가 되도록 세뇌당하지 않은 것'을 자축할 수도 있다. 그러나 이러한 양극화는 상상력의 부족으로 생긴 것이다.

기록된 역사를 통틀어, '아이가 없는(childless)' 여성은 (수녀 혹은 사원의 처녀 사제와 같은 몇몇 경우를 제외하고) 자신과 같은 성별을 가진 나머지 여성을 대표할 수 없는 실패한 여성으로 간주되어 왔으며,* 어머니에게 부여되는 위선적이고 고통을 완화시키는 찬사에서 제외되어 왔다. "아이가 없는(childless)" 여성은 마녀로 화형에 처해지거나 동성연애자로 박해를 받고, 결혼하지 않았다는 이유로 아이를 입양할 권리를 갖지 못하였다. 가정에 매이지 않은 여성, 이성애와 출산의 법칙을 따르지 않는 여성들은 남성 헤게모니에 대한 중대한 위협으로 여겼다. 그렇지만 이러한 여성들은 선교사로, 수녀로, 교사로, 간호사로, 결혼하지 않은 숙모로, 사회를 위하여 자신의 역할을 해야 했다. 중산층이라면 노동력을 파는 대신 무상으로 제공해야 했고, 여성이 처한 상황에 대해 말하고 싶을 때도 조용히 이야기해야 했다. 그러나 아이러니컬하게도, 아이들에게 매인 생활을 하지 않았으며, 명상을 하고 관찰하며 글을 쓸 시간이 있었다는 바로 이유로, 그러한 여성들은 일반적인 여성들의 경험에 대해 소중한 통찰력을 제공하고 있다. "아이 없는(childless)" 여성들의 알려지지 않은 연구와 지식이 없었더라면, 샬롯트 브론테(첫 임신 중 죽었다)가 없었더라면, 마가렛 풀러(중요한 업적은 첫 아이를 낳기 전에 이루어졌다)가 없었더라면, 조지 엘리엇, 에밀리 브론테, 에밀리 디킨슨, 크리스티나 로제티, 버지니아 울프, 시몬느 드 보부아르가 없었더라면, 오늘날 우리 모두는 여성으로서 정신적인 영양실조에 걸렸을 것이다.

"아이에게 무관심한(unchilded)" 여성은, 그런 용어가 이치에 닿는다면, 수세기 동안 여성과 남성 모두가 여성의 출산과 육아 기능에 대하여 갖고 있는 태도의 영향을 여전히 받고 있다. 모성이라는 제도가 자기와는 상관없는 것이라고 생각하는 여성은 자신이 처한 상황의 중요한 측면에 대하여 눈감고 있는 것이다.

위대한 어머니 중 상당수는 생물학적으로 아이를 낳은 어머니가 아니었다. 내가 다른 곳에서 입증하기 위해 노력하였듯이, 소설 『제인 에어』는

---

* 예를 들어 알버트 멤미가 시몬느 드 보부아르의 『제2의 성』을 비판한 것을 들수 있다. 아이를 낳을 수 있는 '여성의 권리'라고 멤미가 그럴 듯하게 설명한 것을 보부아르가 실지로 행해 보지 않았기 때문에 보부아르의 주장은 의심스럽다는 것이 멤미의 비판이다. (『지배된 남성』[보스턴: 비콘, 1968], 150-151쪽).

고전적인 여성의 유혹의 길을 따라 이뤄지는 여성 순례여행기로서 읽을 수 있으며, 그 책에서 어머니가 없는 제인 에어는 그녀를 보호해주고, 위안을 주며, 가르쳐 주고, 도전을 제시하며, 보살핌을 주어, 그녀 스스로를 존중할 수 있도록 북돋아 주는 여성을 계속해서 발견한다.[32] 수세기 동안 딸들은 생존을 위한 실제적인 가치에 대하여 관심을 가지면서 새로운 지평을 열도록 동기부여를 해주고, 연약함을 측은히 여기면서도 우리 내부에 감춰진 강인함을 개발하도록 요구하는 양어머니들에 의해 강해지고 힘을 얻었다.*

우리가 살아남을 수 있었던 것은 바로 이것 때문이다. 비록 몇몇 남성 사이에서 이름을 남기는 여성들이 우리를 인도하는 횃불, 앞으로 나아가야 할 방향에 대한 등불이기는 하지만, 그렇게 이따금 일어나는 명목상의 발전, '특별한 사례' 때문에 여성이 살아남은 것은 아니다.

우리들 중 누구도 어머니 '혹은' 딸이 아니다. 놀랍게도, 혼란스럽게도, 더욱 복잡하게도, 우리는 둘 다이다. 어머니이건 아니건, 다른 여성에 대한 책임감을 느끼는 여성은, 실제 어머니와 딸 간에 존재하는 동일시가 확산된 유형의 보살핌을 서로에게 제공하는 경우가 많아지고 있다. '어머니 역할'이라는 개념 자체에 우리는 딸로서, 자기 어머니의 희생, 우리를 위해 과감하지만 제한적일 수밖에 없는 노력의 부담, 그들의 이중적인 메시지가 초래하는 혼란과 같은 부정적인 의미를 내포하고 있을 수 있다. 그러나 우리가 영원히 주기만 하는 사람으로 정의되는 '어머니' 보다 '딸', 그러므로 '자유로운 영혼'이 될 수 있다고 주장하는 것은 바로 소심한 상상력의 산물이다. 어머니가 된다는 것(mothering)과 어머니가 되지 않는다는 것(nonmothering)에 그처럼 관심이 집중되는 것은 어느 것을 선택하든 그것은 우리에게 불리하게 작용하기 때문이다.

우리 안에 어머니와 딸을 받아들이고, 통합하며 강화시키는 것은 결코

---

* 메리 델리는 내게 '비생물학적 어머니'는 사실 '정신적인 자매'라고 제안했다. ('정신적인 자매'라는 말은 여성을 부정어구로 규정하기보다는 긍정어구로 규정하는 용어를 사용함으로써 여성을 인정하는 표현이다.)

쉬운 일이 아니다. 왜냐하면 가부장적인 태도 때문에 우리는 이러한 이미지를 분리하고 양극화시키며, 원하지 않는 모든 죄의식, 분노, 수치심, 힘, 자유를 '다른' 여성에게 투사하기 때문이다. 그러나 철저한 자매 관계를 얻기 위해서는 그들을 재통합할 필요가 있다.

10.

1930년대 흑백 분리가 엄격하게 실행되던 볼티모어의 전형적인 남부 지역에서 성장한 아이로서, 내게는 출생 때부터 백인 어머니뿐만 아니라 흑인 어머니가 있었다. 이러한 관계는 거의 탐색되지도 않았고 표현되지도 않았지만, 아직도 흑인과 백인 여성의 관계에 영향을 주고 있다. 우리는 노예제도 하에서만 있었던 것이 아니다. 백합처럼 하얀 백인 아내와 검고 감각적인 첩, 한쪽은 더럽혀진 결혼의 희생자고 다른 한쪽은 예측할 수 없는, 강간의 당연한 희생자였다. 우리는 서로에 대하여 어머니이고 딸이다. 그리고 지난 몇 년간 흑·백 여성운동가들은 여전히 어려운 자매 관계를 향하여 나아가고 있지만, 아직도 우리가 어머니이고 딸이었던 때에 대하여 알려지거나 파헤쳐진 것이 거의 없다. 릴리안 스미스는 이렇게 회상한다.

> 내가 아플 때, 여러 달 동안 나를 간호해 주고, 여동생이 태어나 내 자리를 차지해 버렸을 때, 나에게 피난처가 되었던, 그리고 나에게 위안을 주고 먹여주고 이야기와 놀이로 나를 즐겁게 해주고 따뜻하고 푸근한 가슴에서 잠들 수 있도록 해준 내 보모에 대해서 열렬한 애정 대신에 어느 정도의 애정만을 표시해야 한다는 것을 알고 있었다 … 내가 그녀에게 느끼는 깊은 존경심, 부드러움, 사랑이 모든 정상적인 아이라면 성장하면서 극복하는 어린아이다운 짓이며 … 그럭저럭─비록 고뇌하는 내 마음에는 불가능한 것으로 보였지만─나도 그러한 감정을 극복해야 한다

는 것을 결코 믿지는 않았지만, 알고 있었다. … 나는 눈물과 '내 옛날 보모' 라는 감상적인 말로, 내 인생에서 가장 심오한 관계 중의 하나의 가치를 떨어뜨리는 법을 배웠다.[33]

내 흑인 어머니는 사년 동안만 '나의 것' 이었다. 그 기간 동안 그녀는 나를 먹여 주고, 입혀 주고, 나와 함께 놀아 주고, 나를 지켜보고, 나를 부드럽고 친밀하게 보살펴 주었다. 그녀 자신에게는 '아이가 없었지만' 그녀는 어머니였다. 그녀는 호리호리하고, 위엄을 갖추었으며, 아름다웠고, 사람을 비하시키는 상황에서도 존엄성을 유지할 수 있는 가능성에 대하여 많은 것을 배웠다. 여동생이 태어난 후, 그녀는 때때로 우리 집에서 일을 했지만, 더 이상 나를 보살펴 주는 사람이 아니었다. 또 다른 보모가 왔지만, 결코 내게는 그녀와 같을 수가 없었다. 나는 그녀가 이제 내 여동생에게 속한다고 느꼈다. 20년 후, 다시는 돌아오지 않을 것이라 생각하면서 집을 떠날 때, 내 흑인 어머니는 내게 말하였다: "그래 나는 네가 어째서 집을 떠나 네가 옳다고 생각하는 일을 해야 하는지 이해한다. 나도 내 인생을 살기 위하여 누군가의 가슴을 아프게 한 적이 있단다." 그녀는 그 후 얼마 있다가 죽었다. 나는 다시는 그녀를 보지 못했다.

그리고, 맞다. 나는 릴리안 스미스가 설명한 것, 자신이 사랑하고 그로부터 사랑받았던 여성을 때가 되면 그러한 사랑을 '주어서는 안 될 대상' 으로 여겨야 한다는 사실을 발견할 때의 혼란스러운 느낌을 알고 있다. 그러한 배신감, 관계를 침해당한다는 느낌에 대해서도 오랫동안 이름이 붙여지지 않았다. 왜냐하면, 아직 아무도 인종 차별에 대하여 이야기하지 않았고, "편견"이라는 개념조차 어린아이인 나의 세계에 아직 들어와 있지 않았기 때문이다. 그것은 그저 '다 그런 것' 일 뿐이었고, 우리는 그러한 혼란과 수치를 억누르려고 노력했다.

이 장을 쓰기 시작하면서, 나는 내 흑인 어머니를 다시 기억하기 시작했다. 사물에 대한 그녀의 조용하고 현실적인 견해, 우아한 육체와 자긍심, 아름답고 부드러운 목소리가 떠올랐다. 여러 해 동안, 내가 시간을 거슬러 올라가 과거를 탐색하는 동안, 그녀는 닿을 듯하다가 멀어지곤 하였다. 그것은 성차별과 인종차별주의의 이중적인 침묵 때문이다. 그녀는 완전히 사라지도록 되어 있었다.

그러나 청소년기의 경계에서 우리는 유사한 명령에 따라 자신이 친어머니들로부터 멀어지고 있는 것을 발견한다. 우리의 감각적·감정적인 에너지는 이제 남성들을 향하여 흐르게 되어 있다. 이 문화에서는 흑인 어머니도, 백인 어머니도, 그리고 다른 어떤 어머니도 우리의 가장 심오한 사랑과 충절을 '받을 수 있는 대상이 아니라'는 것이 분명하다. 여성은 다른 여성에 대하여 금기가 되었다. 단지 성적으로 뿐만 아니라, 동지로서, 공동의 창조자로서, 그리고 서로 영감을 불어넣어 주는 사람으로서도 금기인 것이다. 이러한 금기를 깨뜨리는 과정에서, 우리는 우리의 어머니와 재결합하게 된다. 우리의 어머니와 재결합하는 과정에서 우리는 이러한 금기를 깨고 있는 것이다.

X

폭력: 모성의 오지(奧地)

"

나는 커다란 공장이 들어서서 부엌의
햇빛을 모두 앗아가 버린 주택가를 알고 있는데
이 부엌이야말로 그 여자가 인생의 대부분을 보내는 곳이다.
게다가 이곳에서는 하루 종일 기계 돌아가는 소리가 들린다.
이 공장에서 일하고 있는 사람들이 대부분 여성과
소녀들이라는 사실을 알면, 그들의 몸이
기계와 함께 돌아가고 있다는 느낌을 갖게 된다.
그 어머니는 자신이 무엇을 위해 사는지 모른다.
아이를 또 가지게 되면 사산(死産) 하기를 바란다.
그래서 그녀는 약을 먹기 시작한다. 아이가 살아 있으면
어머니가 겪게 될 고통과 괴로움, 아이가 잘못되었다는
소리를 들을 때 어머니가 받게 될 충격은
말할 필요도 없을 것이다. 그녀는 남편 모르게 이런 일을 하면
자신이 모든 책임을 져야 한다고 생각하고, 남편을 두려워하며 살아간다.
그러한 모든 것들이 그녀의 육체와 정신에 영향을 준다.
술에 호소하는 여성을 보는 일이 놀라운가?
만약 아이가 살아서 성장하게 되면 그 아이는 신경질적이고 까다롭고
고약한 성격을 가지리라는 것을 알고 있다… 이러한 모든 것을
지켜보면서 그 일의 모든 원인을 알면서도 아무런 해결책도 없다면,
마치 당신 가슴에 바늘이 꽂히는 것과 같으리라…
– 『모성: 여성 노동자들의 편지』, 여성조합, 1915

"

1974년 6월 11일, "여름 들어 처음으로 무덥던 날" 열여덟 살짜리 아이부터 생후 2개월에 이르기까지 여덟 명의 아이를 가진 서른여덟 살의 조안느 미컬스키는 시카고 시 교외에 있는 자기 집의 깔끔하게 정돈된 잔디밭에서 식칼로 가장 어린아이 둘의 머리를 베고 몸을 잘랐다. 남편의 말대로 이 '기괴한 사건' 은 주변 지역에 엄청난 파문을 불러 일으켰다. 지역신문은 전면을 할애하여 미컬스키 부인의 행동 배경을 '인간적인 관심' 에서 보도하였다. "일어나지 않을 수 있었던 일", "왜 어머니들은 살인을 저지르는가? 그들은 자신을 죽이고 있다", "정신병과 관련된 사건에서 경찰의 역할: 엄격한 한계", "병원은 비상상황에 도움을 줄 수 없다"는 제목을 단 사설들에서는 이유를 설명하고 무죄를 입증하고 심리분석을 하려고 애썼다. 현지 신문들은 빅터 미컬스키와 인터뷰를 하고 "남편이 고통스러운 생활에 대하여 말하다"는 제목의 기사를 실었다. 미컬스키 부인은 고의적인 살인으로 기소되었으나 정신이상이라는 이유로 무죄가 선고되어 주립병원으로 이송되었고, 남편은 이혼 소송을 제기하였다.

　　남편과 이웃, 정신분석가, 성직자, 경찰이 설명하는 조안느 미컬스키 사건은 대강 이렇다. 여덟 명의 아이 중 어느 하나도 '원해서' 생긴 아이는 없었다. 아이가 태어날 때마다 그녀는 깊은 우울증에 빠졌고, 세 번째 아이가 태어났을 때 남편과 피임에 대하여 상의했다. 그는 "정관 수술에 대해 말은 했지만, 결코 수술을 받지는 않았다." 그녀는 경구 피임약을 복용하려고 했지만, 남편 말에 따르면 약을 복용하지도 않았다. 우울증이 발병하면 그녀는 소파에 누워 오랫동안 "아무 말도, 아무 일도 하지 않았다." "단정하고 깔끔한 사람"이라고 알려진 미컬스키는 아내가 아이들에게 폭력을 사용한 적이 없으며, "항상 가장 어린아이들에게 지나친 애정을 보이는 것 같다"고 했다. 옆집에 살고 있던 목사는 그녀가 1959년 "그 집으로 이사 온 순간부터 조용히 절망감에 빠져 있어" 보였다고 말했다. 이웃들은 그녀를 '내향적' 이라고 생각했다. 미컬스키 부인은 운전을 하지 않았으며, 남편은 오랫동안 집을 비운 적이 많았다. 옆집에 사는 목사는 남편이 집의 외관은 깔끔하게 가꿨지만, 안은 "엉망"으로 내버려두었다는 말도 했다. 그녀는 "거의 음식을 만들지 않았다. 냉장고 정리도 한 적이 없었다." 그러나 아이들은 "보살핌을 잘 받은" 아이들처럼 보였다. 남편은 한 주일에도 여러 번 아이들을 데리고 외식을 했다. 미컬스키 부인은 가족들이 식당에 앉아 있는 동안 부엌에 서 있는 습관이 생겼다. 그녀는 혼자서 큰 소리로 이야기를 하기 시작했고, 때로는 비명을 질렀다. 그러나 그것은 아이들에게 향한 것이 아니라 '상상 속의 사람들'에게 소리를 지른 것이었다. 목사의 말에 따르면, "나는 그녀가 아이들에게 손대는 것을 본 적이 없습니다… 아이들의 안전이나 평판에 관한 한 그녀는 마치 어미 곰 같았습니다. 하지만 지나친 반응을 보였습니다."*

1961년과 1966년 사이에 그 지역의 보호관찰 부서가 미컬스키 가족과 만났다. 조안느 미컬스키는 세 번이나 자기 의사에 따라 정신병원에 입원을 했다. 한번은 남편의 말대로 "지독한 우울증" 때문이었고, 또 한번은 "X레이" 아니면 "레이저 빔"이 그녀의 집안으로 발사되고 있다는 공포감 때문이었으며, 또 한번은 "심장의 통증" 때문이었는데 그 통증은 심인성으로 밝혀져서 치료가 되었다. 이러한 치료 기간 중 한번 미컬스키는 아이들을 양호시설로 보낸 적이 있었다. 나중에 딸 하나가 양호시설에서 학대를 당한 것을 알고나서 그는 다시는 가족이 흩어져서는 안 되겠다는 결심을 하였다.

다시 집에 돌아 온 조안느 미컬스키의 정신적인 불안 상태는 더욱 길어졌고, 그렇지 않을 때는 "함께 지내기가 쉬운" 편이었다고 남편이 말했다. 대체로 그녀는 옆에 남편이 있을 때는 상태가 호전되었고, 분노와 공포가 폭발하고 소리를 지르는 것은 그녀 혼자서 아이들을 돌보아야 할 때였던 것 같다. 상황이 악화되는 것을 보면서도 "가족이 흩어져서는 안 된다"는 미컬스키의 결심은 흔들림이 없었다. 즉, 아내가 하루 종일 여덟 명의 아이들을 혼자 돌보도록 내버려두기로 한 것이다. 기사나 인터뷰 어느 곳에

---

* 이 목사는 "나는 기독교인입니다"라는 말로 기자와의 인터뷰를 시작했다. 그 인터뷰는 이렇게 끝났다: "내 아내와 나는 그녀를 존경합니다. 마치 우리가 사악한 개를 존경하듯이 말입니다."

서도 가사 일을 도와 줄 사람을 구하기 위한 시도나 그녀에게 '아내와 어머니'의 역할을 떠나 휴식을 취할 시간을 주었다는 암시는 찾아볼 수 없다. 아마 그랬다 하더라도 그녀가 거절했을 것이다.[1]

역사를 통틀어 수많은 여성들이 경제적 또는 정서적 이유로 자신들이 양육할 수 없다고 인식한 아이들을 죽였다. 강간, 무지, 가난, 결혼에 의해, 혹은 피임과 낙태가 존재하지 않았거나 금지된 이유로 그들에게 강요된 아이들을 살해했던 것이다. 이렇게 끔찍하면서도 드물지 않은 행위는 사회정책으로 의도적으로 자행되는 영아 살해와 구별되어야 하는데, 세계 모든 곳에서 여자아이, 기형아, 쌍둥이, 첫 번째 아이 등에 대해 정책적인 살해 행위가 자행되고 있다.

합법적이고 체계적인 영아 살해는 스파르타와 로마에서, 아랍인들에 의해, 봉건시대의 일본에서, 중국 전통사회에서 이루어졌으며, 선사시대 사회에서는 인구 조절을 위해 이러한 일들이 저질러졌다. "구약성서에는 자궁의 첫 번째 결실을 부모가 바알 신뿐만 아니라 야훼에게도 제물로 바쳤다는 흔적이 분명하게 남아 있다."[2] 남자아이들은 전사가 될 것이기 때문에 죽음을 모면했다. "고대 바이킹들은 새로 태어난 남자아이에게 창을 뻗는다. 만일 아이가 창을 잡으면, 그 아이는 살려 주었다."[3] 남녀를 불문하고 병약하고 기형인 아이는 죽이거나 내다 버렸고, 쌍둥이는 괴물 아니면 두 명의 아버지에 의한 이중 임신의 결과로 간주했지만, 공식적인 영아 살해 관습 때문에 주로 피해를 보는 대상은 여러 가지 이유로 여자아이가 (그리고 그들의 어머니가) 되었다. 주로 딸을 '결혼시켜 버리는 데' 드는 비용과 여성에 대한 경멸이 주된 이유였다. 기독교에서는 영아 살해를 정책적으로 금지하였지만, 영아 살해는 개인적인 행위로서 계속되었다. 강간을 당하거나 유혹에 빠져 순결을 빼앗기거나 '죄'를 지었다고 낙인이 찍힌 여성, 고문과 처형의 고통을 받고 있는 여성들이 죄의식, 자기혐오, 맹목적인 좌절 때문에 자신들이 낳은 아이를 없애버렸다.

교회는 결혼을 통하지 않고 태어난 아이를 '사생아'라고 못 박음으로써 어머니가 개인적으로 영아 살해라는 범죄를 저지르도록 상당 부분 조장했다. 18세기 이후까지 사생아는 대부분 교역이나 길드에 참여할 수 없었으며, 재산을 상속받을 수 없었다. 그들은 본질적으로 법의 테두리 바깥에 있었다. 아이 아버지의 '죄'를 입증하기가 어려웠기 때문에 모든 징벌은 미혼모에게 떨어졌다. 영원히 죄를 지은 당사자로서, 그녀는 교회에 의해 '모든 성적인 문제의 근원'이라고 여겨졌다.[4]*

어머니에 의한 영아 살해는 "중세 이래 18세기 말까지 서유럽에서 가장 흔한 범죄"였다.[5] 중세에는 그에 대해 호된 징벌이 내려졌다. 영아 살해를 한 여성은 생매장당하거나, 날카로운 막대기로 심장을 찔러 죽이거나 화형에 처했다. "지토에서… 유아 살해범은 개, 고양이, 수탉, 독사와 함께 검은색 자루에 넣어졌다. 그리고 그 자루를 여섯 시간 동안 물속에 넣어 두고 남성 합창단이 〈Aus tiefer Noth schrei ich zu Dir(커다란 고통을 당하여 나는 당신께 울부짖습니다)〉를 노래했다." 성직자의 생각으로는 고대 이교 신앙을 추종하는 여성은 악마와 성관계를 맺는다고 여겨졌기 때문에 미혼모는 종종 마녀로 간주되었다.[6]

18세기 말경 입법가, 통치가, 작가들이 영아 살해에 대해 깊은 관심을

---

* 그런데 강간은 비합법적인 임신의 원인으로 거의 언급되지 않는다. 대신 보통 '유혹'이라는 말이 쓰이는데, 이 말은 아기의 아버지가 결혼을 약속했다가 나중에 아기 어머니를 버린다는 것을 의미한다. 그러나 수전 브라운밀러의 자료에서 볼 수 있듯, 강간은 전쟁의 한 부분으로 당연하게 받아들여져 왔다. 전쟁이 아니더라도 역사를 통해 강간은 계속 일어나고 있다. 브라운밀러가 지적했듯이, "강간하지 말라는 계명은 십계명에서 두드러지게 잊혀지고 있다"(『우리 의지와 상관없이』[뉴욕: 사이몬과 슈스터, 1975], 19, 30-113쪽). 비록 프레드릭 대제가 강간은 팽배한 정염 때문에 일어난다는 남성 중심의 이론을 말하기는 했지만, 프레드릭 대제조차 "미혼의 군인들 무리"가 18세기 프러시아에서 높은 비율의 영아 살해의 원인이라고 인정했다.(오스카 워너, 『독문학에 나타나는 미혼모』[뉴욕: 컬럼비아 대학 출판부, 1917], 36-37쪽) 워너는 (32쪽에서) 중세에 "고문서를 살펴보면 유혹자를 언급하는 사례를 찾아볼 수 없다. 유혹자가 발각되면 심한 처벌을 받았다. 유혹자가 그렇게 처벌을 받지 않은 이유는 법정이 항상 여성의 기소보다는 남성의 부정을 인정했다는 사실에서 찾아 볼 수 있다. 그것은 미혼모에 대한 전쟁일 뿐 미혼부에 대한 전쟁은 아니었다." 이것은 물론 뿌리 깊은 가설로서 여성의 성적인 죄악을 합리화하려는 것이다.

나타내기 시작했다. 오스카 워너에 따르면 괴테의 『파우스트』에서 다루고 있는 그레첸의 고난은 특별한 것이 아니라 1770년부터 1800년까지 독일 "문학에서 가장 자주 다루어진 주제"였다.[7] 이제 유럽에서는 자신의 아이를 살해한 어머니가 냉혹한 범죄자가 아니라 절망적인 상황에 처한 사람이라는 인식이 생겨나기 시작했다. 오스트리아의 마리아 테레지아 여왕과 러시아의 카타리나 여제는 적법하지 않게 임신으로 태어난 아이들을 수용할 고아원과 산과 병원을 설립하였으며, 프레드릭 대제는 영아 살해를 규정하는 법률이 보다 일관성 있고 자비로워야 한다는 데 관심을 갖고 있었다. 그러나 역사적으로 혼외관계를 통해 아이를 갖는 것은 재산법을 위반하는 일이었음을 강조해야 한다. 이 법은 특정 여성과 그녀의 아이는 특정한 남성에게 법적으로 속해야 하며, 그렇지 않으면 그들은 주변인이 되어 모든 종류의 제재 조치의 대상이 될 수 있다고 규정했던 것이다. 강간의 희생자는 모든 단계에서 대가를 지불해 왔다. 그리고 결혼관계 내에서 여성은 남편이 자신의 육체를 사용하는 것, 그래서 쉴 사이 없이 임신을 해야 하는 것을 막을 수 있는 법적인 힘이 없었다. 이미 영양 실조와 병에 걸린 아이들로 북적대는 빈민용 공동주택이나 오두막집에서, 운명적으로 이미 죽은 것이나 다름없는 갓난아이는 '사고로', 혹은 알지 못하는 사이에 질식해 죽거나, 자는 중에 깔리거나 물에 빠져 죽게 내버려두거나 혹은 그냥 아무것도 먹지 않은 채 내버려둬서 죽을 수도 있을 것이다.*

매사추세츠 베이군(郡)에서는 남성에게만 하느님과의 직접적인 관계가 허락되어 있으며 하느님의 의지를 알 수 있다고 보는 계약신학의 억압으로 스트레스 때문에 여성들이 무기력하게 되자, 두 명의 여성이 자신들이

---

* "임금 노동자의 자녀들이 희생된 것은 어머니가 굶주렸기 때문이었다. 어머니는 아기에게 젖을 빨릴 수도 없었고 너무나 약해져서 예전에 하던 노동을 할 수도 없었기 때문에 자기 음식을 아이들에게 주었다." 그러한 상황에서 아기는 의식적으로 희생되는 것이 당연했다. (앨리스 클락, 『17세기 여성의 근로생활』[런던: 루틀리지 & 선스, 1919], 87쪽)

처한 상황이 주는 불안과 무력감에서 벗어나기 위해 영원한 파멸에 이를 것임에도 불구하고 영아 살해를 기도하거나 실제로 행하였다. 비록 그들의 행동이 신학적인 용어로 풀이가 되었지만(신학은 청교도의 생활 언어이기 때문이다), 그들의 행동은(믿는 사람 모두에게 사제직을 약속하지만, 그러나 오직 남성에게만 허락하는) 가부장적 종교와 가부장적 가족 양자 모두에 대한 반란 행위였다. 도로시 탈비라는 여성은 스스로가 "하느님에게 계시를 받았다"고 선언한 후 아이들은 물론 남편까지 죽이려 하였다.[8]

19세기 초 인도의 대영제국 관리들은 몇몇 힌두인 공동체에서 딸을 낳은 여성은 관례적으로 그 아이를 죽이라는 지시를 받는다는 사실을 알게 되어 고통스러워했다. 나중에 아이가 커서 시집을 가기 위한 지참금을 부담하기에는 벅차다는 이유였다. 문화적인 차이는 그만두고라도, 구야라트(Gujarat)에서처럼 영국에서도 자존심 있는 가정에서는 결혼만이 여성의 유일한 운명인 상황에서, 딸들을 '결혼시켜 보낼 수' 있어야만 했다. 인도의 쿠취에서와 마찬가지로 런던의 메이페어에서도 결혼하지 않은 여성은 의심과 경멸을 받았다. 차이점이라면 보다 복잡한 사회에서는 대가족 내에서 미혼여성을 위한 종속적인 위치가 마련되는 경우가 있다는 것이고 브라만의 작은 마을에서는 커서 가문의 불명예가 될 것이기 때문에 죽음을 당한다는 것이 고작이었다. 어머니는 아이를 굶겨 죽이거나 젖에 익사시켜 죽이라는 지시를 받았다. 때때로 젖꼭지에 아편을 묻혀 아이가 젖을 빨다가 죽게 만들었다.* 분명한 것은 사회적인 관습의 압력이 그처럼 강하여 심지어 태아의 살생을 금하는 브라만의 종교적 계율마저도 그러한 관행을 막을 수 없었다는 것이다.[9]

빅토리아 시대에는 고용주가 하녀를 유혹('강간'으로 읽는 것이 타당할 것이다)하는 경우가 많았다. 거절을 하면 해고를 당하게 되어 있었다. 그리고 많은 하녀들은 임신했다는 이유로 어쨌든 해고되었다. 1845년 디즈렐리는 "영국에서도 영아 살해가 갠지스 강가에서만큼 광범위하고도 합법적

---

* 어머니 젖꼭지에 아편을 묻혀 아기를 죽게 했다는 것은 여성에 대한 여러 가지 사악한 죄악 중에서도 아주 심한 잔혹행위인 것처럼 보인다.

으로 자행되고 있다"고 인정하였다.[10] 그러나 빅토리아 여왕은 이러한 범죄에 대한 사형을 폐지할 것을 지지하였다.[11]

미국에서 엘리자베스 캐디 스탠튼은 영아 살해 혐의를 받고 있는 여성들을 옹호하기 위해 일어서서, 영아 살해를 "[여성이] 정치적, 종교적, 사회적 농노제도라는 삼중의 밧줄에 묶여, 여성의 가장 숭고하고 거룩한 감정을 완전히 뒤바꾸어 놓은 것에 순순히 따라 불쌍한 희생자가 되는 것"이라고 규정하였다.[12] 스무 살에 남편에게 버림받고 고용주에게 '유혹되어' 임신한 것을 알게 되자 해고당한 헤스터 본이라는 여성에 대해 스탠튼은 주지사의 사면을 얻어낼 수 있었다. 본은 한겨울에 온기 없는 다락방에서 아이를 낳았고, 나중에 중태에 빠져 있는 상태에서 발견되었으며 아이는 죽어 있었다. 그녀는 증거도 없이 영아 살해로 투옥되었다. 이 사건에 대하여 뉴욕 주 의회에서 연설하는 자리에서 스탠튼은 여성들이 자신과 동등한 사람들로 구성된─즉 여성들로 구성된 배심원에 의해 재판을 받을 수 있는 권리를 주장하였고 남성과 여성에게 동등한 도덕적 기준이 적용되어야 한다고 주장하였다.[13]

1973년 뉴욕 타임즈는 일본에서 영아 살해가 만연되고 있다는 머리기사를 게재했다. 보도된 내용에 따르면 열흘에 한번 꼴로, 간혹 회한과 죄의식을 표현하는 쪽지와 함께 신생아가 철도역 유료 사물함에 처박힌 채 발견된다는 내용이었다. 동경에서만도 한 해에 119명의 아이가 버려졌다. 뉴욕 타임즈는 이와 같은 사건이 자유스러운 낙태법의 폐지와 피임수단을 다이아프램으로만 한정시킨 상황과 관련이 있다는 것을 밝혀주지 못했다. 반면 같은 달(1973년 12월) 『보스턴 피메일 리버레이션(Boston Female Liberaton)』의 뉴스레터는 이러한 관련성에 대해 보도했다.[14]

스탠튼의 목소리는 가부장적 법률과 관행에 의해 파멸당해 가장 절망적이면서 극단적인 방법을 택한 여성들을 대변하여 외친 여성의 첫 번째 외침이었다.

2.

조안느 미컬스키의 목소리 또한 분명하고 절망적인 것이었다. 그녀는 체포된 후 '희생'에 대해 이야기했다. 그녀가 하는 말을 단지 '편집증, 정신분열증 환자'의 헛소리라고 생각한다면, 그녀가 하고자 하는 말을 듣지 못하게 될 것이다. 희생이란 "신의 마음을 달래거나 경배하기 위해 신에게 무엇인가를 바치는 행위, 특히 이러한 목적을 위하여 동물이나 사람을 살해하는 의식"이다. 또한 희생은 "소중히 여기는 어떤 것을 박탈하는 것"이기도 하다. 조안느 미컬스키는 19년 동안 모성제도의 폭력을 견뎌왔다. 그리고 그녀의 인생에서 가장 중요한 것은 사실 그녀의 아이들이었을 것이다. ("아이들에 대한 그녀의 사랑과 관심은 의심의 여지가 없다. 단지 그녀는 그 상황을 어떻게 할 수 없었을 뿐"이라고 어떤 사회복지 담당자가 말했다.) 특히 남편의 말에 따르면 그녀는 항상 "가장 어린아이들에게 지나친 애정을" 보였다. 이 두 아이가 바로 그녀가 죽이고 잘라낸 아이들이었다.

신문에서 비중 있게 다룬 주제는 주로 해당 시립정신병원과 관련 법규가 이 가족을 충분히 고려하지 못한 것은 아닌가라는 문제였다. 그러나 전통적인 정신 분석이 조안느 미컬스키에게 무엇을 할 수 있었겠는가? 아마도 그녀를 어머니의 역할에 '적응시키려' 하거나 아니면 정신병원에 가두었을 것이다. 현지 신문에 실린 한 편지에서 12명의 여성들이 지적했듯이, 그녀와 아이가 딸린 수백만 명의 여성들에게 지워진 기대는 "미치광이 같은 기대"이다. 가부장제의 어머니 역할이라는 제도화된 폭력을 인정하는 대신 마침내 격렬하게 폭발하고만 여성들에게 사회는 정신병자라는 이름을 붙인다. 어떻게든 가부장적 모성제도의 요구를 거부하려고 시도한 여성들에 대하여 정신분석가들은 말한다.

어떤 여성이 임신을 견딜 수 없거나 혹은 임신에 대하여 아니면 아이를 낳는 것에 대하여 심한 갈등을 겪고 있다는 바로 그 사실이 이 여성의 임신 전 인격이 성숙하지 못하다는 것을 나타내며, 그러한 의미에서 성격이상이라고 볼 수 있다 … 문제는 오이디푸스적 상황이 해소되지 못했다는 것이다 … 임신과 출산은 여성성의 명백한 증거이므로, [이러한 여성들이 보기에] 이처럼 뚜렷하게 남성과 다른 요소는 아주 위협적이다. 이런 여성들에게는 어머니와 동일시하는 경향이 매우 뚜렷하고 또 적대적이다. 그들은 여성의 성적 역할을 수용하는 것은 가치가 떨어지는 일이라고 본다. 또 항상 남성과의 경쟁을 의식한다 … 임신은 여성성의 도전이므로 그들로서는 받아들일 수 없는 것이다.[15]

불임수술을 함으로써 여성은 여성성의 일부를 자발적으로 포기하는 것이다 … 자신의 어머니에 대하여 사라지지 않는 적개심을 가진 일부 여성은 그렇게 함으로써, 바로 그 미움의 대상이면서 주제인 어머니를 위로하고, 아버지와 아버지의 아이를 바라는 그들의 욕구를 용서받고 싶어한다.[16]

피임의 한 방법으로 '불임수술'을 원하는 경우가 많다. 그렇지만 그렇게 생각할 수 없다. 일부 정서적으로 문제가 있는 여성들이 남편을 거세시키기를 원하고, 이러한 이유 때문에 그 여성과 똑같이 정서적으로 문제가 있는 남편들이 마지못해 정관수술을 요청하게 된다.[17]

나는 여기에서 기존의 피임법을 이용하거나 일주일에 두 번 정도 아이 보는 사람을 불렀다면 조안느 미컬스키의 '문제'를 '해결'할 수 있었을 거라는 순진한 주장을 하는 것이 아니다. '왜 그녀는 피임약을 복용하지 않았을까?'라고 질문할 수도 있다. 우리가 아는 바로는 그녀는 피임약을 두세 알 먹기만 하면 계속 구역질을 했다. 그리고 지금 알게 되었다시피 그녀가 약을 계속 먹었더라면 죽게 되었을지도 몰랐다. 아마도 그녀는 너무나 많은 여성에게 주입되어있는 느낌, 자신의 인생에 대해 어떠한 통제력도 가질 수 없다는 느낌을 가지고 있었을 것이다. 자율성도 없고 선택의 여지도 없는 어머니 역할은 통제력을 잃었다는 느낌을 주는 가장 빠른 길이다.* 남편과 이웃, 정신병원 직원, 성직자, 경찰만이 그녀를 대신해서 말하며, 그녀의 분노와 절망이 은유로 나타나고, 처음에는 내부를 향하여, 그리고 나서는 그녀가 사랑하는 대상을 향한 폭력의 형태로 표현되었기에, 우리는 수년간에 걸쳐 어떻게 그녀의 고결하면서도 견딜 수 없는 고통이 쌓여갔는지 그 세부적인 내용을 결코 알 수 없을 것이다.

우울증에 빠진 여성은 보통 성관계를 바라지 않는다. 비록 결혼제도라는 폭력이 남편에게 '남편으로서의 동침권'을 보장해주기 때문에 남편이 아내를 강간했다고 여겨지지는 않지만, 미컬스키 부인은 아이를 갖는 대가를 치르면서까지 성관계를 가지고 싶지는 않았으리라고 생각할 수 있다. 그녀는 세 번째 아이가 태어났을 때 이미 아이가 충분히 많다는 것을 알고 있었다. 어쨌든 일단 그녀가 아이를 갖게 되었을 때, 그녀는 결혼관계에서의 강간(남편의 육체적 재산으로 간주되는 여성은 강간당하는 여성이다)과 제도화된 어머니 역할이라는 이중의 폭력에 직면하고 있었다. 이 여성의 삶 속에 집약되어 있는 그러한 제도의 측면들을 살펴보자.

안전하고 완벽한 피임법은 없다. 미컬스키 가족이 가톨릭 신자였다면 (그들은 루터파 신자였다), 피임법을 사용하는 것 자체에 대해 엄중한 제재 조치가 있었을 것이다. 그러나 가톨릭 신자가 아닌 사람이라고 해도 사정은 그다지 좋지 않다. 인구억제운동에 관여하고 있는 생물 통계학자, 크리스토퍼 티츠는 다이아프램, 콘돔, 발포성 제재, 월경 주기법 등이 여성 건강에 해가 적지만, 이러한 피임 수단이 확실한 효과가 있는 방법으로 인식되기 위해서는 의학적으로 안전하고 합법적인 낙태가 보조적인 방법으로 필요하다고 주장했다. 경구 피임 제재와 IUD는 피임률이 높지만 위험하며, 치명적일 수도 있다. IUD를 사용할 경우 월경량이 비정상적으로 많아지고 심한 경련(IUD사용자 가운데 20%는 일년 이내에 이 장치를 제거해 달라고 요청한다), 골반염, 자궁 천공 등을 일으킨다. 경구 피임약은 혈액 응고, 심장

---

* 어떤 여성은 끊임없이 열성적으로 집을 치움으로써 이것을 표현할 수 있다. 그들은 아이들 때문에 곧 어지러워질 것을 알고 있다. 다른 여성들은 어떤 종류의 정돈도 쓸모가 없기 때문에 집이 완전히 난장판이 되도록 내버려둔다.

마비, 뇌졸중, 담낭 및 신장 질환, 유방암을 야기시키며, 다른 기관에 암을 일으킬 수도 있다고 알려졌다. 경구 피임약과 IUD는 아직까지 확실히 밝혀지지 않은 장기적인 위험도 내포하고 있다. 심지어 다이프램과 함께 사용되는 어떤 젤리는 만약 임신이 될 경우 태아 기형을 일으킬 수도 있는 수은 화합물 성분을 갖고 있다.[18] 피임 수단들이 여성에게 끼치는 영향만큼 남성의 민감한 성기에 문제성 있는 영향을 준다면, 위험하고 심지어 치명적이며 불완전하기까지 한 방법으로 피임 문제를 해결하려는 생각은 결코 하지 않을 것이다.

우리는 정신분석학계 내부에서 어머니 되기를 원치 않는 여성에 대해 어떤 평가를 내리는지 알고 있다. 이러한 목소리의 근원은 먼 과거로 거슬러 올라간다. 그리스 산과 의사인 에베소의 소라누스라면 세 가지 이유, 즉 (1) "여성다운 아름다움을 유지하기 위하여", (2) 자궁이 태아에게 '너무 작을' 경우 어머니의 생명을 위태롭게 하지 않기 위해서, (3) 플라톤이 『공화국』에서, 아리스토텔레스가 『정치학』에서 주장한 것처럼 인구를 조절하기 위해서 낙태를 허락했을 것이다.[19]

성 아우구스티누스는 낙태를 '욕정의 잔인함'이나 '잔인한 욕정'을 가진 사람들의 행위라고 보았다.[20] 모든 시대에 걸쳐 기독교 신학자들은 사소한 문제를 놓고 논쟁을 벌여 왔다. 만일 임신한 여성이 황소의 공격을 받을 경우, 달리면 유산이 될 수 있는데도 살기 위해 달려도 되는가? "그렇다"라고 16세기 예수회의 토마스 산체즈는 대답했다. 만일 여성이 혼외관계로 아이를 가졌다는 것을 남자 친척들이 알게 되어 그녀를 죽이려 할 경우, 그녀는 목숨을 구하기 위해 태아를 없애도 되는가? 역시 "그렇다"고 산체즈는 말한다.[21] 언제부터 태아에게 "혼이 불어 넣어지는가"라는 문제에 대한 가톨릭 교회 내의 의견은 계속 왔다갔다 하고 있다. 이 문제는 여성의 성적 욕망을 혐오한다고 자인하고 "낙태는 살인"이라고 사실상 최초로 말한 테르툴리아누스로부터 시작된다.

여전히 아리스토텔레스에게 충실했던 초기 기독교 신학자들은 각각의 성에 '혼이 불어 넣어진다'고 생각되는 시기, 즉 남아아이가 임신된 지

40일 이후, 그리고 여자아이일 경우 80일에서 90일 이후에 낙태를 하면 살인행위로 간주되었다. (태아의 성별을 어떻게 결정했는지는 추측밖에 할 수 없다.) 1588년 교황 씩스투스 5세는 반종교개혁 운동의 광신적인 교회정화주의자로서 모든 낙태를 살인으로 선포하고, 어길 경우 그 벌로 파문에 처한다고 선포하였다. 다음 교황은 이러한 제재 조치가 실행 불가능하다는 것을 깨닫고, 임신 40일 이후에 이뤄진 낙태를 제외하고 이러한 조처를 철회하였다. 1869년 교황 파이우스 9세는 씩스투스 5세의 결정으로 다시 돌아갈 적절한 시기라고 판단하고, 모든 낙태는 다시 살인이라고 선포하였다.[22] 이것은 현재 가톨릭교회의 공식적인 다수 입장이다. 그럼에도 불구하고 모든 낙태 환자의 20% 이상이 가톨릭 여성들이다.[23]

낙태를 찬성하거나 반대하는 주장들은 태아가 언제부터 '인격체'가 되는가를 생물학적, 법적으로 결정하려는 시도에서부터 가장 추상적인 논리적, 윤리적 주장에 이르기까지 다양하다.[24] 메리 델리가 이미 여성운동의 시각에서 그러한 주장을 개관하고 있으므로 여기에서 그것들을 다시 나열할 필요는 없을 것이다. 그녀의 말에 따르면,

> … 낙태는 혁명의 모든 단계나 최종 단계에서 기대하는 '최후 승리'가 아니다. 이 문제의 기저에는 이 문제를 초월하는 다음과 같은 심각한 질문이 있다. "왜 여성은 원치 않는 임신을 해야 하는가?" 낙태를 자신에게 필요한 조처라고 생각하는 여성들도 있지만, 아무도 그것이 자신의 가장 고귀한 꿈이 실현된 것으로 보지는 않는다. 많은 여성은 낙태를 굴욕적인 과정이라고 여길 것이다. 심지어 유산을 일으키는 약이 완전하게 개발된다 하더라도 그것은 예방적인 수단, 목적을 위한 수단으로서 여겨질 뿐, 결코 완전한 해방의 상징으로 간주될 수는 없다. 물론 낙태법의 폐지를 옹호하는 남성들이 종종 근시안적으로 여성해방운동과 성의 혁명을 혼동하는 경우는 종종 있지만, 여권운동가로서 그것을 혼동하는 여성은 거의 없다.[25]

피임에 대한 요구와 같이 낙태를 합법화하자는 요구는 일종의 무책임, 여성들이 자신의 도덕적 운명을 받아들이지 않으려는 태도, 삶과 죽음의 중대한 문제를 하찮게 여기고 피하려는 것으로 묘사되어 왔다. 그러나 인간적인 사실들은 하찮은 것이 될 수 없다. 합법적이고 안전하면서 비용이 많이 들지 않는 낙태를 할 수 없는 여성들이 어쩔 수 없이 택한 방법들이 있다. 옷걸이 철사, 뜨개바늘, 테레핀유에 적신 거위털, 샐러리 줄기 따위를 이용하여 스스로 낙태를 시도하거나, 경부에 세제나 잿물, 비누, 울트라젤(피마자 유, 비누, 요오드를 혼합한 시제품)을 채우거나, 하제나 수은을 마시고, 뜨거운 석탄을 이용해서 낙태를 하려고 한다. 또한 불법으로 '할인가격'에 낙태를 시술하는 사람들은 종종 의사면허가 취소된 알코올 중독자인 경우가 많으며, 그들은 임신검사를 받을 수 없는 가난한 여성들을 더러운 환경에서 수술하고, 불필요한 시술을 할 뿐만 아니라 종종 환자를 겁탈하거나 치근거린다. 한편, 형편이 괜찮은 여성들은 의학적으로 안전한 낙태 수술을 받기 위해서 수천 마일 떨어진 곳으로 여행을 해야 한다.[26]

분명한 것은 낙태에서 폭력을 당하는 첫 대상은 임신한 여성 자신의 육체와 정신이다. 대부분의 사람들은 여성이건 남성이건 마찬가지로 주사를 놓는 것에서부터 곪은 손가락을 란셋으로 절개하는 것이나 가시를 빼는 것에 이르기까지 스스로 간단한 의료 처리를 하는 것조차 힘들어한다. 여성이 어쩔 수 없이 자신의 가장 민감한 부위에 옷걸이 철사를 펴서 집어넣고, 자격이 의심스러운 낯선 사람에게 자신의 몸을 맡기고, 그렇게 하면 병에 걸릴 수도 있으며, 경찰에게 시달리게 되고, 죽을 수도 있다는 사실을 알면서도 더러운 부엌 탁자 위에 눕게 되는 것은 냉혹하게 내몰린 상황에서 어쩔 수 없는 자포자기 때문이다.

어떤 여성들은 나중에 절제된 태도로 거의 무관심하게 그런 경험에 대해 이야기할 수 있다. 그렇지만 그러한 상황에서 초연해지려고 한다든지, 상처를 최소화하려고 애쓴다고 해서 진실을 외면해서는 안 된다. 불법 낙태, 혹은 스스로 행하는 낙태는 결코 하찮은 경험이 아니다. 그것은 고통스럽고, 위험하며, 범죄를 저지른다는 죄의식에 싸여 있는 것이다.

병원에서 합법적으로 낙태를 행하는 경우조차 종종 임신을 바라지 않는다는 범죄 행위에 대한 일종의 징벌로 낙태와 동시에 불임수술이 함께 이루어지는 경우가 자주 있다. 이것은 마치 불임수술로 간단하게 나팔관을 묶어 달라고 요청한 여성에게 제시되는 유일한 대안이 자궁적출 수술인 것이나 같다.[27] 스스로 낙태를 하려다가 잘못되어 피를 흘리는 여성이 어쩔 수 없어 찾게 되는 병원이 자행하는 성적학대는 결국 불법 낙태 의사의 성적학대와 별다른 차이가 없다.

원하지 않는 아이를 임신하는 것은 그 자체로도 결코 대수롭지 않은 경험이 아니다. 합법적이건 아니건, 아이를 낳아 보지 않은 여성보다 아이를 낳아 본 여성이 낙태를 하면 정신적으로 더 힘들어 한다는 점을 입증하려고 많은 연구가 행해졌다. 그러나 최근에 거의 500여 명의 여성을 대상으로 스웨덴에서 이루어진 연구에서는 그러한 일반화가 가능하지 않다고 결론을 내렸다.[28]

원하는 임신이든 아니든 여성들은 임신에 대하여, 그리고 아무리 간단하고 합법적인 낙태라 하더라도 낙태에 대하여 자기 나름대로의 반응을 보였다. 낙태에 대한 죄의식은 보다 오래 된 죄의식의 감정, 속죄가 필요한 죄의식의 감정을 표출하는 통로가 될 수 있다. 또한 그것은 오랫동안 낙태는 살인이라는 관념에 일생동안 접해 있는 결과일 수도 있다.* 여성이 자신의 죄의식이나 우울증을 일종의 죗값으로 느끼면서도 그러한 감정을 부인할 수도 있다. 그러나 다른 모든 경험에서와 마찬가지로(특히 성욕과 생식의 영역에 있어서) 낙태에서 중요한 것은 우리가 그렇게 느껴야 한다고 들어온 것을 무작정 받아들이는 대신에, 우리가 실제로 어떻게 느끼는지 진지하게 발견하

---

* 보스턴의 여성단체인 COPE는 원래 임신 중이거나 산후 우울증에 걸린 여성을 돕기 위한 단체로 시작했는데, 여성들이 낙태 후의 그들의 감정을 억제하기보다는 드러낼 수 있도록 두 개의 토의단체를 운영하기 시작했다. "가장 중요한 것은… 낙태 때문에 당황하는 여성은 자신이 미쳤다든가 '병들었다'고 느껴서는 안 된다는 것이다. 그 여성은 불쾌한 경험을 했고 도움을 받을 권리가 있다"(카렌 린지, 『COPE가 낙태의 악몽에 대처하는 일』, 보스턴 피닉스, 1975년 1월 14일)

려고 노력하는 것이다.

어떤 여성의 우울증은 사실상 임신하도록 만든 남성에 대한 분노일 수 있다. 또 다른 여성은 아마도 낙태 시술을 한 사람이나 병원의 태도 때문에 화가 났을 수도 있다. 어떤 여성은 아이를 갖고 싶지만 그녀가 처한 입장 때문에 그것이 불가능하다는 것을 알고 진정으로 그러한 상실을 애석해 할 수도 있다.

100% 효과적이고 전혀 해가 없는 피임법을 쉽게 사용할 수 있다면, 자유로운 여성 중에서 낙태를 '선택' 할 여성은 아무도 없을 것이다. 오늘날 확실히 여성은–여러 원인 때문에–너무 용기를 잃어서 자신에 대한 일종의 폭력으로–속죄로–낙태를 이용할 수도 있을 것이다. 그렇지만 이것은 너무나 많은 여성들이 성장하면서 죄의식에 쌓이고 희생물이 되는 환경에 비추어서 이해되어야 한다. 여성이 자기 의사에 따라 성관계를 하고, 적절한 피임법에 대하여 진정으로 사회적인 중요성이 부여되는 사회에서 '낙태 문제' 같은 것은 없을 것이다.* 그리고 그러한 사회에서 여성의 자기혐오–상당 부분 원하지 않는 임신의 정신적인 원천–는 상당히 줄어들 것이다.

낙태는 폭력이다. 이것은 여성이 그 누구보다도 자신에 대하여 저지르는 근본적이며 절망적인 폭력이다. 그것은 만연된 폭력, 강간이라는 폭력의 결과이자, 계속해서 그러한 폭력을 고발하는 행위가 될 것이다.

---

* 여성에게 "결혼의 의무를 다하라"고 압력을 가하는 것은 강간의 역사에서 다루어야 하는 중요한 부분이다. 제2장에서 인용했던 노동 계층의 아내들이 분명히 밝히고 있듯이 남편들은 아내의 몸을 마음대로 하기 위해 잔혹한 신체적인 폭력 이외에도 많은 종류의 압력을 사용해왔다. 이 여성들 중의 하나가 다음과 같이 적었다. "남성들에게 생식기관을 올바르게 다루는 것을 가르치지 않고는, 또 아내의 몸은 아내 자신에게 속한다는 것을 남편이 깨닫지 않고는, 또 결혼 관계가 더 높은 의미의 도덕과 엄중한 정의를 취하지 않고는 어떠한 정부도 어머니들의 고통에 도움을 줄 수 없다. 그리고 이것은 하류층뿐만 아니라 상류층에도 똑같이 만연되어 있다 … 아버지의 무지와 간섭 때문에 어머니와 아이는 너무나 많은 상처와 고통을 당하게 된다." (『모성: 여성 노동자들의 편지』[런던:1915], 27–28쪽)

3.

사려 깊은 여성의 시각에서 보면, 여성들이 무조건적으로 존중하고 신봉할 만한 윤리적 이상은 없었다. 모든 윤리에서 여성에 대한 범죄는 신기하게도 이름이 없거나 그럴싸하게 얼버무려져 왔기 때문이다. 매춘과 간통의 경우처럼 법을 어길 경우 훨씬 가혹하게 벌을 받는 것은 남성보다 여성임에도 불구하고 우리는 항상 (남자가 만든) 법 바깥에 있었다.

여성의 생명에 대한 경시는 남성 신학 교리의 핵심에, 가부장제 가족 구조에도, 가부장적인 윤리 언어 자체에 남아 있다. 이것은 낙태를 반대하는 가톨릭교회의 주장과 낙태 반대론자의 주장에 깔려 있는 기만성과 위선으로 나타나고 있다. 인간 생명에 대한 존중이 하나의 이상이라든가 혹은 존 누난의 표현을 빌리자면 "역사에서 거의 절대적인 가치"라고 떠드는 것은 단지 '검증되지 않은 가정'일 뿐만 아니라 허구이기도 하다. 생명존중이라는 짐의 대부분을 걸머지는 여성은 생명존중이 말처럼 이루어지지 않는다는 것을 알고 있다. 우리는 직접적인 경험을 통하여 군인이나 강간범의 폭력, 그리고 우리가 거의 참여하지 못하지만 우리 신체, 우리 아이들, 우리 부모들에게 영향을 주는 정치, 사회체제의 제도화된 폭력에 대해 너무나 잘 알고 있다. 이러한 폭력이 세상 돌아가는 방식이라고 수세기에 걸쳐서 들어오고 있지만, 우리는 그 폭력을 달래기 위해 존재하고 있는 셈이다.*

---

* 나는 다른 곳에서 거의 비슷한 시기에 상영된 두 편의 영화에 대한 인상을 적은 적이 있다. 두 편의 영화는 마르셀 오퓔의 『슬픔과 동정』, 프란시스 코폴라의 『대부』이다. 한 편은 2차 세계대전 동안 나치에 협력한 프랑스인들과 프랑스의 레지스탕스에 대한 기록물이고, 다른 한 편은 마피아 가족에 대한 베스트셀러 소설을 영화화한 것인데, 두 편에서 각각 남자들은 전쟁, 회의를 하는 동안 여자들은 마치 상징적인 것처럼 문간에서 듣고 있고, 조용히 술과 음식을 대접하고, 아주 불안하고 조심스럽게 남자들의 얼굴을 지켜보고 있다. 남자들이 생명에 대해 어떤 죄를 저질렀든지 나중에 이 남자들과 아이들을 팔에 안는 것은 바로 이 여성들이다.

신학자도, 낙태 반대론자도, 인구문제 전문가도, 생태학자도 '인간성'과 '인간적인 가치'에 관한 한 여성이 진정으로 인구의 일부분이라는 점을 인정하지 않고 있다. "지구상의 생명의 질"에 관심을 갖고 생태계를 염려하는 사람이나 친구회(Society of Friends), 계획출산부모회(Planned Parenthood), 인구억제회(Zero Population Growth) 입안가들이 현 시점에서 낙태 규제 해제를 지원하는 것만으로는 충분하지 않다. 낙태 관련 법률은 항상 경제적·군사적 침입의 주기, 값싼 노동력의 필요성, 보다 확대된 소비주의와 궤를 같이 해왔다. 기독교 전파 이전 로마에서 남편은 부인이 임신했을 때, 어떤 경우는 낙태를 명령하거나 허락하다가도, 다른 경우에는 금지할 수 있었다. 교회의 공식적인 정책에도 변동이 있었던 것을 볼 수 있다. 낙태를 합법화한 최초의 근대 국가인 소련에서(1920년) 사실상 낙태 공장에 해당하는 것을 제공한 것은 정부였다. 이러한 공장은 나치 독일과의 대립이 심화되자 폐지되었고, 낙태는 불법으로 선포되었다. 제2차 세계대전 후, 소비주의가 새롭게 강조되면서 부인들을 노동력으로 계속 붙잡아 두고 제2의 소득원을 확보하기 위해 낙태가 다시 합법화되었다. 그 기간을 통틀어 마지못해 효과적이지 못한 피임 정보 프로그램을 계속 제공함으로써, 소련은 사실상 임신을 전혀 원하지 않는 많은 여성에게 낙태를 강요한 셈이었다.[29] 알다시피 일본에서는 출산율이 떨어지고 값싼 노동력의 공급이 위협받자 자유주의적인 낙태 법률이 폐지되었고 경구 피임약을 거의 구할 수 없게 되었다.

　　중국의 상황은 인구문제 전문가인 카알 드제라씨의 말에 따르면, "열반(涅槃)의 경지에 다다르고" 있다. 단 여성의 입장에서 열반의 경지가 아니라 유행병학자의 견지에서 그렇다는 것이다. "중국에서는 아마도 이미, 혹은 향후 2-3년 내에 확실히 어떤 나라보다도 많은 여성들이 경구 피임약을 사용하게 될 것이다. 북미와 유럽의 많은 여성들과 함께 혹은 이들과는 대조적으로 중국 여성들은 훨씬 덜 유동적이고, 직업과 주거를 거의바꾸지 않아서 직장이나 주거지에서 중국의 잠재적인 현지 통계 관리력을 능가하는 국가는 없다."(피임 정보는 대학 수준의 학생들에게조차도 제공되지 않으며, 결혼한 부부에 한하여 그러한 정보가 공식적으로 제공된다. 조혼과 혼전 성관계를 사회적으로 용납되지 않는다.)

"지난 십년간 인구 억제에서 중국이 달성한 성과는 매우 인상적이며, 세계 대부분의 국가에게 모범을 제시하고 있다"고 드제라씨는 주장한다. 중국에서 배워야 할 교훈으로 "중국의 운용 방식이 미국적 방식보다 유연하고… 동물에 대한 독성 실험 기준이 6개월에서 12개월을 초과하지 않는다. (미국의 경우 십년까지 요구된다) … 임상실험 실시 결정은 실험실 과학자와 임상의, 그리고 보건당국 대표 간의 '토론'으로 이루어진다. … 이러한 특별한 절차를 채택하는 이유는 '가급적이면 신속하게 인간의 고통을 경감시키기 위한 것'이다."

또한 "지역위원회가 인근의 여성들에게 '선전활동'을 통해 임상실험 대상을 확보한다. 자원자들은 임신될 수도 있는 실험에 참여하고 있음을 알고 있지만 (물론 만일의 경우 후속 조처로 낙태를 할 수도 있다), 이러한 실험이 '혁명적인 대의명분을 위한' 과학임을 인식하고 있으며 그렇기 때문에 필요한 위험을 감당할 용의가 있다." 드제라씨 자신도 "가급적이면 신속한"이라는 대의명분 때문에 실험 대상이 되는 여성의 안전에 문제가 생길 수도 있다고 생각하며 심지어 "환자가 얼마나 충분히 알고 있는 상태에서 (혁명적인 열의라기보다는) 실질적인 동의를 하는지"에 대하여 다소 회의적이다.[30] 그러나 가족을 많아야 두 자녀로 제한하는 것으로 오늘날 중국 여성이 아무리 혜택 받고 있다고 해도 바로 똑같은 운용 방식이 언젠가는 인구를 증가시키기 위한 목적으로 손쉽게 전환될 수도 있다. 마찬가지로 "혁명적인 대의명분" 때문에 쉽게 피임약을 제한하고 낙태를 더 이상 허용하지 않으며, 현재 소련에서처럼 열 명 이상의 자녀를 생산한 여성에게 메달을 수여할 수 있다.

1975년 3월 17일 『뉴욕 타임즈』는 아르헨티나 정부가 20세기 말까지 인구를 두 배로 증가시키려는 목적으로 최근 피임 정보가 확산되는 것을 억제하고 피임약 판매를 엄격히 제한하고 있다고 보도하였다. 페론주의 성향을 가진 잡지인 『라스 밧세스』에서 밝힌 것처럼 그 동기는 분명하다.

서기 2000년을 바라보는 시점에서 우리는 인구는 많고 식량 문제는 심각한 주변 국가들에게 둘러싸이게 될 것이다. 한편 우리는 실제적으로 사람이 거의 살고 있지 않는 삼백만 킬로미터의 영토를 갖고 있다. 우리는 이 광대하고 풍요로운 영토를 지킬 무기를 가지지 못하게 될 것이다. 그리고 우리가 이 영토를 지키지 않는다면, 다른 사람들이 이 땅을 차지할 것이다 … 우리는 여성의 주된 의무는 아이를 낳는 것이라는 토대에서 출발해야 한다.

우리는 이러한 주장을 아주 많이 들어 왔다. 20세기 초 피임법이 점차 확산되면서 영국과 미국에서 모두 이러한 피임법을 가장 사용하기 쉬운 중산층과 상류층이 '아이를 낳지 않게 됨에 따라 점점 줄어들고', 이와는 대조적으로 '하류의' — 그렇기 때문에 '부적합한' 대중은 계속 늘어나지 않을까 하는 공포심이 일어났다(우리가 이해하는 바로는 가난한 여성들이 가족의 수를 제한할 필요성에 대하여 보다 적극적으로 이야기하지만, 그들이 행하는 낙태 방법은 주로 절제와 스스로 행하는 낙태밖에 없었다). 이러한 논리에 내재해 있는 사회 진화론적 오류(가난한 사람은 부유한 자가 자신의 부를 보호하기 때문에 가난한 것이 아니라, 그들이 부적합하기 때문에 가난하다는 관념)는 그만두고라도, 이러한 주장들은 어머니 역할의 '진정한 의미와 목적'에 관해 놀라울 정도로 정직성을 보여 준다.

그것이 기독교에서 나온 것이든 프로이트 학파, 파시스트, 혹은 모택동주의자로부터 나온 것이든, 1917년 수양운동회(Duty and Discipline Movement)가 발간한 조지 W. 클라크 목사의 『민족의 소멸—영국의 재난』 등의 이름 없는 팸플릿에서 표현된 것만큼, 모성이라는 제도에 대한 순수하고 명백한 설명을 찾아 볼 수 있을까.

클라크 목사는 산아제한을 통한 인간 생명의 손실은 전쟁에서 잃은 목숨보다 더 끔찍하다고 선언하면서 글을 시작한다(1914년에서 1918년에 이르는 세계대전은 상류층의 '인류의 꽃'을 파괴한 것으로 여겨졌다는 것을 기억할 필요가 있다. 일반 병사는 생각할 필요도 없다. '모든 전쟁을 끝내기 위한 전쟁'의 참호전에서 희생된 것은 '가장 훌륭하고 가장 똑똑한 사람들' 뿐이었다). 클라크는 "육체적, 정신적으로 열등한" 사람들이 계속 자식을 낳는 반면 중간계층과 상류층이 가족의 수를 제한하는 것은 영국 사회에 재난을 가져올 수 있다고 직설적으로 말하였다. 그의 설교는 (1)가족을 제한하는 것은 우리 제국을 위협한다 (2)제한은 우리의 무역을 위협한다("아들이 하나인 상인은 아들을 둘 이상 둔 경쟁자 독일 상인처럼 새로운 사업에 착수하려는 동기를 가지고 있지 못하다"). (3)국방이 인구제한에 의해 위협받는다는 세 가지 주제로 나뉜다. 그는 어머니들에 대한 호소로 글을 맺는다.

> 여성이 국가에 할 수 있는 어떠한 봉사도 하느님과 자연이 여성에게만 부여한 역할을 다하지 못하였을 때, 이를 보상할 수 없을 것이다. 다른 모든 것은 남성이 할 수 있다. 이것이 여성의 역할이며 영광이다. 이러한 목적을 위하여 여성이 세상에 보내진 것이다. 그녀의 전성기는 아이를 양육하는 데 쓰여야 한다. 그렇지 않으면 나라가 멸망한다. 한 국가의 역사에서 가장 숭고한 시기에는 가장 능력있는 여성들이 훌륭한 아들을 낳으려는 야심을 갖는다. 퇴폐적인 시대일 때만 여성들이 아이를 낳지 않고 자신을 드러내려 한다.[30]*

군대를 위해서 일하세요, 부인(Vous travaillez pour l'armée, madame). 사회주의, '자유주의적' 자본주의, 개신교, '휴머니즘' 혹은 어떠한 기존의 윤리 하에서건 여성이 자신의 몸을 어떻게 사용하는가에 대해 절대적인

---

* 최근에 두 사람의 미국 여성주의자들이 동베를린에서 개최된 "국제여성의 해 세계여성회의"에서 이 남성 지배적인 모임에 제출되는 보고물이나 서류마다 여성의 중요한 가치는 "미래 세대의 출산자"라는 것과 "어머니와 출산자로서 여성들의 사회기능"에서 가치를 찾고 있다고 보고했다. "전 회의 기간 동안 여성들은 우선 무엇보다도 인간이며 다른 어떠한 이유보다 바로 그 때문에 권리를 누려야 한다고 지적하는 일은 거의 없었다"(로라 맥킨리, 다이아나 러셀 외(外), 「'여성문제'에 대해 베를린에서 분열된 '구좌파'」, 『마조리티 리포트』, 1976년 3월 6일-20일, 10-12쪽)

결정권이 없는 한, 자유주의적 정책이 억압 정책으로 바뀌지 않으리라는 보장은 없다. 우리는 연방정부의 자연보호 프로그램이 벌목, 원유수송관 설치, 황무지 개척 사업에 밀리는 것을 보아 왔다. 마찬가지로 우리는 산아제한과 낙태에 대한 법률과 의견이 군사침략이나 노동시장, 청교도주의, '성 해방'이라는 문화적 분위기가 요구하는 대로 가부장제의 통제 하에 역사적으로 오락가락하는 것을 보아왔다.

4.

특정 제도에 대하여 생각할 때 우리는 보통 그 제도가 바티칸, 펜타곤, 소르본, 재무성, MIT, 크렘린, 대법원처럼 어떤 건물로 구체화되어 있다고 생각한다. 이러한 제도를 면밀히 연구하기 전까지, 우리가 보지 못하는 것은 벽 뒤에서, 원형지붕 아래에서 권력이 유지되고 이전되는 방식, 그 권력이 특정한 사람의 손에 머무르게 하고, 정보가 이 사람에게는 전달되면서 다른 사람에게는 전달되지 않게 하는 보이지 않는 협정, 별개로 여겨지는 다른 제도와의 숨겨진 공모와 연관관계이다. 모성이라는 제도를 생각할 때, 어떤 상징적인 건축물도, 권위와 권력, 잠재적이거나 실제적인 폭력이 가시적으로 구현된 상징물도 떠오르지 않는다. 모성이라 하면 가정이 떠오르고, 또 가정은 사적인 장소라고 우리는 생각하고 싶어한다. 아마도 우리는 교외주택이나 공동주택 뒤에 줄지어 있는 뒤뜰을 연상할 것이다. 그 뜰에서 어떤 여성이 빨래를 널거나, 눈물로 범벅이 된 두살박이를 안으러 달려가고 있을 것이다. 아니면 수천 곳의 부엌을 상상할 수도 있다. 그곳에서는 어머니들이 아이들에게 밥을 먹이고 학교에 보내고 있을 것이다. 아니면 우리는 어린 시절을 보낸 집을, 우리를 키워주신 여성, 아니면 우리 자신을 상상할 것이다. 어떻게 우리가 이런 곳에 오게 되었는지를 결정하는 법률, 우리들 가운데서 다른 방식으로 인생을 살려고 노력하는 사람들에게 가해지는 징벌, 우리를 부자연스러운 평온과 체념의 상태에 있는 것으로 묘사하는 예술, 수많은 여성들에게서 출산 행위의 진정한 의미를 빼앗아 간 의료계, 어머니로서 우리가 어떻게 행동하고 느껴야 하는지 말해온 – 거의 대부분 남성인 – 전문가에 대해서 생각하지는 않는다. 빨래를 하고, 음식을 만들고 아이를 돌보는 하루 중에 우리가 '잉여가치' 를 생산하는지의 문제를 두고 논쟁하는 마르크스주의자 지식인, 혹은 어머니 역할이 우리에게 천성적으로 적합하다고 확신하는 정신분석가를 떠올리지도 않는다. 모성이라는 제도의 이름으로 우리에게서 도둑질해 간 권력, 우리에게 유보된 권력을 생각하지 않는다.

어머니에 대하여 생각할 때, 우리는 발그스레한 얼굴을 한 아이들과 함께 있는 아름다운 여인이 그려진 르노와르의 그림을 떠올리거나, 라파엘의 환희에 찬 성모상, 깔끔한 부엌에서 초에 불을 붙이는 유태인 어머니, 막 다림질한 냅킨 밑에 놓인 빵을 생각해야 하는 것으로 되어 있다. 아이에게 젖을 먹일 수 없다는 말에 브룩클린의 한 병원에서 통증이 오는 가슴에 얼음주머니를 올려놓고 누워있는 어머니, 자신의 풍부한 젖이 아이에게 충분한 영양을 공급하지 못한다는 미국의 상업용 유아식 생산자의 말을 믿게 된 아프리카의 여인, 아버지 때문에 임신하게 된 십대 소녀, 아이를 데리고 들에서 일하다 윤간을 당한 베트남 여인, 적대적인 전 남편과 법원에 맞서 양육권을 확보하기 위해 싸우는 여성에 대해서도 생각해서는 안 되는 것으로 되어 있다.

또한 임신한 사실이 알려지면 장애보험을 받지 못하고 해고될 것을 알고 있기 때문에 가능한 오랫동안 직장에 나가기 위해 임신한 사실을 숨기는 여성, 혹은 보모로 일해야 하기 때문에 아이들이 영양부족으로 고통을 받게 내버려둘 수밖에 없는 여성들, 자신의 아이를 강제로 떼어놓고 주인집 아이를 돌보아야 하는 노예, '아이 없는' 여성으로 알려져 있지만 자신의 아이를 낳았고, 그 아이를 사랑하고 그 아이와 함께 살기를 원할까봐 아이를 만지지도 못하고 보지도 못하게 된 기억을 갖고 있는 여성에 대해 생각해서도 안된다. 또한 우리는 영아 살해가 어떤 느낌일까, 혹은 영아 살해의 환상을 생각해서도 안되고, 추운 겨울날 하루를 몸이 아픈 아이들과 함께 집에서 혼자 지내고 난 다음날을 생각해서도 안되고, 큰 아이와 함께 남겨두든지 아니면 혼자 집에 남겨진 아이 때문에 불안해하면서 몇 달 동안 열악한 공장에서, 감옥에서, 다른 사람의 부엌에서 지내야 하는 것을 생각해서도 안되게 되어 있다. 남성들은 종종 추상적으로 우리의 '기쁨과 고통'에 대하여 이야기한다. 우리는 오랜 역사 속에서 모성이라는 제도가 주는 스트레스를 마치 자연법칙인 것처럼 받아들여 왔다.

　모성이라는 제도는 만질 수도 볼 수도 없다. 예술에서 아마 캐스 콜위츠만이 이러한 점을 환기시키려 가장 애쓴 사람일 것이다. 모성제도의 문제점은 계속 환기되어야만 한다. 그렇게 함으로써 다시는 우리 경험의 많은 단편들이 우리가 만들어낸 것이 아니라 전체의 일부분이라는 사실을 잊지 않도록 해야 한다. 강간과 그 후유증, 경제적 종속으로서의 결혼 혹은 남성에게 '그의 아이들'을 보장해 주는 것으로서의 결혼, 여성에게서 빼앗아 간 출산, 혼외 관계에서 태어난 아이는 '적출이 아니라'는 개념, 피임과 낙태를 규정하는 법률, 위험한 피임기구를 뻔뻔스럽게 판매하는 행위, 여성들의 가사노동을 '생산'의 일부로 인정하지 않는 것, 여성을 사랑과 죄의식의 고리에 묶어 놓는 것, 어머니에 대한 사회적 혜택이 없는 것, 세계 대부분의 지역에서 불충분한 탁아시설, 여성들에게 지불되는 불평등한, 그 때문에 종종 남성에게 의존하게 만드는 임금, '전업 어머니'라는 고독한 감금생활, 아이들에 대한 최소한의 책임감만으로도 권리와 특권을 행사할 수 있는 말뿐인 아버지 역할, 어머니에 대한 정신분석학의 매도, 어머니는 육아에 있어서 불충분하고 무지하다는 교육학의 전제, 가족에서 여성이 짊어져야 하는 정서적 의무가 주는 부담 - 이러한 모든 것은 보이지 않는 모성제도를 구성하며, 싫든 좋든 우리 아이들과의 관계를 규정한다.

　우리 모두에게는 어머니가 있었기 때문에, 이 제도는 모든 여성 - 그리고 다른 방식이기는 하지만 - 모든 남성에게 영향을 미친다. 가부장적 폭력과 냉혹함은 종종 여성을 통하여 아이들에게 가해진다. 이러한 영향은 단지 '학대받는' 아이들에게만 미치는 것이 아니라, 심하게 강요당하고,

얼러지고 조종되는 아이들, 밤이나 낮이나 보살핌과 정서적 뒷받침을 하기 위해서 불안하고 지친 여성들에게 의존해야 하는 아이들에게도 영향을 미치며, 여성은 위안을 심어 주고 확신을 심어 주는 정서적 분위기일 뿐, 아니면 그들을 파멸시킬 수 있는 감정적 소용돌이라고 믿으며 자라는 남자아이들에게 가해지게 된다.

다시 조안느 미컬스키 이야기로 돌아와 보기로 한다. 분명히 절망감이 그녀에게서 조금씩 조금씩 깊어갔다. 그녀는 사랑했고, 사랑하려고 노력했으며, 소리를 질렀지만 들어주는 사람은 없었다. 아무도 그녀의 고난을 정상적이지 않다고 여긴다거나 '가정주부'가 가족을 위해 할 수 있는 정상적인 봉사가 아니라고 생각하는 사람이 없었다. 그녀는 희생양이 된다. 모성제도의 보이지 않는 폭력, 죄의식, 생명에 대한 무력한 의무, 단죄와 비난, 자신의 힘에 대한 두려움, 죄의식, 죄의식, 죄의식, – 모성의 어둠이 마음대로 그 주위에서 휘몰아쳤던 희생양이 된다. 이러한 오지(奧地)의 너무나 많은 부분에 극적이지도 않고 극화되지도 않는 고통이 있다. 가족을 위해 음식을 만들지만 그들과 함께 앉을 수 없는 여성, 아침에 잠자리에서 일어날 수 없는 여성, 탁자의 같은 장소를 닦고 또 닦는 여성, 슈퍼마켓에서 마치 외국어로 쓰여 있는 것처럼 상표를 읽고, 식칼이 들어있는 서랍을 들여다보는 여성이 있다. 희생양은 또한 배출구이기도 하다. 그동안 억압되어 있던 맹목적인 분노와 열정이 그녀를 통하여 물줄기처럼 뻗어 나올 수 있게 되므로, 덜 극단적인 상황에서 노골적인 반란이라도 일으킬 수 있다면 이런 식으로 열정과 분노를 나타낼 필요가 없다. 그녀의 태도에 대해 보이지 않는 공격을 당하고 '나쁜' 어머니의 절망적인 반응에 대한 글을 읽으면 '좋은' 어머니들은 보다 선해지고 더욱 인내력을 발휘하며 더 오랫동안 참고 필사적으로 정신이 멀쩡해져야겠다고 결심한다. 희생양은 순교자와 다르다. 희생양은 저항이나 반항을 가르칠 수 없다. 그녀는 끔찍한 시험을 상징한다. 혼자서만 고통을 당하고, 개별적인 이성으로서 내가 '문제'라고 생각하는 시험을 나타낸다.

아이를 구박하는 '제정신이 아닌' 사람과 나를 제외하면 어떤 사람이 어머니면서 분노와 잔인함을 분출하는가? … 아이들이 한 살 정도 되었을 때, 내 안에 고문과 잔인함이라는 끔찍한 환상이 떠올랐다. 그들이 아이이기 때문에, 고집과 울음, 호기심이라는 아이다운 특성 때문에 그렇게 된 것이다.

내 머리 속에서 몽상의 필름이 돌아간다. … 나는 … 아이의 발뒤꿈치를 붙잡고 돌리다가 벽에 머리를 부딪치고, 피와 골이 흘러나오는 것을 지켜본다 … 때때로… 나는 그들을 집에 홀로 남겨 놓고 도망친다 … 필름이 다 돌아가고 나서, 나는 아이들을 바라다보고, 절대 그런 일을 할 수 없다고 생각한다 … 나는 아이들을 너무나 사랑한다. 그리고나면 나는 다시 한 번 아이들에게 자상하고 부드럽게 된다.

그렇지만 나는 사실 (나로 하여금 내면으로 방향을 돌리게 하거나 아이들이 아닌 무엇인가를 파괴시키게 만드는 분노가 아니라) 그저 화가 나서 아이의 다리를 걷어차고, 매질을 하고, 머리카락을 잡아당기며, 마룻바닥에 밀어뜨린 적이 있다 … 나는 그런 식으로 학대받은 아이들이 어떻게 되는지 알고 있다 …

내가 실제로 아이들을 때리고 찼다는 것을 인정하기가 부끄럽다 … 너무나 많은 시간을 나는 나 자신을 혐오하며 보낸다.
(캘리포니아 주립대 소노마 "여성의 일대기" 수강생의 자서전)[32]

화가 난 어머니, 화가 난 여성의 자기혐오, 틸리 올슨의 안나처럼 그러한 여성은 자신이 남편의 폭력의 대상일 때조차도 자신의 개인적인 화를 아이에게 퍼붓는 것 이상은 할 수 없다.

여러 주 동안 짐 홀브룩은 기분이 좋지 않았다 … 그는 아이를 구타하고 기억할 수도 없을 정도로 자주 안나를 때리는 일 말고는 아무것도 하지 않았다.

안나 역시 비통하고 잔인해졌다. 아이들 중의 하나라도 그녀에게 방해가 되면, 아이들이 그 자리에서 바로 말을 듣지 않으면, 마치 악마를 쫓아내기라도 하는 것처럼 맹목적인 분노에 사로잡혀 아이들을 마구 때렸다. 나중에 그녀는 일을 하다 말고 눈물로 범벅이 된 작은 얼굴이 떠올라 가슴이 저려오는 것 같았다. "내가 때리는 대상은 아이들이 아니다. 무엇이든 때릴 때면 꼭 뭔가 내 속으로 들어오는 것 같다."[33]

산문 시 몸마(Momma)에서 시인 알타는 모성의 가장 아픈 부분을 건드린다. 아이들을 사랑하고 조안느 미컬스키가 그랬던 것처럼 '어미 곰처럼' 아이들을 보호하면서도, 우리는 분노와 욕구불만을 퍼부을 가장 가까운 대상을 아이에게서 찾는다.

다루기 힘든 곱슬머리를 가진 아이, 나는 그녀를 키아라고 부른다.
소나무 열매 인간, 그리고 내가 자기를 붙잡으려 하는 것을
지켜보며 크게 뜬 그녀의 눈,
내가 그녀의
이름을 부르려 할 때처럼…

어제 무슨 일이 있었나.
내 방에서 그녀가 아기를 붙잡으려 하고 내가 소리를 질렀을 때
나가 나가 꺼져버려
그리고 그녀는 곧 바로
달려 나갔지만 아기는 두려워하지 않고
그대로 있었다. 아이가 당신을 두려워하도록
만드는 것은 어떤 느낌일까. 당신 자신의 아이,

당신의 첫 번째 아이, 바로 그 아이…

당신 둘 중 어느 누구가 살아남아야 한다 하더라도
당신을 용서할 아이…
그리고 그녀에 대한 글을 쓰기 위해서 그녀를 방안에 들어오지
못하게 하는 것은 얼마나 옳은 일인가?
얼마나 인간적인가, 얼마나 애정을 쏟는 일인가, 어떻게 나는 감히
그녀의 이름을 부르려고 할 수가 있겠는가.

아마 그들은 나 없이 지낼 수 있을 것이다.
아마도 나는
약간의 시간을
다른 방에서 보낼 수도 있을 것이다.
그래도 내가 돌아왔을 때
그들 모두 나를 사랑할까?[84]

　어린아이들과 함께 집에서 보내는 외로운 감금생활에서, 혹은 혼자서
생계를 책임지면서 어머니 역할을 하기 위해 애쓰면서, 아니면 여성은 첫
째도, 마지막도, 그리고 언제나 어머니라고 말하는 독단에 맞서 한 개인
으로서의 자기 자신을 유지하려는 갈등을 겪으면서, 어떤 여성이든 '선을
넘어 버리는 것', 그냥 끈을 놓아 버리는 것, 온전한 정신으로 규정된 것
을 단념하는 것, 그렇게 함으로써 평생에 한 번 자신도 보살핌을 받을 수
있게 되고, 아니면 스스로 보살필 수 있는 방법을 발견할 수 있으리라고
꿈꿔보지 않았겠는가?
　어머니들, 학교에서 아이들을 데려오고, 부모와 교사 모임에 앉아 있는
어머니, 슈퍼마켓 카트 위에 앉아 지켜보는 아이를 달래는 어머니, 서
둘러 집에 돌아와 저녁을 준비하는 어머니, 자녀들을 위해 더 나은 보살
핌과 지낼 만한 교실을 얻어 주기 위해 투쟁하는 어머니, 집주인이 쫓아

내겠다고 위협하고 있는 동안에도 정부의 육아 보조금을 기다리고 있는 어머니, 긴 바늘을 자신의 몸 안쪽 여린 부위로 강제로 집어넣는 어머니, 아이 울음소리 때문에 영원히 끝나지 않을 것 같은 꿈에서 깨어나는 어머니 – 어머니, 우리가 그들의 환상을 – 그들의 백일몽과 상상의 경험을 들여다 볼 수 있다면, 우리는 어머니의 상상 속에서 분노와 비극이 구체화되고 사랑의 지나친 위력과 각자 나름대로 준비한 자포자기의 구체적 현실들을 만나게 될 것이다.

놀라운 것은 바로 모성제도의 파괴성 안에서조차도 아이들을 위해서 우리 스스로 귀중한 것을 모두 구할 수 있었다는 것이고, 이 때문에 미래에는 여성과 아이들의 생활이 여성들의 손에 의해서 바로 잡히게 될 거라고 커다란 희망과 믿음을 가질 수 있도록 한다. 어머니에게는 부드러움, 열정, 본능에 대한 신뢰, 있는 줄도 몰랐던 용기를 불러내는 것, 타인에 대한 세심한 배려, 인생의 대가와 변덕스러움에 대한 명료한 깨달음이 있다. 자신의 아이를 위한 어머니의 투쟁 – 질병, 가난, 전쟁, 인간의 생명을 하찮게 여기는 모든 착취와 냉혹함과의 투쟁 – 은 인간 공동의 것이 되어야 하고, 이 투쟁은 생존에 대한 열정과 사랑으로 치러져야 한다. 그러나 이를 위해서는 모성이라는 제도가 사라져야만 한다.

이것이 가능하도록 만들기 위해서 필요한 변화가 가부장적 체제의 모든 부분으로 퍼져 나가고 있다. 모성제도를 없애는 것은 어머니 역할을 없애는 것이 아니다. 어렵지만 자유롭게 선택한 일에서와 마찬가지로 이 일도 결단의 영역이나, 분투, 경의, 상상력의 영역, 의식화된 지성의 영역 속으로 생명의 창조력과 양분을 넣어줄 것이다.

책 뒤에 붙여

> **"**
> … 우리가 알지 못하는 사고방식들이 있다.
> 비록 미지의 것이긴 하지만, 그러한 지식보다 더 중요하거나
> 귀중한 것은 있을 수 없다. 이 때문에 생기는 긴급함,
> 정신적인 동요를 어떻게도 누그러뜨릴 수가 없다…
> – 수전 손탁, 『근본의지의 여러 양식』
> **"**

그러나 우리는 우리 인생을 위한 어떤 일을 하고 있나? 모성 제도를 정면으로 다루려고 하는 집단적인 노력이 점차 늘어나고 있다. 예를 들면, 국립복지기관(National Welfare Rights Organization), 국립낙태권리운동연맹(National Abortion Rights Action League)이 있고, 자유로운 출산 선택을 옹호하는 천주교인 모임(Catholics for a Free Choice), 뉴욕에 있는 흑인 편모회(Sisterhood of Black Single Mothers), 시애틀에 본부를 둔 여성동성애 어머니 옹호재단(Lesbian Mothers' National Defense Fund)과 같은 다양한 특수기관들이 있다. 전 미국에 걸쳐 있는 몸마(MOMMA)는 전국에 신문이나 상세한 정보를 보내서 일반적인 편모의 문제를 다루고 있다. 샌디애고에 있는 출산여성건강관리소(Womancare Childbearing Clinic)나 매사추세츠주에 있는 가정출산협회(Association for Childbirth at Home)는 출산에 있어 어머니의 조절력을 강화시키는 일을 하는 집단이다. 여성의 건강관리 운동은 남성의료진들이 여성에게 부과해왔던 무지와 수동성에 저항하면서

점차 세력을 확장하고 있고, 이미 신세대 여성들에게 지대한 영향을 미치고 있다.*

이 책을 쓰는 4년 동안 나는 모성이라는 주제가 여성주의 분석에서 거의 부차적인 질문이었던 것에서 벗어나 점차 어머니로서, 딸로서 혹은 양자 모두로서, 사려 깊은 여성들의 집단적인 의식으로 자리 잡기 시작하는 주제로 자라나는 것을 보았다. 다양한 작가들이 모성주권주의를 요구해 왔다. 여성들이 유전 기술을 넘겨받을 수 있기를, 자녀 양육을 위해 공동체의 모든 구성원, 혹은 '아이 없는' 모든 여성들도 함께 감당해야 하는 정치적인 임무로 받아들일 수 있기를 요구했고, 공동양육을 주장하고 아이들도 성인의 노동세계로 통합될 수 있는 공동체의 '마을' 개념으로 돌아가는 것, 성차(性差)의 낙인에서 벗어날 수 있도록 여성주의 영지 속에서 아이들을 키우기를 요구해왔다. '새로운 부성애'에 대한 관심이 일고 있고, 여자들뿐만 아니라 남자들도 '어머니'일 수 있고 마땅히 그래야만 한다는 근거들을 확립하려는 데에도 관심이 있다. 또한 부성애를 새롭게 정의함으로써 아버지들도 아이와 좀 더 능동적이고 지속적으로 함께 있어야 할 필요가 있다고 여기고 있다.

비전을 찾는 것, 꿈을 꾸는 것은 반드시 필요하다. 새로운 생활방식을 구하려 애쓰고 진지한 실험을 할 여유를 갖고, 실패하더라도 그러한 노력을 존중하는 것 또한 필요하다. 동시에, 지금 대부분의 여성들이 살아야만 하는 삶의 견지에서 보면, 모권주의적인 유토피아를 장황하게 이야기하고, 피임과 유전공학의 기술이 여성들에게 '이양'되어야 한다고 '요구하는' 것은 멋모르는 자기 멋대로의 주장처럼 보일 수도 있다. 게다가 누구에 의해, 어떠한 효과적인 압력 하에서 이러한 일들이 이루어진단 말인가? '아이 없는' 여자들에게 아동보호를 정치적인 의무라고 가르쳐야 한다고 말한다든가, 가부장적인 제도들을 거부하라고 말하고, 자녀 양육의

---

* "우리 몸을 되찾자"(마가렛 라자루스의 표현)라는 주제로 열리는 여성건강센터나 단체, 출판물과 영화의 목록을 알아보려면 K. 그림스타드와 S. 레니가 편집한 『새로운 여성의 생존자료집』(뉴욕: 노프, 1975)을 참조하라.

해결책으로서 공동생활체를 주장하는 것도 마찬가지로 유치해 보일 수 있다.

강요된 굴종, 혹은 죄의식을 지닌 채 수행되는 아동보호는 우리 역사에 있어 너무나 가혹한 기풍이었다. 만약 여성들이(우리가 이제 겨우 다가가기 시작했을 뿐인) 과학기관들의 실험실과 도서실들을 거부한다면, 어떤 연구나 기술이 우리의 신체를 통제하는 데 중요하게 쓰이고 있는지 알지도 못하게 될 것이다.* 대가족이나 공공탁아소가 여성들에게 특별한 마법이 아닌 것처럼 공동생활체 그 자체도 전혀 해결책은 아니다. 결국, 그러한 방책들은 여성 신체의 복잡성과 정치적인 의미, 여성 신체가 나타내는 권력 있음과 권력 없음의 전체적인 범위를 깨닫지 못하고 있다. 모성도 극히 중요한 것이긴 하나, 결국 그러한 여성 문제의 일부일 뿐이다.

더욱이 '양육'을 여성의 특별한 힘인 것처럼 강조하는 것은 위험스러울 정도로 단순화시키는 것일 수 있는데, 단지 이 힘은 새로운 인간질서를 만들어내기 위해서 더 큰 사회로 분출될 필요가 있기 때문이다. 양육에 대한 우리의 재능이 타고난 것이든 개발된 것이든, 그 개념은 종종 부메랑 효과를 가지고 있음을 알 수 있다. 고문을 당하고 있는 여자 정치범들에 대해서, 로즈 스타이론은 다음과 같이 쓰고 있다:

> 상상력, 즉 고전적으로 여성들은 "감정주의"로 분류되어 왔는데 - "감정주의"란 여자가 자녀를 옹호하게 되는 격한 감정, 가족이나 공동체의 욕구와 요구들에 민감하게 대응하게 만드는 연민(혹은 인간의 동기와 가능성에 대한 통찰력) 등을 지칭한다. - 이러한 분류 때문에 여성은 고문자들에 대해 격렬한 적군이 될 수 있다. **또한 그 때문에 여성은 남달리**

---

* 도리어 여성들이 유전학, 복제술, 자궁 외 임신의 발전 상황에 대해 잘 알고 있어야 할 필요가 있다. 두 가지 접근 방법이 필요하다: 더 많은 여성들이 전문적인 의학 훈련을 받는 한편 다른 여성들은 건강관리와 출산 분야에서 일반인으로서 그들 스스로 또 서로 교육하고 있는 것과 마찬가지로, 제도 내에 있는 여성 과학자도 필요하고, 그 제도에서 일어나고 있는 결정과 연구 유형을 합리적으로 감시하고 그들이 모은 정보를 확산시킬 일반 여성들도 필요하다.

약점이 많을 수도 있다.(저자 강조)*

　우리의 적이 개별적인 남자들이든, 복지제도이든 의료기관이나 정신분석 기관이든, 혹은 마약거래, 포르노그라피, 매춘의 조직망이든 간에 가부장제 하에서 위의 인용은 여성 일반에게 해당된다. 어떤 여성이 우선 모성제도에 반대한다면 그녀는 어떤 남자, 즉 그녀 아이의 아버지인 사람으로 나타나는 그 제도에 반대해야만 하는데, 그 사람에게 그녀는 원한, 분노, 혹은 죄의식뿐만 아니라 사랑, 연민, 우정을 느낄 수도 있다. '모성적'이거나 '양육하고 싶어하는' 정신은 강간을 합리화하려는 태도와는 대립된다는 것을 밝히고 싶고, 여자가 일종의 지렛대처럼 내면에 있는 가장 관대하고 예민한 것으로 전투정신을 통제할 수 있다면 이 전투정신이야말로 그만한 역할을 하고 있다는 것을 입증할 수 있다. 여성의 권력과 지위 상승에 대한 이론들은 우리 존재의 애매성, 의식의 연속성, 우리 각자에게 있는 창조적이면서 동시에 파괴적인 가능성을 충분히 고려해야만 한다.

　나는 '우리가 알지 못하는 사고방식들이 있다'고 확신한다. 내 생각으로는 이러한 말은 많은 여자들이 심지어 지금까지도 전통적인 지성이 거부하고, 부정하고, 혹은 포착할 수 없는 방식으로 생각하고 있다는 의미이다. 생각한다는 것은 능동적이고, 유동적이고, 확장해 나가는 과정이다. 지적 작용, 혹은 '안다는 것'은 과거의 과정들을 재요약하는 것이다. 우리가 결코 우리의 생물적인 기반, 여성 육체의 기적과 모순, 그것의 정신적·정치적 의미들을 탐색하지도 못했고 이해하지도 못했다고 주장하지만, 나는 여성들이 드디어 '신체에 대해 철저히 생각하기' 시작한 것은 아닌지, 그토록 잔인하게 해체되어 왔던 것, 즉 거의 써 본 적이 없는 우리의 위대한 정신적 능력, 고도로 발달된 우리의 촉감, 세밀한 관찰력, 복잡하고, 인내심 있고, 다양한 즐거움을 아는 우리의 자연스러운 육체를 서로 통합시키기 시작한 것은 아닌지 진심으로 묻게 된다.

　*『소련의 여성정치범』에 실린 「숨겨진 여성들」, 미국의 우크라이나 국립여성동맹(뉴욕, 1975), 3-4쪽.

나는 어떤 여성도 처녀든, 어머니든, 동성연애자든, 결혼했든 미혼이든 간에―주부든 웨이트레스든 혹은 뇌파 검사자이든 생계를 꾸려 나가는 여성에게 그녀의 육체가 근본적인 문제가 아닌 경우는 없다는 것을 알고 있다. 그 모호한 의미, 그 풍요성, 그 욕구, 소위 말하는 그 불감성, 피투성이 언어, 침묵, 변화와 훼손, 강간과 원숙함 등. 오늘날 처음으로 우리의 자연스러운 신체성을 지식으로 동시에 권력으로 전환시키는 가능성이 생겼다. 육체적으로 어머니가 된다는 것은 단지 우리 존재의 한 단계일 뿐이다. 우리는 어떤 얼굴을 보거나, 어떤 목소리를 들으면 자궁에서 부드러운 물결이 이는 것을 알고 있다. 뇌에서 클리토리스로 질을 통해 자궁에 이르기까지, 혀에서 젖꼭지로 클리토리스까지, 손가락에서 클리토리스로 뇌까지, 젖꼭지부터 뇌에서 자궁으로, 보이지 않지만 결코 다스릴 수 없는 긴급하고 동요하는 메시지, 그 인식적인 가능성에 대해서는 단지 추측만 하는 메시지에 반응한다. 우리는 '내부적으로도' '외부적으로도' 구성된 것이 아니다. 우리의 피부는 신호들에 따라 생생하게 살아 움직이고, 우리의 삶과 죽음은 우리가 생각하는 신체의 해방이나 억제와 구분할 수 없다.

그러나 우리의 육체에 대한 공포와 증오 때문에 우리의 두뇌는 기형이 되고 있다. 우리 시대의 가장 뛰어난 여성들조차도 여전히 그들의 육체에서 벗어나서 생각하려고 애쓰고 있고―그럼으로써 그들은 여전히 낡은 형태의 지성을 재생하고 있다.* 여성 존재의 모든 양상과 다른 모든 것들 간에는 냉혹한 상관관계가 있다. 여학자들의 연구는 생리 중에 탐폰에 스미는 피를 부정한다. 복지 혜택을 받는 엄마는 생리 기간에 지능이 저하된다는 것을 받아들이고 있다. 이러한 것들은 생존의 문제이다. 여성학자든 복지혜택을 받는 엄마든 둘 다 단지 존재할 권리를 얻기 위해 투쟁하

---

* 메리 울스턴크래프트도 주변의 여성 대다수에게서 보게 되는 '수동적인 복종'과 신체적인 허약함을 고통스럽게 주목하면서, "여성들에게 처방된 궤도를 벗어나서 기이한 방향으로 돌진해 나가는 몇몇 독특한 여성들은 남성의 영혼을 가졌는데, 실수로 여성의 육체 속에 갇힌 것이라는 상상을 하게 된다"고 말한다. (『여성의 권리 옹호』, 1972 [뉴욕: 노튼, 1967], 70쪽). 내가 이 구절에 관심을 갖게 된 것은 바바라 겔피 덕분이다.

는 일에 몰두하고 있기 때문이다. 두 사람 다 전통적인 가족과 그것의 영속화에 기반을 둔 체계에서 '주변에 있는' 사람들이다.

여러 세대의 여성들에게 강요되고 정해진 어머니 노릇을 의미했던 육체 조직은 여전히 다루어지지 않고 이해되지도 않았던 여성의 원천이다. 우리는－맹목적으로, 노예처럼, 우리에 대한 남성이론에 복종하면서－우리의 육체가 되거나 혹은 이 육체에도 불구하고 존재하려고 애써야 할 것이다. "나는 윌렌도프의 비너스, 즉 영원한 섹스 기계가 되고 싶지는 않다." 많은 여성들에게 육체에 대한 매력은 정신에 대한 부정으로 인식돼 있다. 우리는 아주 오랜 세월 동안 순결한 자연, 지구나 태양계처럼 탐색되고 강간당할 수 있는 것으로 인식되어 왔다. 이제 우리가 문화, 순결한 영혼, 정신이 되었다는 것도 별로 놀랄 일이 아니다. 그럼에도 불구하고 우리를 문화와 떨어지게 만들었던 것이 바로 이 문화이고 정치제도들이다. 그렇게 함으로써 문화는 삶과 분리되어 수량화, 추상화, 권력의지를 가진 죽음의 문화가 되었고, 그것은 금세기에 가장 정교한 파괴성에 이르게 되었다. 이러한 추상화의 문화와 정치야말로 여성들이 변화시키려 하고 인간적인 견지에서 책임지려고 하는 것이다.

여성들이 자신의 육체를 다시 소유하게 되면 노동자들이 생산 수단을 얻는 것보다 인간 사회에 훨씬 더 근본적인 변화를 일으키게 될 것이다. 여성의 육체는 지금까지 영토이면서 동시에 기계로 여겨졌으며, 개척되어야 할 불모지이고 생명을 만들어내는 조립공정이었다. 모든 여성이 자기 육체의 지배자가 되는 세상을 상상할 필요가 있다. 그러한 세상에서 여성들은 비로소 진정으로 새로운 인생을 창조할 수 있고,(원한다면 선택에 의해) 아이들을 낳을 뿐만 아니라 미래의 영감, 인간 존재를 유지하고 위로하고 변화시키는데 필요한 사고, 즉 우주와의 새로운 관계까지 낳을 수 있다. 성, 정치, 지능, 권력, 모성, 노동, 공동체, 친밀성은 새로운 의미로 발전할 것이며, 사고 그 자체가 변모할 것이다.

지금이야말로 우리가 시작해야 할 때이다.

번역을 마치고

1976년 W. W. 노튼사에서 처음 나온 이 책은 원래 제목은 *Of Woman Born*이다. '태어난 여성에 대하여'라는 해석은 말도 안 되는 표현이고, '여자로 태어난 것에 대하여'로 한다면 대번에 울고 짜는 신파조의 영화를 떠올리게 되어서 마음에 들지 않는다. 다소 산문적인 부제는 "Motherhood as Experience and Institution"으로 어머니의 경험과 제도로서 그 경험이 어떻게 받아들여지는지를 분석한 글임을 강조하고 있다. 당연히 글 전체의 내용도 가부장제도 하에서 박탈되고 억압되는 어머니의 경험과 정치, 문화 및 예술, 신화, 심리학과 의학분야에서 그러한 경험을 조장함으로써 여성의 자기 인식에 얼마나 부정적인 영향을 미치는가를 다각도로 다루고 있다. 책의 제목은 부제를 살리면서 여성 문제 중에서도 어머니의 현실에 집중한다는 사실을 고려하여 『더이상 어머니는 없다-모성의 신화에 대한 반성』으로 정했다.

책 제목도 제대로 자신 있게 다루지 못하는 이 책을 번역하겠다고 마음먹은 것은 우선 무지해서고, 다음은 너무나 간절해서였다. 저자인 에이드리언 리치가 밝히고 있듯이 "내가 이 주제를 선택한 것이 아니라 이 주제가 나를 선택했던 것이다." 결혼과 출간, 가사와 양육의 세계를 한 축으로, 일과 사색과 추상적 담론을 또 다른 축으로 삼고 지내는 생활이 얼마나 위태로운가를 나는 이만큼 살아서야 절감했다. 이 책을 번역하기 위해서가 아니라, 더 이상은 안 되겠다, 진정으로 휴식이 필요하다는 생각 때문에 강의를 쉬고 처음으로 내가 읽고 싶은 책, 내가 다루고 싶은 주제를 공부했다. 다소 의심과 경멸을 같이 보냈던 여성학 분야의 여러 책들을 읽으면서 나는 내 삶과 내 인식이 분리되어 있다는 생각, 전통적인 의미의 학문이 도리어 나를 분열시킨다는 생각, 그중 가장 큰 이유는 어머니로서 내가 겪는 현실이 너무나 중요한데도 불구하고 아무도 그것을 어머니의 입장에서 다루어주지 않는다는 자각이 들었다. 이 책을 번역하면서 나는 많은 자극과 위안을 받았고, 새로운 힘을 얻었던 것 같다.

이 책은 모두 10장으로 이루어져 있고 작가의 전체적인 입장을 전하는 앞글과 책의 내용을 바탕으로 현실적인 권고를 담은 뒷글을 덧붙이고 있다. 이 책을 읽는 방법은 두 가지다. 처음부터 끝까지 순서대로 읽어 나가도 되고, 아니면 몇 장을 내용상 서로 묶어서 읽어도 좋다.

1장, 2장과 10장에서는 자기 아이를 살해한 조안느 미컬스키 사건을 중심으로, 살아있는 여성에게 가해지는 소위 "성스러운 소명"이 어떤 식으로 어머니를 어두운 폭력의 세계로 끌고 가는지 저자의 분명한 설명을 들을 수 있다. 제3장, "아버지의 왕국"은 가부장제의 정치, 사회적인 현실을 보여주고 이 제도가 어떻게 여성의 육체를 통제하고 이용하는지 분석한다. 이 제도는 남성에게 여성에 대한 두려움과 혐오를 주입시키고, 무력해진 여성에게 자기 비하와 자기 육체에 대한 증오심을 세뇌시킨다. 8장, "어머니와 아들, 남자와 여자", 9장 "어머니와 딸"은 우리 모두 어머니에게서 태어났으나 어머니를 경멸하도록 부추기는 사회의 병리적인 현상과 함께 저자의 정직한 고민과 결단을 보여준다.

4장, "어머니의 우월성", 5장, "어머니 길들이기"는 신화 연구와 인류학, 심리학 등의 문헌을 중심으로 모가장제(matriarchy)의 가설과 전도된 현실을 다루고 있다. 6장과 7장은 이 책에서 가장 어두운 장이다. 가부장제는 여성의 육체를 남성의 통제 하에 두는 것을 기본으로 하고 있기 때문에 예부터 어느 문화나 여성이 자유롭게 임신과 분만을 결정할 수 없었다. 6장, "인간의 손, 철의 손"에서는 19세기까지의 분만의 역사를 다루고 있다. 이 장에서 말하는 인간의 손은 여성 조산원의 손을 말하고, 철의 손은 17세기 이래 산과가 돈벌이가 되면서 몰려들기 시작한 남성 조산원들이 사용한 분만용 집게를 상징한 것이다. 7장, "소외된 진통"에서 저자는 20세기가 되면서 마취제의 남용으로 출산 과정에서 여성들이 완전히 소외되고, 섣부른 인공호흡법이 도입되어 여성 신체의 본능적인 조절이 무시되고 있음을 고발한다. 6장, 7장은 다소 불충분하고 편협한 내용을 담고 있을 수 있지만, 의료직 종사자가 아닌 사람이 자신의 경험을 바탕으로 비인간적인 의학이론과 기술에 맞서고 있다는 점에서, 또 특별한 경우가 아닌 한 출산은 의료사고가 아니고 여성 자신의 적극적인 동참이 필요한 경험임을 상기시키고, 우리 모두 당연시하고 있는 병원 출산이 오히려 서구에서는 의심받기 시작했다는 것을 알려준다는 점에서 반드시 읽어야 할 부분이다.

글은 곧 사람이라는 말이 있다. 리치는 출생 이후 계속 억압과 굴종만을 겪은 여성들이 눈앞의 이익만을 최고의 현실적인 이익이라고 생각하는 것을 비판하고, 어머니들이 딸을 위해, 또 자신을 위해 싸우지 않는 것에 대해 비판하지만, 근본적으로 그녀는 어머니에게 따뜻하다. 시몬느 보부아르나 슐라미스 파이어스톤 이래 여성주의자들의 글은 어머니에게, 어머니 역할에, 어머니 되는 것에 대해 저항했고, 심지어 거부하기도 했다. 여성은 더 이상 굴욕적인 현실과 육체에 매이고 자녀에 대한 감정의 끈에 묶여서 '영원히 주는 자'의 역할을 해야만 하는 어머니여서는 안 된다고 보았다. 진정한 해방은 어머니의 현실을 떠나 '자유로운 영혼'인 딸이 되는 것이었다.

리치는 딸의 어머니에게 가혹하지 않다. 아니 그녀는 여성이 딸과 어머니 중에서 선택할 수 있다고 보지 않는다. 아이를 낳았건 그렇지 않건 여성은 본질적으로 어머니이며 동시에 딸인 것이다. 딸이 어머니의 현실을 무시한다는 것은 남성이 통제하는 세상에서 자란 여자아이가 어머니의 희생을 갈망하기 때문에 생긴 것이다. 비록, 우리의 의식이 느낄 만큼 뚜렷하게 어머니가 아버지의 불의에 저항하지는 않았다 하더라도 어머니는 대부분 딸의 편이었다. 성공한 여성들이 아버지에게서 후원을 얻었다고 생각하는 것은 아버지가 힘을 가진 자이기 때문이고 딸이 아버지에게 유순했기 때문이지 결코 그가 딸을 인간으로 여긴 까닭은 아니다. 오히려 아버지는 딸을 이용해서 어머니를 잡으려고 한다는 것이 리치의 비판이다.

리치는 어머니가 새로운 여성이 되면서 아들이 기존의 남성의 특권을 누리기를 기대하는 것이 잘못임을 지적한다. 마땅히 아들은 새로운 남성이 되고, 어머니와 사회를 맺어주는 고리가 아니라 하나의 독립된 개체로 바로 서야 한다. 이제 아들은 일과 가정을 분리하고, 냉혹하고 계산적인 세계를 남성의 세계라고 착각하면서 대신 정서적인 위안을 여성에게 구하며 내면으로는 그 여성들을 경멸하는 도덕적 불감증이어서는 안 된다고 지적한다.

리치는 이 책을 통해서 당연하게 받아들여지고 있는 남성 학자들의 이론, 프로이트의 심리학, 말리노브스키 등의 인류학, 스멜리, 빠레 등에게서 유래하는 산과학, 세계의 여러 지역에서 나타나는 신화와 종교적인 경전 속의 찬송, 톨스토이나 릴케의 작품 등을 비판적인 시각에서 보여준다. 그들의 주장이 얼마나 남성중심적이고 시대와 상황에 맞추어 얼마나 그럴 듯하게 남성의 편의대로 현실을 왜곡하고 여성을 비하하며 정치적, 시적 진실을 외면하는지 고발한다. 때로는 격렬하고 때로는 적의에 가득차고 때로는 지나치게 집요하지만, 여성이라면, 어머니에게서 태어났고 어머니가 되어 본 적이 있다면 리치의 주장에 동의하는 바가 많을 것이다.

물론 그녀의 책에 대해서도 질문은 있다. 여성 중심의 사회가 계급과 인종의 차이까지 해결해주는 만병통치약일까. 혹시 성의 문제보다 계급과 경제의 문제가 더 본질적인 것은 아닐까. 권태와 나른함을 즐기는 백만장자 여성과 그녀의 옷을 다리는 하녀의 문제가 여성이라는 이유로 동질적으로 풀이될 수 있을까. 리치는 중국과 인도와 아랍권의 여성 문제까지 제시했지만 그녀의 분석은 역시 서구 사회를 모델로 한 것이 아닐까. 혹시 이런 점에서 미국의 부유한 계층 출신인 그녀의 글보다는 식민지의 경험을 다룬 파농의 글이 우리에게 더 적절한 이론의 모델이 아닐까. 이런 의문에도 불구하고 리치의 책이 전달하는 현실성을 부정할 수 없다. 멀리 태평양 저편에서 쓰여진 책이지만, 이 책은 우리의 어머니, 그 노동과 피로, 박탈감과 분노, 애정과 혐오감을 이해할 수 있는 중요한 시발점을 제공한다.

저자 에이드리언 리치(Adrienne Rich)는 1929년 미국 볼티모어의 유복하고 지적인 유태인 가정에서 태어났다. 아버지는 저명한 의사였고 어머니는 은퇴한 피아니스트였다. 래드클리프 대학에서 공부한 후 뉴욕에 있는 시립대학 등에서 강의를 했으며 시를 썼다. 1970년 결혼 17년 만에 남편과 이혼하고 여성 동성애주의자(Lesbian Feminist)활동에 전념하면서, 시인인 미쉘 클리프와 잡지 『시니스터 위즈덤(Sinister Wisdom)』을 발간했다. 1951년 첫 번째 책인 시집, 『세상의 변화(A Change of World)』를 출간했고, 1955년 『다이아몬드 커터(The Diamond Cutters and Other Poems)』, 1979년 산문집 『거짓, 비밀, 침묵(On Life, Secrets and Silence: Selected Prose, 1966-1978)』을 발표하면서 명성을 얻었고, 1973년 『Diving into the Wreck』으로 全美 圖書償(National Booker Prize)을 받았다. 이들 초기 시는 감정적인 절제와 초연성을 보이고 있어서 W. H. 오든은 "단정하고 현대적으로 다듬어진" 시라고 평한 바 있다.

후기로 오면서 리치는 남성 시인들의 전통에서 벗어나서 여성으로 시인의 주체성을 견지하기가 얼마나 어려운지를 여러 시를 통해서 보여주려 했다. 8년간의 공백 끝에 나온 『양녀(養女)의 스냅사진(Snapshots of

Daughter-in-Law)」은 작가의 이러한 모색을 잘 보여주고 에밀리 디킨슨과 H. D. 등 여성 시인들의 영향을 드러내고 있다. 1970년대 이후 리치는 여성 중심의 다소 유토피아적인 공동체에 대한 관심에서 벗어나 인종, 성별, 계급의 갈등이 상호교차되는 관계를 다루었다. 『Of Woman Born』과 『빵과 피와 시(Blood, Bread, and Poetry: Selected Prose, 1966-1978)』는 그녀의 대표적인 산문작품으로 꼽힌다. 1991년 『난해한 세계지도(An Atlas of the Difficult World: Poems 1988-1991)』라는 시집을 출판한 바 있다. 리치는 현재 알리스 워커, 오드리 로드와 함께 가장 대표적인 미국의 여류시인으로 인정받고 있다.

리치는 많은 글을 썼지만 무엇보다도 우선 뛰어난 시인이다. 그것이 의미하는 바가 무엇인가를 나는 번역하면서 깨달았다. 기다란 복문의 나열, 목적절의 반복, 명료하게 끝나지 않는 단어와 문장, 화려한 명사와 수식어로 나열된 문장은 보기만 해도 가히 시적이다(?). 인간 감정의 복합적이고 다층적인 세계, 지나치게 가까운 사이에 존재하는 애증을 설명하는 날카롭고 정직하며 아름다운 말 — 과연 시인의 글이고 여성의 글이다. 이 현란한 영어를 '읽기 쉬운 번역'이라는 임무에 맞도록 건조하고 지루하게 옮기는 것이 얼마나 못할 일인가를 절감하면서, 누구를 탓할 수도 없지만 끊임없이 투덜대면서 이 일을 했다.

번역은 반역이라더니 두운을 이용해서 rapes(강간)과 ripening(원숙함)의 의미를 중첩시키는 것을 어쩔 것이며, Fascinating Fascism은 또 어떻게 옮겨야 하는지, Vous Travaillez pour l'armée Madame?이라는 불어 문장은 책 전체를 통해 가부장제도 하에서 아이를 낳고 기르지만 결국 무력한 어머니는 자기 아이를 파괴적인 그 제도에 빼앗길 수밖에 없다는 암시로, 또 메아리로 여기 저기 퍼져 있는데 과연 번역서에도 이 메아리가 살아날지, 에밀리 디킨슨, 톨스토이, 릴케, 버지니아 울프, 수우 실버매리를 모두 제자리에서 적절하게 인용하는 그녀의 요령에 감탄하면서도 한편 이 다양한 작가들의 어투를 어쩔 것인지 걱정했다. 이제 번역을 끝내고나니 걱정이 사라지는 것이 아니라 더욱 커진다. 왜 이 번역을 시작했는지 후회스럽고, 뒤적일 때마다 눈에 띠는 어색한 표현들 때문에 너무 부끄럽다. 앞으로도 계속 책의 내용을 다듬으리라 약속하면서 흡족하지 않은 채로 번역본을 내놓는다.

마지막으로, 느닷없이 내게 설득되어 전혀 이득이 남을 것 같지 않은 책을 출판해 준 평민사의 이정옥 사장님께 감사한다. 런던으로 도망가 편안히 쉬고 있는 사람에게까지 교정본을 보내는 그분의 열의가 없었으면 이렇게 빨리 책을 볼 수는 없었을 것이다. 또, 내게 삶의 순환과 일상의 반복이 무의미하지만은 않으리라는 희망을 갖도록 만든 두 아들과 남편에게 고마움을 전한다. 잘 표현은 못하지만 늘 어머니에게 생명의 빚을 지고 있다는 생각을 했는데, 비록 내가 쓴 글이 아니라 번역에 불과하지만, 이 번역본이 어머니에게 드리는 작은 감사의 표시가 되었으면 좋겠다.

1995년 9월 30일
역자 김인성

참고문헌

I. 분노와 애정

1. 아서 W. 칼하운, 『식민지시대부터 현재까지 미국 가족의 사회사』(클리브랜드: 1917). 거다 러너, 백인 미국사회에서 흑인 여성: 기록 역사(뉴욕: 빈티지, 1973), 149-50쪽.

II. "성스러운 소명"

1. 마가렛 생거, 『모성의 굴레』(뉴욕: 맥스웰 리프린트, 1956), 234쪽.
2. 존 스파고, 『사회주의와 모성』(뉴욕: 1914)
3. 벤자민 F. 라일리, 『백인의 부담』(버밍햄, 앨라배마: 1910), 131쪽.
4. 스튜어트 햄프셔, 엘리자베스 하드윅의 「유혹과 배반의 서평」, 『뉴욕 리뷰 어브 북』, 1975년 6월 27일, 21쪽.
5. 아서 W. 칼하운, 『식민시대부터 현재까지 미국 가족의 사회사』(클리브랜드: 1917), 1권 67, 87쪽, 줄리아 C. 스프루일, 『남부 식민지에서 여성의 생활과 노동』(뉴욕: 노튼, 1972), 137-39쪽, 초판 1938.
6. 마가렛 레윌린 데이비스(편집), 『우리가 알고 있는 대로의 삶』(뉴욕: 노튼, 1975), 1쪽; 초판 1931, 런던 호가스 출판사.
7. 칼하운, 윗글, 2권, 244쪽.
8. 존 S. 아보트 목사, 『가정을 지키는 어머니: 어머니의 의무원칙』(뉴욕: 아메리칸

트랙트 소사이어티, 1833), 이 책은 당시의 베스트 셀러였다.

9. 마리아 J. 매킨토시, 『미국의 여성: 노동과 보상』(뉴욕: 애플톤, 1850)

10. 아보트, 윗글, 62-64쪽.

11. 리디아 마리아 차일드, 『어머니를 위한 책』(보스턴, 1831), 5쪽.

12. 루이자 메이 알코트, 『작은 아씨들』(뉴욕: A. L. 버트, 1911), 68쪽.

13. 릴리안 크루거, 「윈스콘신의 모성」, 『윈스콘신, 매거진 어브 히스토리』, 29권 2호, 157-83쪽, 29권 3호, 333-46쪽.

14. 스텔라 데이비스, 『산업혁명을 겪으며』(런던: 루틀리지 앤드 케간, 1966)

15. 마가렛 휘트, 『빅토리아 시대 산업사회의 아내와 어머니』(런던: 록크리프, 1958), 22쪽.

16. 윗글, 153-54쪽.

17. 『모성: 여성 노동자들의 편지』, 여성노동조합 편찬, 국회의원 허버트 사무엘 경의 서문 수록(런던: G. 벨, 1915), 5쪽.

18. 앞글, 27-28쪽.

19. 앞글, 49쪽.

20. 앞글, 67-68쪽.

21. 앞글, 153쪽.

22. 앞글, 47쪽.

23. 칼하운, 윗글, 3권 86쪽, 엘리노어 C. 구겐하임, 「아동보호 투쟁」, 『네이션』, 1973, 5월 7일.

24. 하나 가브론, 『감금된 아내: 가정을 지키는 어머니의 갈등』(런던: 루틀리지 앤드 케간, 1966), 72-73쪽, 80쪽.

25. 리 샌더스 코머, 「자본주의 하의 가정의 기능」, 뉴욕 레디컬 페미니스트가 발간한 팸플릿, 1974. 엘리 자레츠키, 「자본주의, 가정, 개인생활」, 『사회주의 혁명』, 1973년 1월-6월, 69쪽.

26. 칼 드제라씨, 「중국의 산아제한」, 『차이나 쿼털리』, 57호 (1974, 1월-3월), 40-60쪽.

Ⅲ. 아버지의 왕국

1. 셰리 오트너, 「여성과 남성의 관계는 자연과 문화의 관계인가?」, 미셸 로잘도, 루이즈 랑페르가 편집한『여성, 문화, 사회』(스탠포드: 스탠포드 대학 출판부, 1974); 한나 파파네크, 「파키스탄의 푸다: 여성의 격리와 직업」, 『결혼과 가정 저

널』, 1971년 8월, 520쪽.

2. 알렉산더 미첼리히, 『아버지 없는 사회』(뉴욕: 쇼켄, 1970), 145-47쪽, 159쪽.

3. 브리지트 버거, 헬렌 디너에 대한 서문, 『어머니와 아마존』(뉴욕: 앤커 북스, 1973), xvi쪽.

4. 안젤라 데이비스, 「흑인 여성의 역할」, 『블랙 스칼라』, 3권 3호. 패트 로빈슨 외, 「도시 흑인여성에 대한 역사적 비판적 고찰」, 토니 캐드, 편집, 『흑인 여성』(뉴욕: 시그넷, 1970), 198-211쪽.

5. 데이비드 슈나이더, 캐슬린 가우, 편집, 『모계 친족제도』(버클리: 캘리포니아 대학 출판부, 1962), 5쪽.

6. 윗글, 21-23쪽.

7. 로버트 브리포트, 『어머니 연구』(뉴욕: 존슨 리프린트, 1969), 1권 433-35쪽.

8. 시몬느 드 보부아르, 『제2의 성』, H. M. 파쉴리(뉴욕: 노프, 1953), 82쪽.

9. 오트너의 글 참조. 곧 출간될 『여성과 자연』에서 수전 그리핀은 이러한 분열이 어떻게 발전하고 어떤 결과를 낳았는지 깊이 있게 다루고 있다.

10. 지그문트 프로이트, 『프로이트 전집』, 제임스 스트래치 편집, 번역 (뉴욕: 베이직 북스, 1959), 5권.

11. 나일즈 뉴턴, 『어머니의 감정: 월경, 임신, 출산, 수유 및 여성성의 여러 양상에 대한 여성의 느낌 연구』(뉴욕: P. B. 후버, 1955), 24-26쪽.

12. 『세컨드 웨이브』, 1권 2호 (1971년 여름)에 실린 린다 손튼의 「남성 원칙과 여성 원칙에 대하여」 참조.

13. 프란쯔 파농, 『검은 피부, 흰 가면』(뉴욕: 그로브, 1967), 72-73쪽; 『대지의 버림 받은 자들』(뉴욕: 그로브, 1968), 294쪽; 『아프리카 혁명을 향하여』(뉴욕: 그로브, 1967), 3쪽 참조: 파올로 프라이러, 『억압된 자들의 교육학』(뉴욕: 시버리, 1971), 31쪽; 알버트 멤미, 『지배된 남성』(보스턴: 비콘, 1968), 202쪽.

14. 『의지의 방식』에 실린 레슬리 파버의 「미안해요」(뉴욕: 하퍼 앤드 로우, 1968); 알버트 멤미, 『지배된 남성』에 실린 「폭군의 변명」.

15. E. M. 포스터, 『하워즈 엔드』(볼티모어: 펭귄, 1953), 175쪽.

16. 브리포트, 윗글, 2권 557쪽.

17. 드 보부아르, 윗글, 171쪽.

18. 엘리노어 플렉스너, 『투쟁의 세기』(뉴욕: 아테니움, 1971), 46쪽.

19. 올리브 슈라이너, 『아프리카 농장 이야기』(뉴욕: 포세트, 1968), 168-69쪽.

20. 『여성주의 연구』, 1권 2호(1972년 가을)에 실린 「앤 허치슨과 청교도의 여성관」, 65-96쪽.

21. 카렌 호니, 『여성 심리학』(뉴욕: 노튼, 1967)에 실린 「여성 공포」; 울프강 레더러,

『여성 공포』(뉴욕: 그룬 앤드 스트라튼, 1968); 필립 슬레이터, 『헤라의 영광』(보스턴: 비콘, 1968).

22. 호니, 윗글, 137쪽.

23. 슬레이터, 윗글, 72쪽, 로잘도와 랑페르가 편집한 책에서 조안 뱁버거의 「모가장제의 신화: 원시 사회에서는 왜 남성이 다스리는가」 참조.

24. 『뉴욕 리뷰 어브 북』, 1972년 11월 30일에 실린 나의 글 「여성주의에 반대하는 여성」; 파티잔 리뷰, 40권 1호(1973년 겨울)에 실린 낸시 밀포드의 「억압에서 벗어나서: 쥴리엣 미첼의 여성의 지위에 대한 서평」; 제인 알퍼트, 「모권(母權): 새로운 여성주의 이론」, MS., 1973년 8월.

25. 보스턴 피닉스, 1973년 3월 13일에 실린 카렌 린지, 「성 해방은 여성들에게 농담이 아니다」; 바바라 시먼, 『자유와 여성』(뉴욕: 포세트, 1973), 241-45쪽; 「약에 반대할 만한 새로운 증거」, MS., 1975년 6월.

26. 『오프 아우어 백스』, 5권 1호(1975년 1월), 바바라 시걸, 「오늘은 부카레스트에서, 내일은 세계로」, 11쪽.

27. 토니 캐드, 「피임약: 인간 말살인가 해방인가?」, 『블랙 우먼』, 윗글, 162-69쪽.

28. 알 루트리지, 「낙태는 흑인 말살이냐?」, 『에센스』, 1973년 9월, 86쪽.

29. 제시 버나드, 『모성의 미래』(뉴욕: 다이얼, 1974), 268쪽.

30. 슐라미스 파이어스톤, 『성의 변증법』(뉴욕: 벤탐, 1972), 197쪽

31. 드니스 드 루즈몽, 『서구의 사랑』(뉴욕: 앵커 북스, 1957); 초판 1939.

32. 칼 스턴, 『여성으로부터의 비상(飛上)』(뉴욕: 눈데이 프레스, 1970), 305쪽.

33. 허버트 마르쿠제, 『반혁명과 반혁』(보스턴: 비콘, 1972), 74-78쪽; 로버트 블라이, 『손 잡은 사람들』(뉴욕: 하퍼 앤드 로, 1972), 29-50쪽.

34. 바바라 찰스워스 겔피, 「양성성의 철학」, 『여성 연구』, 2권 2호(1974), 151-61쪽.

35. 필립 슬레이터, 『고독의 추구』(보스턴: 비콘, 1970), 46-47쪽, 89쪽.

36. 드 보부아르, 윗글, 66쪽.

37. 알리스 슈와이처, 시몬느 드 보부아르와의 대담, MS., 1972년 7월. 드 보부아르는 브루셀에서 열린 여성에 대한 범죄를 다룬 제1차 국제심판회에서 다음과 같이 말을 시작했다: "여성들의 근본적인 탈 식민지화가 시작되는 것을 보니 반갑습니다." (ITCAW 뉴스레터, 1976년 4월 8일, 버클리 여성센터, 캘리포니아 94704, 버클리, 채닝 웨이 2112번지)

IV. 어머니의 우월성

1. J. J. 바코펜, 『신화, 종교, 모권(母權)』, 랄프 만하임 번역(뉴저지, 프린스턴: 프린스턴 대학 출판부, 1967), 207쪽.

2. 앞글, 150, 129쪽.

3. 앞글, 143-44쪽.

4. 앞글, 150쪽.

5. 앞글, 101쪽.

6. 앞글, 109-10쪽.

7. 로버트 브리포트, 『어머니 연구』(뉴욕: 존슨 리프린트, 1969), 1권 4장.

8. 앞글, 3권, 509-10쪽.

9. 예를 들어 애미 해케트와 사라 폼로이, 「역사적인 사건: 제1의 성」, 『여성주의 연구』, 1권 2호(1972).

10. 제인 해리슨, 『신화』(뉴욕: 하코트, 브레이스 앤드 월드, 1963), 43쪽; 초판 1924.

11. 에리히 노이만, 『의식의 기원과 역사』(뉴저지, 프린스턴: 프린스턴 대학 출판부, 1971), 43쪽; 초판 1949.

12. 에리히 노이만, 『위대한 어머니』(뉴저지, 프린스턴: 프린스턴 대학 출판부, 1972), 129-31쪽; 초판 1955.

13. 조셉 캠벨, 『신의 가면: 원시 신화』(뉴욕: 바이킹, 1972), vi-vii쪽.

14. 제임스 멜라르트, 카탈 휘이크: 『아나톨리아의 신석기 마을』(뉴욕: 맥그로우 힐, 1967), 201-2쪽.

15. 노이만, 『위대한 어머니』, 135-37쪽; 브리포트, 윗글, 1권 466-67쪽. 또 H. R. 헤이즈의 『위험한 성』(뉴욕: 포켓 북스, 1972)을 참조하시오.

16. 브리포트, 윗글, 1권 473-74쪽.

17. 케이트 밀레트, 『성의 정치학』(뉴욕: 더블데이, 1970), 210-20쪽.

18. 노이만, 『위대한 어머니』, 288쪽.

19. 브리포트, 윗글, 2권 513, 490쪽.

20. 오토 랑크, 『심리학을 넘어서』에 실린 「성에 관한 자아를 형성하는 것에 관하여」(뉴욕: 도버, 1958), 202-12쪽.

21. 브로니슬로우 말리노프스키, 『야만인의 성생활』(뉴욕: 하코트 브레이스 앤드 월드, 1929), 2, 170-75쪽.

22. 노이만, 『의식의 기원과 역사』, 49-51쪽.

23. 바라라 시먼, 『자유와 여성』(뉴욕: 포세트, 1973), 22쪽.

24. 브리포트, 윗글, 1권 441쪽.

25. 브루노 베틀하임, 『상징적 상처: 사춘기의 제의와 질투하는 남성』(뉴욕: 콜리어, 1968)

26. 캠벨, 윗글, 30-31, 46, 59-60쪽.

27. 브리포트, 윗글, 2권 403-6쪽.

28. C. G. 하틀리, 『모권(母權)의 시대』(뉴욕: 도드, 미드, 1914), 65-68쪽.

29. 노이만, 『위대한 어머니』, 280, 290쪽.

30. M. 에스터 하딩, 『여성의 신비』(뉴욕: C. G. 융재단, 1971), 70쪽.

31. 메리 더글라스, 『순수와 위험: 오염과 금기의 개념 분석』(볼티모어: 펠리칸, 1970), 166-69쪽.

32. 파올라 위더거, 『월경과 폐경: 생리학과 심리학, 신화와 현실』(뉴욕: 노프, 1976), 93-94쪽.

33. 브리포트, 윗글, 2권, 634-40쪽.

34. G. 레이첼 레비, 『석기시대의 종교 개념』(뉴욕: 하퍼 토치북스, 1963), 52, 157-59쪽. 영국에서 1948년 출판되었을 때 원제는 『정몽(正夢)의 문』이었다.

35. 에리히 노이만, 『위대한 어머니』, 217-25쪽.

V. 어머니 길들이기

1. 프레드릭 엥겔스, 『가족, 사유재산, 국가의 기원』(뉴욕: 인터내쇼날 퍼블리셔스, 1971), 73쪽.

2. 카렌 호니, 『여성심리학』(뉴욕: 노튼, 1967), 106-18쪽.

3. 엘리 자레츠키, 『자본주의, 가족, 개인생활』, 원제는 『사회주의 혁명』, 1973년 1월 6일, 78, 72-73쪽.(1975년 뉴욕, 하퍼 앤드 로우에서 염가판으로 출간되었다.

4. H. R. 헤이즈, 『위험한 성』(뉴욕: 포켓 북스, 1972), 270쪽; 초판 1964.

5. 로빈 폭스, 『친족제도와 결혼』(볼티모어: 펭귄, 1967), 27-33쪽.

6. 브루노 베틀하임, 『상징적 상처: 사춘기의 제의와 질투하는 남성』(뉴욕: 콜리어, 1968), 초판 1954.

7. 조셉 캠벨, 『신의 가면: 원시신화』(뉴욕: 바이킹, 1972), 315쪽; 초판 1959.

8. G. 레이첼 레비, 『석기시대의 종교 개념』(뉴욕: 하퍼 토치북스, 1963), 83-85쪽.

9. 윗글 27, 86-87, 100쪽.

10. 내쇼널 지오그라픽, 144권 6호(1973년 12월)

11. 캠벨, 윗글, 372쪽.

12. 레너드 팔머, 『미케네인과 미노아인: 리니아 B문자로 살펴본 에게문명의 선사시

대』(뉴욕: 노프, 1965), 347쪽.

13. 레비, 윗글, 120쪽; 에리히 노이만, 『위대한 어머니』(뉴저지, 프린스턴: 프린스턴 대학 출판부, 1972).

14. 라파엘 파타이, 『성서와 중동의 성과 가족』(뉴욕: 더블데이, 1959), 135쪽.

15. 라파엘 파타이, 『유태의 여신』(뉴욕: 크타브, 1967), 52, 97-98쪽.

16. 아이스킬로스, 『오레스테이아』, 리치몬드 라티모어 번역(시카고: 시카고 대학 출판부, 1953), 158, 161쪽.

17. B. 에른라이히와 D. 잉글리쉬, 『마녀, 조산원, 간호사: 여성치료사의 역사』(올드 웨스트버리, 뉴욕: 페미니스트 프레스, 1973), 8-9쪽.

18. E. O. 제임스, 『모신(母神) 숭배』(뉴욕: 프래거, 1959), 47, 138쪽; 제임스 멜라르트, 『카탈 휘이크: 아나톨리아의 신석기 마을』(뉴욕: 맥그로우 힐, 1967), 그림 84.

19. 팔머, 윗글, 192쪽; 시릴 알드레드, 『아케나톤과 네페르티트』(뉴욕: 바이킹, 1973), 181쪽.

20. 파타이, 『유태의 여신』, 26-27, 52, 97-98쪽.

21. 에리히 노이만, 『의식의 기원과 역사』(뉴저지, 프린스턴: 프린스턴 대학 출판부, 1971), 86쪽.

22. 제인 해리슨, 『신화』(뉴욕: 하코트, 브레이스 앤 월드, 1963), 44쪽.

23. 필립 슬레이터, 『헤라의 영광』(보스턴: 비콘, 1968)

24. 알드레드, 윗글, 11-12쪽; 루이스 멈포드, 『역사의 도시』(뉴욕: 하코트, 브레이스 앤 월드, 1961), 12쪽.

25. 제인 해리슨, 윗글, 94-95쪽.

26. 슬레이터, 윗글, 137-41쪽.

27. M. 에스터 하딩, 『여성의 신비』(뉴욕: C.G.융 재단, 1971), 31쪽.

28. 로버트 브리포트, 『어머니 연구』(뉴욕: 존슨 리프린트, 1969), 1권 131-41쪽.

29. 마가렛 미드, 『남성과 여성: 변화하는 세계의 성』(뉴욕: 모로우, 1975), 229쪽; 초판 1949.

30. 앞글, 82쪽.

31. 캠벨, 윗글, 451쪽.

VI. 인간의 손, 철의 손

1. A. J. 롱기, 『출산, 어제와 오늘』(뉴욕: 에머슨, 1937), 62-64쪽.

2. R. P. 피니, 『모성의 역사』(뉴욕: 라이브라이트, 1937), 21쪽.

3. 앞글, 18-20쪽.

4. 의학박사, 어윈 샤본, 『각성과 경계: 예방법을 이용하여 출산에 참여하기』(뉴욕: 들라코트, 1966), 46-47쪽.

5. 의학박사, W. F. 멘거트, 「남성 조산원의 기원」, 『애뉴얼 어브 메디칼 히스토리』, 4권 5호, 453-65쪽.

6. 롱기, 윗글, 18, 33쪽; 하비 그래함, 『영원한 이브: 출산의 신비와 관습』(런던: 허치슨, 1960), 12쪽.

7. 롱기, 윗글, 33쪽.

8. 피니, 윗글, 31쪽; 롱기, 윗글, 76-77쪽.

9. 의학박사 J. W. 화이트, 「산과술 4000년」, 『미국 산과학회지』, 11권 3호 (1931년 3월), 564-72쪽.

10. 피니, 윗글, 44쪽.

11. 그래함, 윗글, 69-70쪽.

12. 피니, 윗글, 56쪽.

13. 그래함, 윗글, 79쪽.

14. 벤 바커-벤필드, 『여성주의 연구』, 1권 2호(1972년 가을)에 실린 「앤 허치슨과 청교도의 여성관」, 65-96쪽; 피니, 윗글, 149쪽.

15. B. 에른라이히와 D. 잉글리쉬, 『마녀, 조산원, 간호사: 여성치료사의 역사』(올드 웨스트버리, 뉴욕: 페미니스트 프레스, 1973), 12-15쪽.

16. 롱기, 윗글, 84쪽.

17. 앞글, 79쪽.

18. 멘거트, 윗글, 453-65쪽.

19. 피니, 윗글, 101쪽.

20. 그래함, 윗글, 87쪽.

21. 롱기, 윗글, 46쪽.

22. J. L. 밀러, 「르네상스의 조산술: 1500년-1700년까지 현대 산과술의 진보」, 『의학사 강론: 1862-1932』(필라델피아: W. B. 손더스, 1933).

23. 루이즈 부르주와, 『마리 드 메디치의 여섯 조산원』(파리: 1875), 24-27쪽. 리차드 하워드가 이 문단을 영어로 번역한 것을 이용했다.

24. 퍼시발 윌러비, 『시골 산파의 소품 혹은 항시 필수품으로 본 산과술 연구』(와릭: H. T. 쿠크, 1863), 151쪽.

25. 의학박사 해롤드 스피어트, 의학박사 알란 구트마허, 『산과술』(뉴욕: 맥그로우-힐, 1956), 304쪽.

26. 그래함, 윗글, 115쪽.

27. 앞글, 120쪽.

28. 앞글, 106-22쪽.

29. 의학박사 존 리크, 『조산술의 이론과 실제에 대한 입문』(런던: 1773), 48쪽.

30. F. 내롤, R. 내롤, F. M. 하워드, 「분만시 여성의 위치: 자료 관리에 의한 연구」, 『미국 산부인과 학회지』, 82권 4호(1961, 10월), 953쪽.

31. 리크, 윗글, 49쪽.

32. 그래함, 윗글, 146쪽.

33. 엘리자베스 니헬, 『조산술 연구: 특히 기구 사용에 따른 다양한 남용에 대하여』 (런던: 1760), vii-ix쪽.

34. 앞글, 91-99쪽.

35. 앞글, 167쪽.

36. 실라 키칭거의 『출산의 경험』(볼티모어: 펠리칸, 1973), 12쪽, 쟈넷 브라운 외, 『두 가지 분만』(뉴욕: 랜덤 하우스, 1972).

37. 피니, 윗글, 238쪽.

38. 『메디칼 클래식』, 5권 5호(194년 1월)에 실린 I. P. 젬멜봐이즈 「산욕열의 원인, 개념, 예방」(1861), 357쪽.

39. 피니, 윗글, 191쪽.

40. 앞글, 218쪽.

41. 『의학, 외과, 그 외 관련 학문에서 중요한 저술들』(필라델피아: 1909)에 실린 O. W. 홈즈, 「산욕열의 전염」(1843).

42. 젬멜봐이즈, 윗글 369-75쪽.

43. 앞글, 391쪽.

44. 앞글, 395쪽.

45. 앞글, 400쪽. 또한 A. 제닉과 S. 톨민, 『비트겐슈타인의 비엔나』(뉴욕: 사이몬 앤 슈스터, 1973), 35쪽.

46. 젬멜봐이즈, 윗글, 417쪽.

47. 피니, 윗글, 223쪽.

VII. 고독한 진통

1. 로렌스 프리드먼과 베라 퍼거슨, 「원시사회에서 '무통 분만'의 문제」, 『미국 교정 정신의학 학회지』, 20권(1950), 368, 370쪽; 마가렛 미드, 『남성과 여성: 변화하는 세계의 성』(뉴욕: 모로우, 1975), 277쪽.

2. 낸시 풀러와 브리지트 조던, 「해먹에서 출산을」, 『여성: 리버레이션 저널』, 4권 3호, 24-26쪽.

3. 로렌스 프리드먼과 베라 퍼거슨, 윗글, 369쪽.

4. 로버르 브리포트, 『어머니 연구』(뉴욕: 존슨 리프린트, 1969), 1권 458-59쪽.

5. 시몬느 베이유, 『신을 기다리며』(뉴욕: 푸트남, 1951), 117쪽; 『비망록』(파리: 리브래리 플로, 1953), 9쪽.

6. 도리스 레싱, 『정식 결혼』(뉴욕: 뉴 아메리칸 라이브러리, 1970), 274쪽.

7. 코라 샌들, 『알베르타의 자유』, 엘리자베스 로카안 번역(런던: 피터 오웬, 1963), 231, 241쪽; 초판 1931.

8. 마가렛 미드와 나일즈 뉴턴, 「임신, 출산과 성과: 문화 양상과 연구의 필요성」, S. A. 리차드슨과 A. F. 구트마허, 편집, 『출산: 사회적, 심리적 양상』(볼티모어: 윌리암스와 윌킨스, 1967). 데이비드 멜처가 편집한 『출산』(뉴욕: 발란틴, 1973) 중 임신 금기에 관한 엘지 클루 파슨즈의 글, 34-38쪽 참고.

9. 미드와 뉴턴, 윗글, 148쪽.

10. 앞글, 170-75쪽.

11. 로렌스 프리드먼과 베라 퍼거슨, 윗글, 367쪽.

12. 실라 키칭거, 『출산의 경험』(볼티모어: 펠리칸, 1973), 17-25쪽.

13. 레오 톨스토이, 『안나 카레리나』, 로즈마리 에드몬즈 번역(볼티모어: 펭귄, 1954), 747-48쪽.

14. 레오 톨스토이, 『전쟁과 평화』, 루이즈와 아일머 모오드 번역(뉴욕: 사이몬 앤 슈스터, 1942), 353쪽.

15. 엘리자베스 만 보르제스, 『여성의 상승』(뉴욕: 브라질러, 1963), 44쪽.

16. 월터 레드클리프, 『조산술의 초석』(브리스톨: 라이트, 1967) 81쪽; R. P. 피니, 『모성의 역사』(뉴욕: 라이브라이트, 1937), 169-75쪽.

17. 클래어 토말린, 『메리 울스턴크래프트의 삶과 죽음』(뉴욕: 하코트 브레이스 죠바노비치, 1974), 226쪽.

18. 『의학, 외과 그 외 관련 학문에서 중요한 저술들』(필라델피아: 1909)에 실린 O. W. 홈즈, 「산욕열의 전염」(1843).

19. H. W. 하가드, 『악마, 약, 의사』(뉴욕, 런던: 하퍼와 브라더즈, 1929), 116쪽.

20. B. 에른라이히와 D. 잉글리쉬, 『불만과 무질서: 질병의 성 정치학』(올드 웨스트버리, 뉴욕: 페미니스트 프레스, 1973), 26-36쪽.

21. 피니, 윗글, 186-90쪽; 실비아 플라스, *The Bell Jar* (뉴욕: 밴담, 1972), 53쪽.

22. 해롤드 스피어트, 알란 구트마허, 『산과술』(뉴욕: 맥그로우 힐, 1956), 305쪽.

23. 그랜트리 딕-리드, 『공포 없는 출산: 자연분만의 원칙과 실제』(뉴욕: 하퍼 앤 로

우, 1970); 초판, 1944.

24. 피에르 벨리 외, 『고통 없는 출산』(뉴욕: 더튼, 1968), 18-21쪽.

25. K. D. 키일, 『고통의 분석』(옥스퍼드: 블랙웰, 1957), 182쪽.

26. 수전 암즈, 『순수한 거짓: 미국의 여성과 출산에 대한 새로운 관점』(보스턴: 하우
    톤 미플린, 1975), 145-46쪽.

27. 키칭거, 윗글, 17-25쪽.

28. 벨리, 윗글, 28, 151쪽.

29. 슐라미스 파이어스톤, 『성의 변증법』(뉴욕: 밴탐, 1972), 198-99쪽.

30. 코라 샌들, 『고독한 알베르타』, 엘리자베스 로카안 번역(런던: 피터 오웰, 1965),
    94쪽; 초판 1939.

31. 브리지트 조던, 인류학과, 미시건 주립대학, 「출산의 문화적 산물」, 1974(미발
    간).

32. 암즈, 윗글, 83쪽; 쥬디스 브리스터, 「수직 분만: 출산은 개선되었나?」, 디트로이
    트 뉴스, 1971년 6월.

33. 1975년 4월 9일 의학박사 로베르토 칼데이로-바르시아, 인간발달 남미 센터 회
    장 겸 국제 산부인과연맹의 회장, 어머니와 아이의 건강을 위한 아메리카 연맹의
    회의에서(제인 브로디, 「산과 방식 비판」, 뉴욕 타임즈, 1975년 4월 10일).

34. 조던, 윗글; 풀러와 조던, 윗글.

35. 미드, 『남성과 여성: 변화하는 세계의 성』, 268쪽.

36. 도리스 헤어, 「출산의 문화적 조직」, 국제출산교육연합, 1974. 이 팸플릿을 얻으
    려면 국제출산교육연합 보급처, 1414 뉴욕. 85번가, 시애틀, 워싱턴. 98117로 연
    락하시오.

37. 암즈, 윗글, 279쪽.

38. 앞글.

39. 앞글.

40. 메리 제인 셔피, 『여성의 성욕의 본질과 발전』(뉴욕: 빈티지, 1973), 100-101쪽.

41. 「여성 경험」에 관한 『사이콜로지 투데이』에 실린 나일즈 뉴턴, 「3배로 관능적인
    여성」, 1973.

42. J. 주빈과 J. 머니가 편집한 『현대의 성행위: 1970년대의 비판적 쟁점들』(볼티모
    어: 존스 홉킨스 대학 출판부, 1973), 145-71쪽에 실린 알리스 롯시, 「모가장제,
    성욕, 새로운 여성주의」.

43. 『제1회 국제출산학회 발표논문집』에 실린 캐시 린크, 「낙태를 선택할 여성의 권
    리를 합법화하는 일」, 1973, 뉴 문 커뮤니케이션, 박스 3488, 리지웨이 스테이션,
    스탬포드, 코네티컷, 06905.

VIII. 어머니와 아들, 여성과 남성

1. 프란쯔 코블러 편집, 『그 어머니의 아이들은 어머니를 성자라고 부른다: 유태 어머니의 모습』(뉴욕: 스티븐 데이, 1953)에 실린 알프레드 카진, 「도시의 방랑자」, 234쪽.

2. 지그문트 프로이트, 『정신분석학 신 입문』, 제임스 스트래치 편집, 번역(뉴욕: 노튼, 1961), 133쪽; 『정신분석학 일반개론』, 조안 리비에르 번역(뉴욕: 가든 시티 퍼블리싱, 1943), 183쪽.

3. 셰리 오트너, 「오이디푸스와 같은 아버지, 외삼촌, 그리고 음경: 쥴리엣 미첼의 정신분석과 여성주의 서평」, 『여성주의 연구』, 2권 2-3호 (1975).

4. 로버트 브리포트, 『어머니 연구』(뉴욕: 존슨 리프린트, 1969), 1권 259-64쪽.

5. 조지 잭슨, *Soledad Brother* (뉴욕: 밴탐, 1970), 9-10쪽.

6. 프란쯔 카프카, 『아버지에게 보내는 편지』(뉴욕: 쇼켄, 1966), 45-47쪽.

7. 프레드릭 르보이에, 『폭력 없는 출산』(뉴욕: 노프, 1975), 26-27쪽.

8. 던칸 엠리치, 『미국의 민요』(보스턴: 리틀, 브라운, 1974), 739쪽.

9. 톰 마샬, 『마음의 항해사: D. H. 로렌스의 시』에서 인용한 D. H. 로렌스의, 「상징적 의미」(뉴욕: 바이킹, 1970), 53쪽.

10. G. 레이첼 레비, 『석기시대의 종교개념』(뉴욕: 하퍼 토치북스, 1963), 53, 157쪽; 에리히 노이만, 『위대한 어머니』(뉴저지, 프린스턴: 프린스턴 대학 출판부, 1972), 256-58쪽.

11. 레슬리 H. 파버, 「그가 말한 것, 그녀가 말한 것」, 코멘타리, 1972년 3월, 55쪽.

12. 카렌 호니, 『여성 심리학』(뉴욕: 노튼, 1967), 113, 117,138, 141쪽.

13. 드니스 드 루즈몽, 『서구의 사랑』(뉴욕: 앤커 북스, 1957), 1-45쪽.

14. 라이너 마리아 릴케, 『두이노의 비가』, 릴리 앵글먼이 이 시행을 번역해 주었다. 릴케, 『말테의 수기』, M. D. 허터 노튼(뉴욕:노튼, 1949), 120-21쪽.

15. 『라이너 마리아 릴케의 서한집』, 번역 J. B. 그린, M. D. 허터 노튼(뉴욕: 노튼, 1945), 1권 71쪽.

16. 번 L. 블로우, 『종속된 성: 여성관의 역사』(볼티모어: 펭귄, 1974), 29쪽.

17. 앞글, 231-32쪽.

18. 앞글, 173-74쪽.

19. 메리 델리, 『교회와 제2의 성, 후기 기독인 서론 포함』(뉴욕: 하퍼 콜로폰 북스, 1975), 149-52쪽.

20. 블로우, 윗글, 225-26쪽.

21. 존 S. 할러와 로빈 M. 할러, 『빅토리아 시대 미국의 의사와 성욕』(시카고: 일리노

이대학 출판부, 1974), 100-101쪽.

22. 비올라 클라인, 『여성 인물: 이념의 역사』(시카고: 일리노이대학 출판부, 1972), 26쪽.

23. 의학박사, 조셉 C. 라인골드, 『어머니, 분노와 죽음: 파멸적인 죽음 심리』(런던: J. & A. 처칠, 1967), 119쪽.

24. 제임스 도어티, 『아브라함 링컨』(뉴욕: 바이킹, 1943), 160쪽.

25. 마가렛 미드 편집, 『현장의 인류학자: 루스 베네딕트의 저술들』(뉴욕: 에퀴녹스 북스, 1973), 123쪽.

26. L. 반 겔러와 C. 카마이클, 「그렇지만 우리 아들들은 어떻지?」, MS, 1975년 10월, 52쪽.

27. 카렌 호니, 『정신분석학의 새 방법』(뉴욕: 노튼, 1939)

28. 지그문트 프로이트, 『정신분석학 신 입문』, 86-87, 129쪽.

29. 에리히 노이만, 『의식의 기원과 역사』(뉴저지, 프린스턴: 프린스턴 대학 출판부, 1971), 142-43쪽, 브루노 베틀하임, 『상징적 상처: 사춘기의 제의와 질투하는 남성』(뉴욕: 콜리어, 1968), 118-9쪽.

30. 프레드릭 워덤, 『어두운 전설: 살인 연구』(뉴욕: 두엘, 슬로안과 피어스, 1941), 221, 252쪽.

31. 오트너, 윗글, 180쪽.

32. 쥴리엣 미첼, 『정신분석과 여성주의』(뉴욕: 빈티지, 1975).

33. 리차드 질먼, 「지그문트 프로이트에 반대하는 여성주의 입장」, 『뉴욕 타임즈 매거진』, 1971년 1월 31일, 10쪽.

34. 진 스트로즈 편집, 『여성과 분석: 정신분석학에서 보는 여성성의 관점 토론』(뉴욕: 그로스만, 1974), 58쪽.

35. 샬롯 바움, 파울라 하이먼, 소니아 미첼, 『미국의 유태 어머니』(뉴욕: 다이알 프레스, 1976).

36. 폴린 바트, 「중년 여성의 우울」, 『리스폰스: 컨템퍼러리 주이시 리뷰』의 「유태 어머니」 특별호, 18호(1973, 여름), 129-41쪽.

37. 메리 제인 셔피, 『여성의 성욕의 본질과 발전』(뉴욕: 빈티지, 1973); 「여성 경험」에 관한 『사이콜로지 투데이』에 실린 나일즈 뉴턴, 「3배로 관능적인 여성」, 1973; 뉴턴, 「성 반응, 출산, 수유간의 관계」; J. 주빈과 J. 머니가 편집한 『현대의 성 행위: 1970년대의 비판적 쟁점들』(볼티모어: 존스 홉킨스 대학 출판부, 1973), 145-71쪽에 실린 알리스 롯시, 「모가장제, 성욕, 새로운 여성주의」.

38. 반 겔더와 카마이클, 윗글.

39. 로버트 라이드, 『마리 퀴리』(뉴욕: 두턴 새터데이 리뷰, 1974), 206쪽.

40. 클라인, 윗글, 26쪽.

41. 데오드르 스탠턴과 해리엇 스탠턴 블래치 편집, 『편지, 일기, 회상에 나타난 엘리자베스 캐디 스탠턴』(뉴욕: 아노, 1969), 2권 38-41, 31, 130-31쪽. 내가 이 구절에 관심을 갖게 된 것은 엘리자베스 샌클린 덕분이다.

42. 수우 실버메리, 「모성의 유대감」, 『여성: 리버레이션 저널』, 4권 1호, 26-27쪽.

43. 로빈 모건, 『야수의 부인』 중 「상상의 어머니의 그물」 제4부에 나오는 「그 아이」(뉴욕: 랜덤 하우스, 1976).

44. 제인 라자르, 「여성의 해에 아버지 되는 일」, 빌리지 보이스, 1975년 9월 22일.

45. M. 에스터 하딩, 『여성의 신비』(뉴욕: C.G.융 재단, 1971), 192-94쪽.

46. 메리 델리, 『하느님 아버지를 넘어: 여성 해방의 철학을 향해』(보스턴: 비콘, 1973).

47. 프란쯔 파농, 『대지의 버림받은 자들』(뉴욕: 그로브, 1968), 269-70쪽.

48. 올리브 슈라이너, 『꿈』(패시픽 그로브 캘리포니아: 셀렉트 북스, 1971), 59-62쪽; 초판, 1890.

IX. 어머니와 딸

수전 그리핀의 『홍채(虹彩)처럼』에 실린 「어머니와 아이」의 마지막 부분(뉴욕: 하퍼 앤 로우, 1976).

1. 알리스 롯시, 「심리학적이고 사회적인 리듬: 인간의 순환성에 대한 연구」, 미국 정신과협회 특별 강연, 미시간, 디트로이트, 1974년 5월 9일; 「역사물-잔인하지만 꺾이지 않는다」, 엘리자베스 펜턴, 에밀리 컬페퍼와 『진정한 문서』에 관한 대담, 1974년 6월 12일.

2. 챨스 스트릭랜드, 「선험론자 아버지: 브론손 알콧의 자녀 양육」, 『히스토리 어브 차일드푸드 쿼털리: 심리역사 학회지』, 1권 1호(1973년 여름), 23, 32쪽.

3. 미즈 맥켄지 편집, 『우리 힘을 합하여』(뉴욕: 노프, 1975), 28쪽.

4. 마가렛 미드, 『남성과 여성: 변화하는 세계의 성』(뉴욕: 모로우, 1975), 61쪽.

5. 데이비드 멜처, 『출산』(뉴욕: 발란틴, 1973), 3,5,6-8쪽.

6. 도모즈가 편집한 『아동기의 역사』에 실린 로이드 드모즈, 「아동기의 발전」(뉴욕: 하퍼 앤드 로우, 1974), 25-26쪽, 120쪽.

7. 제인 릴리엔필드, 「그래, 등대는 저렇게 생겼구나: 빅토리아 시대의 결혼」, 미발간 논문, 1975년 4월 18-20일 동안 미국 동남부 빅토리아 시대 연구회의 빅토리아 시대 가족에 관한 발표회에서 발표, 매사추세츠, 워스터.

8. 버지니아 울프, 『등대로』(뉴욕: 하코트, 브레이스, 1927), 58, 92, 126, 79, 294쪽.

9. 세실 우드햄-스미스, 『플로렌스 나이팅게일』(뉴욕: 그로셋 앤 던랩, 1951), 46쪽.

10. 파울라 모더존-베커의 일기와 편지, 리즈롯트 얼랑거 번역, 미발간 원고, 번역자의 허락으로 인용.

11. 토머스 존슨 편집, 『에밀리 디킨슨 서한집』(캠브리지, 매사추세츠: 하버드대학 출판부, 1958), 3권, 782쪽.

12. 실비아 플라스, 『집으로 보내는 편지』, 아우렐리아 플라스 편집(뉴욕: 하퍼 앤 로우, 1975), 32, 466쪽.

13. 버지니아 울프, 윗글, 79쪽.

14. 래드클리프 홀, 『고독의 샘』(뉴욕: 포켓 북스, 1974), 32쪽; 초판 1928.

15. 수우 실버매리, 「모성의 유대감」, 『여성: 리버레이션 저널』, 4권 1호, 26-27쪽.

16. 캐롤 스미스-로젠버그, 「사랑과 제식의 여성 세계: 19세기 미국의 여성 관계」, 『사인스』, 1권 1호, 1-29쪽.

17. 릴리안 크루거, 「윈스콘신의 모성」, 『윈스콘신, 매거진 오브 히스토리』, 29권 3호, 333-46쪽.

18. 린 수케닉, 「도리스 레싱 소설의 감정과 이성」, 『컨템퍼러리 리터레처』, 14권 4호, 519쪽.

19. 도리스 레싱, 『정식 결혼』(뉴욕: 뉴아메리칸 라이브러리, 1970), 111쪽.

20. 케이트 쇼핀, 『각성』(뉴욕: 카프리콘, 1964), 14쪽; 초판 1899.

21. 코라 샌들, 『고독한 알베르타』, 엘리자베스 로카안 번역(런던: 피터 오웬, 1965), 51쪽; 초판 1939.

22. C. 케레냐이, 『에베소: 어머니와 딸의 원형 이미지』(뉴욕: 판테온, 1967), 13-94쪽.

23. 앞글, 127-28쪽.

24. 앞글, 130쪽.

25. 앞글, 132-33쪽.

26. 마가렛 애트우드, 『진실을 찾아서』(뉴욕: 포퓰러 라이브러리, 1972), 213-14, 218-19, 22-23쪽.

27. 진 먼디, 「강간-여성에게만 일어나는 일」, 미발간, 1974년 9월 1일 미국 심리학회 발표, 뉴올리언즈, 루이지애나.

28. 클라라 톰슨, 「여성의 '음경 동경 심리'」, 진 베이커 밀러 편집, 『정신분석과 여성』(볼티모어: 펭귄, 1973), 54쪽.

29. 로버트 자이던버그, 「신체적 특성이 운명이냐?」, 밀러, 윗글, 310-11쪽.

30. 틸리 올슨, 『내게 수수께끼를 말해주세요』(뉴욕: 델타 북스, 1961), 1-12쪽.

31. 이블린 리드, 『여성의 발전: 모가장적인 집단에서 가부장적인 가정으로』(뉴욕: 패스파인더, 1975), 12-14쪽.

32. 에이드리언 리치, 「제인 에어: 어머니 없는 여성의 유혹」, MS., 1973년 10월.

33. 릴리안 스미스, 『꿈을 죽이는 것들』(뉴욕: 노튼, 1961), 28-29쪽.

X. 폭력: 모성의 오지(奧地)

1. 여기에서 설명하는 이야기는 모두 사실이다. 인용한 말들은 실제 신문 기사에 실린 것이다. 개인을 침해하지 않기 위해서 실제 이름이나 지명은 사용하지 않았다.

2. 조지 H. 윌리암스, 「신성한 공동 통치」, 존 T. 누난 2세 편집, 『낙태의 도덕』(캠브리지, 매사추세츠: 하버드대학 출판부, 1970), 150쪽.

3. 오스카 H. 워너, 『독문학에 나타나는 미혼모』(뉴욕: 컬럼비아 대학 출판부, 1917), 21쪽.

4. 앞글, 24-25쪽.

5. 앞글, 1쪽.

6. 앞글, 26-27쪽, 96쪽.

7. 앞글, 1-4쪽.

8. 벤 바커-벤필드, 『여성주의 연구』, 1권 2호(1972년 가을)에 실린 「앤 허치슨과 청교도의 여성관」.

9. 에드워드 무어 편집, 힌두교의 영아 살해. 부모에 의한 조직적인 여아살인 관습을 억제하기 위해 채택된 정책 설명(런던: 1811).

10. 앞글.

11. 로렌스 래더, 『낙태』(보스턴: 비콘, 1967), 76-79쪽.

12. 엘리자베스 캐디 스탠턴, 『우먼스 저널』에 보낸 편지, 알마 루쯔, 『평등하게 창조되어』(뉴욕: 존 데이, 1940), 234쪽에서 인용. 이 부분과 다음 인용은 엘리자베스 샌클린의 미발간 논문, 「우리의 혁명적인 어머니: 엘리자베스 캐디 스탠턴」(사라 로렌스 대학의 여성 연구 프로그램)의 도움을 받았다.

13. 루쯔, 윗글, 162-63쪽; 엘리자베스 캐디 스탠턴, 수전 B. 앤토니, 마틸다 J. 게이즈 편집, 『여성 참정권의 역사』(뉴욕: 소스 북 프레스, 1970), 1권, 597-98쪽.

14. 「일본의 영아 살해: 시대의 표시인가?」, 『뉴욕 타임즈』, 1973년 12월 8일.

15. 해롤드 로젠 편집, 『미국에서 일어나는 낙태』에 실린 의학박사, 메이 E. 프롬, 「낙태에 관한 정신분석적 고찰」(보스턴: 비콘, 1967), 210쪽.

16. 로젠의 책에 실린 의학박사, 헨리 J. 마이어, 「불임 수술의 문제」, 93쪽.

17. 로젠의 책에 실린 의학박사, 밀턴 H. 에릭슨, 「정관수술의 심리적 의의」, 57-58쪽.

18. 제인 브로디, 「산아제한의 방법들: 부작용에 대한 연구」, 뉴욕 타임즈, 1975년 3월 4일; 해롤드 슈멕크, 「미 식품위생성은 피임약이 심장 발작을 일으킨다고 경고한다」, 뉴욕 타임즈, 1975년 8월 27일.

19. 누난, 윗글, 4쪽.

20. 앞글, 16쪽.

21. 앞글, 29-30쪽.

22. 래더, 윗글, 76-79쪽.

23. 앞글, 17쪽.

24. 예를 들어, 개럿 하딘, 『위탁된 모성: 생명권의 진정한 의미』(보스턴: 비콘, 1974); 프란시스-머나, 「낙태: 철학적 분석」, 『여성주의 연구』, 1권 2호(1972년 가을); 프란시스-머나, 「낙태: 철학적 분석」, 『여성주의 연구』, 1권 2호 (1972년 가을); M. 코헨, T. 내젤, T. 스캔론 편집, 『낙태에 대한 찬반양론』에 실린 주디스 저비스 톰슨, 「낙태 옹호」(프린스턴, 뉴저지: 프린스턴 대학 출판부, 1974), 3-23쪽.

25. 메리 델리, 『하느님 아버지를 넘어: 여성 해방의 철학을 향해』(보스턴: 비콘, 1973), 112쪽.

26. 수전 그리핀, 「낙태 후의 인터뷰」, 『스캔런스 먼스리』, 1권 5호(1970년 7월).

27. 로젠, 윗글에 실린 의학박사 해롤드 로젠, 「자궁적출수술 환자와 낙태 문제」, 54쪽; 조안 로저, 「성급한 수술」, 『뉴욕 타임즈 매거진』, 1975년 9월 21일.

28. 로젠, 윗글에 실린 의학박사, 플랜더 던바, 「낙태와 낙태 습관에 대한 정신-신체 상관성의 연구」, 27쪽; 래더, 윗글, 22-23쪽.

29. 래더, 윗글, 121-22쪽.

30. 칼 드제라씨, 「중국의 산아제한」, 『차이나 쿼털리』, 57호(1974, 1월-3월), 40쪽.

31. 조지 W. 클락 목사, 『민족의 자멸-영국의 고난』, 의무와 수양 운동회가 출판한 팸플릿(런던: 1917).

32. 데보라 S. 로젠펠트 편집, 「말하기를 배우는 일: 학생의 일」, 『피메일 스타디즈 X』(올드 웨스트버리, 뉴욕: 페미니스트 프레스, 1975), 54쪽.

33. 틸리 올슨, 『30년대부터』(보스턴: 들라코트, 1974), 9쪽.

34. 알타, 『몸마: 이야기되지 않은 모든 이야기의 시작』(뉴욕: 타임즈 체인지 프레스, 1974), 72-73쪽.

더 이상 어머니는 없다
– 모성의 신화에 대한 반성

초판 1쇄 발행일   1995년 12월 10일
2판 1쇄 발행일   2018년   5월 30일
2판 2쇄 발행일   2021년   9월 20일

지 은 이   에이드리언 리치
옮 긴 이   김인성
만 든 이   이정옥
만 든 곳   평민사
　　　　　서울시 은평구 수색로 340 〈202호〉
　　　　　전화 : 02) 375-8571
　　　　　팩스 : 02) 375-8573
　　　　　http : //blog.naver.com/pyung1976
　　　　　이메일 pyung1976@naver.com
등록번호   25100-2015-000102호
ISBN   978-89-7115-643-8   03330

정   가   17,800원